厦门大学公共治理学科群"双一流"重点建设项目"高等教育制度现代化建设"资助

教育研究方法论与高等教育学建构

——论高等教育学科特性与研究方法

王洪才 著

光明日报出版社

图书在版编目（CIP）数据

教育研究方法论与高等教育学建构 / 王洪才著．--

北京：光明日报出版社，2019.5

（博士生导师学术文库）

ISBN 978－7－5194－5340－4

Ⅰ.①教… Ⅱ.①王… Ⅲ.①高等教育学—研究

Ⅳ.①G640

中国版本图书馆 CIP 数据核字（2019）第 093584 号

教育研究方法论与高等教育学建构
JIAOYU YANJIU FANGFALUN YU GAODENG JIAOYUXUE JIANGOU

著　　者：王洪才	
责任编辑：杨　茹	责任校对：赵鸣鸣
封面设计：一站出版网	责任印制：曹　净

出版发行：光明日报出版社

地　　址：北京市西城区永安路 106 号，100050

电　　话：010－63169890（咨询），010－63131930（邮购）

传　　真：010－67078227，67078255

网　　址：http：//book. gmw. cn

E - mail：yangru@ gmw. cn

法律顾问：北京德恒律师事务所龚柳方律师

印　　刷：三河市华东印刷有限公司

装　　订：三河市华东印刷有限公司

本书如有破损、缺页、装订错误，请与本社联系调换，电话：010－67019571

开　　本：170mm×240mm	
字　　数：357 千字	印　　张：20.5
版　　次：2019 年 5 月第 1 版	印　　次：2019 年 7 月第 1 次印刷
书　　号：ISBN 978－7－5194－5340－4	
定　　价：95. 00 元	

前　言

　　自从进入教育学领域学习开始，一直痴迷于教育学知识的性质问题，一直在探索教育学知识的价值，因此也非常关心教育学科的特性以及为教育学辩护的方法论。经过长达 30 年的探索之后，终于可以将自己的探索成果系统结集出版了，心里还是有一份惬意的。之所以要结集出版，是发现在对研究生的教育学方法论教学过程中缺乏比较系统的参考用书，我无意中发现，我最近 20 年的教育学方法论探索已经形成了系统，可以作为研究生的学习参考用书。

　　毋庸讳言，我对教育学方法论的探索是从对教育学知识的质疑开始的。从本科开始，我就质疑书本上和课堂上所传授的教育学理论知识的实际价值，怀疑它们是否具有实践指导意义。我发现，大多教育学理论是从哲学基本原理中演绎过来的，虽然能够解释一定的教育现象，但要指导教育行动就力有不逮了。究竟什么样的教育学知识才能指导实践，这是我苦苦思索的一个问题。从本科到硕士研究生阶段都没能解答这个问题。在实际从事教育科学研究过程中也没能解答这个问题。正是因为这个困惑，我又开始第二次深造。而读博期间接触到了大量的释义学理论和后现代主义理论，这使我的思想开始澄明起来，使我反过来思考教育学知识的建构问题。我也把这个思考的成果用于高等教育学科建设的思考中，因为高等教育学是一门实践性非常强的学科，教育学知识的实际意义应该在高等教育学科建设中获得验证，于是我就开始了高等教育学科建设的思考。在此期间，我与教育学界的权威对话，与高等教育学界泰斗探讨，研究他们的教育学思考的逻辑和高等教育学建设历程，从而求解教育学知识的特性和高等教育学的方法论。回头一望，发现已经发表了 40 余篇教育学方法论和高等教育学建设方面的文章。我将其中的合作作品和不太满意的作品剔除，保留自己完全独立的思考和比较满意的作品，从而供教育学界同仁，尤其是高等教育学界的专家、研究生批判分析参考，以检验我对教育学知识理解的深浅和我对高等教育学方法论的阐发是否合理。相信这个系统探讨能够激发更多的学界同仁产生对教育研究方法论思考的兴趣，推进高等教育学科建设。如果本著真能够产生这样的效果，就不负我一番用心了。

我始终认为，方法论进展是一个学科进步的标尺，没有方法论的建树，一个学科是不成熟的，因为只有方法论才能为学科自身的合法性作证，才能为其在学科的大家族赢得尊严。所以，不思考方法论的学科是没有前途的。但方法论不是凭空产生的，也不是来自其他的学科拿来主义，当然也不可能从哲学或科学哲学中推演出来，尽管它们都是本门学科方法论发展不可或缺的资源。学科方法论建设从根本上来源于本门学科研究的反思，是对本门学科研究的成功经验的提升，因而属于元知识范畴。所以，没有学科研究经验在学习方法论时或从事方法论研究时就显得困难重重。这也说明，理论终究是来源于实践的，而且理论也是要回到实践接受检验的。把我自己教育研究方法论探讨的成果和高等教育研究经验反思的结论结集出版就是一个交付实践检验的过程。希望这个努力能够不辱使命。

作者于 2018. 11. 11

目 录
CONTENTS

导论　教育是何种善①

——对教育善的本质的思考

引导语："教育是何种善"乃是一个基础性的教育哲学命题，探讨该问题能为教育研究提供价值依据。善是教育存在的依据，但教育善具有特殊性，其特殊性表现在教育是通过知识的传播促进个体发展和社会发展，而且它同时具有实用价值和本体价值。教育的实用价值在于它能够为人们获得社会地位提供支持，而它的本体价值却在于对人的整体发展的促进特别是理智发展的促进，这种善乃是一种智慧的善。

关键词：教育善；道德的善；智慧的善；本质；哲学命题

一、教育与善

教育作为人类一项特别的事务，它能够满足人类的特别需要，因此教育具有善性。但教育究竟属于何种善呢？这在学界并没有定论。传统上，我们之所以接受"教育是善的"，是因为教育是一种"传授知识和培养人的活动"，而传授知识是人类发展所需要的，因此也必然是善的；而培养人也是社会发展所需要的，因而也一定是善的。显然这一切都是从应然角度出发的。但教育能否真正地传授社会发展所需要的知识和培养社会所需要的人才却成为一个问题。长期以来，教育活动屡屡受到人们的指责，其原因就在于它并不一定能够传授符合社会需要的知识和培养为社会所满意的人才。这说明，尽管教育目标或志向是善的，但它的行为过程和结果未必尽然是善的。

在现实生活中，教育所面临的真正难题在于：它如果还不能选择出社会最

① 原载于《探索与争鸣》2011 年 5 期，第 69 – 73 页。《新华文摘》全文转载，2011 年 16 期，第 118 – 120 页。

为需要的知识并按照最符合人自身的发展方向培养人才，那么其培养方案和所培养的人才并非都是理想的。我们知道，理想的方案是建立在人们对规律完全掌握的基础上，而实现这一点几乎是不可能的。理想人才又是按照理想方案培养出来的，其至少应该表现出以下几个基本特征：第一，身心得到了健康和谐的发展；第二，已经具备了服务社会的本领；第三，已经具有了团结协作的友爱之心；第四，已经具有了实践自己理想的意志。可以说，这四点决定了教育活动的基本规范，也常常是人们评价教育活动效益的出发点。

在这四点中，促进受教育者个体的身心健康发展是教育活动应遵守的最基本的法则，如果不遵循它就不能够称之为真正的教育，这样的教育活动也就不可能是善的；使受教育者个体具有服务社会的本领是教育活动目标的基本指向，从而也是社会实践善的主要载体；使受教育者形成友爱之心是教育活动有效性的标志，故而是教育之所以为善的具体表现；而使受教育者具有实践自己理想的意志是教育实践善的基本手段，同时也是教育活动的最终结果，理想教育就是要培养每一个受教育个体具有行善的动力。所以，教育的善必须体现在教育活动全过程中。

在这里，"健康发展"是指遵循人的自然发展规律，但我们常常因为急功近利而违背这一规律。这说明，尽管教育的目的本身是善的，但教育行为的结果未必一定是善的。之所以如此，就在于每个个体都是独特的，而我们对每个个体的认识都不可能达到完满的程度，当我们试图制定一个统一的方案来针对不同个体进行施教时，就必然会出现违背人的自然发展规律的状况。因此，如果我们不能按照不同的个性发展要求来设计具体的教育方案，那么教育效果就不可能是非常理想的。这也说明，在教育活动中，人永远是目的，教育活动只是促进人发展的手段，教育的成功与否并不在于使一个统一的模式得到贯彻，而在于使每一个个体都能够认识到自己的潜能和自己的发展方向，从而自觉地为实现自己的发展目标而努力。因此，只有按照个性发展要求来设计教育，教育才可能是成功的。这才是教育活动的基本逻辑。

尽管教育在实践中存在着种种不尽如人意的地方，但无论如何，我们都必须承认，教育活动总体上仍然是善的。这是因为，首先，教育活动的目的是善的，其次教育活动的具体过程也是趋向于善的，再次，教育活动的结果基本上适应了社会发展需要，最后，教育活动的设计也在根据社会的反馈意见不断地调整自己。而且教育确实为社会准备了劳动力，培养了人才，满足了社会发展的基本需求。尽管它还无法完全照顾个性发展要求，但其努力方向是毋庸置疑的，它只是方法和手段上存在缺失，而这种缺失很大程度是因为急功近利造成的。这说明要真正认识每个个体是困难的，而要真正地把每个人作为独特的个体对待就更加困难。这进一步说明了教育现象本身是复杂的，不能采取简单化方式解决。这也客观地说明了教育善只能是局部的，而非整体的。

从根本上讲，教育注定不可能达到整体的善，因为那代表了教育的终结，而教育正是要向整体的善的方向努力。正是因为教育是一种不完全的善，注定了它只能是一种特别的善，这种特别性也是教育的特殊性体现。那么，教育善究竟是何种善呢？

二、教育善的特殊性

毋庸置疑，善可分为多种类型，各种各样的社会活动之所以能够存在和延续就因为各自代表着不同的善。有多种善的存在就意味着有多种价值的存在，即在我们的世界里，价值是多元的。到现在，已经没有人再敢妄称只有唯一的价值了，因为那是不客观的。现实世界的多样性也标志着多元价值的客观存在，尽管各种价值对每个人的意味各不相同，但我们都应该承认多种价值的事实存在，而不能只承认自己所坚持的价值。

多种价值之间并非一定是矛盾的关系，虽然它们之间存在差异，但它们之间可以是平行的，也可以是相互交叉的，甚至是相互补充和相互促进的，正是这些差异的存在才使各自的价值具有生命力。这意味着，各种价值之间的关系是复杂的，不是简单的一致或对立或平行关系，而是在不同时域下会出现不同的状况，既可能是一致的，也可能是冲突的，甚至可能是交叉的，很多时候可能是平行的。正因为这种复杂关系存在，世界才组成一个有机整体，而不是一个简单的物理世界。这也意味着要真正认识世界是很困难的。

其实，教育行为本身也存在多种价值，尽管人们在各种价值之间是有所取舍的，但是因为它蕴含了人们的多种需求，所以既不存在一个绝对的价值，也不存在一个唯一的价值，但它应该有一个始终一贯的价值，这是它保持自身特性的需要，当然这个"一贯的"价值在不同时期可以有不同的呈现方式。但要正确地揭示这个"一贯的"价值也是非常困难的，因为人们容易把教育所表现出的直接的价值当作它的本真的价值。必须指出，我们这里所说的教育的"一贯的"价值就是指教育的本质属性，其他的价值只是它的偶然属性，是教育与其他事物相互作用时的表现。

我们认为，教育最根本的价值就在于它对人的发展的促进作用并通过对人的发展而促进社会的发展。这种促进作用是因为教育过程、教育方式和教育内容适合了人的发展需要，与人的天性是一致的，并且没有超出人天性的接受能力，因而激发了人的适应能力，使人的认识潜力得以发展，从而带动了人的心智发展，进而使人的精神状态发生了改变。其直接的表现就是个体越来越有活力，对世界充满了好奇和兴趣，善于分析事物发展变化的规律，并且能够运用它造福于人类。这就是教育的根本价值。

从中我们可以看到，在人的发展过程中，认知发展始终是主导性的，换言之，人的发展是以人的认识潜力发展为前导，以人的行为变化为结果，以人的精神状态改变为集中体现，它要达到的目标就是实现结果的善，这个结果的善自然就是社会的善，即社会的福利。

以认知发展为主导，意味着人的发展首先表现在认识方式上的变化，这种认识方式对人的行为具有指导意义，从而引导人的行为变化，最终又促进了人的认识进步。人的认识能力发展的一个重要标志是：把自己的发展归属于人类的发展需求，并以人类的发展需求引导自己的发展方向，从而自觉地保持个体发展与群体发展的统一。所以，追求一个普遍的、统一的目标既是人类发展的内在要求，也是个体努力的方向，这既是教育追求的结果，也是教育活动的归属。故而，社会的善是更大的善，也是更高层次的善，教育活动的整个过程都要归属于它。换言之，教育目标就是要培养服务于社会更高利益的人，而不是要造就只知道为自己谋利益的人。可以说，在任何社会都不能容忍一个自私自利、危害社会利益的人，这就是教育活动的边界，也是社会干预教育活动的原因，这也是教育不可能完全独立的原因，所以教育也不可能是世外桃源。

当然，这涉及对社会善的理解方式问题。无疑，坚持社会善的优先地位就是要坚持社会正义价值优先的原则，这意味着关于教育活动价值的审判必须以社会福祉的增长为旨归，必须拒绝与社会发展方向相违背的各种举动。因而教育要坚决地向非正当的社会决定或非正义的社会制度说不，比如要批判种族隔离制度，反对教育机会不公平现象，制止各种为了提高成绩而牺牲孩子健康的行为，等等。在各种社会价值中，正义的价值是更高层次的价值，因为它是真善美的结合，是衡量具体社会价值的准则，在价值序列上，它超越了政党、阶级的利益。

三、教育善的展现

正如前面所言，第一，教育最基本的善就是指促进青少年个体身心的健康发展，这个健康首先是指符合生理发展要求的，促进身体正常发育的，即它不能以身体伤害为代价，否则就是不善的。当前我们的教育在很大程度上就是以损害儿童的身心健康为代价的，最典型的事例就是牺牲了儿童的视力。① 目前城市小学生在毕业时 50% 以上的眼睛近视率就说明了教育的可恶，而且所牺牲的还不只是儿童的视力，现在儿童体质特差的状况和儿童合作能力差的状况都与我们的教育制度有直接的关系。②

第二，激发儿童认知兴趣也是教育最基本的善，也是教育活动的最基本的目标。如果在教育中把学生训练成小绵羊，使他们对周围世界都不感兴趣的话，那么这种教育就是不善的。传统的灌输式教育正是把学生训练成小绵羊，因为它牺牲了儿童自由探讨的兴趣。好奇心是天生的，这也是人类特有的认识兴趣，一旦它消失了就很难再培养起来，因为人的发展是有阶段性的，在错过了其发展关键期后就再也无法培养起来。这意味着一旦儿童的认识潜能遭到了抑制，不仅是对个体发展权的践踏，而且是对社会福祉的破坏，因为如果这些创造性才能被开发出来的话，不仅个体体验是幸福的，而且整个社会都会受到福泽。

第三，继承人类文明成果是教育本体的善，或者说这是教育存在的根本理由之一。教育是整个人类的创造，而非某个个体的发明，教育的使命就是要把人类文明的精华传播下去，使社会在更高的水平上不断发展，摆脱如动物一般简单地循环往复的过程，从而使社会不需要从野蛮状态开始重新摸索。所谓教育传承人类文明薪火就是在这个层面上来说的。这是一个社会目标，也是教育高层次的选择。也正是在这个意义上，高等教育体系才变得越来越发达，因为越来越多的人类文明知识需要整理、传播。

当然传承人类文明有两种形式：一种是比较直接的传承即行动上的传承，如通过文化礼仪规范进行传承，这种传承主要是通过各民族文化传统进行；另一种是比较间接的传承即义理的传承，也即精神的传承，它传播的是文明的精华，这种传承主要表现在对传统经典的修订完善解释上。一般而言，精神传承是在大学阶段完成的，是通过研究探讨进行的；而行动上的传承则是在基础教育阶段进行的，并且借助社会习俗的力量进行推动。所以我国自古以来就有大学和小学的区分，当然在小学之前还有蒙学，在进入近代之后还有了中学。

---

① 中国青年报. 国民体质监测显示我国青少年体能连续 10 年整体下降［N］. 中国青年报，2010 － 03 － 30（007）

② 中国青年报.《国民体质监测显示青少年体能连续 10 年下降》引起强烈反响［N］. 中国青年报，2010 － 04 － 13.

第四，造就社会应用之才是教育最终目标或结果的善，因为教育的结果就要使每个人都能够成为社会的应用之才，而不仅仅是使少部分人成为应用之才。其实在任何社会都没有人喜欢纯粹的理论人才，因为纯粹的理论人才容易成为夸夸其谈者，而真正的理论人才或理论家必须同时是实践家，不然就难以成为理论家。我们承认理论与实践之间确实是有很大差别的，但理论与实践之间是不可能相互脱离的，脱离了实践的理论注定是没有生命力的。所以，一切理论都应该有实践指向，缺乏了实践指向的理论就容易变成空头理论。

造就社会应用之才就是传统所说的造就社会经世致用之才。这些人才就是那些能够解决实际问题的人才，他们无疑都是理论和实践相互贯通的人，他们的才干就是在理论与实际相互观照下发展起来的。在今天，应该把能否培养出这样的人才作为检视教育功效的重要的标准之一，甚至可以作为最根本的标准。因为这一人才标准可以作为衡量教育内容和教育方式有效性的依据。传统的灌输式教育容易使教学脱离实际，从而使理论缺乏实践对象，造成培养的所谓人才空疏无用，这就是落后的教育方式所造成的恶果。这一结果从两方面说明了教育的无效性：一是说明传播者所传播的理论可能是假理论，二是说明传播者所掌握的理论缺乏实践基础。如果我们试图使理论能够引导实践，就必须首先要使理论不断地接受实践的检验，而不能闭门造车式地宣称所谓的理论。

第五，教育最后的一种善就是道德的善，这是一种根本的善，也可以说是形式的善，是教育自律精神的体现，它应该贯穿教育活动的始终，成为教育活动的整体规则，其直接表现为从业者的道德，对教师而言就是师德规范。因为教育活动者不仅是教师，还有管理者，对管理者就不能完全用教师的标准来要求，但对他们的要求应不低于对教师的要求，否则就不足以充当管理者。我们经常说校长应该是教师的教师就是这个意思，校长不能对教师要求自己都达不到的标准。作为管理者当然更应该强调自律，不然就无法监督教师的行为，而校长既是教师的表率，也应该是管理者的表率。

道德的善就是要培养每个人具有善心，而不仅仅是从行为上进行规范。我们知道，在监督和约束的情况下，人们的行为是容易达到规范要求的，但这并不能保证人形成自觉和自律的意志和习惯。人只有在形成了善心之后才能变成一个自觉自律者，才能成为一个真正的善者。不然的话，我们所培养的人可能都只是表面上的善者，在其内心充满了恶而不自知。这一点正是当前教育最大的困惑。因为我们的道德教育往往就只限于口头，而不能深入内心，许多教育从业者自己都不能真正地理解何谓善，如此所谓的善就是外在的，不是自主的，从而不能成为规范行为的力量。其结果是一旦失去监督，就难以保证善行的维持。

四、教育善的本质

从上述分析可以看出，教育是从善开始，到善终结，由善贯穿始终，如果脱离了善的引导，教育就没有价值，也就不是真正的教育。只有符合善的意志，教育才可能成为教育。但教育的内容始终是以知识的形式呈现的，知识就是关于事物属性的正确认识，获得知识是人类通向善的途径。没有知识当然就不知道该如何行动。人类有了知识才有了智慧，才知道如何正当行动。所以教育目的即通过传授知识、启发人的智慧，使人自觉地向善。但传统教育往往把知识当成了教条，使知识无法成为智慧，从而使知识与善性脱离，因而也使知识失去了行动的坐标。知识本身应该是具有灵性的，它的目标一直是向善的，它的目的就是要指导行动，正是在这个意义上，苏格拉底（Socrates）说"知识即美德""美德即知识"①。说到底，知识就是对善性的认识，换言之，知识就是对善性的接受和对恶性的排斥，这就是德性展现。具有美德当然是拥有知识的表现。

那么，教育善究竟是什么呢？我们说教育善就是教育促进种群自我保护和维持的特性。无论是何种物种，都不可能孤立存在，都必须以类的方式存在，在类的方式下存在是生存的基本特性，维护和延续这种特性就是善，没有这一特性就没有存在的基础。符合这一特性要求的就是正义的，不符合这一特性要求的就是非正义的。教育只有发挥了对种群自我保护和维持的促进作用，才能说它是善的，否则它就是与善无缘，就要被抛弃。

教育怎样发挥其对种群自我保护和维持的特性呢？就是通过在知识的传授中使每个人都认识到自己是群体的一分子，每个人都具有维护群体的责任并积极地贡献自己的才能来实现的。所以，教育必须促进社会团结，这是教育的基本功能之一。教育必须开发个体潜能，促进个体沿着社会需要的方向成长，这是教育的另一个基本的功能。教育所有的活动都围绕这两根主轴进行，脱离了这两根主轴，教育就走向了自我削弱。显然，教育开发"个体"潜能中的"个体"指的是全体社会成员，不是指某一部分成员或个别成员，这就要求教育活

---

① 博伊德，金. 西方教育史 [M]. 任宝祥，吴元训，译. 北京：人民教育出版社，1985：27.

动资源面向社会全体进行分配，而且按照公平的原则进行分配，否则就不能导致个体潜能的最大化开发，那么整个社会的益处就会受损。所以，在教育中"公平"对待是教育正义原则的要求。

很显然，"公平"对待不等于"平均"对待。理由很简单，每个人所具有的个性潜能是不一样的，平均对待是违背社会效益原则的。但每个人应该获得基本的同等对待，即在社会能够承受的基础上，应该使每个个体都有基本相等的机会，这是对每个个体的公民权利的尊重。在基本公平满足之后，就要根据每个个体的天赋潜能分配教育资源。这样分配的目的在于使教育资源发挥出更大的效益，同时也使社会所有成员最大限度地受益。这正是美国伦理学家罗尔斯的《正义论》提出的正义规则所传达的核心旨意，即在保障社会基本公平的前提下，差别对待是以最不利群体的最大受益为原则的，① 正是这一正义原则使罗尔斯成为 20 世纪最重要的思想家之一。

从现实看，我国教育资源分配还没有做到基本公平，存在着一定的地区差别和城乡差别。在 40 多年改革开放之后，教育资源分配的不公平程度不仅没有缩小，反而又有扩大的趋势，这严重影响到社会的和谐发展。② 这一现象的出现与教育资源分配政策有直接关系。我国教育资源分配政策长期以来执行的是在经济起飞时所采用的"效率优先，兼顾公平"政策，而这一政策没有照顾到每个公民基本的教育机会公平问题，从而使得教育机会差别随着经济发展差距的加大而扩大。如果说在过去经济不发达时期无力照顾到社会成员的基本公平问题，现在经济发展已经达到了基本小康水平，就应该把基本公平问题优先地提出来并加以解决，不然的话，社会差距和不公平现象的进一步加剧，将直接影响到社会的稳定，也将影响到社会的最大利益。

教育基本公平首先是指基础教育阶段的公平。基础教育的重点是义务教育，其次是高中阶段教育和学前教育。如果义务教育阶段的教育机会不公平，就将直接影响到教育终端即高等教育机会公平问题。在目前，我国仍然是一个学历社会，学历不同决定了一个人的发展机会的差别。对于多数社会弱势群体而言，读书升学还是其实现社会流动的主要工具，如果缺乏基本公平的教育机会，他们就失去了社会流动的可能性。但随着近年来学费的增加和大学毕业生就业压

---

① 罗尔斯. 正义论［M］. 何怀宏，译. 北京：中国社会科学出版社，1988：6 - 8.

② 求是. 载文称中国部分地区辍学率出现反弹［EB/OL］. (2009 - 08 - 17)［2009 - 08 - 17］. http：//news. 163. com/09/0817/11/5GTRG4PS000120GU. html#.

力的加剧，读书无用论观念在一些农村地区开始重新抬头，一些地区出现了义务教育阶段辍学严重的现象。显然，这对于提高民族素质和社会竞争力都是非常不利的，而对个体发展而言就是非常不幸的。

这一切都说明，教育善的本质就表现为个体能否受到公平对待。如果个体得到公平对待，个体的潜能能够得到开发，个体就能够实现自我价值，社会也能够从中享受到福泽。如果个体得不到公平对待，个体的潜能就会被压抑，其价值就难以实现，那么社会整体利益也将受到损害。因此，公平对待，对个体而言就意味着幸福；对于社会而言就意味着健康和谐，意味着社会发展潜力增长和国家竞争力的提升。

但教育始终面临公平对待的难题，即必须时刻面对如何对待不同学生的问题，而这在教育过程中尤其明显。传统上习惯采用平均主义的教学模式，即在教学过程中对所有个体采取完全相同的内容进行教育，但它事实上是不公平的，因为它制造了不公平的结果。在选拔教育模式下，注定了成功者只是少部分人，而大多数学生是失败的。但如果不采用"同一"对待的话就容易引发"歧视"嫌疑，这同样容易造成纷争。所以，直到今天，我们的教育模式仍然困惑于是采用"统一模式"还是"分化模式"的争论中。如果确立以个体最大受益作为原则的话，那么就需要平衡"统一模式"与"分化模式"之间的关系，即我们需要一些基本的教育公平，在这一点上就需要采用"统一模式"，当超过了这个水平后就需要转向"分化模式"，即促进每个人沿着其个性潜能最大化开发方向发展。

所以，说到最后，教育善的实现仍然是在考验我们的智慧，即做好"统一"和"分化"的平衡，做到基本的公平，又要满足不同个性的发展要求。因而，公平是教育善的核心，而智慧是教育善的归宿。

结语：教育为智慧善

那么，教育究竟是属于何种善呢？我们认为，对种族自我保存的促进是教育活动的起点，促进个体发展是教育活动的实质，知识传授是教育活动的实践形式，获得直接的经济效果和维系社会组织的稳定和更新是教育活动的目标和结果。在这一过程中始终都需要驾驭好个体发展和社会发展之间的平衡，以及每个个体发展与个体最大发展之间的平衡。这表明，教育善本质上是一种智慧善，它既通过知识传递使个体拥有智慧，找到自我发展的方向，又通过知识传递使社会充满智慧，找到社会相互团结的力量，促进社会利益最大化。教育最忌讳的就是单一化、机械化、教条化，即把教育理解为单一的形式，认为教育就是把人训练成某种样子，认为知识是固定不变的，对任何人都是适用的，所以教育的成功就在于使个体成为具有活力的个体，使每个人的潜能得到开发并成为拥有贡献于社会能力的人，使知识成为认识自我、认识社会的工具，成为自我提高修养的一种追求。

必须指出，智慧的善与功利的善是不同的，是有矛盾的，但是可以调和的。智慧的善包括了对美的追求，但它不是一种唯美主义，它是美的价值与实用价值调和后的结果。智慧的善本质是真，即对真正的东西的理解和把握，使自己心灵超脱，把自我与社会整体的命运及人类命运和自然命运结合起来，从而使自我保持一种永远进步的状态。

一、01

教育学学科属性

论教育学的三重视界①

引导语：教育学的根本任务是什么？是揭示生活的智慧！教育学只有在回答这个问题之后才能真正地展开自己的逻辑。为此，教育学必须首先对知识的内在意义进行辨析，告诉人们什么是最有价值的知识，这是教育学最基础的工作，也是教育学要进入的第一重视界；第二重视界是探索知识内化或主体化的最有效途径；第三重视界是知识进入实践领域的命运，在这里，主体性转变成交互主体性。生活的真正智慧就在这个视界里得以实现，这也是教育学的归宿。

关键词：教育学；知识的视界；主体的视界；主体际的视界

一、教育学的根本问题

教育学的根本问题是什么？这是教育学界最为关注的话题。但教育学界一直未能对此给出明确的答案②，这也是教育学研究常常不能令人满意的重要原因所在③。要解答这个问题首先必须对以下三个问题进行解答：第一需回答教育学是什么，第二要明白教育学该怎么做，第三还需告诉人们为什么。这三个问题看似寻常，其实每一个问题都不简单。其中"教育学是什么"最难回答，因为回答该问题实际上就是在为教育学确定活动的方向、目标、具体内容和任务以及活动的范围，而且该问题也内在地包含了其他两个问题。在传统的教育学读本中把教育学概括为"研究教育现象及其规律的科学"，这种回答实在是不能令人满意。尽管这句话本身并没有什么错误，却很难让人领会其中要旨。任何学科说到终极，都是透过现象去看本质，从过程中去发现规律。用这种方式

---

① 原载于《北京师范大学学报（人文社会科学版）》，2000 年 4 期，第 20－24 页。
② 陈桂生. 历史的"教育学现象"透视［M］. 北京：人民教育出版社，1998：167－214.
③ 陈桂生. 教育学的建构［M］. 长沙：湖南教育出版社，1998：47－59.

进行学科性质的定义无异于同义反复。那么，用它去定义教育学，除告诉我们教育学是研究教育外，并没有告诉我们任何进一步的信息。定义是关于事物本质规定性的陈述，如果一门学科不能以清晰的方式呈现自己，则说明它对自己的使命和发展前途还不明朗。教育学要获得进展必须在定义上打破传统哲学套语的习惯，从现实生活中发现自己的任务和使命。因此，走向生活是教育学获得生命力的唯一出路，只有在回答生活的提问后教育学的地位才有可能获得提升。鉴于此，我们提出假设：如果说教育学是研究如何增进人类智慧的学问，那么人们就能够对教育学产生一个比较鲜明的感觉，而且能够与人们对现实生活的关切点结合起来，从而也能使人们一下子把握教育学的本质所在。确确实实，在日常生活中，人们常常为摸不透生活本质而烦恼，为找不到生活的意义而感到空虚和失落，为不知道明天该怎么办而彷徨，为子女的教育问题而大费踌躇，总是感到子女的行为太不合意，又不知道如何着手，等等，这些都是现实的问题，理应是教育中最为关切的问题，教育学应该为此提供满意的答案。所以使教育能够为生活提供意义的指示应该作为教育学的根本问题。如果教育学回避了为生活提供意义这一实实在在的任务，进行所谓的就教育而论教育，那么它的存在的必要性就值得怀疑。尽管对"生活意义"这一宏大问题的解答非教育学一门学科能独立承担，但教育学有义务在借鉴其他学科的研究成果后做出自己的独立判断，告诉人们何为智慧，何为生活意义。智慧之源在哪里？我们说，智慧具体地蕴藏于人类已积累下来的知识中。当然人类已积累下来的知识并没有穷尽"智慧"，否则人类也就不再有什么痛苦和烦恼了。正由于此，人类还需要不断地去探索，不停地进行知识创新以寻找智慧的答案。所以教育学首先需要根据人类已经探索出的成果对智慧问题给出自己的结论，然后指明通往智慧之途。教育学的学问终极就表现在对智慧问题的阐释上，即通过教育学的阐释使人们自觉不自觉地走向智慧之途。如此就展开了教育学的三重视界。

二、教育学的知识视界

教育学的第一重视界乃是知识的视界。知识的视界代表了教育学进境的入口。知识作为教育学的第一重视界，说明教育学必须对知识进行格外的关照。它之所以作为第一重视界出现是因为对教育学的一切问题的回答都是建立在对知识问题的回答基础之上的。然而教育学最关注的知识并不是一般意义上的知识，而是关于知识的知识。一般的知识只是教育学进行知识问题思考的原料。我们知道，知识是关于人类实践经验的总结和心得体会，而教育学的知识（或称学问）则是在对各种知识进行透视后进行分门别类等深加工的工作，以此告诉人们知识的结构和构成，告诉人们知识的等次和相互之间的联系，告诉人们获得知识的一般次第。从而人们可以轻易地在其中分辨出什么是最重要的知识，也即对人生最有意义的知识，并以此作为教育活动的素材。所以教育学的知识标准是以人生意义为原点展开的，并将这一标准用于对所有知识的审判中，这一审判贯通了社会需要的尺度和个体需要的尺度，进而综合出教育学自己的视角。

因此，知识概念在教育学的体系构成中起着奠基的作用。它的最基本功用是首先将知识分成两大类，一是必须教的知识，一是不一定教的知识。如此分类之后教育活动就有了进行的基础。教的知识以学科知识的形式出现，并予以严格的组织形式。这部分知识因而受到强化，并作为学校教育系统构成的基础而存在。不一定教的知识则散存于生活中，是社会教育及其他传承方式进行教育的内容。而且在传统习惯中这部分知识也未被纳入教育学研究的视野，故成为教育学的一个盲区。对于学科知识而言，当这种知识被规定得十分严格并与生活知识截然对立时，就会变得十分僵化，成为一种象征意义的符号，从而使人们并不重视知识背后的真实意义或实质。这样的知识组织方式就失去了知识的本义。知识的本义是知识服务于智慧的人生，而不是作为对人生无意义的材料或点缀品。人生绝对不是为知识而知识，或为了获得知识所代表的符号，相反，获取知识是为了获得知识背后所隐藏的智慧，是为了实现人生的意义和价值。如果人成为知识所代表的符号的奴隶，而非知识的主人，那么就失去了人们对知识追索的本意。

但知识在进入教育领域之后，确实经历了一个异化过程。知识从生活实践中来，其命运注定要回到生活实践中去。但是当知识开始出现从实践者本身逸出现象时，它就有可能被异化。异化是从知识的作用被神化开始的。当知识离开它的起源时，它的作用就面临着普遍化的境遇。这种普遍化使得知识作用被夸大，使得知识的应然作用或潜在作用变成了必然作用，如此就舍却了知识发挥作用的中间环节，导致知识的作用被不正当地符号化。如此符号转过来成了人们获取知识的目标。这样的结局是：人们获取知识不是为了追求其在实践中的真正实际效果，而是为了追求符号本身，由此便产生了对知识的崇拜，进而成了知识的符号——变质的知识的奴隶。知识要求回到实践本源上来的动力要求教育学研究进入第二重视界，即人作为主人的视界。

教育学的第二重视界是人的视界。人乃是主人的人，或主体的人。主体的人不仅仅只是指人对于知识这种内化物来说是主宰，而且关键是指人是受自己所确定的目标支配的。所以人在对知识的掌握过程中，也是对自我意志的把握和实现的过程。因而我们对知识的认识掌握其目的仍然是服务于人。所以人是目标，知识乃是工具。这意味着我们在对知识进行认识时首先需要对人进行认识，对主体意志进行分析，了解人的需要，要了解人的一般需要和个别需要。如果我们不了解人的一般需要，就难以确定人类共同发展目标，就难以把握整体的方向。同时如果不了解个别需要，我们就不可能知道达到共同发展目标的途径。

关于人自身的知识虽然包含在知识的总体系中，但对人的认识却是又进了一层。因为我们正是在认识对象过程中认识我们自身的。在第一重视界中的中心问题是回答"人的认识对象是什么"，也就是在确定行动的目的。而在第二重视界则是回答"人为什么要进行这样的认识活动"，也就是在形成主体意识。这样人的主体地位就突显出来。人们在对对象的认识中认识了自身，从而发现了自己的意义。人必须有一定的知识，知识是人内在关照的基础，没有对知识的掌握，人们是无法发现自己内在的潜力的。人是在对知识的把握过程中，才发现了自己的图像，发现了自己发展的无穷的可能性，从而将教育活动推到了第三重视界——实践的视界。

从第二重视界进到第三重视界有其必然性。在第二重视界中人仅仅形成了自我实现的潜质，还是一种欲动的状态的存在，还处于一种内在的冲突中。只有在进入第三重视界后才可能将冲突消解，使知识的存在变成一种人格的存在，从而消除了对象与主体欲望的对立，才真正实现了自我的价值。教育学仅仅做到使主体拥有知识，那还远远没有完成任务，只有在它使知识发挥出现实的力量，并使主体在体会到自己的力量后反过来形成自身，才算完成了它的目标。所以教育学必须进到第三重视界。

实践性视界的中心问题是回答"我该如何做"。实践的视界又是生活的视界。人在人对知识的把握中也即在自身的对象化中发现了自我的发展方向，从而产生出实现自身的意志。这种意志就是要将理想的自身变成现实的自身。那么人就需要从第一重视界中获得技术的支持，因为第一重视界中的知识是人们实践经验的总结，已经包含了成熟的技术，而且也是个体进行实践的现实环境。在第二重视界时人虽然一直将自我放在中心的位置，形成一种对知识的驾驭之势，作为一种"理想的我"存在。但在驾驭知识和技术过程中发现其中有一种与自身相悖的东西存在，从而始终感觉有一种被奴役和异己的力量的存在。所以实践的我要求超越那种理想的我，克服那种被奴役的状态，达到一种新境界，这种境界要求主体的我获得与外界的同一，从内在的我走向外在的我，这种我乃是一种主体际的我。

主体际的我，是进入教育学第三重视界深层次的必然表现，也是教育学的归宿。教育学从知识展开，显示的是一种普遍的全人类的人格，这种人格是统一的，没有差别的，是抽象的，是没有实现的，需要被克服、被认识的，所以构成了一种对象的存在。知识反映的是全人类的认识成果，不是某个个体的，所以以全体的身份存在。当达到人主体的层次的存在时，人是个体的人，知识是某个人的知识，是某个人从总体知识中汲取的一小部分。但正是这一小部分，个体找到了自己生存的家，个体才发觉自己是这个家的主人。可是这种主人感是自封的，也是封闭的，是一种自我宣称，还没有得到世界的公认，因此它就有待进一步的实现。因为真正的主人是需要实践检验的，需要公认的，需要自我进行证明的，那么就必须走向实践的领域。实践领域是一种真正的技术领域，是一种控制与反控制进行较量的领域，在此间，主体的我必须克服自我中心，克制利己的欲动，把自我交给外在的异己的力量进行审判，从而确定自我的合法性。于是主体性开始消融，变成了一种主体际性，人在此中是一种交往性的存在，是一种对话性的存在，它消除了自我孤独性的限制，走向了视界的融合。

当教育学进入第三重视界，教育的本质开始全面实现。因为人不可能永远作为孤独的自我存在，人也不可能沉湎于理想的虚幻中，人必须进入社会性的交往中，人必须在实践中塑造着自身。教育学就是在追随人的命运中体现出自己的价值来。如果教育学仅仅停留在第二重视界，那它的视界还是不开阔的，还没有完成自己的使命。教育学在第一重视界里确立了自己的"根"，在第二重视界储蓄了发展的能量，在第三重视界中体现出自己的现实的本性。我们知道，人生的智慧存在于实践世界中，那么这注定了教育学必须进入的命运。

三、三重视界的蕴意

教育学的三重视界说明了教育学的三个层次。第一个是对象的层次，即知识的层次，这是教育学的对象与其他对象的首要区别。教育活动不是直接的改造客观世界的活动，而是以改造客观世界的总结为基础，或者说是以已有的认识成果为基础的。这说明教育活动对世界改造的间接性。这一层次表明教育活动的基础工作是对各种知识现象的整理，将其分门别类，选择基本的教育材料。第二个层次则是将知识针对不同的对象进行实施，完成认识对象的主体化。没有认识活动过程，教育活动就没有意义。这种认识对象主体化过程，也即知识的内化过程，是教育活动的关键阶段，从某种意义上说是教育活动进行的主要内容，第一个层次的活动也只有在这里才体现出它的意义来。知识内化过程表现为教与学的活动，并且重点是学的活动。第三个层次是将第二层次再推进一步，它是对教育活动目标的规定，如果没有这一层次，教育活动仍然是半途而废。我们说没有实践的证明，个体的主体化是空洞的，不是现实的、真正的。相反，只有进到这一层次，教育学的使命才有可能最终得以实现。在教育学的第一重视界中，教育学必须对知识的进展状况进行概括，并呈现出知识的内在奥妙来，必须厘清知识间的关系，从而指明人类认识的进境，提示人们过幸福生活、拥有智慧人生必须具备的手段和条件。这是教育学的最基本问题。在这一线索中，就必须展现知识与人类进展状况的关系史，从中给人以启迪；在教育学的第二重视界中，就必须展开教学关系的逻辑，以及认识对象与认识主体的关系的逻辑，从中可以窥探出教学活动的法门和增进教学活动的技巧；在教育学的第三重视界中，就必须展现人的认识与实践之间的冲突和人的智慧成长的轨迹，揭示出智慧的真正形成是在实践中，是一种个性融于共性之中的过程。教育学不可能舍弃第一层次直接进入第二层次，或只停留在第二层次而不向第三层次迈进。真正科学的教育学不可能脱离对这三个根本问题的回答——教育活动是怎样作为特别的知识性活动存在的，知识是如何从一般变成个别的，又是如何从个别变成具体的。这些构成了教育学的三重视界。整个社会对知识的这一转变过程的参与和心态表现以及一些有意识与无意识的反映就构成了教育学体系展现的总体。

　　传统的教育学的着眼点仅仅限于第二重视界，所以它注定不能完成教育学的使命。没有从第一重视界的演进，第二重视界是无根的，而停留在第二重视界不向前推进，这种教育学是没有结果的。传统教育学的缺陷就在于从熟视无睹的知识的视界中滑脱掉，又障蔽于眼前的教与学的具体操作，而对教育活动的终极不能充分地关照，从而使其陷于不能升腾的泥潭。教育学，已经到了打开视界的时候了！

教育学：学科还是领域①

引导语：在教育学史上，人们为了使教育学变成一门标准科学进行了不懈的努力。但无论是采用实证化路线还是定量化方法，或是采取价值中立态度都没有取得明显的成功。我国教育学者曾制定了"三独立"标准，但这些标准也被实践否证了。在多学科方法渗透到教育领域的过程中，教育学产生了一种变为多学科的"殖民地"的危机感。经过反思后教育学认识到，多学科加入正是其发展的优势所在，于是教育学开始了从"殖民地"向"帝国"的转变。在这一转变中，教育学需要努力突破传统的学科局限，变成一个多学科交流的领域，从而成为一门汇纳百川的智慧学问。

关键词：教育学；学科；研究领域

一、教育学成为独立学科需要一些特定的条件

关于教育学属于"学科"还是"领域"之争在国内外早已有之②，但人们对此问题还没有给出一个明确的一致的结论来。原因似乎很简单，人们在有意地回避这个难堪的问题，因为这关乎教育学的科学地位，一旦教育学被宣布为"非学科"，那教育学如何在大学讲坛出现？教育学的尊严又到哪里去呢?③ 因

---

① 原载于《厦门大学学报（哲学社会科学版）》，2006 年 1 期，第 72 - 78 页。《新华文摘》（2006 年 9 期，第 112 - 115 页）全文转载。

② 判断一门学问是作为"领域"还是"学科"，主要看它是不是独立的，有没有自己的方法、逻辑、概念体系，而"领域"则没有自己的方法、逻辑和概念体系。参见唐莹：《元教育学》，人民教育出版社 2002 年版，第 499 页。

③ "教育学不是一门学科，今天，即使是把教育视为一门学科的想法也会使人感到不安和难堪。教育学是一种次等学科（subdiscipline），把其他真正的学科共治一炉，所以在其他严谨的学术同侪眼中，根本不屑一顾。"见霍斯金：《教育与学科规训制度的缘起》，载华勒斯坦：《学科·知识·权力》，三联书店、牛津出版社 1999 年版，第 43 页。

为在学界似乎有种不成文的规定：只有学科的才能够称为科学的，不能成为学科，就不能以科学的地位视之。在唯科学的时代，任何一门学问都希望自己是科学的，不希望被别的学科小瞧，因此都必然争自己的学科地位。

而什么是学科呢？① 人们对学科也有一个不成文的规定，那就是该门学问必须非常地专门化，也即如果不经过专门的训练就休想进入这个行当，也就别企图对这个行业指手画脚。这意味着，这个学科有自己一套比较独立的语言系统和专门的技术②，对这套语言系统的掌握需要相当的时日，而且如果没有师傅的引导就难以窥见其中的奥妙，其学问也难以臻于上层。通常，这套语言系统与一定的专门技术相伴随，它总结了实践中的一些要领和心法，所以非经过实践摸索和名师的指点就无法产生深刻感悟，也无法领略其旨趣，自然对这门技术的掌握限于一知半解或处于一种似是而非的状态。这一点也决定了一门学问的产生具有非常强的实践性，而非凭空杜撰，或是一种玄思的产物。

正是这套语言与技术使门内人与门外人隔开，使门外人对这门学问具有一种玄妙之感，感到它的博大精深和深不可测，从而也产生了一种要从门外汉变为内行人的欲望和冲动。这种将外行人挡在门外的事实，就使这门学问保持了较高的社会声誉，并能够使它维持较高的社会地位。

当然一门学科的学术地位与社会地位是紧密联系的。但这不等于说学术地位高就必然决定了社会地位高。根据日常经验，一个人的社会地位与经济地位联系更为密切一些，换言之，如果没有较好的经济地位作为支撑，他的社会地位就无法真正变得高起来。而经济地位的高低几乎与大众的认可程度成正比，即大众越是欣赏的其经济地位就越高，反之亦然。大众的欣赏可以说是一种市场机制，即其产品能够符合大众需要，并且定价要符合大众的承受水平，那么这种产品就会行销市场，并带来巨大的经济效益或经济利益。如果一门学问太深奥，大众无法领略其旨趣，而且也不能带来直接的经济利益，那么大众便会对这种学问敬而远之，这种学问便会在人们有意和无意中被冷落了，甚至成为绝学。因此，适应社会需求在很大程度上就是适应产业需求，就是适应市场需

---

① 学科往往有不可渗透的边界，而领域则是具有可渗透的边界："不可渗透的边界一般说来是紧密扣连汇聚的学科规训社群的要素，也是那个知识范围的稳定性和整合的指标。可渗透的边界伴随而来的是松散、分布广泛的学术群，亦标志更分散的较不稳定的和相对开放的知识结构。"见华勒斯坦：《学科·知识·权力》，三联书店、牛津出版社1999年版，第22页。

② 学科的专门语言与技术即指具有自己专门的概念系统和特有的研究方法。

求，也就是在适应大众的需求。而大众的需求往往是一种公共产品，一种日常产品，而不是一种冷僻的、个性的产品。因此，社会地位的取得需要进入生活世界进行评价，运用纯粹科学世界的规则进行评价是不适应的。①

这样就出现学术地位与社会地位背离的情况。一门学科如果不能进入日常生活世界，它如果要获得更大的发展，就需要一些特别的支持或保护，这种保护就不是市场所能够提供的，必须由特殊需要者来提供，如独立的基金会或政府。我们知道，政府对学问有一些特殊兴趣，因为政府并不只对日常生活世界关心，还关心国民的总体精神状态、国家的总体竞争力和社会的稳定状况等，这就使他们乐意为一些暂时还看不见效益的学问付费，因为这些学问从长远看是不可或缺的。还有一些具有特殊旨趣的基金会，他们往往有一种超越的目标，即不是为了追求一些个别的世俗的利益，而是为了追求一种普遍的利益，所以他们会为一些暂时还不能为大众所认同的学问付费。如果不能得到这两方面的资助，一门不能被大众认同的学问要维持生计就非常困难了，其发展前景也就无法预料了。

所以，在论述一门学问成为学科时除了需要论证它具有自己的专门的语言系统外，还必须有专门的技术，而且这种专门的技术有助于现实问题的解决，从而能够产生社会需求，获得社会的资助。如果没有这些必要的条件，它就不可能向前发展，就不可能越来越专门化，人们也就不可能对它产生越来越大的兴趣。观乎医学、法律学发展都遵循这些规律，那么教育学发展能否遵循这些规律呢？

二、教育学科学化的基本历程

教育学从诞生的那一天起就开始追求自己独立的学科地位。② 它走的是一条科学化的道路，也即要使自己的知识系统能够经得住实证技术的考量。当时的教育学开始使自己有意识地疏远哲学学科，因为哲学学科已经被认为是形而上学，不能被验证，因此不能再被列入科学之列。当心理学开始采用实验技术的时候，教育学就把心理学作为自己的救命稻草，试图使自己完全建立在心理学基础上。这种努力曾获得了一定的成功。

---

① 埃德蒙德·胡塞尔. 欧洲科学危机和超验现象学［C］. 张庆熊，译. 上海：上海译文出版社，1988：5-9.

② 公认的教育学科的诞生时间是从赫尔巴特的《普通教育学》出现计算。参见陈桂生：《历史的"教育学现象"透视》，人民教育出版社1998年版，第103页。

但这种努力无法获得成功，因为心理学所处理的对象不可能完全是教育学所处理的对象。从研究对象看，教育学与心理学只是一种交叉关系，而不是一种包容关系，或者说只有心理学的研究对象完全地包容了教育学的研究对象后，教育学才能完全地依靠心理学，正如过去教育学依赖哲学一样，因为哲学是对宇宙、人类所有问题的总体回答，自然就包含了教育，那么教育以哲学为基础就无什么不当。心理学能够做到这一步吗？显然这是一个疑问。

心理学的研究对象是无法完全覆盖教育学的研究对象的。如果将教育活动仅仅限于教学过程，或许还有一定的可能性，因为教学过程离不开师生之间的心理活动，离不开师生之间的互动。但这还远远不够。教学活动中一个不可或缺的中介物就是知识，知识在一定程度上构成了教学的目标，而心理学对知识活动的参与是有限的，因为作为一门实验性学科的心理学是无法澄清人的大脑思维过程的，这就存在一个悬念：如果教育学依靠心理学做基础，这个基础牢固不牢固？

退一步讲，即使心理学提供了对教育活动对象的完全解释，但这时教育学就成了心理学的下位学科，这样教育学仍不是一门独立的学科，它必须依赖心理学，这是教育学追求的目标吗？显然不是。教育学之所以依靠心理学并非希望把它作为自己的上位学科，而是希望借此获得科学地位，即具有实证性基础。如此，把心理学作为自己的学科基础无助于教育学获得独立的学科地位。

教育学从另一条路线上追求自己的学科地位：量化表达，即追求运用最完美、最概括的语言——数学的语言来表达。可以说，在这个努力方向上，教育学并不成功，这是教育学研究对象的特殊性使然。教育学的研究对象是一种社会现象，它无法被还原为某一种单一的现象，这样自然就无法通过完全计量的手段对教育活动进行描述。这样进行计量化或进行数学表达的努力基本上归于失败。也就是说，计量的方法运用于教育学的研究不仅不能使人们对教育活动的认识更为精确和深刻，反而使人们对教育活动的认识更疏远了，使得人们觉得这种认识教育的方法使教育不像教育了。对于教育研究者自身来说也同样会产生这种感觉。

教育学还从另一条路线进行了尝试：完全依靠实验的方法来形成一种客观知识。这种努力扎实地推进了实验教育学的发展。[1] 但实验教育学走的是一条

---

[1]　指拉伊和梅伊曼的实验教育学研究。参见陈桂生：《教育学辩》，福建教育出版社 1998 年版，第 60 页。

不归途：完全用现象描述的办法来解释教育似乎什么都解释不了。因为教育作为一种社会活动，它有明确的目的限定。而教育目的并非实验者本人能够控制，或者说他所控制的教育目标很难获得社会承认。当这个基本问题无法获得解决时，那么进行进一步的教育实验就比较困难了，因为人们不知道这种教育实验最终是干什么的：是为了符合实验者的目标，还是要达到外部社会的要求？因为这两者始终存在着不一致，永远无法获得完全的和谐。但实验教育学的最大难题还不是这一来自逻辑学上的悖论，而是实验效果无法重复，无法获得进一步验证。从更进一步的意义上讲：实验因子选择都是边缘性的，而不是核心性的，而核心性的因子却是无法控制的，比如学生的个体特征、学生与外部的联系、教材等。而对学生行为观察结果与教师行为之间联系的描述也多属于偶然性的，很难建立一种必然的联系。这样就使教育实验进入进退维谷之中。

在教育学的科学化途中，教育学还一直试图使研究者保持一种不偏不倚的科学态度。但实质上在研究者进行研究之前他的观念就已经深深地植入下意识中，而人对自己的知觉能力往往仅限于有意识层面，在无意识的层面上往往是无能为力的。研究者如果不能将自己已有的观念彻底根除怎么来保持中立姿态呢？但如果彻底扫除了自己原有的观念，那研究者又靠什么来选择自己的研究对象和设计自己的研究过程呢？我们从事的任何研究都有一定的价值观指导，即认为这种研究是有意义的，符合研究者自己的价值判断，唯其如此研究者才肯进行研究，否则研究就无法开展。因此，价值判断无法排除性使得教育学追求自己的科学地位陷于自相矛盾之中。

在教育学追求科学地位的所有努力中，形成一个严密的概念体系和一种精湛的操作技术是教育学的两大抱负。因为不能形成一个严密的概念体系就无法使教育学获得逻辑上的自证，就使自己感到非常不完美，也就有了自惭形秽之感。而没有一种适宜于操作的技术，就难以显示出教育学说的威力，也使教育学的价值无法实现，从而感受不到教育学存在的实际意义。因此，追求一个完美的概念系统和发展一种精湛的操作技术是教育学发展过程中两大难以排解的情结。

三、教育学"三独立"标准的困境与转机

教育学在追求独立学科地位中还确定过一个标准，即人们常说的"三独立"说：独立的概念系统、独立的研究方法和独立的研究对象。在教育学实践中，

"三独立"一度被奉为教育学建设的金律，但这三大目标都没有获得实现。①②

就独立概念系统建构而言，教育学的努力结果可以说是令人心灰意冷的。从教育学追求科学化争取成为独立学科的百余年的历史中，③ 还没有发展出一套被人们普遍公认的概念系统。教育学的一些重要奠基人所建立的概念被后世的传承者随意地瓦解了，也就是说，许多教育学奠基人的努力只具有历史意义，已经失去了现实意义。任何一门学问，如果没有可传承的东西就是非常自卑的。哲学这门学问尽管有许多是无法证明的，但毕竟许多是无法逾越的。而教育学中可以经常被人们沿用至今的东西似乎非常少。当人们问起教育学有什么样的传统的时候，经常遇到的是难堪的沉寂和无言作答。当经过教育学知识训练的研究生们被问起这种问题而无法作答时，教育学界所能够体会到的可能只是一片凄凉的心境，很少能够表达出一种乐观的姿态。

教育学没有什么系统的知识，这似乎可以成为教育学界的共识。尽管我们可以提出诸如赫尔巴特（Johann Friedrich Herbart）的教育学、凯洛夫（N. A. kaiipob）的教育学乃至杜威（John Dewey）的教育学等，但用今天的眼光看，他们的许多概念用法显得非常武断，语词意义也非常含糊不清，并不是一个准确的概念表达。之所以给人们这样一个感觉，就是因为在他们的教育学中没有形成一个有关教育的核心概念，而这个核心概念只具有教育学上的意义，在其他学科或领域是找不到的，或者说没有相应的对称词。我们通常把这个概念的出现作为一个学科的最基本概念，不是出于他的教育学自觉，标志一个独立学科的开始。而这些在教育学界非常有影响的人士的教育学论述中都缺乏这样一个概念，或者说所使用的概念都是借用其他学科的。如赫尔巴特的教育学所使用的最基本概念是"统觉"，赫尔巴特认为这是心理学的概念，有人指出这是借用康德哲学中的概念，虽经过了转义，但总归起来不是教育学的，而且在赫尔巴特眼中教育学仅仅是为了证明其科学性，而非为了证明其独立性，因而，教育学仍然是以应用学科的姿态出现的。④ 凯洛夫则将教育学明确地放在哲学之下，并用马克思主义哲学观点来论述教育，提出了马克思主义就是科学观点

---

① 陈桂生. 教育学辩［M］. 福州：福建教育出版社，1998：92 - 104.
② 陈桂生. 历史的"教育学现象"透视［M］. 北京：人民教育出版社，1998：343 - 346.
③ 陈桂生. 教育学辩［M］. 福州：福建教育出版社，1998：9.
④ "统觉"为莱布尼茨和康德的概念［M］//辞海. 上海辞书出版社，1980：1175.

后，教育学的科学地位就不证自明了。① 显然这有点牵强附会。而杜威始终没有放弃他的哲学高度，尽管他进行了教育实验，但却把教育作为哲学的实验室。② 换言之，教育学是哲学的具体应用，教育学自然就不是什么独立学科了。杜威的"教育即生活""教育即生长""做中学"与其说是教育学说，毋宁说是哲学主张。他把"经验"作为教育学的基本概念，不是出于他的教育学自觉，实际上是他的哲学主张，哲学界称之为新经验主义或实用主义主张；换言之，不是出于他的教育学自觉，而是出于他的哲学观念向教育学的渗透。教育学史上还有一些著名的人物都有过教育学的论述，但都没有提出教育学的基本概念来，并且还明确提出教育学是一门应用学科，称教育学更像一门艺术。③

教育学在独立的基本概念寻找上基本是失败的，而在建立概念系统方面的努力同样也是失败的。很难想象，没有一个基本概念而能够建立起一个比较完整的概念系统来。这正是教育学界曾经一度致力于寻找教育学的逻辑起点的根本原因。从目前教育学的主流发展趋势看，似乎人们已经不再热心于建立什么概念系统了，人们或认为现在建立教育学的概念系统条件不成熟，或认为建立教育学的概念系统不符合后现代的旨趣了。在后现代的视野中，建立体系就有一种追求霸权的欲望。后现代是没有大师的时代，有的只是文本互动④，所以在后现代追求体系是没有必要的，只要能够建立有效的言说机制就可以了，这种主张似乎秉承了哈贝马斯（Jürgen Habermas）的"交往语用学"的主旨。⑤

在独立方法的寻找上教育学也在经历着惨败。教育学如果有一种独立的研究方法，就足以使其获得与其他学科平起平坐的地位。但教育学在这方面的进展不大，这似乎预示着教育学永远也不可能创造出一种独立的方法来。独立方法是什么？是一种专有的研究方法，还是一套成熟的研究格式？当教育学不能摆脱对其他学科知识的依赖或不能排除对其他学科研究方法的借鉴时，它能否发展出一种独立的研究方法？甚而可以说，目前有哪些学科有自己专门的方法？如果对这些问题不澄清，教育学对独立方法的寻找就可能陷入陷阱。如果不承

① 陈桂生. 教育学建构［M］. 长沙：湖南教育出版社，1998：143 – 156.
② 杜威. 民主主义与教育［M］. 王承绪，译. 北京：人民教育出版社，1990：346.
③ 如康德·乌申斯基等人。见陈桂生. 教育学辩［M］. 福建：福建教育出版社，1998：126；陈桂生. 教育学建构［M］. 长沙：湖南教育出版社，1998：89 – 91.
④ 波林·罗斯诺. 后现代主义与社会科学［M］. 上海译文出版社，1998：1，47.
⑤ 威廉姆·奥维斯特. 哈贝马斯［M］. 沈亚生，译. 哈尔滨：黑龙江人民出版社，1999：40 – 61.

认其他学科有自己的专门方法，是否就意味着教育学也没有必要有自己比较专门的方法？或者说教育学难道就没有自己比较中意的研究方法吗？进而言之，难道教育学中就没有运用前途最广的研究方法吗？如果回答肯定的话，教育学如何与其他学科进行交流，又如何去说服别人按照他的意思行事呢？

因此寻找独立研究方法并不意味着教育学必须有自己独特的研究方法，认为这种方法必须是自己独有的，别人不能使用的。教育学的研究方法应该定位在"在进行教育研究时这种方法是普遍有效的"，人们通过这种方法能够很好地理解教育学知识的性质，很好地理解教育学所要表达的意思，很好地理解教育学研究的合法性或正当性。所以教育学的独立研究方法是指一种普遍有效的方法，而不是限于独特方法。

在独立研究对象方面，教育学遭遇的打击最大。其他学科不可逆转地加入了对教育问题的讨论，有人疾呼教育学变成了其他学科的"殖民地"①。教育学对于自己学科领地被蚕食的境况，无论采取什么样的抵制态度似乎都无济于事。逐渐地人们似乎意识到教育学的独特性正在于它的多学科优势。那么教育学科与多学科是什么关系？教育学科又是一个什么样的学科呢？

四、教育学从"学科"向"领域"转化的迹象

在众多学科渗入教育学内部的时候，教育学开始反思自己，在反思中，元教育学诞生了。元教育学诞生的目的不外乎要为众多的教育言说搭建一个共同言说和交流的平台，从而可使人们窥见教育的整体面貌，也使教育学进入一个新层次。而这时传统的学科观念就显得过时了。如果说传统的教育学是一种小教育学的话，那么现在追求的是一种大教育学。

在元教育学的催生过程中，人们就已经认识到了教育研究的类别区分，西方出现了复数的"教育科学"概念。② 西方元教育学的重要创始人之一、德国教育学家布雷津卡将教育学分成三类：一是教育科学，即是对教育事实的研究；二是教育哲学，这是对教育价值的研究；三是实践教育学，即对应用实践的方式和方法的研究。③ 此外还有对这些理论基础进行的元研究，即元教育学。这样教育学就一分为三，即不需要建立一种"唯一"类型的教育学。这体现了教

---

① 陈桂生. 教育学辩 [M]. 福州：福建教育出版社，1998：76 – 104.

② 瞿葆奎，唐莹. 教育科学分类：问题与框架 [M] //唐莹. 元教育学. 北京：人民教育出版社，2002：20.

③ 唐莹. 元教育学 [M]. 北京：人民教育出版社，2002：394，408.

育学观念的一种进步，即一方面可以容纳多学科进入和渗透，另一方面使教育学从"学科"转变为"领域"，即在教育领域内可以允许不同的声音，不同声音代表不同的价值，这些声音得以共存，这标志着教育学的繁荣，标志着教育学的进程与社会进步的同步，因为社会已经进展到多元的民主化时代。

当然对教育学的划分还不仅这一种方式。我国著名教育学者陈桂生将教育学划分为两大类型，即理论教育学和实践教育学，之下又区分出四个亚类，包括教育科学、教育技术理论、教育价值理论和教育规范理论。① 他认为教育学有四种研究方法，一是实证—实验研究，二是解释学方法，三是分析哲学方法，四是行动研究。② 可以看出，无论他对教育学类型的划分，还是他对教育学研究方法的分类都受到了布雷津卡的影响。我国著名的教育理论专家瞿葆奎先生采取分类分层的办法来划分教育学研究对象，如划分为教育理论研究和教育活动研究两大类，而在教育活动研究下根据采用的不同的研究方法又分成若干学科。③ 他也认同教育学的多学科性。我国著名高等教育专家潘懋元先生也同意教育学的多学科性，并且认为这是教育研究的特点之一。④ 这些似乎都能够证明：教育学正在从一门学科向一个研究领域转变。

五、多学科渗入使教育学再生

作为一个"领域"的教育学，它的疆界就不那么固定，所有有关教育的言说都可以被纳入它的范围。这样教育学就不再是一个"殖民地"，而变成了一个庞大的帝国，甚而所有有关人的言说都可以归入教育学的范围。如此一来，教育学就是所有学科的言说的平台。当然，随着众多学科的加入，教育学研究方法也是多样的，不存在一个唯一的教育学的方法。

在众多学科加入的情况下，似乎教育学作为一个专门学科的问题就自动消失了，教育学成为公共学科，成为一个研究领域，而不是传统的学科。事实上，这是一种似是而非的现象，因为随着众多学科的加入，教育学的问题不是简化了，而是更加复杂了，因为教育学要处理各学科之间的相互关系问题，要综合出一门总体的学问来，这种综合对各学科而言更具有方法论的意义。做到这一

---

① 陈桂生 . 教育学辩 ［M］. 福州：福建教育出版社，1998：45 – 53.
② 陈桂生 . 教育学建构 ［M］. 长沙：湖南教育出版社，1998：60 – 86.
③ 瞿葆奎，唐莹 . 教育科学分类：问题与框架 ［M］//唐莹 . 元教育学 . 北京：人民教育出版社，2002：18.
④ 潘懋元 . 多学科视野下的高等教育研究 ［M］. 上海：上海教育出版社，2001：4.

步，似乎是在向教育学的本质扩展，因为教育学的最基本工作是要对各种知识进行整理，各门学科的加入就为这种知识整理工作提供了素材和内行的专家，从而使教育学工作的真正展开变得具体和生动起来，这样教育学发展才有了动力。试想，如果没有多学科的加入，教育学的建设就是空洞的。因此，多学科的加入是教育学再生的起点，而不是教育学的终结。可以说，真正教育学的诞生与这些学科加入有直接关系。此时教育学没必要把自己封闭起来，追求一种孤独的方法，或依赖于某一门学科的概念和方法，它可以自由地驰骋，架设起多学科交流的平台，它可以根据需要选择自己的言说对象和言说方法，从而表现出一种智慧学问的本性来。在这里教育学就没有必要追求一种普遍有效的言说方法来取代各个学科自己的努力，而是要消除各个学科之间交流的障碍，促使各学科的关系更加协调，使他们都能够"在教育中"找到自己的形象、立场，并通过自己在教育上发言的方式和所持的立场证明自己在"在教育中"的价值。此时，教育学就是多学科的交汇和融合之所及各学科展现自己实力的舞台。届时，教育学正好将各种学科全部包容进去，并将各门学科作为自己的研究对象。正如前述，此是教育学真正的开始，因为教育学如果不研究各门学科知识那它通过什么来进行教育呢？因此，整理各学科知识，是教育学的基本工夫。而传统教育学的弊端就在于试图把教育学变成一种孤立的知识，这不是教育学的最终目的。教育学的最终目的是成为智慧之学，只有容百家学问，才能成就其"启迪人的智慧"的伟业。如果教育学的范围过小，它就无法将潜藏在各学科知识中的智慧集中起来，也无法"成其大"。蔡元培在北大所主张的"兼收并蓄，包容百家"正是教育家的主张，也代表了教育学的进展方向。

教育学：人文科学抑或社会科学①

——兼与张楚廷先生商榷

引导语：教育学属于人文科学还是社会科学，这是一个非常基本的命题。回答该问题的方式不同，答案也就不同，而且回答方式对教育学的建设思路有着非常直接的影响。从历史上看，教育学学科属性发生了很大变化，它由传统的人文科学逐渐转向社会科学。而在 20 世纪中叶之后，教育学出现了向综合科学方向发展的态势。这说明教育学既具有人文科学的禀赋，也具有社会科学的倾向，而目下则呈现出多元化发展态势。面对教育功利化趋向，教育必须回归其自身，教育应成为价值主体而不能单纯地作为工具出现。其中，教育学的人文价值取向是教育学必须时刻观照的一个目标，而作为综合科学的教育学更有利于教育学学科的自身发展。

关键词：教育学；人文科学；社会科学；综合科学

传统上，人们一般把教育学定义为社会科学，理由就是教育学所研究的对象属于一种社会活动。很少人会认为教育学属于人文科学，因为它与哲学、文学艺术和神学等学科的研究对象相差很大。直到张楚廷先生发表了《教育学属于人文科学》一文后，教育学的学科归属问题才重新引起人们的重视，这是一个关乎教育学前途方向的重要命题，需要认真对待。教育作为一种社会现象，何以教育学属于人文科学？张楚廷先生认为，教育学是研究人的学问，是人学，所以属于人文科学，理由是教育学是以研究人为出发点的，是以人的哲学理论

---

① 原载于《教育研究》，2012 年 4 期，第 10 - 17 页。《新华文摘》（2012 年 12 期，第 123 - 126 页）全文转载。

为基础的，它的核心问题是人的发展。① 显然这三个理由是可以成立的，但这三个理由是否就充分呢？或者说这三个理由是必要条件还是充分条件？如此就需要具体考察教育学的属性以及社会科学与人文科学的具体规定性。

一、教育学的学科归属历来存有争议

如果单从经验进行判断，教育学肯定属于社会科学，因为教育是一项社会行动，② 它关乎社会全体成员的利益，它不仅仅是思想家的事情。换言之，教育不能仅从应然出发，而必须关注人的现实需要，满足社会需求才是第一位的，不然就会出现严重的社会问题。如令全社会所高度关注的素质教育问题并不是一个纯教育问题，而是一个复杂的社会问题，它不是仅进行理想设计就能解决的，而是必须组织社会一起行动。这说明，教育学已经把教育与社会发展的关系纳入它的核心范畴，所以它应该属于社会科学。教育当然关注人的问题，因为它始终是以培养人作为自己的目的的，即实现从自然人向社会人的转变，正如康德（Immanuel Kant）所言"教育使人成为人"③。在康德这里，教育是以社会目的实现作为自己的意志的。当然，要"使人成为人"，首先就必须知道人究竟是什么。无论是作为个体的人还是作为社会的人，不知道人是什么，教育活动当然就没有归宿了。所以，尊重人是教育的出发点。但从实践看，无论成为什么样的人，都是一种社会活动，都需要社会的运作，而这是人能够成为人的前提。如此，教育学还真的难以简单地归属于人文科学。

就人文科学而言，它是以探索人的精神活动规律为目的的，在研究方法上依靠直觉和逻辑推理，它虽然借助反思体验，但经验常常不是证明性的，而是启示性的。换言之，人文科学研究不遵循经验的逻辑，因而它属于一种反思批判研究的范畴。而教育学的应用性、实践性非常强，常常以人们的经验积累为依据，而且教育行为通常是可以观察的，这与哲学、历史和文学艺术活动迥然不同。教育学当然要涉及人的意义、价值等哲学问题，也探讨教育活动的目的和意义，但这是为指导教育活动服务的，而非其目标。教育学的核心任务是阐明有效教育是什么，开展有效教育的具体条件是什么以及如何才能达到有效教育的要求。而在这些方面人们是能够达成共识的，因而可以归入经验研究范畴。

---

① 张楚廷. 教育学属于人文科学 ［J］. 教育研究，2011，32（8）：3 – 8，12.

② 沃尔夫冈·布列钦卡. 教育科学的基本概念 ［M］. 上海：华东师范大学出版社，2001：55 – 62.

③ 康德. 康德论教育 ［M］. 上海：商务印书馆，1926：6.

人们通常认为，判断一个学科的属性首先要看研究对象是以什么形态存在的，其次要看它是通过什么方法来研究的，再次要看该研究的价值追求是什么，最后是做出一种综合的判断，看它主体属于什么，即以其主体归属来确定其学科归属。对于教育学而言，前三个问题是容易澄清的，而难题是它的主体归属是什么。从以上分析可以看出，教育活动不是纯然的精神现象，相当部分可以纳入经验观察范围。教育研究可以借助经验科学的方法进行，这正是它作为社会科学的重要依据，但在价值追求上存在着明显的分歧：一种是认为教育活动的根本目的在于使人成为他自己；另一种是认为教育的根本目的在于使个体的人达到社会的要求。这种教育目的的分歧就是两种不同的教育哲学。在前一种哲学指导下，重点在于发展人的独特性，这种哲学在西方文化背景下比较流行，为此特别反对把人按照统一模式进行塑造，也反对采用自然科学的方法进行研究，所以主张教育学属于精神科学，为此对实证主义思潮对教育学的侵占非常不满。[1] 后一种哲学在东方文化背景下比较流行，强调人的社会属性的一面，主张按照社会的要求来塑造个体的行为，把教育过程视为个体社会化过程。这一哲学为教育活动不尊重个性提供了依据。在将教育作为上层建筑一部分的年代，教育没有自己的独立性，个性当然也没有地位，教育容易变成灌输和规训。人们反对传统教育，也主要是从它无视个性角度出发的。把教育作为一种生命哲学的教育学就是以此立基的。[2] 张楚廷先生把教育学归属于人文科学，出发点大概与此相同。

值得注意的是，当年德国学者把教育学作为精神科学时，精神科学泛指所有与人相关的学科，不单纯指今日偏重精神领域探索的人文科学。[3] 提出精神科学的教育学的依据是，教育学的研究对象是人，而人的主体活动是一种精神活动，这种活动不易观察和测量，因此不能用自然科学的分析方法，而需要采用一种独特的方法即理解的方法，这个方法就是把人的精神现象视为一个整体，而不能把它分解成各个片段来分析然后综合出一个人的形象。由于人的个性独

---

① 陈桂生. 历史的"教育学现象"透视——近代教育学史探索 [M]. 北京：人民教育出版社，1998：268.

② 叶澜，李政涛. 为"生命·实践"教育学派创建而努力——叶澜教授访谈录 [J]. 教育研究，2004（2）：33 - 37.；冯建军. 论教育学的生命立场 [J]. 教育研究，2006（3）：29 - 34.

③ 陈桂生. 历史的"教育学现象"透视——近代教育学史探索 [M]. 北京：人民教育出版社，1998：277.

特性，所以要求个别对待，不能使用统一的律则来处理。我国大教育家孔子提出的因材施教原则实际上也是对教育的个体性的反映。在西方，一些教育家始终把教育学视为一门艺术，而不认为它是科学，① 换言之，即不承认它能够作为一般律则性的知识存在，它需要教育者高度的领会与创造艺术才能胜任教育工作。显然，这个主张在教育学发展上没有占据主流地位，如师范教育的开展实际上是承认律则性知识存在，并且认为其可以转换为具体的技术，从而可以用于师资培训。这说明，教育学是追求一种律则性的知识还是作为一门独特的艺术存在在历史上是存在争议的，只不过追求律则性知识的一派占据了上风。赫尔巴特教育学称尊就是证明，② 而这一派得势与实证主义的影响是有关的。

今天，我们能够充分地体会到教育学科学化的后果。如其直接后果就是采用统一模式进行教学，采用统一模式管理教育，采用统一方法培训教师，采用统一课程教学，一切都走向标准化。经过这一标准化的过程，人的个性特征被抹杀，人的创造性天赋被压抑，人变成了教育活动的客体而不是主体，教育活动服从于统一的无生命的制度规定和标准化的知识考试。这一科学化过程恰好与机械化、工业化的逻辑是一致的，我们长期以来认为采用统一的课程、统一教学是教育进步的象征，在今天我们必须进行重新审视。而在我国长期以来作为批判对象的杜威教育学恰恰是以尊重儿童个性作为自己立论基础的。③

二、教育学不能尽数归属于人文科学

教育学原意是教授术，也即教学的艺术。④ 如果作为艺术的话，就保留了教育活动的创造性成分在其中，从而把它归属于人文科学未尝不可。但历史的选择是教育不能以个别的形式存在，必须以集体的形式进行。如此，就必须强调教育活动的共性特征。这也是为什么自工业革命以后大力推行班级教学、普及教育的理由。显然，这对于过去只有少数人接受教育而言是一个巨大的进步。当然，它的代价就是牺牲了过去的个别教学。自此之后，教育学概念的含义也

---

①　唐莹．元教育学［M］．北京：人民教育出版社，2002：68 – 73.

②　陈桂生．历史的"教育学现象"透视——近代教育学史探索［M］．北京：人民教育出版社，1998：169.

③　王天一，等．外国教育史：下［M］．北京：北京师范大学出版社，1993：194.

④　陈桂生．历史的"教育学现象"透视——近代教育学史探索［M］．北京：人民教育出版社，1998：2 – 3.

发生了变化，它由过去的教授术转变为教育科学。① 甚至人们为了区别于传统的教授术，创造了新的词汇，即使用"教育科学"一词替代"教育学"一词。② 这个替代显然不只是词义的变化，而是反映了教育哲学的变化，也即过去注重个体的人，现在是注重作为社会成员的集体的人。过去教育属于私人的事情，现在逐渐转变为公共领域。

在这一转变中，尽管作为西方文化底色的个体主义哲学并没有发生根本的变化，但作为教育哲学的传统却发生了改变。过去教育活动的目的是培养贵族，而新的教育是培养社会公民。过去教育只面对少部分人，而新的教育则面对大众。过去教育靠私人资助，而新的教育依靠公共财政支出。在这一变革趋势下，教育就不再是个体私人的事情，而变成一个公共事业了。原来教育活动属于个体私人行为范畴，而新的教育活动变成了社会活动。教育活动不再完全受教育者个人的思想支配，而必须服从国家的教育规范。过去教育活动常常依附于宗教团体，而新的教育活动则脱离宗教，归属于国家行政管辖。这样就使教育活动从零散的个别活动变成了体制化的社会活动。

与此同时，教育研究的手段也发生了根本性改变，教育活动不再以教育者个别直觉为基础，而是以实验科学为基础，特别是以实验心理学为基础。在自然科学中普遍运用的测量工具也开始应用于教育研究。为了实施集体教学和提高教学效率，还出现了以智力测量作为分班教学的基础。从今天的眼光看，对个体进行智力测量和分班教学，明显具有侵犯个性尊严的意味，而在当时是作为一种进步工具出现的，而且这种工具普及得非常快，测量工具也在不断地改进。今日在美国风靡一时的考试测验都是从这个智力测量中发展而来的。可以说，测量技术的发展，大大推动了教育学的科学化进程。在这个进程中，显然，教育学所追求的社会价值明显高于对个性尊重的价值。毋庸置疑，此时教育学是以社会科学面目出现的。

这一研究趋势一直持续到20世纪中叶以后，这一时期的实证研究是作为霸主身份出现的。事实上，从20世纪初叶西方社会就开始了对科技发展的后果进行反思，胡塞尔现象学的出现就是这一反思的结果。之后批判理论的出现也起因于对科技理性的异化结果进行反思。存在主义的出现，同样是对科技理性的

---

① 陈桂生. 历史的"教育学现象"透视——近代教育学史探索［M］. 北京：人民教育出版社，1998：4.
② 陈桂生. 历史的"教育学现象"透视——近代教育学史探索［M］. 北京：人民教育出版社，1998：5.

霸主地位的反思。这个反思在第二次世界大战后达到一个高峰，人们把第二次世界大战的出现视为科技理性的主宰地位的恶果。到 20 世纪末，后现代主义的出现对传统的现代化进程提出了质疑。这一质疑过程更加剧了新的研究范式的推广。后现代主义中的建构主义和解构主义都对教育活动做出了新的解释，这就颠覆了传统的关于教育意义的解释，如此教育学进入了一个新纪元。教育学也开始打破了大一统的形象，出现了研究思路的分野。于是，出现了哲学的教育学、科学的教育学和实践的教育学研究。① 这一形势的出现得益于一个新的研究范式的出现，即元研究，在哲学的教育学、科学的教育学和实践的教育学背后还有一个元教育学的存在。这一思潮也传到了中国，对我国教育学研究的推进起到了重要的作用。

显然，从哲学的教育学研究思路看，教育学归属于人文科学是没有问题的，因为它所注重的就是人的意义与价值问题以及教育行动的伦理问题，但受自然科学研究范式影响的科学的教育学研究思路仍然在教育研究居于主导地位，这一思路只能归属于社会科学范畴。而第三种研究思路是实践的教育学，这种研究是以实践效果作为追求目标的，很难把它归属于人文科学或社会科学，因为其所采用的研究方式是多元的，但以质性研究范式为主，它重视个别性知识而非一般律则知识。元研究思路在一定程度上可归属于哲学研究范畴。

由此可以看出，教育学的属性是复杂的，似乎是一种综合的科学，既非单纯的人文科学，也非单纯的社会科学。其实，教育学属性的变化在某种程度上也是整个社会科学属性变化的反映。在社会科学领域，各个学科的传统界限纷纷被打破而走向了开放，出现了多学科研究范式。这个变化在高等教育研究领域表现得最突出，部分西方学者率先开始了多学科视角的高等教育研究，在中国也出现了多学科的高等教育研究。② 可以说，这是社会科学走向开放的一个缩影。

三、教育学归属于人学，并非归属于人文科学的充分条件

原则上讲，一切以人为研究对象的学问都可以归属于人学，但几乎所有的学问都是关于人的学问，只不过有的是间接的，有的是直接的。教育学当然是直接关于人的问题的探讨，自然科学领域中许多学科也是关于人的问题的探讨，

---

① 唐莹. 元教育学 [M]. 北京：人民教育出版社，2002：186.

② 潘懋元. 多学科观点的高等教育研究 [J]. 高等教育研究，2002（01）：10－17.

如生理学就是显著一例。心理学也是关于人的研究，然而许多人把其归入自然科学，因为它采用的是自然科学方法，所追求的是不变的规律，而社会科学如政治学、社会学、法律学等无一例外都是关于人的研究，所以归属人学不是作为人文科学的充分条件。

教育研究始终都不能脱离对人的观照，无论是作为个体的人，还是作为社会的人。但无论怎样对人界定，都必然会受到文化的、历史的因素影响。教育在任何国家都承担化民成俗的使命，尽管在不同文化中有不同的表现。中国传统文化对伦理道德品质教化的作用非常重视，从而形成了自成一体的中国教育风格。从今天的眼光看，传统文化的教化观显然是有偏失的，最大偏失就是对个性的压抑。

西方社会在近代化过程中也加强了民族文化的灌输，这对于形成民族认同具有重要的意义，虽然对个性发展有很大的抑制作用，但由于西方文化具有共同的文化源头，都非常重视个体的独立价值，因此个性遭受压抑的程度远没有中国强烈。所以，在中西文化对比中，西方文化仍然是以个体发展为本位作为教育哲学的主导哲学，而中国的教育哲学始终无法改变个性地位低下的命运。随着西方文化思潮的引入，特别是后现代主义思潮的影响，对个性的重视已经成为教育改革的必然趋势。呼吁教育学作为人学也是在这一大背景下发生的。

然而，要从"教育学是研究人的"这一命题出发得出教育学就是人文科学就显得困难很多。因为所有的社会科学都可以归结为人学，其出发点都是人，都是为了满足人的发展需要。但人的发展不仅需要知识，还需要许多其他的东西，而这些远非教育所能够提供的，而且教育本身的运行也必须依赖这些条件。这也是为什么现在教育研究越来越脱离传统的小教育视野而必须走入大教育视野的原因。大教育更强调社会外在条件对教育活动的制约作用，比如今天要治理"应试教育"的顽疾，单纯从教育自身出发是无济于事的，必须强调社会综合治理才可能见效。这说明，教育已经走入了广阔的社会视野，而非传统的学校活动范围。许多人已经发现，学校教育的效力远不能抵住社会的影响，甚至还有人得出了"5 < 2"的公式，即 5 天在校的教育小于 2 天在校外的影响。①这说明，教育学不再只关心个体间的对话，而是更关心社会制度设计，换言之，社会制度框架设计对教育活动的成功具有更根本的意义。

我们发现，人文科学还有一个共同品质，那就是不服从自然科学的因果决

---

① 唐莹. 元教育学［M］. 北京：人民教育出版社，2002：187

定论。换言之，在人文科学中很难出现一些精确的、具体的概念，一般都是比较抽象的、模糊的概念。这种特质也使它很难采用自然科学的方法进行测量并以数学公式的方式进行精确的表达。所以，无论哲学活动还是文学活动都难以找出规律性的东西来。而教育学的研究对象教和学的行为显然是可观察的，也是有一定规律可循的。这一属性就使教育学必然要保留很强的社会科学属性。作为哲学一部分的教育思考主要属于极少数的精英群体的事情，对于绝大多数的教育研究者而言，他们从事的是比较规范的社会科学研究，即有确定的研究方法，有明确的研究目的，并且有可以验证的结果。显然，哲学研究是不具备这一品性的，哲学研究常常被攻击为思辨的，也即是非实证的。

在此可以看出，研究方法的属性基本上反映出它的学科属性。当它可以采用比较规范的方法进行研究时，它就属于社会科学，当它无法采用比较规范的方法进行研究时，它可能就属于人文科学，这个时候采用的方法可能是思辨式的。在思辨研究和实证研究之外还有其他选择，如质性研究，也就是当今许多学校所采用的校本研究或行动研究方式。这些研究方式就是德国学者所称的实践教育学研究。① 虽然这种研究也是经验性的，却是个案性的，其研究诉求不是知识，而是具体行动的效果，所以属于一个特别研究范式。

从教育学发展的谱系看，教育学最初是作为实践的教育学出现的，这就是前文所称的教授术，也是这一点使一些教育家认为教育学不应属于科学而应隔于艺术。② 其根据是这种研究很难获得一种具有推广价值的知识或行动模式。正如今天许多优秀教师的经验无法复制一样，他们只能以个案的身份出现，而无法以规律的形式出现。在教育学向科学化转化的过程中，教育学开始与哲学结缘，因为这个时候才开始真正考虑人的地位问题，这才出现了杜威的教育哲学与赫尔巴特的教育哲学的区别：杜威把儿童、生活和社会放在中心，而赫尔巴特是把教师、知识和学校放在中心。③ 之后，教育学的科学化进程比较快，出现了多学科的教育研究，实质上是多学科的方法应用于教育研究。显然，在这一进展中，教育学的社会科学地位重于它的哲学思考。正是在这一科学化的进程中，教育学作为社会科学的形象逐渐被确立了。

进入现代社会之后，教育已不再是纯粹个人的事情了，已经变成了一种社

---

① 陈桂生. 历史的"教育学现象"透视——近代教育学史探索［M］. 北京：人民教育出版社，1998：173.

② 王天一，等. 外国教育史：下［M］. 北京：北京师范大学出版社，1993：196-220.

③ 唐莹. 元教育学［M］. 北京：人民教育出版社，2002：73-83.

会行动，开始由社会进行规划，个人更多是以教育的需求者身份出现。在远古的时候，由于没有什么系统的知识，教育也没有成为制度，教育活动就是不同个体之间的口耳相传和身体示范，教育活动主要依赖教育者本身的经验，教育学像门艺术。随着知识越来越有形化，经验传授成分越来越低，教育成功主要依靠课程设计和教学管理，而对教育者个人的依赖越来越少，换言之，教育活动在更大程度上依赖于制度设计。制度显然是针对大众进行的，不可能是针对个人的，这也使人感到，教育活动越来越非人化，似乎教育距离真正教育越来越远了，似乎教育只是一种知识传输的工作而已，甚至是作为流水线上的一个环节存在。如此，教育就失去了本真而发生了异化。但问题是，教育还能够返回它的本真吗？

从教育学的追求看，教育学也不希望自己变成一种艺术，因为这似乎会降低自己的学术层次。教育学还是要追求一种科学地位，作为一种学科存在。那么，它就可以作为一种公众的工具。但真正的教育就是一种艺术，是一种心灵的创造，是别的东西无法复制的，一旦作为科学存在的话，它必须接受被复制的命运。如此，教育学就面临两难处境，一方面希望自己获得科学的地位，另一方面发现简单地复制教育就是在阉割教育。教育学这种地位的苦恼其实在许多学科都存在。

四、考察教育学属性的两个维度

从历史上看，教育学发展已经经历了两个阶段：一是古老的阶段，指工业革命之前的时期，如前所述，它是作为教授术存在的，还没有真正成为一门学问，因此可以把它归入艺术的范畴；二是新兴科学阶段，指民族国家兴起之后，特别是工业革命之后，此时教育学以研究教育的外在表现特征为主导，并试图建立自己的学科领地，因此是教育学科学化的阶段。教育学现在正在向第三个阶段转变，其特征是走向开放化，变成一门复杂科学，我们称之为综合科学。此时，教育活动与其他社会现象复杂地交织在一起，从此教育学就进入了综合学科的时代，其标志是多学科进入教育研究范围。

正是教育学在其走向科学化的过程中发现了它有两个发展向度。一个是内在的向度，即研究教育活动对人的身心发展的价值，这个研究采用的方法是内省的方法，也就是精神科学所主张的理解的方法。事实上，这条途径通向哲学的教育学。另一个是外在的向度，即研究教育活动对群体或社会发展的意义。此项研究则可以借助一定的测量工具进行，走的是自然科学通用的定量化研究途径。正是这个努力，教育学才作为一门社会科学存在。这两个研究途径要达到的目的是不一样的：第一种路径是为了对人的发展方向进行解释并提供指导，换言之，是从理想的角度为教育指明方向；第二种路径是研究教育活动的实际状态以及所产生的实际效果，并试图为改进教育活动效果提供方案。但无论哪种研究，其研究结果的应用对象都不是指向个人的，都是指向社会制度建构的。从这个意义上说，教育学确然是作为社会科学存在的，而非无法变成社会操作的人文科学所比拟的。

我们知道，最早的教育活动是以家庭为单位实行的，所进行的是一种非正规的教育。在近代之前，教育活动还是以个体为主导的人格陶冶行为，强调个性的自由，尽管这个自由受到了封建专制或宗教教会影响而大打折扣。而在进入近代之后，教育活动则是以社会为主导的知识传递行为，技能训练和道德训教是一种主要的教育形式。教育学概念的变化实质上说明教育功能发生了变化，传统的教育功能主要是为个体发展服务，而之后把为社会发展服务作为主体，而个体发展附属于社会发展之中。尽管此时教育具有双重功能，即促进人自身发展的功能和促进社会发展的功能，但促进人的发展功能明显地附属于社会发展功能之中，如此促进人的发展功能常常受到掩蔽。鉴于人的发展功能经常被掩蔽的事实，所以不同学者提出了不同的思路来平衡这两个功能，如把个体发展作为本体功能就是个人本位教育观，而把社会发展作为本体的教育发展观则是社会本位教育观。

两种不同的教育哲学对教育活动的具体指向是不同的。个人本位观非常重视教育过程本身，把受教育者作为主体对待，教育活动是为人的成长发展服务的，从而非常重视个体潜能的开发，特别是在教学活动过程中能够把个体当成独立的人看待。而社会本位观则强调外在规则的权威，强调受教育者作为受体出现，把外在目标的实现作为教育活动的重心，学生的个体意志必须以外在评判为转移。这一点在传统中国文化中最为明显，因为中国本身就缺乏对个性独立精神的培养。但社会发展的结果是教育越来越体制化，越来越按照制度设计来分配资源，教育越来越成为一个外在的标志，一个身份和标签，越来越失去教育本身的内在价值，这是必须思考的问题，但似乎还没有什么力量能够对付这种命运。

所以，如果用"人本化—工具化"代表两种教育哲学的发展路向的话，前一种路向通往"个性化—自由化"，后一种路向则通往"体制化—标签化"。这种分野其实在古希腊时候就开始了，亚里士多德（Αριστοτέλης，Aristotélēs）

提出自由教育概念就是在思考这个问题。在今天职业教育越来越发达，对这个问题的思考也就越来越急迫，而这个分野大概是教育在通往现代化过程中所无法回避的。

在这里我们需要回答一个本质性的问题：教育究竟是应该作为工具存在还是作为本体存在？如果教育只是作为一个工具存在的话，它理应属于社会科学；如果教育可以作为本体，可以作为个体精神寄托的话，那么，教育就属于人文科学。两种不同的取向代表两种不同的研究方式：在第一种取向下，实证研究范式是主导的；在第二种取向下，思辨研究则是主导的。事实说明，我们无法截然把教育看成完全的本体或一个纯然的工具，教育既可以是本体又可以作为工具存在。在不同的文化中，教育被赋予的地位是不同的，显然是各有侧重，但都认同教育的双重功能存在。

五、教育社会化与教育功利化趋向

在今天，教育是作为一种复杂的社会现象出现的，因为教育活动包括了所有社会活动的意义，所以我们已经很难清晰地定义教育究竟是什么，因为我们一旦定义教育的话就必须首先定义人是什么，只有提出人的理想发展目标，才可能有真正的教育活动，但如果对人类社会发展历史缺乏系统考察的话就不可能完成这一工作。事实上，这一工作永远也不可能做到尽善尽美，这也是教育活动永远是一个争议问题的原因。

这意味着，对教育活动的思考不可能从一个宏大的设计出发，必须从具体的教育行为改善出发，所以行动研究是教育研究的根本出发点。人们正是在反思教育活动的不足中来改善教育行为的，试图制定一个完美的设计是不可能的，那样只能导致与理想相悖的结果。但教育发展的历史说明，人类对教育的设计恰恰时常在追求一种完美的设计，试图寻求一种适合所有人的教育方式，然后把这种设计变成制度推行，这个结果就是一方面推进了教育的普及，另一方面个性潜能遭到了抑制。这不能不说是教育发展的一种二律背反现象。

我们知道，在工业革命之后，教育方式逐渐从个别教学转向集中的班级教学，教育向培训转变，教育活动走向正规化，出现了培养专门教师的师范教育制度，建立了国家教育制度，并采取统一班级、统一教材、统一学制等标准化方式来提高效率。这一正规化过程不仅是工业化大生产的需要，也是民族国家发展的需要。不可否认的是，这一过程是以人的个性遭受抑制为代价的，而对多数新获得教育机会的人而言，他们的个性无疑是获得了发展的机会，而这正是教育进步的意义指向。

进入现代社会之后，随着提高国家实力的要求，普及教育与塑造高素质公民就成为一种政治的要求，它要求必须扩大教育机会，使得教育必须走出个体的范围，教育目标指向性问题也就出现了，即教育不能完全由内在需要决定，于是个性发展与社会化要求之间就形成了一对矛盾。事实上，这一矛盾一直在持续着，因为没有社会化的过程，就无法塑造一个社会的公民，就无法实现文化认同。也是在国家的努力下，教育机会实现了平等，教育活动超出了个人的范围，教育变成了一个社会的事业或国家的事业。

为了进行大规模的教育，教育效率问题就必须考虑，因为涉及投资问题，涉及国家投资平衡问题。不能证明投资的有效性则是比较糟糕的教育。所以民主化程度越高的国家对这个问题越关心，因为这些国家民众对教育投资的发言权也比较大，那么证明教育投资的有效性就是一个急迫的课题，这也是为什么美国的教育经济学研究最发达。当然，美国的教育经济学的发达与美国教育实用主义思潮有关，这使他们更多地关注投资的实际效果，无论是对个人发展的作用还是对国家生产力的作用，这也是人力资本理论能够在美国诞生的重要原因。此外，美国人精于计量也是他们在教育经济学方面比较发达的一个重要因素。

在教育观念方面，美国人独创了实用主义教育理论，这既不同于欧洲的古典主义教育理论，也不同于欧洲的功利主义教育理论，而是把个体内在感受放在了第一位。在教育观念上，美国人颠覆了欧洲流行的教师中心论，确立了儿童中心论，教学场所不仅仅局限于课堂和学校，而是着眼于社会，特别是教材不再局限于书本，而是放眼全部生活，也就是说教育不是为生活做准备，它本身就是生活的一部分，并把教育作为民主社会建构的工具。①

但人们确实发现，教育存在过度功利化的倾向，这一倾向是反教育的，因为它把人引导到追名逐利中去，从而失去了性格陶冶的价值，这一现象当然是可怕的。可以说，这是教育内在功能退化的表现。如果内在功能退化，外在功能增长就是虚假的。我们说，教育质量仍然取决于内在功能发挥得如何，失去了内在功能的衡量，外在功能衡量是没有意义的。也是在这个意义上说，教育必须回归其自身，教育应成为价值主体，教育不能单纯地作为工具出现。因为那样的结果会导致人性本身的退化，教育就失去了道德涵养价值，教育就无助

---

① 王天一，等. 外国教育史：下 [M]. 北京：北京师范大学出版社，1993：221.

于培养伟大的人格，那样的话社会是没有希望的。因此，教育的目标是培养独立的人，有思想的人，有道德觉悟的人，有主动贡献自己力量为社会服务的人，也即具有完美个性的人。而工具化、功利化教育就容易出现各种偏颇。

如何回归人文教育之途？这正是当下我国在高校推行文化素质教育的命题，当然也是我国在中小学推行素质教育的命题。探讨这一命题显然不能不顾教育已经成为一种社会建制的事实，不能不顾教育已经成为社会竞争的一种资源的事实，不能不顾社会评价无法顾及内在评价、只能注重外在效果评价的事实。如果不顾及这些基本事实，则教育主张和教育设计很可能就是无效的。在此唯一的办法就是平衡，而不是采取矫枉过正的"手术"。

六、教育学是一门综合科学

通过分析我们发现，教育学无法直接地归入人文科学或社会科学，因为它确实具有双重属性。事实上，教育学的属性是多重的，它还有许多无法归入人文科学或社会科学的属性，这也是德国学者把教育学划分为四个部分的原因。[1] 而就教育学发展而言，我们急需建立自己的教育哲学，从而使教育活动摆脱价值混乱的状态，这也是我国教育学界倾向于把教育学归入哲学研究范畴的原因，也是中国教育学派诞生的条件。因为只有从哲学角度思考教育，才能为教育行动制定一个明晰的方案。但无论什么样的方案，最后必须从实际出发并接受实践的检验。这是教育学的命运，教育学不能只是理论的教育学，而必须是能够指导实践行动的教育学，如此，教育学就进入社会活动场域，而且必须变成每个教育实践者的行动研究，如此，教育学才真正具有生命力。

因此，教育哲学建设是教育学发展的灵魂，而作为社会科学则是教育学发展的主体，实践教育学则是教育学发展的最终目标。在其中，教育学的人文价值取向则是教育学必须时刻观照的一个目标，在此，把教育学说成人文学科自有其道理。但就此把教育学归属于人文科学则有矫枉过正之嫌。所以，教育学作为一门综合科学相对比较适宜，也更有利于教育学学科的自身发展。

---

[1] 唐莹. 元教育学［M］. 北京：人民教育出版社，2002：188 – 252.

现象学教育学：颠覆、回复与整合①

引导语：现象学教育学作为一种从异域引入的教育理论资源对我国教育改革起到了重要的支持作用，因为它本质上是对传统教育学话语方式的瓦解。然而现象学教育学在进一步本土化过程中必然面临一种抉择：是完全颠覆还是向传统教育学回复，或是与传统教育学进行整合？我们认为其出路在于与传统教育学进行整合，这样它才能真正实现它的主旨：走向生活世界。

关键词：现象学教育学；传统教育学；整合

一、现象学教育学引入中国：支持改革

现象学教育学在 20 世纪末叶进入中国后很快就成为影响当今中国教育改革的重要思潮之一。我们知道，作为以繁复艰涩著称的现象学教育学哲学基础的现象学，在社会科学界的影响一直比较弱，对教育学影响也不大。② 根据现象学教育学创始人范克南的记述，③ 现象学教育学的形成历史也不过 20 余年光景。这样一种在国外也不见得有多大反响的教育理论能够在中国扎根，其主要原因应该是适合了中国本土的需要。

众所周知，20 世纪 80 年代中期，中国开始了教育改革。改革的核心是对传统的知识灌输模式产生怀疑，强烈地要求培养能力，即从传统的知识本位走向能力本位。这一转变是经济改革发展需要的反映。进入 90 年代后，人们发现能力本位仍然存在偏颇，于是人们重新为教育改革发展定位，要求从能力本位转向素质本位。素质教育呼声由此而起。

---

① 原载于《比较教育研究》，2007 年 8 期，第 22 – 27 页。
② 高伟. 现象学对教育学的影响：理论与问题［J］. 清华大学教育研究，2004（1）：18 – 26.
③ 李淑英. 现象学教育学：一门新兴的教育学［J］. 开放教育研究，2005（11）：4 – 7.

但进行什么样的素质教育？如何进行？人们认为素质当然是指理想素质，如全面性、适应性和发展性等特征。① 这样人们就"能力"增加了一个"方向"。那么，高素质首先是指具有较高的道德素质，然后才是指具有较强的实践能力，最后还必须具有较宽厚的专业技术知识。鉴于此，经常把素质教育翻译成"mo－ral education"或"quality education"。应该说，后一种翻译更全面、更科学，但前一种更突出了意图。

然而素质教育的提倡者不恰当地将它与考试对立起来了，这让人们产生了一种错觉：认为素质教育就是不要考试了，似乎考试不利于能力和素质培养，因此主张取消考试。显然这是不切实际的，也注定是不能实现的。所以经常出现"素质教育搞得轰轰烈烈，应试教育做得扎扎实实"的现象。这说明素质教育变成了一种口号。

从时间上看，现象学教育学的引入正值国人把教育发展目光从能力转向素质之际，这使得现象学教育学也部分地得风气之先，因为它与对传统教育批判的力量结合起来，所以在引入过程中没有遇到多大的排异反应。也许是由于其引入的孔道还不够大，所造成的影响力还没有被充分地重视，因此，对现象学教育学的反映只是局部的、零星的和正面的，这反映出经过 20 余年教育改革的洗礼，人们对教育的看法已经冷静、成熟和包容，人们的观念更加解放、务实和多元。

二、现象学教育学的使命：回归生活

现象学教育学的主题仍然没有脱离现象学奠基人提出的命题："回到事物本身。"回到事物本身既是现象学的主旨，也是现象学的基本方法，它的目的在于拯救科学面临的危机。它所面对的问题是科学世界与生活世界相背离、生活世界被科学殖民化的现象。② 鉴于此，胡塞尔（Edmund Husserl）认为科学世界应该以生活世界为基准，所以他提出的口号是科学世界向生活世界回归。于是回归生活世界就成了他的方法论原则。他提出回归的途径就是"还原"具体方法是"现象还原""本质还原"和"先验还原"，他的中心手法就是"悬置"。但他在最终目标上却陷入了困境，因为他的最终目标"先验还原"却无从判断。

---

① 王洪才. 步出误区：素质教育理论与创造性的实践 [M]. 北京：开明出版社，2000：26－35.
② 埃德蒙德·胡塞尔. 欧洲科学危机和超验现象学 [M]. 张庆熊，译. 上海：上海译文出版社，1988：89－98.

为解决这一难题，他提出"意向性"作为解脱。但"意向性"究竟是指什么，这在胡塞尔晦涩的著述中并没有明确揭示，于是意向性本身又变成了一种悬案。

可以说，胡塞尔很好地提出了问题，但在所开的药方上却是半途而废的，因为人们对意向性不明其所以然而不得不终止或陷入歧途，最终仍然不得不被科学世界操纵，并接受进一步加剧的生活殖民化的现实。于是这一问题继续成为海德格尔（Martin Heidegger）、马尔库塞（Herbert Marcuse）、哈贝马斯等哲学大师们思考的主题。海德格尔虽然提出了存在本体论，但最终结论仍然是悲观的，他告诉人们"语言是存在的家"，主张人应该"诗意地生存"，以此来脱离科学的网罗，然而这显得多么失落惆怅啊！①

马尔库塞是另一位反对科学对生活世界殖民化的大将，他举起了革命大旗，号召知识分子革命，他预判革命成功的唯一希望是知识分子，如果没有知识分子的革命，那么生活世界被殖民化的状况就不能改善，更不可能终止。然而他的革命路线被认为会引起破坏性的后果，也是现实社会秩序所不能容忍的，而且其关键的痛楚在于：他的革命终点是不明确的。于是他所号召的革命举动就很容易演变成一种群体的宣泄，就会成为一种集体无意识。②

哈贝马斯是当今世界著名的哲学大师，他的交往伦理观对当今社会科学界的影响非常大。他的立论基础是重新划分知识兴趣，把知识兴趣划分成三个类型，即所谓认识的兴趣、实践的兴趣和解放的兴趣，并指出传统的知识兴趣局限在认识的兴趣和实践的兴趣上，还没有广泛涉及解放的兴趣，这正是科学世界对生活世界实行殖民化的源头，那么凸现解放兴趣应该变成科学的主旨，也自然应该成为社会科学的命运。对于实现"解放"的途径，他的处方是通过交往，但其前提是建立新的语义规则，也就是建立新的交往伦理学。③

不无遗憾地说，哈贝马斯的主张仍然是沿着"语言"的路线继续，他试图建立理想的交往规则来解决现存世界的弊端，这无疑是一种理想主义，因为这种理想交往规则是脱离实际的，也与他的初衷相悖。因为要创设一种理想的交往环境、遵循一种理想的语法规则无疑是在进行一种标准化努力，这种标准化仍然是科学对生活世界的殖民化。现象学教育学秉承现象学的传统回到生活本

---

① 〔德〕海德格尔. 海德格尔与哲学〔M〕. 周兴洲，译. 上海：上海译文出版社，2003：157，409.

② 〔美〕马尔库塞. 单向度的人〔M〕. 张峰，译. 重庆：重庆出版社，1988：6－88.

③ 〔德〕哈贝马斯. 交往与社会进化〔M〕. 张博树，译. 重庆：重庆出版社，1988：36－80.

身，回归生活世界，批判教育与儿童生活世界的脱离，批判传统教育方式使人失去智性。① 于是它把回到儿童的生活世界作为努力方向，把交流作为解决这一问题的总方法，提倡与儿童的平等交往，而不是对儿童进行规训，避免使学校成为不能亲近的地方，克服学校生活与真正生活的对立。现象学教育学提出，关键是要打破加在学生和教师身上的身份假象，还原到生活本身，在教师与学生之间开展真诚的交流。那么教师的主旨不是传授知识，而是引导学生成长。在这里，一切以满足学生的性情爱好为尊，以一种"活跃""和谐"为尊，当然，知识掌握的多少不能再作为学生发展程度的标准，学生的发展程度应该以他们的智性激发为目的。显然，在这里，应当以个性、多样性为本，统一、标准都是遭遗弃的对象，因为它们统统是压抑人性的，是不足为道的。

在回归生活之后，教师与学生之间不再有距离感了，教师的优秀品质就是亲和力，教育的成效就是教育活动中所获得的那种"其乐融融"的氛围和陶醉感，学生对教育的解读就是普遍地获得了一种爱，这种爱虽来自教师，却如同父母。② 学生透过教育看世界就是一种普遍的善，那么学校就像一个家。校园设计无疑都应该围绕这个目标进行，否则都是不人性化的。

如此，教育学也不再是一套系统的理论表达，而应该转换成一个个动听的故事，在教育学中叙事的中心当然应该是教师与学生之间的心灵对话，每个对话都有牵绕人心魄的情节，都是一种倾诉，都能够使人感受到人作为一个具体的人、普通的人所经历的真实处境：无助、无奈、获救和感动。教育学于是就不再那么晦涩、抽象和有距离感了，而就像一个个美丽的童话。这确实是从科学世界中的解魅，让人有一种返朴归初的体验，人的心灵在不自觉中受到了净化。③

显然，这是一幅美丽的教育理想国图画，是一种人类脱离了生存竞争后的状态，是人对机器化时代、浮躁的商业社会感到厌倦后的反映，是人类发展自我净化过程的一种设计。它的客观效果就是要求人们与享乐、物欲疏离，回归生活的宁静、简单状态，去体验人的真正主体状态，摆脱人类受机器、商品操纵的命运。

这种教育吁求恰与人们对学校中的考试高压、学校管理中失去温情、人们

---

① 〔德〕哈贝马斯. 交往与社会进化 ［M］. 张博树，译. 重庆：重庆出版社，1988：36 - 80.

② 宁虹，钟亚妮. 现象学教育学探析 ［J］. 教育研究，2002（8）：32 - 37.

③ 丁钢. 像范梅南那样做叙事研究 ［J］. 上海教育，2005（22）：18 - 20.

生活状态的单调乏味、师生关系的疏远等诸多方面的反叛相适应,这无疑为教育改革提供了一种重要的支持性的理论资源,于是就成为人们对传统教育批判的一种武器,也成为人们对教育理想方案设计的一种代用品。当它与质性研究方式在中国传播潮流相汇合时,它受到关注的程度也与日俱增。于是它在中国本土化命运开始从第一阶段转向第二个阶段:不仅从理论上支持教育改革,而且现实地参与教育改革。显然这是现象学教育学本土化的更高阶段。

三、现象学教育学的阻隔:颠覆的代价

作为一种试图改变传统教育根本的教育主张,现象学教育学的进一步发展必然取决于它能否回答传统教育学提出的命题,而且如何回答这些命题决定着它的未来发展走向。

现象学教育学是从一种哲学主张中延伸出来的,但从实质上讲它更是一种方法,因为它并没有提供关于世界的最终设计,也没有告诉人们人生的最终归途是什么,当然也没有告诉人们人生的理想出路在哪里。这些都是人生的根本问题,教育活动必然要面对而不可能完全逃避。传统教育学设计就是从这些宏大命题出发,逐渐地思考到人的具体生存问题,它提出人的最好的生存策略是继承人类已有的精粹知识,充分开掘自我的潜能,培养人的适应社会的智慧。这就变成了具体的教育命题,也是千百年来教育运转的动力,当然也是人们对教育的希望与寄托。

在传统的教育学中,知识与人生、个体与群体、学校与社会的关系是非常明确的,首先都明确地把知识传授作为学校教育的中心任务。传统教育学主张人类文明探索的成果必须一代代继承下来,不可能在某一个时代而终止,这种终止的后果就必然导致人类发展的倒退。其次,个体必然地被纳入群体之中,个体的离群索居没有任何实质性意义,作为一个群体的存在,必然有一定规范,这些规范尽管是对个体行为的一种束缚,却是维持一个社会有机体有效运转的条件。学校教育的一个重要任务就是要传播这些社会运行的规范。那么个体只有在适应社会基本规范要求的基础上才能更多地展现出自己的个性潜质,也只有这样个体才能达到与社会的和谐。这就是为什么传统教育学一贯强调社会本位的原因。

但不可回避的是,社会本位思想在流传过程中也遭到了不同程度的扭曲,如在强调社会本位时把它与个性发展完全对立起来,认为一切关于个性价值的提倡都是反社会本位的。显然这一思想是危险的,因为它非常容易成为抹杀个

性、压抑个性的理由和工具，从而为推行社会高压政策寻找到根据。按照唯物辩证法原理，强调社会本位不意味着必须完全放弃个性价值，因为如果社会规范的制定完全不考虑个性的需求，那么这种社会规范是无法执行的，如果强制执行也是反人类的，是一种暴政。而且从学理角度而言，提出个性本位的主张也是成立的，因为社会存在的本质仍然是以人为中心的，这个人不可能是完全抽象的人，完全脱离具体的人的需要，也必然是在人的共同需要基础上提炼出来的。如果社会发展离开了人的发展，离开了具体的每个人的发展，就会陷入一种虚无的状态，这种状态当然也是不能持久的。从这个意义上讲个性本位是成立的。但是当遇到个体生存与群体生存的抉择关头，少数人的利益显然要服从多数人的利益。那么为了社会的利益，个体必须让渡部分个体的利益，这也是社会契约论的关键。如果只讲个人的愿望而可以置群体或整体的安全于不顾，这时就陷入一种绝对的个人本位观。显然这种主张是没有多少市场的，即使在西方也很少有人赞成完全的无政府主义。

而在现象学教育学中，似乎这些基本的问题都不存在了，一切都是以儿童为中心的，这里能够看到的都是一个个孤零零的人，都是具体的人，[①] 但是不见了群体的踪影，这就不能不引起人们的质疑：在现象学教育学的指导下，学校教育如何进行，教育教学过程如何组织，教育活动是否需要目标设定，以及我们如何来观察儿童是否发展了。

显然，针对这些问题，我们不能说，教育活动只要看儿童自己满意就行。毕竟我们不能完全以儿童的评判为准。诚然，照顾个性是教育学的永恒法则，但是个性发展是以社会标准为依据的，而不是任凭儿童自己喜欢行事的。而且，教育活动还必须遵循经济的法则，即教育活动不可能完全不讲经济效率、不计经济成本。学校教育与社会生活完全无边界状态似乎是根本不能实现的。教育对社会活动及行为方式的筛选、处理是学校教育正常发挥作用的基础。这也是要求教育必须走专业化道路、必须聘请学问和道德高深人士执掌教鞭的原因。

在现象学教育学的视野下，传统的教育学设计都是违背人性的，教育活动没有针对具体的人，教育研究也脱离了人的趣味追求，所以形成了理论与人的兴趣对立的局面，因此教育研究应该变成教师的生活叙事。[②] 这固然是对教师活动主体的尊重，也确实能够使人看到一个个立体的人的形象，但是我们马上

---

① 继湘，胡弼成. 教育学中"具体的人"[J]. 高等教育研究，2005（3）：17 – 22.

② 刘洁. 现象学教育学著作中的故事[J]. 教育研究，2005（2）：62 – 67.

就发现，在这种教师叙事的描述中，我们看到的都是人的零散的形象，都是人的社会片段的折射，很少能够凸现教师作为一个主体人格在行动，很少能够表现社会整体的动力，很少能够挖掘出共同性的知识来。在教师的行动中，学生也总是需要关爱的对象，无论是教师还是学生，都是一种被困惑缠绕的对象，都表现出一种对生命的不由自主的状态，在这些叙事中除了"爱"似乎不能做任何事情。这种教育学的导向让人退回到人自身，使人自我陶醉，使人去回避压力和矛盾的根源，让人产生一种感觉：等待是解决一切的良方。

因此，在现象学教育学进军教育改革的过程中，系统知识传授变得不重要了，传统的学校规范是过时的，传统的教师与学生角色印象是刻板的，学生为了生存和社会流动所进行的努力都是无足轻重的，家长与社会的期望都是一厢情愿的，国家与民族的意志是过重的、不能承受的，而一切都应该还原到个体的原始体验，回复到儿童时期的美好回忆，教育应该进入一种田野牧歌般状态。在这样的不明前提、不明就里的状态中，传统教育学的命题被悄悄地颠覆了。

四、现象学教育学的命运：走向整合

正如素质教育在现实中面临着巨大的反弹一样，凡是素质教育口号震天响的地方，其应试教育也做得非常成功。现象学教育学在素质教育的大潮中成功地被引入中国本土，然而要继续发展还需要进一步改造。换言之，如果现象学教育学不能满足人们继续升学的渴望，不能为人们向上社会流动提供阶梯，那么它也不可能走向生活世界，也只能作为一种供品高高地供奉在神龛中。

当然这不是说，现象学教育学必须与传统的升学教育主张合流才能够取得地位，而是说作为一门学问的现象学教育学应该不仅具有一种观赏价值，而且应该具有一种实用价值，即能够为人们取得现实利益服务。在现实社会中，我们不可能完全不谈利益。而谈利益，也不意味着就要求人们争名逐利、急功近利，而是要求人们在谈论一项事物的精神价值的同时切不可忘记它应该具有物质福利的作用。无疑，现象学教育学发挥作用的基础就是它的精神作用，就是它对人的潜能的重视以及它对人的解放功能，这一点正是我们理解和尊重现象学教育学的基础。问题的关键是考察现象学教育学发挥作用的机制。现象学教育学发挥作用的机制当然是"交往"，这种交往完全是无限制的、开放的、透明的，或者说这种交往完全是一种心灵的互动，这种交往不再有身份色彩，也不具有功利的局限，更没有强迫的痕迹，因而完全是一种敞开状态，是一种本真的内在体验的交流与分享，在这种交流中，个体的内在境界获得了提升。在这

种交往中，体验是双向的、交互的、渗透的，不是一种灌输和灌注，因而这种交往完全是对等的，彼此都能体会到对方存在的价值，从而也使人们感受另一个真实的世界的存在，即每个人所独立具有的心灵的世界。然而，这毕竟是一种理想的交往状态，因为它已经克服了语言上的障碍、阅历上的障碍以及现实生存状态的障碍，使人们能够做到尽情地无遮蔽地交往。现实中，这种障碍是非常大的，有时是难以逾越的，而且要达到一种比较理想的状态是以需要人的全部精力作为条件的。既然如此，这种理想的交往状态也只能是一种理想。现实中的交往状态也只能是局部化的、点滴的、偶发式的、情境的，这构成了交往的局限。最为关键的一点，我们生活的情境是多元式的，我们不可能对一件事物始终如一地进行关注，因为这样的交往成本是高昂的，从而是现实中不可获得的。

教育在现实生活中必须依赖一定的规范，这种规范是以一定的约束为前提的。有了这种规范之后，人们可以大大地节省交往成本，从而人们的行动有了标准，社会运行的安全程度也提高了，这是人类所享受到的文明的福泽。所以在人类文明进程中，除了我们所享受到器物文明外，还有一项重要的文明就是制度文明，这种文明为我们节省了大量的生存成本，从而成为人类文明的重要的财富之一，也是我们必须约束自己所获得的收益。

同样，在人类的文明中另一个重要成就就是知识财富。这个财富是我们更好地应付自然环境的有力武器，接受它，本身也是对我们潜能的挑战。我们的能力就是一种习惯，是对我们本能的改善，而且这个改善是处于无止境的状态中，而改变的诱因就是通过获得知识而进行。因此，知识获得仍然是教育活动的中心或根基。而且，这种知识越来越系统化，越来越精致化，这标志着知识的安全系数越来越高，同时对我们的智力挑战也越来越高，因此一旦掌握了它，我们的能力就越强，自我主宰的能力就越强。这时我们不仅不会成为知识的奴隶，而且会成为知识的主人。只有当我们对知识的属性没有真正把握的时候，才会出现受知识奴役的状态。现象学教育学提醒我们关注这种状态，无疑这对教育学的进展是一种促进。而且，现实的教育活动状态已经在告诉我们，靠机械的灌输方式获得知识并不可能将人变得越来越聪明，相反则可能使人变得越来越愚蠢，这也是我们一贯反对的读死书、死读书、读书死的弊端。教育学的进展就应该致力于消除这种弊端，使知识变成我们能力和素养提高的丰富的来源。

谈及此，现象学教育学的命运也昭然若揭了：它的前途既不是对传统教育学的完全颠覆，更不是回到传统教育学的老路上去，而是实现与传统教育学的整合。整合才有前途，完全将自我悬置起来就变成空中楼阁。所以，一个有活力、有生机的教育学思想是在与现实的结合过程中实现的，是在调整与平衡精神价值和物质福利的作用中实现的，也是在一种包容精神中实现的。排他的、孤立的发展是没有出路的。因而，未来的教育学是一种综合，而不是一种一家之言。

二、**02**

| 教育研究方法论追踪 |

论教育研究的特性①

引导语：教育研究的根本特性是什么？传统的"研究对象独立研究方法独立和概念体系独立"的回答方式是不成功的。笔者认为，考察教育研究的特殊性必须从研究主体的特殊性出发，并从教育活动目标特殊性寻找答案。由此可以得出，教育研究特殊性表现在研究目的的先验性、研究方法的综合性、研究对象的典型性和研究结果的启示性上。

关键词：教育；研究；特性

一、教育研究的特殊性处于争议中

"教育研究具有哪些特殊性"是教育学界讨论的基本话题，由于这个问题没有明确答案，所以人们经常对教育学的学术地位表示怀疑。② 教育学界也在尝试建立自己的学术地位，确立自己的特殊性，如从独特的研究对象、独特研究方法和独特的理论体系方面来论证。然而这一系列努力并未获得成功。从目前多学科渗入教育研究领域的事实就可以看出，教育并非教育学研究的独特阵地，社会学、经济学、政治学、法律学、文化学、人类学、历史学、哲学、心理学等都可以进入，因此，从研究对象的特殊性来证明独立的学科地位已经被否认了；从研究方法上说，教育学还没有自己独立的研究方法，一般都是借鉴比较成熟的学科的研究方法，还没有创造出一种独立的研究方法；从理论体系上讲，教育学也没有自己严密的逻辑体系或理论体系，因为教育学的基本概念的内涵是不清楚的，甚至教育学没有建立出自己的基本假设，如教育是以什么样的方式存在的？这种存在是否是一个独立的存在？如果说它不是一个独立存在，它

---

① 原载于《教育学报》，2005 年 6 期，第 28 – 33 页。
② 陈桂生. 教育学的建构 [M]. 长沙：湖南教育出版社，1998：47 – 61.

依附于什么？如果说是一个独立的存在，根据是什么？它又意味着什么？这些构成了教育学存在的最基本问题，是教育哲学和元教育学研究的课题。然而不解决这个基本问题，教育学的生存根基就存在严重的问题，也就无法建立教育学的基本共识，无法建立教育学的共同话语体系，当然教育学的理论体系也难以建立起来。到目前为止，完整的教育学的理论体系还没有构架出来。可能有些自封的教育学的理论体系，但很难获得教育学界的认同。

但对教育学学术地位的最严重的质疑可能并非来自这些理论上的问题，而是来自实践界的质疑，因为实践界看不到所谓的教育理论对教育实践的指导意义和解释意义。往往是教育理论对具体实践的指示是似是而非的，是模糊不清的，对实践的解释又是模棱两可的、众说纷纭的，这样就影响到理论的严密性和严肃性。

问题的根本还在于，教育学的专业特性很难体现。几乎人人都有关于教育的体验，也就是说谁都可以对教育说上一些道理，从这个意义上说，谁都不是完全的教育外行，所以要建立一种确定无疑的理论，就意味着必须能够说服大家，说服众人，这显然是一个艰苦卓绝的工作。教育理论现在做不到，恐怕将来永远要面对这个课题。当教育理论不具有充分的说服力的时候，实践界就可能不听教育理论的指导，那么教育理论界提出的意见建议就可能不被舆论界或政策制定者采纳，这时教育理论界感到苦恼也是惘然。

一般而言，教育学的学术地位主要取决于两种力量：一种就是上面所说的理论自证性，即具有比较严密的理论体系，从而在理论上具有自洽性；另一种就是实践界的认可。没有这两者，教育学者自我宣称具有比较完备的理论体系或具有很高的学术地位都是不恰当的。此时教育研究的主体也会感到难以自适。教育研究者会发觉这些正是自己产生焦虑的根源，因为它们威胁到主体的自我安全感，从而也是自己最感困惑和最感头痛的事情，即自己赖以生存的学科大厦是不安全的，需要进一步加固，完善它的根基。要解决这个问题，还必须从教育研究自身谈起，因为只有当我们认识到自己研究的特殊性的时候，才有可能寻找到正确的前进方位，才有可能建立起与其他学科不同的话语体系。

二、教育研究的特殊性体现在实践性上

教育研究有什么特殊性呢？它有自己的特殊边界吗？还是因为它有自己的特殊方法，还是因为研究者需要特殊的素质？抑或是别的什么？

从上面的讨论中已经发现，教育研究的特殊性不可能再去研究对象或研究

方法上去寻找。至于对研究者的素质要求，则是一个比较有趣的命题。

我们知道，当众多学科渗入到教育研究领域时，教育研究的队伍必然会壮大，这当然也是一种发展的象征。但同时也可能会发现，教育研究队伍会过于庞杂，会出现众说纷纭和交流困难，会出现业务不精，鱼目混珠，会出现没有共同话语、没有统一规范要求。显然这样是无助于构建学术共同体的，无助于学科向高深、专门和精进方向发展的。这个时候每个研究者都会主张自己的话语权力和强调自己话语的独特性，而不去寻找基本话语的一致性或共同性。那么这个时候学科发展的形势就会危如累卵，因为多样性本身就是相互瓦解的力量。

那么这个时候就需要进行澄清，即对于话语方式的澄清，分别一下哪一个是教育的，哪一个是非教育的，哪一个可以归之为教育学科类，哪一个不能归之为教育学科类。如果不能进行这一基本的区分工作，就难免形成数量规模上的浩浩荡荡和质量素质上的良莠不齐，其结果必然会形成没有事实上的学术权威，而只能靠其他形式的权威来替代，如依靠行政权威替代学术权威。因为在众多话语中，行政话语当然是一种话语形式，而且是非常合法的形式，在学术不能自证的前提下，行政话语对众多话语的统一作用自然而然就生效了。因为任何学科存在必须有一致的话语，当教育内部不能形成这一有效话语的时候，行政权威就替补了这一角色，为教育学组织起一个话语系统。这样的地位当然是令教育学界人士感到难堪的。这个时候，我们不能责怪行政的干预，而实在是由于教育学自身的话语力量不够充分，不能自我证明其存在的效力，那么这个缺位就需要别人来填补，行政权威当然是最合适的填补对象。而且当行政权威再加上学术的身份，便使得这种填补更加无可挑剔了。

对学术话语澄清也不是一个简单的功夫。这个问题早就被人们认识到了，之所以迟迟没有进行或进展不大，原因很简单，就是太难了。要扫清教育学发展的马厩，当然是非常困难的事情，这不仅需要个人的功力，个人的素养，更需要教育学界内出现比较一致的呼声。当教育学还不能表现自己的意志的时候，清扫马厩的工作就无法有效地展开。[1] 但任何工作都是渐进的，需要一个时间的积累，只有认识到并向这个方向努力的时候，才会等到时机的成熟的那一天。打扫教育学发展的马厩的工作就是每一个标榜为教育学界内人士的共同使命，教育学发展需要更多具有献身精神的人。任何企图坐享其成都是一种不劳而获

---

① 陈桂生. 教育学的建构［M］. 长沙：湖南教育出版社，1998：31.

思想的表现。

打扫教育学的马厩工作首先是清扫教育学发展的外围。此时就要分清教育学与其他学科的联系与不同，分清教育学发展的核心层和边缘层，分清教育学发展的价值导向，而不能进行一窝蜂式的乱打乱撞或分别山头自立为王。所以教育学研究必须有自己的规划和战略重点，既要有从事基础理论工作者，也要有应答实践需要者，还要有处理教育与其他学科交叉者，只有在各个战场上有条不紊地进行，才能厘清教育学发展的脉络。我们不能设想，如果大家都一窝蜂地追赶市场时髦去从事应用研究而置理论研究于荒漠时，教育学会处在什么样的境地。不仅教育实践需要教育理论，而且教育研究本身也需要理论。没有理论指导的教育研究，也只能进行一些平面化的浅层操作，就无法出现一些发人深省的力作，当然也就无法将教育研究推向高层，自然也就无助于提高教育学的学科地位了。因此，在哲学人文社会科学需要繁荣的时候，教育学当然也需要繁荣，甚至更急迫，因为教育学的操作意义更直接，教育学联系面更广，而哲学人文社会科学的繁荣与教育学繁荣与否息息相关，从某种程度上说，教育学是这些学科的实践机制，因为哲学社会科学的繁荣不能脱离教育活动这个母体。

三、教育研究的特殊性具有文化特色

对教育研究特殊性的探讨就是打扫教育学发展马厩的一项基本工作。也可以说，对教育研究特殊性的探讨旨在对教育研究的价值重新发现。在传统的意义上，教育研究已经被肢解了，它变成了或对教育实践经验总结的研究，或变成了对教育某个概念的纯思辨研究，或套用其他科学的程式来对教育活动进行定量化的规定，或开始对某个实践主体进行叙事陈述，或借用一些时髦的概念对教育活动进行装腔作势的评头论足，所有这些研究都无法使人窥得教育的整体形象，甚至还使人获得一种歪曲的教育形象，其结果当然也使人无法领略教育学的主旨，使人在阅读教育学文章时总觉得如堕五里雾中，在实践中就更难以辨别方位了。

真正的教育研究是什么？这正是探讨教育研究特殊性的问题所在。如果任何关于教育的言说都可以称之为教育研究的话，那教育研究就没有什么特殊性可言了，如果试图在此基础上建立一个令众人信服的教育学，当然就更没有指望了。因此教育研究必须有它的特殊规范，有自己的特殊价值旨趣，不然，教育研究就不需要独立，教育学也就没有建立的必要。教育研究有哪些特殊的价

值旨趣呢？谈论这个话题首先就要求把教育研究与一切主张价值无涉的观点区分开来，也即教育研究是有确定目的的，这个目的就是教育研究的价值导向，当然也是衡量教育研究进展水平的尺度。没有这一基本的价值预设，教育研究就是在虚空中进行的。任何社会科学都有自己基本的价值预设，而这正是一门学科区别其他学科的基本点，也是该学科进展的方向。换言之，任何学科都处在一个价值体①中，在其中，有最大价值和最小价值，人们正是根据这一价值尺度来衡量一项研究是否具有价值。不然，学科进展就没有坐标，那么它的一切活动就陷于盲目之中。

因此，价值前设性是一切学科的特点，当然也是教育学科的特点，或者说是教育研究的基本特点。但教育研究的价值前设还不同于其他学科，这就是它在任何时候都无法排除教育研究者的价值前设。第一种前设是学科的基本假设或预设，而第二种前设则是研究者本人的价值预设。也许研究者本人对这种前设并不知情，这种前设只是一种潜意识状态或直觉状态的存在，但实际上研究者已经自觉或不自觉地将自己的观念、偏好或倾向投注到教育研究活动的过程中去了，他用这个标准来判断教育行为的优劣好坏和教育次序的等第。这种先天的不可排除性就使教育研究带有个性化的色彩，从而也直接影响到他的结论的应用前途或被同行接纳的程度。

这意味着对教育研究采取完全的中立的或客观的态度几乎是不可能的。即使研究者本人已经对自己的价值观念进行了澄清，避免这些价值观念对研究过程和对结果分析的干预，但是他仍然是在运用一定的视角进行分析，甚至这一视角就代表了他的结论。进一步说，他的研究结论是预定的，研究过程进行就是为了检验这一结论，或者说能够在多大程度上检验这一结论。尽管他在研究中试图采取超然的态度，试图保持价值中立，但他无法保证他下意识中的非理性因素的影响，无法排除他的生存体验对他的无意识影响，而这些体验正是通过下意识的通道来影响他的行为和他的具体观察的，当然也就影响他的结论和价值预设。即使研究者本人已经对自己的价值干预状态进行了充分的排除，包括他采用正面肯定行为和负面的强化行动，但是他的一切行为仍然是基于一定的文化体②进行的。也就是说，在他的行动过程中都已经渗透了先天的文化因子，这些文化因子通过各种通道来干预他的行为。研究者对这种文化的影响既

① 价值体，也可以称为价值统，是价值连续体的意思，英文是 value – continuum。
② 文化体，指文化背景而言，文化体也可以称为文化连续体，英文是 culture – continuum。

有能够自觉的部分，也有不能自觉的部分，他对能够自觉的部分尚有办法消除它的影响，而对不自觉的部分也只好听之任之了。

研究者受文化的影响不仅表现在自己的研究设计中，而且也表现在他的研究对象中，因为研究者必须因循文化的逻辑来对研究对象的行为进行预期，不然教育对象的行为就是不可理解的，那么研究活动也就无法进行。所以，尽管研究者有意识地进行了文化干预的排除工作，但是他仍然无法排除文化模式对他的研究对象和研究环境的影响。如果他能够对这些文化影响因素实施有效的排除，那么他的研究也就没有对象了，他的研究就只能针对失去知觉人和无社会意识的生物人了。这告诉人们，研究者不仅不能排除这些文化因子的影响，而且还要更充分地理解文化的影响，只有对文化有了更深层次的理解之后，他才能对他的研究对象的行为进行更好的揭示，才能使他的研究结论更具有合理性。

因此，作为研究者和研究对象都是一定文化的承载者，尽管研究者与研究对象之间存在着文化的差异，但研究者的工作一定是在进行文化沟通工作，他不可能用自己的标准来要求他的研究对象，同样也不可能完全采取研究对象的标准来界定自己的研究行为或得出结论。所以研究工作总是在促使研究者对文化进行更深层次的理解，促使研究者去发现文化的差距，并寻找途径去调适这种差距。只有将研究者与研究对象置于适当位置，保持一个有效的可观察距离的时候，他才能得出一个比较有效的可观察的结论，否则他的一切研究结论就处于神秘的、不可证验的状态。当然这是研究者不愿意看到的状态。所以，教育研究带有文化的先天属性，是教育研究的特殊性的第一个表现。这一性质显然不同于一门学科自身的价值追求，这一点也是教育活动自身特点所决定的。教育的所有活动都可以用一个字来概括，就是"善"，这就要求一切教育活动都必须围绕善，教育本身就是善，即具有善的目的、善的手段和善的效果，一切有损于"善"的实现都是非教育的。这要求教育研究不能违反"善"的要求。这个"善"的标准当然不是抽象意义的"善"，而是具有民族的文化的特点，具有研究者个人的价值判断属性，而且也包括研究对象对善恶的判断。这一特性正可以用中国古人所讲的"大学之道"来概括，即"止于至善"。而对"善"的理解的多样性和对"善"的前途把握的不同也使教育研究不同于其他研究。换言之，教育研究担负有更多的道义责任，因此是社会的根本事业。

四、教育研究的特殊性还体现在方法的综合性上

教育研究的特殊性不仅在于研究的最终结局要有利于人的发展，促进社会发展，达到至善目的，还在于教育研究所依赖的基础是一切知识。因为知识是教育活动的载体，是教育活动赖以进行的手段和中介，所以教育活动必然是面向所有知识的。而且教育研究的主要工作可能就是在区分各种不同知识，将其或纳入正规的传授系统或排除在正规的传授系统之外，这样就构成了教学体系和非教学体系。当然，知识只是手段而已，它的目的是让受教育者得到发展，并最终促进社会的发展。但它首先要做的工作是对各种知识进行排查，从中择取最精粹的知识。教育研究首先必须确定精粹知识的标准，然后对各种知识进行分门别类归总，进而分出层次，区分出哪些是适宜教授的，哪些是不适宜教授的，并且区分出可以教授的应该放在什么时候进行。① 这一复杂工作是教育研究的基础工作，也是教育研究服务于社会需要的最基本的工作，不然的话，教育就不知道如何具体进行。只有在区分出"哪些是可教的"基础上，才能开展进一步的工作，即确定"如何教"以及以什么样的方式来组织教的问题，这就上升到教育体制的建构问题了。

所以，教育研究的基础工作是建立在对知识的了解上。不对各种知识进行研究，就无从奢谈教育研究。对知识的研究，自然要遵循知识之道，也就是要遵循各种知识发展的逻辑，这也是人们常说的遵循学科发展的基本逻辑。由于知识的繁杂多样性，所以对知识的理解也必须采取各种知识的方法。这样教育研究的方法必然呈现出多样性和综合性，也就是说，教育研究要找到各种知识之间的联系，找到这种联系才能将知识具体地集中到教育对象上去，否则各种知识就是零散地混杂地提供给教育对象，其效果自然就是不可预期的。因此，从根本上说，教育学的知识就是架设起各种知识联系的知识。这意味着教育研究的方法是综合的，变各种知识的方法为一种统一的方法。这种方法是超越于哲学的方法，是一种实践的智慧。没有这种超越各种具体知识限制的方法，就难以使各种知识融合进一个整体的教育系统中，就无法变为具体的教育的目标，当然也就无法使人获得全面的协调发展，也无法最终实现促进社会的最快发展。这样，教育研究的方法就具有综合性的特征，强调教育研究方法的独立性或排

---

① 王洪才. 教育学的三重视界 [J]. 北京师范大学学报：哲学社会科学版，2000 (4)：20 - 24.

他性是不成立的。如果说教育研究方法具有特殊性，那么我们说它就应该是一种综合性，而不是一种专门性。在这里，教育研究方法的特殊性只具有方法论的意义，而不是一种具体的操作技术，而具体的操作技术则是借鉴多学科的。我国一些教育学家已经认识到教育研究方法的多学科的特性。①

教育研究方法的综合性特征，要求教育研究不能放弃自己对知识整理的责任，不能对知识发展的前沿处于漠不关心的状态。教育研究必须关注知识的各种形态的变化，特别要关注各种知识的方法论启示，从而运用它来指导具体的教育研究实践。同时还意味着，在教育研究中不存在某种绝对优势的方法，因为各种方法都体现了具体观察视野要求，同时也表现了其观察视野的局限。教育研究作为更深层智慧的体现，就需要超越各种视野的局限，从一种全面的、整体的视野来观察教育现象，关注教育的未来。

教育研究方法的综合性特征是从教育需要面对不同知识部门出发的，同时也是从人自身是一个整体的人出发的，因为整体人的发展需要各方面的知识。教育研究要促进人的发展，必须首先透析各种知识的不同特性，然后整理出各种知识相互关联的思路，从而整理出教育学的线索。这要求教育学不仅要超越学科的限制，而且要超越各种社会部门的限制，从一种整、全的视角将各种知识的精华包容进去。这一任务显然是复杂的、艰巨的。

五、教育研究的特殊性还表现为研究对象的发展性

教育研究不仅在方法上具有特殊性，而且在研究对象上也具有特殊性。前面我们谈到了教育研究对象（指教育对象）具有文化影响的因子，一些价值观念具有先入为主的特性，导致了教育研究者不能完全排除这些因素的影响，这里我们要着重谈的是每一个教育对象都是具体的，都是有自己独特个性的人，而研究对象最终要涉及这些具体的、独特的人，从而教育研究的对象也具有了特殊性。

大凡社会科学都要涉及人，但各学科对人的看法是不一样的。在各个学科中，凡是谈到人的时候一般都是以类的形式出现的，并不谈论各个个体，而且即使谈到各个个体，也是以成熟的个体出现的，很少论及还未成熟、等待发展的个体。这个未成熟的个体正是教育活动的特殊性所在，也是教育研究对象的特殊性所在。虽然现在教育已经走向了终身化，教育对象已经开始变得越来越

---

① 潘懋元. 多学科观点的高等教育研究［M］. 上海：上海教育出版社，2000：1-24.

成人化了，但凡是进入学校大门要求再次接受教育的，都认识到自己还有许多未成熟的部分，还有许多待发展的地方，这既是受教育者自己的心理定位，也是教育活动正常进行的前提条件。当然这些成人的"未成熟"方面与未成年人的未成熟方面是不一样的，其根本点的差别是成人认识到自己有不成熟方面，而未成年人对这方面认识是比较少的和浅薄的。这也正是教育的基础是在未成年人部分的主要原因。另一个重要区别是，未成年人的可塑性比较强，而成年人发展基本定型，可塑性差，这也正是社会更重视对未成年人的教育的根本原因。不管是哪种受教育者，他们的需要都是具体的，都不能一概而论，采取同一个模式来进行。受教育者的个性不同，成长发展的潜能不同，要求教育者施教的方式也不同，也就是说，只有认识到这种教育对象的不同，教育活动才有望取得成功。对教育研究也是一样，教育研究首先需要关注教育对象的特殊性，这样才能为教育活动的进行提出正确的建议。从这个基本的不同出发，我们还可以发现教育活动的单元也具有不同的性质，包括作为教育者的教师，他们的个性差异很大，他们教学中采取的手段方法各异，所以有各种不同风格的教师，他们可能都是非常成功的教师，而我们不能期望他们都采用同一个模式。对一个学校也是一样，学校对自己的自我认知不一样，所以发展的方式也不一样，这样才形成了不同学校的办学特色，如果采用一个模式来要求所有的学校，注定是失败的。对于一个地区或一个国家的教育发展状况研究，同样也带有个别性的特征，所以不能照搬其他国家或地区的成功模式，办学根据自己的需要选择适合自己的方式。这些都意味着：教育研究对象具有典型性的特征。

教育研究对象的典型性特征要求我们进行教育研究不能进行简单的类比推理，这同样也意味着试图在教育研究中寻找普适性的努力是徒劳无功的。大家都知道，典型案例不具有推广价值，它的意义是启发性的而不是普适性的。教育研究对象的典型性特征告诉我们，教育研究要尊重研究对象的特殊性，尊重要涉及的个人，他们具有独立意志，具有独特的潜能，他们本能地要求他们成为他们自己，成为一个具有独立个性的实体，而不是一个不能独立思考只能遵命行事的木偶。同样也要求教育研究者尊重教师的偏好和行为习惯，尊重学校的文化背景，注重不同民族的文化差异，注意各种教育活动者的社会差异性。即使在全球交往频繁的今天，教育研究者也不能放弃这种对个体差异和社会差异的尊重，也不能无视各个不同地区和民族的不同要求。在这样的情况下，教育才能保持多样性，文化的多样性才能持续存在，社会发展才能保持和谐。

六、教育研究的特殊性最终体现在研究者与行动者合一上

最后一个特殊性是教育研究结果的特殊性。任何研究都具有实践的诉求，即期望研究结论对实践具有指导意义。然而教育研究的结果并不是可以直接用于实践的，而是需要转化的，需要中介，这个中介就是教育实践者本人。

当然，任何理论成果最后到应用都需要实践者本人这一环节，只有他们的理解和把握才能促进一个理论变成现实。但教育研究的结果更具有特殊性，从解释学角度而言，教育研究的结论解释性的意味更强，即研究结论的意义完全依靠于实践者对它的理解。换言之，教育研究的结论一般不是一种成熟的技术，只是一种粗略的方案，这种方案在纸面上表达的意思与它在深层表达的意思存在着质的差别。对于实践者本人而言，他所能够领悟的是从纸面意义出发的，往往不能窥视教育研究者的深层心理状态，甚至不能真正领会研究者的价值预设，所以他们表示同意或不同意研究者的结论主张的时候往往是从纸面理解出发的。而教育研究的结果表达方式并没有一个比较精确的固定的表达模式，所以理解上的歧义性也就在所难免。建立在这种理解基础上的对研究方案的接受是不可能原原本本执行的，实践者只能根据研究结论表达出的旨趣或理解到的旨趣来指导自己的实践行动。从这个意义上讲，教育研究的成果对实践的意义是启发性的而不是指导性的。

如在我们谈论教育对象的典型性时谈到，教育实践的背景是非常复杂的，而教育研究结论与实践环境之间不存在一种严格对应关系，这就使得要在实际中严格地执行研究结论基本上属于不可能的状态。它必须借重于一种"转译"的机制，促使实践者改变认知图式，然后接纳研究结论，进而自己创造出一种新的实践方案。也就是说，最后执行的方案是实践者本人进行的第二次制作或再创造。从这个意义上说，教育研究不可能脱离教育实践，脱离的结果就是使他的研究结论不具有任何可理解性，从而也就没有操作意义。而教育实践本身也是在从事教育的研究，不过有的是有意识地发现问题去研究，有的是根据自己的直觉去琢磨。不管怎样，这种研究或琢磨是他理解或接受教育理论的基础，只有在这个基础上他才关注别人的研究成果和理论发展的进程，他才能去主动地借鉴别人的成果服务于自己的教育实践。只有理论研究者与实践工作者的身份是合一的，理论指导实践的意义才更直接，否则理论对实践的指导是间接的，教育研究成果对实践的意义是启示性的，而不是指导性的或执行性的。

七、教育研究需要走出自我设置的怪圈

总括起来，教育研究具有四个方面的特性，相对于其他研究，教育研究具有价值的先验性，教育研究方法上具有综合性，研究对象具有典型性，实践意义具有启示性。这似乎是教育研究的基本规律，教育研究不可能超出这一命运。试图使教育研究走纯科学化的价值无涉显然是一种遥遥无期的假想；试图使教育学确立一种独特的研究方法，也是教育学自身设置的一个怪圈；而试图建立百应灵丹式的教育理论，显然是一种虚妄；同样要使一种研究结论能够百分之百地实践操作几乎是一种徒劳无功的努力。即使研究者本人的直接实践，他也需要不断完善自己的理论，也需要考虑研究结论如何适应不同的研究对象，也必须关注研究对象的典型性的特征，在研究方法上当然不能拘泥于一种方法，必须博采众长，综合出一条切实可行的研究思路。他的研究最终仍然是在印证某种价值，即通过自己的研究，教育现状得到改善；通过自己的研究，受教育者从中受益；通过自己的研究，社会进步得到促进。

教育研究的基本方法论①

引导语：教育研究方法论问题始终是教育学研究的最基础和最前沿的问题，因为它直接关系到教育学的科学地位并影响到教育学的进展方向。目前人们在教育研究方法论的探讨上存在着严重分歧，典型表现在人们对教育研究的基本方法缺乏共识，而且也没有一个系统的、明晰的分类标准，特别是对各种研究的方法论基础缺乏明晰的阐释，这阻碍了教育研究的深入和教育学的进展。通过对教育研究方法的分类及其哲学基础的探讨，我们认为教育研究应有思辨、批判、行动及实证四种基本方法范式。

关键词：教育研究；方法论；研究范式

一、教育研究方法的标准和规范意义

教育研究的方法论问题是教育学研究的最基本也是最重要的课题之一，因为它关系到对教育研究的科学性的证明，进而关系到教育学的学科地位和发展前途，因而也是教育学的最前沿的课题之一。坦白地讲，教育研究在这方面的突破并不大。目前教育研究的方法论论述主要依赖于其他学科的资源，并且主要从哲学角度来论述教育学研究的独立性，这使得教育学面临着一种比较尴尬的境地。但要使教育学真正摆脱尴尬的境地，仍然需要从方法论方面进行突破，因而它又变成了一个最具前沿性的课题。但要谈论教育研究的方法论，首先要从"什么是研究方法"谈起，正如我国著名教育学者叶澜指出，方法论是关于方法的理论。② 那么，什么是研究方法呢？简言之，研究方法就是我们在探究世界过程中所采取的方式方法的总称。通常人们是根据研究对象的不同或学科

---

① 原载于《北京师范大学学报》（社会科学版），2006 年 6 期，第 21 - 27 页。
② 叶澜．教育研究方法论初探［M］．上海：上海教育出版社，2001：1 - 12.

不同来区分研究方法的。那么，教育研究方法就是人们在探讨教育的过程中所采用的方式方法总称，高等教育研究方法就是人们在探讨高等教育过程中所采用的方式方法总称。

一般而言，人们在论述某一研究领域或某一学科的研究方法时都对"方法"有一个隐含的限定，即所谈论的方法专指"科学的"或"正确的"方法。也就是说，人们所探讨的方法具有理想性和规范性，在某种意义上也是一种"排他性"。如此，"方法"也具有"标准"和"规范"的意味。而关于这些规范和标准的理论依据就是方法论。所以任何一项自称为"科学的"研究方法必须为自己提供方法论的说明，否则它的科学性质将面临严重质疑。而且作为一门学问的教育研究方法，当然不能只是罗列一些现象，告诉人们教育研究方法包含些什么等"是什么"的问题，还必须向人们讲解究竟"为什么"会这样的问题。因此探讨教育研究方法，必须包含方法论部分，方法论为"规范"和"标准"提供依据。

在日常生活中，每个人都有自己的研究经验和心得，这些都构成了个人独特的研究方法，但很难说得上是"科学的"研究方法，因为"个人的"研究方法往往不具有普遍性，很难被别人认同，或者说往往自己认为是有效的方法别人却很难应用，而且即使应用，也未必有实际效果，因此这些"方法"只能作为自己的独特体会，而不是普遍意义上的方法，当然也不是科学意义的研究方法。如果你要使别人接受你的见解或做学问的方法，就必须为它提供严格的证明或说明，那么你就必须进行方法论上的反思，不然你的方法只是一种"前知识"状态。只有经过了反复的推敲证明之后才能判定你的方法究竟是普遍有效的，还是仅限于个人经验，或者只是由于受个人的独特生活经历的影响才形成的。因为别人无法重复你的经历体验，自然无法领悟你的方法的真谛了。这就是为什么人们经常在进行"有法"和"无法"之辩，也就是说人们普遍认为做学问是有方法可循的，但每个人都有自己的法门，并没有统一的方法。或者说并没有什么万应灵通的方法，每个人必须寻找适合自己的方法。但作为一门学问或知识的话就不能这样辩护了，你必须为你自己的方法找出合适的证据，找出能够超出你的特殊环境和适用范围，这样才能成为一种比较普遍的可靠的方法。

二、教育研究方法的层次与类型

如前所言，"方法"是一个总体，它包含了各种各样的方法，在这些方法中又包括了层次和类型的区别。一般而论，类型是指在研究手段和途径方面所存在的根本不同，从而在研究方法之间有质的差异。在日常教育研究中，我们经常将研究方法划分为不同类型，如分为实证—非实证、实验—非实验、定量—非定量等多种类型。可以看出分类是区别的基础，它是对方法的基本属性的区分，而这种区分往往是采用二元划分的方式，显然也是对研究方法的粗略的划分，这样区分只是便于人们认识不同研究方法的一般特点，不能进一步认识不同研究方法的本质区别。因为这样划分仅仅是一种水平区分，还无法区分各种方法的相互位置和内在联系，因此还必须进行层次的划分。只有将层次和类型结合起来，才能将各种方法的意义和相互关系揭示清楚。

进行层次划分也必须进行一些事先的规定。我们知道，对事物的认识具有无限性的本质，人们可以从不同侧面、不同水平进行无限性的划分，如果不将划分界定在一定范围内，就会造成划分过细、过分烦琐，反而不利于对事物的认识和把握，当然也就不利于对不同事物进行比较。因此我们认为对研究层次的划分必须以适度为宜。通常根据研究对象将研究层次划分为 3~4 个之间比较适宜，这样就比较方便人们的认识和操作。

我们主张把教育研究方法分为三个层次，即方法论层次、研究方式层次和研究方法层次。方法论层次代表了对一个事物的基本看法，这种基本看法一般都表达了研究者的哲学视角；研究方式层次代表了认识事物的基本策略或基本途径，如采取直接的方式还是间接的方式，主观的方式还是客观的方式，这其中也表达了研究者的认识论信仰；研究方法则是论证的基本手段，代表了具体获得资料和处理资料所采用的方法。这样在"方法论"层次上可以向上连接不同的哲学主张，包括本体论和认识论的主张。而且我们也认为，一个科学的研究方法必须有可靠的哲学基础，这个哲学基础代表了它对世界的基本看法和观察世界的基本态度。因此，持什么样的方法论就决定了采取什么样的研究设计和进行什么样的研究规划。目前教育研究在方法论层次的探讨非常缺乏，因为在许多教育研究中没有表达出对世界的基本看法，往往是用哲学的套语作为教育学的哲学基础，而不是真正的教育自身对世界的看法。研究方式就是方法论中的研究设计和研究规划的具体化、操作化，是一套比较具体的行动方案，它构成了对研究对象进行处理的基本态度，从而构成了指导研究活动的基本原则。研究方法就是主观和客观相结合的过程，是研究方案的具体操作，这与我们日常所说的各种具体研究方法对应起来。所以，研究方法作为一个总体，研究方式居于中间层次，它上承方法论指导，向下与比较具体的"研究方法"相接。

同时，"研究方式"在整个研究过程中属于"途径选择"阶段，是研究计划付诸实施的中间环节；研究方法就是研究方案的具体化和操作化，由比较具体的"研究方法"构成。因此，我们日常所谈的"研究方法"并非一个单一概念，而是在不同语义下具有不同的含义，它实质上涵盖了整个研究方法系统，当然也包括各种不同的具体研究方法。

在方法论层次上，各种教育研究方法的区别是清晰的。这时研究方法就代表了对事物观察的基本视角（perspectives）。这也意味着，每个研究方法必须对自己的方法论非常清楚，这一点是不能含糊的，否则你就不知道你是否能够最终获得真正的知识。在研究方式层次上"方法"（approaches）划分的界限就有一定的模糊性，即不同的研究方式之间存在交叉，如教育的实验研究与非实验研究之间、定量研究与定性研究之间没有非常严格的区分；而在研究方法层次（methods），各种分类就不是非常严格的，各种研究方法的重叠交叉现象就越发突出。比如各种研究方法下属的各种具体研究方法和研究技巧要求很多是通用的，如实验方法与观察方法、统计方法、调查方法、文献方法之间存在着很多交叉重叠之处。如此对研究方法就不宜再进行非常细的划分了。所以一般研究方法书籍都只介绍到研究方法层次，偶尔为了与实际的联系也谈到具体应用技巧层次，但因为这涉及具体操作，涉及具体的灵活应用问题，这就不是研究方法具体关涉的对象了。

所以划分教育研究方法首先是从方法论层次进行的。通过这种划分一般可以将不同的研究方法区分为不同的研究范式，它往往通过不同的研究视角（perspectives）表现出来。研究范式就代表了其背后的哲学基础不同和认识论主张的不同，或者说代表了关于什么是真正知识的基本主张不同，从而规定了人们应该去做什么和不能去做什么的主张也不同，因此起到了价值导引作用。

其次对研究方法划分是从研究的路径上进行的，我们简单地称之为研究方式。在汉语中，"方式"一词似乎更概括一点，也即更抽象一点，"方法"一词似乎更具体一点。在这里，我们把方式看成比方法更高的一个层次，用它来指代一定的研究类型，在英文中我们用"approaches"来表示，而比较具体的方法则用"methods"表示。适宜于方式层次的是一些比较大的研究方法分类，如定量—定性、实验—非实验就属于这个层次的划分。显然它们受不同的研究范式指导。

最后是属于比较具体的方法层次（即"methods"），如我们经常说的观察法、调查法、实验法、文献法、个案法、历史法、比较法、田野法、语义分析法等。当然在具体研究方法下面可以分出许多具体研究技巧或更细的研究方法等，这些方法之间很多是结合在一起进行的，并没有严格的分野，或者说它们之间是互补的。如调查法可以分为访谈法、问卷调查法和实地考察法等，它与田野法中的田野研究和深度访谈又有很多共通之处。因此这样进行严格区分就没有什么实际意义了。所以我们认为进行三个基本层次的划分是比较适当的，这样能够使人比较清晰地把握研究方法的脉络。

三、关于教育研究方法的哲学基础

综合上述，我们所谈的"教育研究方法"就指我们在从事教育研究过程中所遵循的基本规则和采取的具体方式以及采取这种方式所依据的理论基础。因此教育研究方法包括三个层次：一是方法论层次（methodology），它重点探讨观察教育的基本角度和由此形成的基本规范，因此是选择教育研究路径和采取具体研究方法的指导；二是研究路径层次，它是研究视角的执行，即我们上面所说的"研究方式"（approaches）；三是具体方法层次（methods），它又是研究方式的具体化。可以说，"研究方式"与"研究方法"为人们所熟悉，而对于方法论层次的探讨却比较少，也没有形成统一意见，但它却是教育研究方法中最重要的一部分，因为它是后两者的基础。所以，教育研究方法这门学问逻辑地包含这三个部分内容。

在教育研究方式层次，它实质上就表现出一定的价值取向的引导，或者说就潜藏了一定的方法论基础，并现实化为一定的研究路径。人们对研究方法的分类主要是根据其基本的研究取向的不同而进行的。如质的教育研究和量的教育研究，它们代表了不同的研究取向，这种取向不同就是因为它们背后的方法论假设不同。由此形成了目前人们普遍接受的关于研究方法的两种基本分类方式——定性研究和定量研究（有的分为质化研究和量化研究）①。

关于对教育的具体研究方法的分类非常多，目前还没有形成统一的分类方法，一般是从研究进程来分为收集资料的方法和处理资料的方法。如根据收集资料的来源方式不同可以分为调查法、实验法、文献法、观察法等，根据对资料的处理方法不同可以分为统计法、内容分析法、思辨法和叙事法等。此外还有人根据研究的目的不同区分为因果分析法、多因素关联法、行动探索法、自我释疑法（心理分析法）等。这样的划分方式还可以列举很多。这些也是通常

---

① 威廉·维尔斯曼. 教育研究方法导论［M］. 北京：教育科学出版社，1997：14 - 17.

的各种社会科学研究方法书籍中能够接触到的。

方法论层次则是教育研究方法中的最高层次，因为它是从一个方法的理论基础来考察的，它所揭示的是一个方法或研究思路成立或存在的根本理由。它往往牵涉到提出该方法的哲学基础，涉及该哲学的认识论传统，如此才能说明它的方法论根源。如果不联系到它的哲学基础进行探索，似乎很难将它的方法论原理揭示明白。

举例而言，定量的研究方法要求教育研究对象必须具有可测性，这样才有调查法、实验法和统计法的生存基础，它的方法论基础是实证主义式的。而其哲学基础则是经验主义，即认为世界的基本存在方式是物质的实在，因此它是可感知的。它在认识论上主张我们的一切知识都来源于我们的感觉，是经过我们对感觉印象的整理，发现了其中的必然关系才获得了知识。当然也间接地承认了人有处理各种感觉经验的能力，但这种处理必须依据我们所接受到的信息，而最终我们的知识是否可靠，仍然需要还原到具体的经验来证明。无论调查法还是实验法都是关于实际经验资料的收集。统计法就是一种数学的或量化的验证手段。

相反，定性研究则对教育研究对象的本质可测性表示怀疑，因为它认为世界上不仅存在物质实体，而且还有精神实体存在，对于精神实体而言是无法借助外在的手段进行测量的，那么就必须借助人的内在的力量来分析它，这种方法是内省的方法，是一种逻辑推理的方法，是一种思辨的方法。在哲学上，定性研究来源于"理念论"主张，它的最有影响的主张者当推古希腊著名哲学家柏拉图，他的"理想国"就是建立在理念论基础上的。理念论认为世界的根本存在是精神的，物质世界存在只是一种现象世界，而不是真正的世界，也即不是世界的本源。[①] 理念论的主张到 19 世纪后被德国的精神科学学派所继承，它也反对实证主义的经验论主张，也认为世界的本质存在是精神的。这种主张在 20 世纪得到文化学派的传承，如著名的社会学家贝尔、历史学家汤因比和政治学家亨廷顿都主张文化是一种本质的存在，文化决定人们的行为习惯和思维方式。显然文化是一种精神的存在，对此，我们是无法去测量的。因此从"世界的本质是精神的"这一命题出发，它反对用显形的技术手段来测量，在方法论上就是反对实证主义的研究方法，也即反对定量的研究方式。这种主张也是后

---

① 王天一，夏之莲，朱美玉. 外国教育史：上 [M]. 北京：北京师范大学出版社，1993：42－51.

实证主义的基本主张。在具体的研究方法上不同意采取调查的方法和实验的方法，认为它们无法获得深层的认识，因此也就无法获得真正的知识。那么研究方法只能是采取层层递进的追问技巧，通过语言内涵的追问和相互辩论来获得对一个事物的真正意义的理解。这些都不能通过直观的观察方式获得，都必须借助语言的媒介通过自我描述来表达它的所感所知的精神世界。

　　对于定性的研究方式而言，虽然语言是最强有力的媒介，但仍然有表达不明白的地方，那么就需要不断地进行辨析，这就需要进行不断的语言分析（这也是语义分析哲学的发端），但最终我们可能仍然得到一种模糊的印象。如何来面对这一困境呢？显然，采取完全的逻辑分析已经不能解决，而必须依赖一种新的认识工具，这就是康德所说的人的先天综合判断能力，也就是我们通常所说的直觉能力。人们普遍承认人具有还不能完全被理性所揭示的一种认识能力，即直觉的把握能力，人往往是通过直觉能力来对复杂困境进行处理，也用它来理解世界的意义和人类语言中所包含的精神实质。这种直觉的方法也被现象学鼻祖胡塞尔用作现象学的根本方法——本质直观的方法。① 正是由于在社会科学研究中这种对语言媒介的高度依赖，所以德国大哲学家海德格尔才说语言是存在的家。② 今天在美国流行的质的研究方法中非常重视访谈的方法。因为各种访谈之间是不能类比的，也即不能进行还原处理的，因此就不能使用定量技术进行精确测量，这与实证主义的主张是相悖的。由于思辨研究认为世界最终是说不得的，因此再精确的语言技术也是无能为力的，依靠直觉和顿悟都有一种神秘主义的色彩。所以最终将世界的存在归结为一种纯粹的质子，是一种绝对的善，也即绝对的理念存在，也就是上帝的存在。

　　按照理念论形成的基本传统，他们认为世界的根本联系是一种精神的联系。因此这种联系是看不见、摸不着的，也是无法测量的。人们也是靠自身的精神力量来把握这种联系的，这就是人的理性能力。人能够认识到上帝的存在，认识到上帝的本质就是绝对的善和无所不能，那么人的存在就有了依靠，从而变成了一种唯心主义主张。正是上帝赋予了人认识物质世界的能力，人才能变成世界的主人。但人的认识能力仍然局限于现象世界。即使如此，一些哲学家对人的认识能力还是表示怀疑的，这就是怀疑论的来源，即认为人所有的认识产

----

① 埃德蒙德·胡塞尔. 经验与判断 [M]. 邓晓芒，张庭国，译. 北京：生活·读书·新知三联书店，1999：394 - 404.
② 海德格尔. 海德格尔存在哲学 [M]. 孙周兴，译. 北京：九州出版社，2004：409.

物都是人创造出来的，它究竟与事物存在之间是什么样的关系是不得而知的。实证主义干脆抛弃了精神世界，确立了一切存在之间的物质关系。理性主义则相信精神世界是本质的世界，坚持应该认识这个世界，从而变成一种追求，这具有明显的理想主义的特征。

四、关于教育研究方法的方法论基础

不仅关于世界的基本信仰不同，定性研究和定量研究关于验证知识的基本手段也不同。从对真正知识的检验手段来看，定量研究遵循实证主义的基本主张，提出了自己的检验知识的主张，这就要求命题本身不仅是可经验的，而且认识过程是可重复的，也就是说一个人的偶然经验（认识）并不可信，关键是能够让众人能够感受到它，只有多数人能够感受到它，它才可能是真的存在。这种研究方式在方法论上的主张就是集体主义的。相反还有一些论者主张有些经验是不能够被重复的，只有个人才能感受到，认为"不能被他人重复"这一点不能否证这种（个人）经验的不存在，甚至这种（具有独特性）经验才是真正最有价值的经验。这种方法论主张就是个体主义或个人主义的方法论。在社会科学研究中持这种主张的不在少数，社会学重要奠基人之一的马克斯·韦伯（Max Weber）就是著名的个体主义方法论者[1]。正是这种方法论基础，我们才主张个性培养，培养个体独特气质，并且由此相信历史上英雄人物的特殊作用，承认一些人具有特殊的创造天分。在韦伯的社会学研究中非常重视这种克里斯玛（charisma）型人物的研究。[2] 这种个体主义的方法论也是进行个案研究的基础，还是进行精神分析的意义所在，因为我们必须承认独特个人存在是有价值的，这样我们更是人本主义的，而不是表面上的人道主义。无论是理念论主张还是实在论主张，他们内部都存在着对证明方法的不同主张，即有集体证明和个体证明的差别，所以就构成了两种研究方法论的分野。一般而言，人们在研究上更重视或更相信集体主义方法论，而对个体主义方法论表示怀疑。这就构成了研究方法上的普遍与特殊的一对矛盾。

一般而言，个体主义方法论都对非理性的价值给予了极高的重视和承认，比较极端的个体主义论者不仅主张承认非理性的存在和价值，而且还认为非理

---

[1] 马克斯·韦伯. 社会科学方法论 [M]. 韩水法，莫茜，译. 北京：社会科学文献出版社，2001：1 – 32.

[2] 马克斯·韦伯. 支配社会学 [M]. 康乐，简惠美，译. 桂林：广西师范大学出版社，2004：262 – 347.

性因素具有本体论的意义，即认为人的本质是非理性的，此直接挑战人们长期以来形成的"人是理性的动物"① 的主张。尽管这种认识有泛生物论的危险，却有很多的响应者，特别是后现代主义的响应。② 目前非理性主义的阵营有扩大化的趋势。在历史上，弗洛伊德的精神分析方法则是承认非理性存在和价值的典型，唯意志论哲学也是主张非理性主义的典型。在当今的哲学思潮中有不少流派都有非理性主义的倾向。如人们熟知的新马克思主义或西方马克思主义就有调和传统马克思主义与弗洛伊德主义的主张。对于一般的个体主义论者而言，他们都重视动机因素和情感的价值，强调它们在认识上的影响和不可排除性。他们一般都不相信人能够克服价值方面的困惑，不相信人的理性能够解释事物的本质，也不相信人的认识完全是理性的，能够自我验证的，尤其对于人的深邃的内在世界而言是超验的领域。而集体主义论者一般都否定情感因素的价值，主张认识过程要排除价值因素的干扰，坚持理性主义认识路线，认为只有理性才能使我们获得正确认识，而非理性主义的主张只能使我们步入误区。理性主义相信理性力量的强大，认为它能够战胜情感等非理性因素的干扰，能够获得客观的认识，因此强调将认识结果与常识对照或接受公众检验。

所以，根据对世界的基本存在方式的回答不同，教育研究方法可以分为理念论的和实证论的。前者认为世界是一种精神存在，是一种理念，是超验的，因此是不可能得到实证的，只能通过理性的推演和直觉把握；后者认为世界本质是物质的、可经验的因此是可以证实的。而根据证明的方式，又可以区分个体主义式的和集体主义式的。对于理念论而言，个体主义的证明方式是直觉的方式，而集体主义的方式则是逻辑推演的方式，最终使认识和判断符合公共常识。实证论的证明方式也有集体主义式的和个体主义式的分别。集体主义的方式最典型的方法就是实验证明、调查统计，而个体主义式的典型方法就是今天比较流行的人种学研究、田野调查方式。此外口述史、生活史、日记研究等属于这种类型的实证研究。按照人们的习惯分类，这种带有个体性质的实证研究往往被称为后实证主义的研究。

---

① 人是理性的存在（又说"人是理性的动物"）（Man is rational being. ）是亚里士多德的著名论断。
② 波林·罗诺斯. 后现代主义与社会科学［M］. 张国清，译. 上海：上海译文出版社，1998：189－204.

五、四种基本的教育研究范式

根据上述基本认识的不同，我们在对研究方法论进行划分时分成四个基本象限：理念论—集体主义的、理念论—个体主义的、实证论—个体主义的、实证论—集体主义的。详见下图：

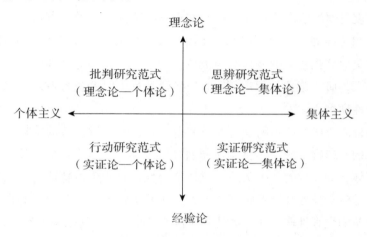

理念论

批判研究范式　　　　思辨研究范式
（理念论—个体论）　（理念论—集体论）

个体主义 ◄————————————————► 集体主义

行动研究范式　　　　实证研究范式
（实证论—个体论）　（实证论—集体论）

经验论

图 1　关于教育研究方法的四种范式

上图中的四个象限代表了四种基本的研究范式。可以看出每个教育研究范式都代表了不同的教育哲学基础，都有自己的本体论主张，也都有自己的认识论主张，这样就形成了不同方法论基础。受不同的方法论主导，自然在研究方法选择上也是不一样的。

第一种教育研究范式可以称为思辨研究范式，因为它承认形而上学的本体意义，即承认独立的精神实体存在，并且认为这种存在是根本性的存在，是世界的本原，也是现实世界存在的理由或根据。此外它还认为这个本体的存在能够通过理性的方式来认识，这种认识又可以通过辩论来获得共识，所以能够获得普遍知识。所以这是一种集体主义的认识论。这种研究范式在教育学历史上影响最为深远，从柏拉图的《理想国》提出理念论主张以来，思辨研究范式就成为教育学研究的基础方式，尽管它受到实证主义思潮的挑战，但它的根基并未真正被撼动。

第二种教育研究范式是批判研究范式，它的基本主张在于承认个体存在的独特价值，认为每个个体都是一个具有独特意义的精神世界，都有自己的存在价值和依据，但它经常被物质世界蒙蔽，被意识形态左右，而失去了它的真正价值。为此它强烈地要求回复到个体的基本价值，使个体从各种意识形态的蒙蔽中解放出来。因此它的意义在于承认独特个体的存在价值，认为个体才是构成丰富世界存在的根本部分，承认我们个体可以有自己的独特体验，个体的认识是不能被代替的，不能被取消的，甚至可能是对事物更深层次的揭示，因此它的意义不在于获得共识，而在于获得包容，故而获得一种尊重和解放的价值。教育研究就是要揭示个体存在的意义和价值，关注个体的生存状况，反对对个体的压制和压抑的态度。所以在其中有很浓烈的存在主义和解构主义的意味，也许这也是后现代主义中最具有积极意义的部分。这种对个性价值的弘扬，是西方流行批判研究范式的原因，① 也是我国风行一时的教育改革主张——弘扬教育主体性动力。

　　第三种教育研究范式则是行动研究范式。它是通过独特的个体的行为方式表现出来的，但这里的"个体"不是自然的个体，而是文化的个体，或是一种文化共同体，如民族的、团队的和群体的个性，这些个性特征是可以被感知到的，特别是对于身临其境者而言是如此，故而也具有一定的经验特征。但注意，这里的经验的主观性非常强，不是一种客观的经验，也就是说个性特征非常强，具有不可重复的特征，因此也是难于进行相互类比和重复验证的，而且行动本身也是在发展着的。由于行动是我们现实存在的方式，也是我们执行意志的载体，并且具有动态性特征，所以我们可以把它命名为行动研究范式。行动研究范式是一种理论与实践相结合的范式，也是非常适宜于稳步推进教育改革和发展的模式，可以说它内在地被一种实用主义思想所贯穿，是一种"做中学"的学问，非常适合于实践工作者的参与，而且它的研究路线与日常的行为改进路线是一致的，因此也是我们适应环境的基本策略。

　　第四种教育研究范式则是实证研究范式，因为它是由实证主义立基，也被人们广泛承认，所以我们就用实证研究来代表。其特征就是强调集体主义的检验方式，它要求研究结论具有普适性，研究排除价值干预（即排除个人因素涉入），研究过程具有可重复性，研究结果具有可再现性，并且可以采用精确的测量技术来验证。这种研究方式在自然科学进步中发挥了巨大作用，它也广泛地影响到整个社会科学界，而且在目前教育研究中仍然居于主流地位，甚至国内有学者认为实证主义路线是中国教育学走向国际化的唯一路径，也是使教育学

---

① 雷克斯·吉普森. 批判理论与教育［M］. 吴根明，译. 台北：师大书苑股份有限公司，1988：25－50.

"硬"起来的根本方法。尽管这种说法有所偏颇，但它代表了相当一部分教育学者的信仰。

　　可以看出，四种不同的研究范式代表了教育学的四种不同的发展方向，或成为哲学的教育学，或成为批判的教育学，或成为实践的教育学，或成为"科学的"教育学。① 四种研究取向并没有绝对的优劣之别，但可以肯定，它们是一种相互依存的存在。

---

　　① 　唐莹. 元教育学 ［M］. 北京：人民教育出版社，2001：197－415.

论教育研究的方法论特征①

引导语：方法论问题始终是影响教育学进展的根本问题。方法论不仅是教育研究方法科学性的揭示，更是教育研究进展的导引。教育研究方法论是在对教育研究实践的系统反思中形成的，而不是一种先验规定。人们总是根据教育研究的对象、过程、价值导向和目标等一系列的要求来抉择具体研究方法，从而形成教育研究的方法论特征。教育研究方法论最显著的特征是整体主义、个体主义、理想主义和行动主义，这四者是引导教育学进展的四个航标。

关键词：教育研究；方法论；整体主义；个体主义；理想主义

教育研究的方法论问题一直是教育学发展过程中所面临的最为复杂也是最为根本的问题之一。教育学与其他学科一样，也是通过方法论来使自身获得科学性的证明，从而获得科学地位的，因此方法论的进步是这个学科进展的标志。如果一个学科不能够在方法论上获得证明，那么它的学科地位往往是非常低微的。我国教育学者也在尝试着确立自己的研究方法论，② 以便为教育学发展提供一个比较宽阔的平台和进一步拓展的空间，以完成建立一个科学体系的使命。但是教育研究方法论不可能从哲学演绎出来，也不可能从其他学科的方法论中推导出来，教育研究的方法论只能是通过对教育研究活动自身的系统反思得来。在长期的教育研究实践中，人们感受到教育研究方法与教育研究对象、教育研究主体、教育研究价值取向和教育研究归宿之间存在着内在的关系，这正是教育研究方法论生长的基础。所以教育研究方法论就应该致力于对教育研究对象特性、研究主体特征、研究取向和研究归宿等方面的规定性探索，从而揭示教

---

① 原载于《厦门大学学报（哲学社会科学版）》，2007 年 1 期，第 114 – 122 页。

② 叶澜．教育研究方法论初探 ［M］．上海：上海教育出版社，2001：1 – 35.

育研究活动的内在规律。因此教育研究方法论不是外生的，必然是对教育研究活动过程进行系统反思的结果。

根据人们长期以来对教育研究实践经验的总结，教育研究在方法论方面呈现出四个基本特征：整体主义、个体主义、理想主义和行动主义。这四点正是我们把握教育活动规律的重要的视角，也是教育学建构的理论基础。对该问题的系统揭示，有助于推进教育学的进展。

一、整体主义：把握教育现象的根本视角

整体主义是教育研究的基本的方法论原则。之所以如此，是由教育活动本身是一个复杂整体的特性所决定的。众所周知，教育活动是一种非常复杂的社会现象，它与人类活动共始终，与各种各样的社会现象都交织在一起，所以教育活动不能排除各种各样的社会活动的渗透，各种各样的社会活动也不能排除教育活动的影响。对于如此复杂的一种社会现象，不可能试图通过某个单一维度来把握，而必须从一个综合的、整体的视角进行把握。整体主义，即意味着必须从多个维度、多方面来考察教育活动的复杂联系性，而不能将它简单化、局部化。而唯有从整体主义的视角来考察教育，才能对各种教育问题和教育现象做一个比较透彻的全面的理解。因为教育活动的本质是人的培养活动，[1] 而人的培养活动则涉及整个社会活动的范围，可以说，社会中任何发展变化都可能对人的培养活动和人的成长产生不可忽视的和不可逆转的影响，在其中，各种社会因素错综复杂地交织在一起，它们彼此具有不可分割、孤立看待的特征，一旦进行分割就无法获得关于教育活动的完整意义和教育活动的完整形象。因此，从整体主义视角看问题不仅是马克思主义方法论的具体体现，而且也是教育研究对象——教育活动的复杂性特征使然。

在当今世界，教育活动的复杂性特征已经尽情展现，如我们今日非常关注的素质教育问题就是典型一例。可以说，素质教育如果单纯由教育部门推动是不可能成功的，而必须由全社会参与共同思考解决对策。甚至可以说，素质教育问题的根源并不在教育本身，而是社会多方面问题的复杂折射，如果最后要求教育来拿出这样的灵丹妙药显然是不实际的。因此素质教育问题是教育活动的复杂性的一种显示。鉴于教育活动的复杂性，有的学者提出用复杂科学观点

---

① 顾明远. 对教育定义的思考 [J]. 北京大学教育评论，2003（1）：5-9.

来观察教育，① 但其实质就是要回到整体主义的立场上来。当我们注意到了教育活动与社会政治经济文化的复杂联系后，就必然要求我们从多个方面、多个维度去认识它们，揭示它们之间的内在关联，这样看待教育才能使教育具有一个整体的形象。因此尝试运用一种单一的方法把教育现象与其他社会现象区分开来的做法，注定是不可能成功的。所以成功的教育研究者往往需要多学科的背景，需要进行多学科的合作，所以，在当今，多学科研究是教育学发展的重要趋势。②

　　而且，教育活动的复杂性体现在诸多方面。首先它不仅仅表现在教育活动与其他社会现象的复杂交织上，还表现在教育活动是一个历史存在的事实上。我们知道，教育活动永远与一个民族的过去、未来联系在一起，因此教育承载着一个民族的命运，特别是教育在形成一个民族的独特文化方面的作用是不可代替的。人们常说"拥有教育就拥有未来"，这表明了教育活动的价值负荷。

　　其次，教育活动的复杂性还特别表现在教育活动过程上。教育活动并不是一个简单的知识传授活动，而是一个复杂的人格形成过程。因为人格本身是不可触摸的、复杂的，所以教育要达到理想人格培养目标注定是非常困难的。教育活动对象是一个个生动的人，不是简单的容器，不可能完全按照教师们想象的程序运转。这就构成了教育目标测定、教育发展水平测定的困难与复杂，所以要客观地评价教育发展是非常困难的。

　　再次，社会各方面对教育的过高期望也增加了教育活动的复杂性。在不少人眼中似乎教育是万能的，如苏联卫星上天，美国朝野哗然，一致把罪责加在教育身上。现在几乎所有国家都把提高国际竞争力的希望寄托在教育身上，包括终身教育与终身学习思想也不无这种因素。现在人类发展中面临解决环境问题、安全问题，人们无不对教育寄予厚望。

　　最后，作为历史性存在的教育，它是在历史中形成和展现自身的，对此既不能重复，又不能回复，这也构成教育研究的复杂性。对此我们必须采取历史的、发展的和辩证的眼光来看待教育，避免扭曲教育活动的本质。这一切都要求我们必须坚持整体主义的方法论原则。

　　诚然，对教育活动的整体把握不可能完全离开且首先要经过对局部的、个别的了解，但一定要注意这个时候的理解是有局限性的，即它是局部的、个别的，必须回复到整体的层面上去，而不能想当然地认为通过部分可以看全体，

---

① 文雪，扈中平．复杂性视阈里的教育研究［J］．教育研究，2003（11）：11-15.
② 潘懋元．多学科视野下的高等教育研究［M］．上海：上海教育出版社，2001：1-5.

或整体是部分之和。这意味着，自然科学的经验分析的办法是相当有局限性的，因为那是一种从部分到整体的看问题的视角，它应用到教育活动分析中往往是不能成功的。这一特点也决定了教育活动中好的成功的案例不可能进行大面积的推广，因为好的案例的产生，是特定的环境和特定的人的要素在特定时间场域的组合，离开了这些特定因素而把它变成普遍的准则就是失败的。

因此，在教育研究中采取整体主义的研究视角，意味着我们在看待教育问题时不能只从一个方面看，必须从多个角度、多个维度看，必须看到教育问题的整体意义和脉络，而不能采取头痛医头、脚痛医脚的办法。所以整体主义的观察方式也是一种历史的、客观的观察问题方法，而不是一种静态的、平面化的研究方法，只有当我们看到教育在发展过程中的复杂联系之后，我们才能从根本上把握教育。

二、个体主义：教育研究的必然立场

在教育研究活动中，研究者始终都是主体，始终都是以自己的独立判断作为自己的研究起点和立论基础的。换言之，他是无法模仿他人的认识或采用他人的视角的，或者说，即使他采用别人的立场或视角进行研究和观察也是以他的理解为前提的，即他认为是别人的立场或视角，其实是已经经过他的再加工了。这时所谓的别人的视角其实已经转化为他自己的视角了，所有的立场和视角都已经与他自己的体验融合在一起了，他所获得的所有的"真正认识"也都是建立在自己的真实体验基础之上的。也即如果他想获得真正认识，就必须从自己的真正感知体会出发，他所得出的都是"自己的"结论，这种结论必然应该是具有个性特色的，否则就难以成为一种真正的认识。而且，这种认识也很难在他人那里找到完全相同的例证，换言之，别人是无法重复他的认识经历的。这是一种典型的个体主义的认识特征。这表明，各个研究者的结论是不可能相互替代的，因为每个结论中都有自己的独特体验，这种体验代表了他对该种事物发展过程及其本质的解读，没有人能够精确地识别这种细微的差别。之所以造成这种个体主义的认识特征，是因为教育研究者的研究活动是受场景限制的，也是受研究者自身状态和研究对象本身的状态限制的，所有这些都是历史的、动态的组合，不可能进行完全的复演。这就决定了教育研究实质带有一种个体主义的特征，从而构成教育研究方法论的另一个显著特征。

所谓个体主义的认识特征，是指教育研究活动的主体往往是个人的认识活动，是个体独立的求知活动，很少是群体的或集体的共同的思维活动。诚然，集体的探讨气氛对个体的认识进步固然是有启发作用的，但它们毕竟不是共同的思维活动，而是从不同视角出发的相互激发活动，正是这种从不同视角出发的教育观察特征才使教育研究体现出它的整体性品质来。因此，尽管教育研究离不开群体的研究氛围，离不开研究者之间的相互激发，但最终仍然依靠个体的独立判断，仍然是根据个体的经验体会来判断，并且还要靠个体的意志来执行。我们无法强求个体之间在思维方式、感受体验上达到完全一致，因此也不可能寄希望于不同的独立的个体之间找到思想的完全重合之处。这也注定了教育研究方式最终仍然是个体性的认识活动，而不是有组织的或群体性的认识活动。如果强行推行集体的研究方式，那只能是以牺牲研究的自由和创造性为代价。当然，我们并不否认个体对一些基本问题认识上存在着一致性的方面，但这些一致性往往只是表面的、直观的，而在本质上仍然是差异显著的，而且这种差异是无法消除的。

教育研究的个体主义的认识特征，说明我们对教育问题的体验和认识以及做出的相应判断，最终都只能依赖于个体的经验背景，这意味着各种研究结论都有一种必然性，也即必然要与研究者个体的成长经历息息相关，或者说必然受制于个体发展的历史性。正如在世界上很难找到两片相同的树叶一样，在世界上也很难发现两个成长经历完全相同的个体。每个人对周围的环境都有自己独到的体验，这些体验是不可能模拟的，当然也不能被复制，这决定了一些深层的体验只能属于个体的。而且个体的经验是累积性的，他总是以他先前的经验来解释他当下的经验和以后的经验，从而使自己的经历也具有不可重复性。这也是为什么说从事教育研究甚至包括整个社会科学研究都需要个人经验的积累，需要具有丰富的阅历的原因，也就是说没有丰富的人生经历，就很难在有关教育这个涉及人生的大问题上发表深刻的见解。在这样的情况下，我们很难用某一个认识原型来解释他的体验，因为个体的深层体验往往是无从捉摸的。这个时候我们只能运用释义学所讲的同情式的理解（或称为"同理心"）来克服相互沟通的障碍。① 但这种理解毕竟是一种近似而不是一种真正把握。也许对他人的经验压根就不可能完全理解。这也是哲学释义学所讲的要通过不断地沟通以取得共识的原因。②

个体主义的认识特征说明每个研究者都有自己的独特的精神世界，都有自

---

① 杨深坑. 理论·诠释与实践［M］. 台北：师大书苑有限公司，1999：141.

② 加达默尔. 真理与方法［M］. 上海：上海译文出版社，1999：23－53.

己感知事物的方式，而人与人的精神世界是不能进行相互比拟的。这进一步说明每个人本身都是一个需要认识的对象，这不仅指的研究者，而且包括教育活动中的每一个主体。同时，这也说明教育研究不可能采取机械的、还原的方法，也不可能采取外在控制加以干预得到预期的反映，因为人的内心世界太复杂了。诚然，在人的许多行为中有共同之处，但这些行为背后的意义却是非常不同的。所以即使同一个行为也会有不同意义存在，因为支配人们行为背后的动机是截然不同的。这种不同性就使人的思想活动带有强烈的个体主义的色彩。研究者对教育问题的理解就更是如此，很难找到两个教育家对同一问题具有完全相同看法的，这是由他们背后的经验系统的不同所造成的。

在教育研究活动中我们强调研究的合作，但这种合作应该是建立在完全自愿的基础上的，而不是由外来原因促成的。对某些问题有比较一致的看法往往是促成深层合作的原因。如果希望持不同观点的人进行合作那无疑是在从事一种"和事佬"的工作，这种工作是没有多大意义的。正是由于有不同的学术观点存在，才产生了相互争鸣的气氛，才促进了对立的双方相互转化，但这种转化也不是以最后"完全趋同"为目标，而只能是在某些看法上接近，或对某些问题认识上更为全面，但在深层上看问题的角度区别依然如故，而这种区别则构成了个体的观察问题的视角和个体的研究风格，这些又是非常个性化的东西，是难以复制和难以模仿的，人们只能领会其中的某种精神实质，但不可能做到完全移植，这也是精神活动的重要特征。

个体主义的认识特征使研究者在选择研究问题、研究领域和研究方法时都是个性化的，同样在对研究问题做出答案时也是个体性的，对此也是不可预期的。如果希望他能够达到某种预想的理想方案，那几乎是徒劳的。可以说，一种研究风格就代表一种研究方法，一种研究思路也代表一种方法，因为它们都是解决问题的路径，而不同的方法之间是很难相互沟通的，人们对不同个体所采取的研究方法或研究方式只能表示理解，而无法进行完全复制，更难强求统一。我们可以领会某种风格或研究思路的魅力，但不能要求其他的研究者完全按照同样的思路进行重复验证工作。这也意味着，研究结果之间也不可能出现完全雷同情况，研究结果必然是差异的，出现了完全雷同现象则证明研究的某个环节出了大的问题，如果是在诚实可靠的情况下是不可能出现完全雷同的情况的，这一点对社会科学研究是尤其重要的。正因如此，教育研究活动不可能采取实证主义的研究思路对研究结论进行验证工作，而相信它应该是提供一个独立的文本出来，否则这个研究结果就是掺杂了水分的。这种个性化的特征也是近年来质的研究方法在国内外开始流行的原因，它的主旨就是要克服在实证主义研究范式主导下的量化研究中的趋同化的思维方式，承认个体在思维上的本质不同，承认个体在研究过程中的创作。①

个体主义的研究特征说明在教育研究过程中存在着许多缄默的知识，这些知识很多是个体在认识问题时所表现出的心智技巧，是不能够充分用合适的言语进行表达的，即人们通常所言的"只可意会"的东西。同时还说明，各个研究者在从事自己的研究时基本假设就已经不同，因此不可能取得一致的结论。这一特征也是现象学主张进行"现象还原"的原因，也是目前质的研究从总体上拒绝预先假设的根本原因。在质的研究中，需要人们进行参与性观察，需要人们以观察对象的思维方式来理解观察对象的行为方式。② 但人们总是会以自己的见解来理解对方，这样容易形成对研究对象的偏见。为了祛除这种偏见就需要与观察对象进行长期的接触，进入他们的生活场景，这样才能真正体验他们的所思所想，最后达到用他们的思维方式来表达他们的行为过程的结果。可以说，这一研究主张是现象学方法的基本主张，也是人类学中非常通行的田野研究方法。但是根据释义学的解释，排除"前见"只是我们的一种努力，而事实上是很难排除的，因为我们很难真正地完全排除我们的"偏见"。也就是说，个体认识总是局部性的、片面的，不可能完整的，也是不可能实现个体认识之间的完全统一的。③ 现在人们越来越深刻地认识到，我们对教育问题的观察方式正是人类学家所遇到的场景，都会受到我们的生活场景的影响，从而影响我们对它的感知方式和反映方式，再加上我们先前经验的积累，从而构成了我们自己的独特的认识方式。这意味着，在教育研究中出现差异的结论是非常正常的，而希望获得一个标准答案式的研究几乎是痴人说梦。不同个体之间的研究差异的存在也说明了每个人都具有自己的立场和世界观，人们只能运用哲学的透视的方法才能对此做到深层的理解。

不仅如此，教育研究的个体性特征说明了教育研究活动不可能是一个纯粹的逻辑推理过程，而是其中还带有个体独特的经验成分和很大的个体创造性成分，这也是人们思维过程中的建构性品质的体现。显然这个创造过程带有很强的艺术特质，它不能够完全运用理性思维的方式来理解。正是这个不断的创造

---

① 高敬文. 质化研究方法论 [M]. 台北：师大书苑有限公司，2002：4－12.
② 高敬文. 质化研究方法论 [M]. 台北：师大书苑有限公司，2002：44－55.
③ 加达默尔. 真理与方法 [M]. 上海：上海译文出版社，1999：355－385.

成分包含于其中，才使教育研究成果很难达到一个标准化的模本，而必须允许多种多样的表达风格存在。如果只允许某一个机械的呆板的表达方式存在，可能就彻底抹杀了许多具有原创性成果的实质内涵。可以说，每一种独立的教育研究成果都提供了一种独特的教育问题的解读方式，这种解读方式是个体认知风格的一部分，是个体具有活力和创造性的表现，它也使得教育研究成果具有了很强的人文化色彩。举凡历史上著名的教育著作都有非同凡响的魅力，归根到底，就是由于具有艺术特质的魅力所在。①② 有这样的品质存在，也使教育作品很人性化，很具有人情味，从而也是引人入胜之处。卢梭（Jean – Jacques Rousseau）的《爱弥儿》有非同凡响的影响力，深深影响了包括康德在内的学术精英，其根本原因在于其中饱含了艺术创造成分。柏拉图的《理想国》成为不朽的世界名著也是同样道理。在我们的生活中，许多能够打动人、震撼人心的教育研究成果，其成功的一个非常重要的原因，就在于包含了艺术创造。这样，教育成果就不完全属于纯粹的抽象世界，而处处能够折射出现实世界的影子，能够引起人们的联想与思索，从而也能够与自身行为联系在一起，成为启发自己进步的力量。

三、理想主义：教育研究无法排除的情结

教育活动是一个走向未来理想的活动，它从来都不是一个关于现实存在状况的机械问答，永远也不应该变成一种记问之学。教育研究活动的目的是为了成为一个使人富有理想、具有行为动力的科学，它的真谛在于激发人的行为动力，因此任何时候都不能摆脱对未来理想的预期。正是这一点，使人们对教育活动寄予非常高的期望。可以想象，教育活动一旦失去了理想，也就必然失去了它的动力来源。教育活动的理想特征来源于人生理想，来源于对美好事物的追求，来源于人们对教育的规划设计，当然也来源于人们对教育问题的认识。因此，教育研究的首要品质在于对美好社会状态的揭示，对人生美好发展前景的指引，形成人生价值导引，培养人的审美趣味，从而吸引人为了美好未来而进行不懈的努力。这些正是教育研究所具有的理想主义特征的体现，它自然是教育研究中另一个不可或缺的重要的品质。这意味着，在教育研究活动中不可能离开理想价值的导引，在教育研究成果中不可能离开对理想价值的描述，同时也不可能缺少对现实中所存在的缺憾的批评。我们知道，理想既是人们行动

---

① 如乌申斯基认为教育学也是一种艺术。

② 陈桂生. 教育学建构［M］. 长沙：湖南教育出版社，1998：90.

的指导，也是人们观察现实问题的镜子，同时也是人们前进的动力。可以说，人生活在现实世界中一刻也不能失去理想的牵引，没有理想，生命就失去其本质意义，也就失去其人生乐趣和幸福追求。所以，教育研究的一个非常重要的品质就是对理想的追求，这种追求也是教育研究的动力所在。

理想主义特征使教育研究活动具有强烈的价值导向，在这个意义上，"价值无涉"几乎是不可能的。① 可以说，没有"理想的"这个尺度，人们对现实问题就无从进行判断。正是有了理想，人们才知道行动的差距所在，才知道努力的方向，才有了行为的动力。诚然，有了理想，能够激发人们更大的创造激情，甚至可能会使人去大胆冒险甚而失去理智，但有了理想，并非就会使人的行为变得非常主观臆断，变得非常激进冒失。相反，有了理想也可能使人的头脑更冷静，使人看问题更客观，使人们的思维更有条理，更容易发现目标与工具之间的差距，从而激发人们去创造条件，弥补价值与手段之间的差距。因此理想主义并非空想主义，而是建立在科学的基础上对未来美好前程的设计，这样理想才能真正构成人们行为的坐标。

教育研究者一般都有自己的理想价值追求，并从这个理想主义角度出发来观察教育现实中存在的问题，这也在很大程度上构成了他们研究的视角，他们的努力方向就是缩短现实与理想之间的距离。因此，这种"理想"追求就不仅是一种价值观和观察世界的视角，而且是采取各种研究方法的最后根据，从而是一种研究方法论。一般而言，每个真正的教育研究者都有一个建设美好社会的强烈愿望，这激发了他们的探索的激情，从而激发出他们的创造潜力，进而使他们的价值追求变得越来越完善，与现实的距离越来越短，使自己的设计方案越来越具有可操作性，这是他们追求的理想结果之一。可以说，每一个具有真正负责精神的教育研究者都有一个自己的理想世界，并总是想证明这个理想世界具有现实性，因此是可以实现的，从而希望这种理想世界的目标能够被其他的同行认可，被社会各界认同，进而变成社会改造的方案。② 这种对美好世界的追求成为他们不断进取的根本动力。

当然，有时教育研究者在表达自己的理想追求时也会表现出对现实状况不尽如人意的不满之情，特别是当自己的理想主张不能被别人接受和这种理想主

---

① 尤瓦娜·林肯，伊冈·古巴. 自然主义研究——21世纪社会科学研究范式［M］. 杨晓波，林捷，译. 北京：科学技术文献出版社，2004：115－133.
② 例如在美国，著名的教育改造主义运动就有强烈的改造社会的宏大期愿。

张难以变成现实的行动时，会出现急躁的心情甚至悲观失望的情绪。这时的理想表达就可能缺乏严谨的态度，使感情因素冲出理智的防线，变成了一种激进躁动的因素。① 但是，越是具有涵养的教育研究者越会认识到现实世界的复杂性，认识到它远非理想世界所能够覆盖的，而且认识到理想与现实之间存在着不断的冲撞，因而需要随着时间的不断消磨才能使理想的根芽逐渐发育成熟。所以他们对理想永远持一种冷静审慎和乐观进取的态度，在行为方式上更多地采取理性对话的方式，而不是采取激进的煽动的方式来宣传自己的理想，因为他们知道躁动和冒进所造成的损害远比它取得的收益要大。所以理想主义的坚持者也应该是社会的踏踏实实的建设者，而不是社会的麻烦制造者。

对于教育研究者而言，理想主义还代表了一种信心，代表了对人类理智能力的信仰，即相信人类能够认识到理想的价值，也相信人类最终会接受这种理想的方案，同时也相信人类最终会找到达到理想方案的途径。因此，教育研究活动就不仅是在对教育现实问题进行一种理论性的解答，而且也是对理想价值的现实可行性进行论证。

从根本上说，教育研究的理想主义特征的认识论基点是相信人的本性是善的，相信人们有一个共同的美好愿望，希望一同过上美好幸福的生活，并且相信人类有能力过上这种美好的生活。这不仅是研究者对社会的许诺，也是研究者对自己能力的期许。从这个意义上说，教育研究者最终必定要成为社会活动家，成为教育改革家，因为他们相信人们最终会接受他的教育主张，会接受他对社会改革的设计方案，这也是教育研究的终极诉求。

四、行动主义：教育研究的最终追求

毋庸置疑，教育研究的最终目标是指导实践，希望认识能够化成实践的方案，即从理想转化成行动。因此教育研究的又一个重要特征就是行动主义。行动主义特征也是教育研究的根本特性之一，甚至可以说是教育研究与生俱来的品质。对于教育研究者而言，研究的最终目的并不是为了追求一种纯粹的理论，而是为了获得一种实践的方案，获得大家能够认同的方案并能够付之操作。在这个意义上说，教育研究始终是实践优位的。从柏拉图的"理想国"以来人们一直有对教育理想进行操作的欲望，到康德提出实践教育学后，这个愿望就更

---

① 西方 20 世纪 60—70 年代兴起的新的教育改革思潮"非学校化运动"就体现了这种特征，其代表人物伊里奇就完全否定学校教育的合理性。

加迫切了。①

教育研究的行动主义特征具体表现在研究过程中，就是研究问题首先是针对现实中出现的问题提出来的。只有这样的问题才是真问题②，而不是一种从理论推导出来的假想的问题。对问题的研究也是首先针对问题具体的产生情境进行研究，因为每个教育研究者都能够直观地体验到所有的教育问题的出现都与具体情境具有密切的关联性，因此这样的问题都是具体的，都是可以认识的，并能够寻找到一定的解决方案的。使研究成果能够付诸实践的不仅是社会对教育研究者的期望，也是教育研究者表达的雄心。

教育研究者同时还认识到，教育问题的最终解决不能离开具体从事教育活动的群体，他们才是教育理想方案的最终执行者，因此教育的理论必须与这些具体的实践工作者结合起来，这种结合越自觉、越紧密，则越有助于有效的解决方案的寻找，并且也越有利于这些实践工作者的操作执行。所以，越是有造诣的教育研究者越能够体会到教育理论必定来源于实践、最终还需要回到实践、为实践服务的真切价值，并且他们也经常把这种被实践接受的程度作为检验自己理论认识是否可靠的重要标准之一，甚至是最根本的标准。

为了使教育研究结论能够经得住实践的检验，教育研究者认识到必须打破个体认识的局限，因为他们已经认识到个体思维和体验的不可替代和不能重复的特征，所以要使自己的认识被实践工作者接受就必须与实践工作者进行大量的沟通，需要以实践工作者能够接受的方式来表达自己的研究发现。不仅如此，他们也认识到对教育问题的真正认识也需要从这些实践者的认识出发，这样才能真正了解问题产生的真正原因，并且也能够发现理论认识与实践之间的真正距离。因此这些教育研究者在研究中真切地希望实践工作者能够积极配合，甚至是积极参与其中，这样组织成一个研究团队，从立体的多层面来发现问题和寻找解答方案，从而使研究过程不仅能够相互启发，迅速发现问题的症结，而且能够找到最为有效的可行的策略方案。这样对教育研究者与实践工作者而言是一个双赢的局面，从而也是一个有效的理想的研究方案。

所以，教育研究的行动主义的思路，就是要使教育研究的最终落脚点落实在具体的教育行动上，通过研究能够帮助研究者与实践工作者加强自己对教育

---

① 陈桂生."教育学"辩——"元教育学"探索 [M]．福州：福建教育出版社，1997：104－185.

② 吴康宁.教育研究应研究什么样的"问题"——兼谈"真"问题的判断标准 [J]．教育研究，2002（3）：8－11.

认识的反思，形成一个不断反思教育实践和改进思路的方案，在其中还能够培养一种相互协作的意识，从而为着实现一个共同的理想目标而共同努力。这一点正是行动研究的主旨①，也是教育研究者的普遍愿望。无论是教育理论工作者还是实践工作者，都希望打破理论与实践之间的障碍，从而建立一种理想的沟通交往环境②③，为建立教育科学大厦服务，为实现人类的美好未来服务。

五、结论：教育学的多元发展取向

必须指出，对于教育研究的特性，人们的理解是不同的。④ 同样，人们对教育研究方法论的上述特征也没有达成一致的意见，人们往往把教育研究方法论的局部特征作为它的整体特征，试图以此建立一个完全统整的教育学系统。但这种努力恰恰导致了教育学的多元发展取向，这是一个有趣的二律背反现象。我们认为，教育研究方法论不同特征都只是反映教育研究活动的某些方面的特征，而不是全部特征。如从整体主义立场出发，一种教育学主张应该从寻找最基本的教育活动的事实出发，也就是说从寻找教育学的逻辑起点出发来建设一个内在统一的教育学概念体系，形成一种纯粹理论的教育学。无论是传统注重思辨研究的教育学还是后来的主张通过实证主义方式进行研究的教育学，都有这种建立宏大教育学理论体系的旨趣。与此相对立的是另一种主张，就是强调教育学要应答实践中出现的问题，这就是以行动主义方法论为取向的实践教育学的目标。与理想主义方法论特征相对应则出现一种规范教育学发展取向。⑤与个体主义方法论相对应则是当今质的教育研究方式流行的局面，这是一种现象学教育学和批判的教育学的发展取向。针对教育研究中的个体主义特征，释义学教育学和批判的教育学又提出了他们的建设思路。⑥ 因此，教育学自身又变成了一个多元的世界。⑦

---

① 袁振国. 教育研究方法 [M]. 北京：高等教育出版社，2000：210 - 213.
② 杨深坑. 理论·诠释与实践 [M]. 台北：师大书苑有限公司，1999：143.
③ 哈贝马斯. 交往与社会进化 [M]. 张博树，译. 重庆：重庆出版社，1989.
④ 唐莹. 元教育学 [M]. 北京：人民教育出版社，2002：55 - 77，217 - 222.
⑤ 规范研究与实证研究相对立，实证研究主张只研究实然状态，而规范研究则主张还必须研究应然状态.
⑥ 唐莹. 元教育学 [M]. 北京：人民教育出版社，2002：55 - 77，217 - 222.
⑦ 吉普森. 批判理论与教育 [M]. 吴根明，译. 台北：师大书苑有限公司，1988：188 - 196，386 - 495.

人种学：教育研究的一种根本方法①

引导语：人种学作为质性研究方法的源头，在 20 世纪 80 年代后期开始进入我国教育研究界，但一直遭到质疑。然而，它在西方却被视为教育研究的最好的甚至是唯一的方法。通过对人种学方法特质及其对教育研究影响的考察，可以发现，美国著名哲学家杜威所主张的教育研究方法，已经契合人种学方法要旨。人种学虽非教育的唯一方法，却是教育研究的一种根本方法。

关键词：人种学；教育研究；质性研究方法

20 世纪 80 年代末 90 年代初，随着"质性研究方法"（qualitative research approach）② 引入中国，人种学方法便在国内学术界产生了强烈反响。起初，人们对这一来自西方、注重于微观的、个案的研究方法表示质疑，不久人们发现它能够与传统的关注宏观、探求普遍性知识的研究方法成为互补，由此它逐渐成为显学。③ 对于教育研究而言，人种学确实为观察教育提供了一个新视野，具有方法论变革的意义。④ 尤为重要的是，它站在教育活动者的视角看问题，这对于真正理解教育具有根本性的意义。但"人种学"是否"是教育研究的最

---

① 原载于《厦门大学学报（哲学社会科学版）》，2008 年 3 期，第 13 - 20，89 页。《新华文摘》（2008 年 15 期，第 122 - 125 页）全文转载。
② 陈向明. 质的研究方法与社会科学研究 [M]. 北京：教育科学出版社，2000：1 - 35.
③ 高敬文. 质化研究方法论 [M]. 台北：师大书苑有限公司，2002：1 - 12.
④ 袁振国，徐国兴，孙欣. 方法的变革——人种学在教育研究中的应用 [J]. 上海高教研究，1996（3）：8 - 12；赵蒙成. 人种学的研究方法在教育研究中的运用 [J]. 教育评论，2002（6）：21 - 24；袁磊，李一媛. 人种学方法在教育科学研究中的应用 [J]. 长春师范学院学报，2004（1）：26 - 30.

好的甚至唯一的方法",① 显然，这一命题对教育学进步具有深远意义。鉴于此，本篇就以"人种学作为教育研究的根本方法"为题进行探索。

所谓教育研究的根本方法，是指在教育科学发展中居于基础性地位的研究方法，即要达到对教育现象的彻底认识舍此并无其他途径。换言之，所有其他研究方法都是建立在该方法的基础上。当我们能够证明一切方法都源自该方法时，该方法作为根本方法的命题就成立。必须指出，这时"方法"并非指某种操作性方法，而是一种方法论意义上的研究方法。②

一、人种学方法的引入过程

传统上我国教育研究习惯采用思辨研究方法，其一般程式是：首先确认哲学具有普遍的方法论意义，之后论证这一普遍方法必然适用于作为具体现象的教育，然后再把一般哲学原理转换成教育命题，进而得出教育结论。这一简单的套用方式在过去被视为天经地义的，而在目前则遇到生存危机，因为它不能够解决任何实际问题。传统教育学教材大多沿用这一套路，因而显得非常教条和僵化。严格地说这是一条用哲学代替教育学的路线，故而常使人感到教育学空疏无用。人们曾尝试运用实证研究方法进行突破并获得了很大成就，至今对实证研究的兴趣不减。实证研究注重对现实状况的事实描述，尤为推崇客观的量化研究，这样就使人感到对教育的认识更精确、更具体和更容易操作，故实证研究之风推动了教育研究方式的转变。然而实证研究方法容易导致一切从经验出发，把人文世界物理化和把复杂的教育现象简单化等弊端，同样也会出现理论与实际脱节。于是人们思索进一步的改进途经。此时人们发现精神科学所倡导的释义学方法对理解现实的教育问题颇有启发，又发现现象学方法及行动研究方法的特殊意义。最终人们发现这些已经在西方形成了一个新的研究范式，即质性研究范式，又称为自然主义研究范式。③ 人们进一步发现，质性研究范式的根源是人种学方法，这就使人们深思：人种学究竟在教育研究中扮演什么角色？

---

① 〔美〕W. 维尔斯曼. 教育研究方法导论［M］. 袁振国，主译. 北京：教育科学出版社，1997：299.
② 王洪才. 教育研究的基本方法论［J］. 北京师范大学学报：社会科学版，2006（6）：21－27.
③ 尤瓦娜·林肯，伊冈·古巴. 自然主义研究——21 世纪社会科学研究范式［M］. 杨晓波，林捷，译. 北京：科学技术文献出版社，2004：1－45.

　　平心而论，质性研究方法确实为教育研究提供了一个新视角，其新颖之处在于它提供了一种特别的方法论，即它更注重日常教育活动中的具有个性意味的事件，而不是传统所关注的普遍的、具有代表性的事件。传统上，教育科学的使命就是探讨教育活动的规律，而规律就是事物内部的本质的必然联系，那么一切偶然的、琐碎的现象都不可能纳入观察关注的视野。实证研究虽然强调具体观察，但更强调控制条件下的观察，这样的观察结果是不自然的，也是脱离生活的。该如何观察教育呢？人种学方法倡导深入生活实际，进行田野调查，主张理论扎根实践，在实践中建构。如此，教育研究者必须深入到教育实践活动内部，把具体的教育实践者作为研究对象，研究在他们视域中的教育。为此就必须激发实践者参与，让他们反思其教育经验，然后根据其经验发现真实的教育是什么，并由此寻找教育改革路径并概括相应理论。这就是质性研究的路线，所使用的正是人种学方法，并进一步发展为行动研究方法。正是这条路线激发了广大教育实践工作者参与教育研究的热情，也是国内中小学校本研究兴起的真正原因。① 因此，质性研究是一条"扎根"路线，也是一条切实可行的推进教育改革的路线。但它是不是一条唯一可行的路线？它与其他研究方法是什么关系？只有回答了这些问题才有可能回答"人种学是不是教育研究的根本方法"。

　　从方法论说，人种学方法是对传统的坚持统一的、宏大的研究叙事的拒绝，因为它认为教育活动像各个民族的生活方式一样非常复杂，各有其独特意义，不能用统一化模式或唯一的方法去理解。这一观念要求我们对教育问题的理解从外在转向内在，即从教育本身去看待教育问题，而不是从外观的、主宰者的身份来看待教育问题，这也说明教育活动的真正主体是具体的教育实践者而不是理论家或高高在上的领导，理论必须通过这些实践者的具体掌握才能赋予理论以实践价值，并由此赋予教育活动以生命价值。该研究传统认为，对教育实践主体的尊重应该是教育研究者的基本态度，也是教育研究的基本伦理。由此质性研究方法发动了一场教育观念的革命，并推动了教育研究方法论的进步。这当然有助于人们深入认识教育活动的本质。因此，在质性研究方法引入后，教育学反思意识空前加强，这促进教育学科进一步走向成熟。

　　在欧美学术界，人种学方法已经确立了稳固的学术地位。但在国内学术界，人种学方法仍然面临质疑，因为人们怀疑"不以发现普遍知识为目的"的"人

---

　　①　郑金洲. 走向"校本"[J]. 教育理论与实践，2000（6）：11－14.

种学"究竟有什么价值。正因为如此,"人种学作为教育研究的根本方法"才成为真正问题。传统上,当说到教育研究的根本方法时一般都会归结于哲学方法,特别是马克思主义的哲学方法。因为哲学是关于世界观和价值观的学问,是对一切科学知识的高度概括,它能够提供一种根本的研究方法——方法论,从而使人们看问题更整体、更客观、更透彻,进而成为一切科学的指导,似乎一切科学研究如果失去了哲学的指导也就等于失去了前进的航标。难道还有什么方法可以替代哲学方法吗?我们知道,哲学方法是一种抽象的综合,它对各科研究都具有指导作用,因而可以称为根本的方法。如果把从某一门学科(如人种学)中发展起来的方法作为教育研究的根本方法,是否妥当?针对这一质疑,我们就必须从人种学的源头进行考察,观察其发展过程及其对教育研究的影响,从而来判断它是不是教育研究的根本方法。

二、人种学方法的起源

人种学原义指人类学分支的"体质人类学",后转变为指代人类学研究的基本方法。[①] 人种学研究是指运用人种学方法所从事的研究,具体而言是指从客位角度对一个民族的文化习俗、特性进行研究。人种学比较关注原始民族的重大庆典活动,认为这对了解一个民族的信仰、价值取向和行为模式等具有直接的意义。但要了解一个民族的生活方式等必须通过实地考察的方法才能获得,如果没有亲身的感受一般是不可能真正了解该民族生活方式的。这种通过实地考察的田野研究方法就被称为人种学方法或称作民族志方法。由于这种方法由人类学研究最初使用和最常使用,而且只有在进行民族研究时才能最完整地使用,因此它也被称为人类学特有的研究方法。

田野工作或田野研究(field work,field study)之所以称为人类学研究特有的方法,是因为在进行民族研究之前,我们不可能预先假设该民族是如何生活的,有什么样的信仰,喜好是什么,我们只有在实地考察之后才能有所了解,故人种学研究方法首先是指实地考察的方法。"田野研究",比喻人们从繁华城市进入不发达的乡村田野,这形象地反映了人类学研究的特色。事实也如此,在进行民族研究中,往往都是对原始民族的研究,研究者仿佛进入了荒芜的田间地头,此时必须不辞辛苦,用土著居民能够理解的方式来收集、分析资料并通过归纳总结才能比较整体地了解其风俗习惯和文化特质。如果研究者有任何

---

① 李复新,瞿葆奎. 教育人类学:理论与问题 [J]. 教育研究,2003 (10):3-13.

高傲姿态或不尊重的心理，则难以反映其面貌。所以要了解对方，就必须虚心进行，首先要取信于人，真心地和他们交朋友，这样才可能获取真实的情况。如果带有任何轻蔑的神情，这样不仅不能了解到其文化蕴涵，而且会成为他们的敌人。

　　所以，在进行田野研究时如果有一个合适的向导的话，你就会大大节省你融入这个群体的时间。只有当别人真的觉得你没有敌意的时候，才会对你没有任何防范和禁忌，一些民族特有的生活方式才会对你开放，此时你才被当作"自己人"或朋友看待。一般而言，越是有自己特色的民族禁忌越多，越不开放。许多仪式是专对自己人而不对外人的，尤其提防外人的窥视。而且越是原始的民族，其禁忌就越多。对于这些禁忌，无法用完全的理性态度去解释，因为其中总带有一种神秘的色彩，这些东西中往往是代代流传下来的，而且也是被族人当作神明来崇拜的。

　　此外，每个民族的生活方式，初看上去是散乱的，但事实上它们构成一个意义整体，对他们了解得越深，其意义就越完整。如果只从部分看或把他们分解开来就失去了意义，而且这些意义也只有在具体生活情景中才能体会到。在其中，风俗和信仰，特别是禁忌，最能够反映民族的生活方式。这些东西之所以能够形成，在很大程度上是因为长期与外界隔绝造成的，因为没有外来"干扰"，所以才形成相对封闭的、独立的意义解释系统，才形成一个民族的文化密码。了解这种密码必须根据他们对生活事件的理解，特别是对人与自然关系的理解才能得以解释，这种理解形成了该民族的独特的心理、独特的意义内涵，换言之，也就形成了民族自己的生存哲学。

　　在一个民族内部，他们都有非常严格的戒律，并由掌管生杀予夺大权的酋长或法老监护，他们对触犯禁忌和戒律的惩罚是非常严厉的，民族信仰也是由此来维护的。自然而然，他们就有了自己的偶像崇拜并有一套严格的仪式，族长就是神灵的守护者，因此也就拥有最大的权威。

　　外人对于这些崇拜信仰的观察，只有通过实际参加他们的集会活动才能观察到。在这些民族生活里，集会活动往往是他们生活的中心事件，是一种盛典，人们常常在集会中展现各自的地位，从中人们可以获得关于各种生活细节的内在解释。设想，如果你是一个陌生人的话，你是不会被允许参加这样的活动的，如果你贸然"闯入"，你不仅会遭到严重排斥，甚至还可能丢掉性命。

　　但是，原始民族在另一方面表现又是慷慨的、豪放的，这也是研究者能够接近他们的理由。但研究者首先必须尊重他们的风俗习惯，从而使他们感受到你是友好的，如此你才会受到礼遇，但这时他们对你的开放是有限的。只有你被当作自己人时你才可能真正了解当地人是怎么生活的。客观地讲，他们的生活方式是原始的或不文明的，但这些想法必须在你内心做一个彻底的清除，否则就会在无意中流露出来，从而成为你冒犯该民族的口实，那时你将面临拒绝或被逐杀。因此，你需要做的是具有共情心理，把自己当作他们其中的一员，理解他们的生活方式，欣赏他们，拥有和他们一样的情感，这样你才能被接纳。没有这个过程，你的行动是受限制的。

对此，如果你有事先的心理准备，或者掌握了一些相关的材料和细节，就会对你的适应非常有帮助。人种学研究告诉你，你必须经过这个田野过程之后才可能真正开展你的研究工作。这个田野过程首先是获得一个共感体验，如果没有这个共感，那么你就很难发现眼前事实的意义。

对于原始民族所进行的实地研究，就是人种学的最初起源，其目的在于发现一个生活方式迥异的民族，一个独特的文化。

三、人种学对教育研究的影响

目前，人种学方法已经成为人文社会科学研究的基本方法，并被教育学接受。而真正开始把人种学方法运用于教育并推动教育思想方式变革的则是美国著名哲学家、教育家杜威。

传统上，教育研究是从理想主义出发的，即从教育应该怎么样开始的，因为人类具有理性的本质。人的理性本质表现在人不希望重复自己过去的错误，也不希望丢弃已经摸索成功的经验，于是人们就希望把已经总结出来的经验直接传授给下一代，这就是教育活动产生的最初动因。在人类教育活动中，第一位重要的问题是知识——"什么是最值得传授的"。这是教育学思想的根源，后世的教育教学思想、课程设计、教育管理思想无不与此关联。第二位重要的就是"谁来传授"——这是教师思想的源头。一般而言，德高望重者就是知识掌握最好的人，智力发展最高的人，他们过去的经历使他们最有资格进行传授。第三位重要的是"传授给谁"，即要区分哪些人最值得去教，哪些人不值得去教。这种选择仍然是从理性角度出发的，是从社会的最大利益出发的。因此这既是一种效率体现，同时也是一种公平的体现。

在关于教育活动的思考中，考虑最多的就是关于教育的目的问题，即为什么而进行教育的问题。这是一个恒久的问题，因此也是一个哲学问题，当然也是教育哲学的基本命题。根据哲学的回答，人首先在于成为人，因此德行培养是最重要的。在德行中最主要的是人的判断能力，因为如果没有判断力，就难以保证行为是善的。但要拥有健全的判断力，就必须具有广博的知识，没有这些知识，人就不可能去辨别、去判断，判断力也就无从提升。当有了判断力之后，它不仅是一种内在的东西，而且还要表现出来，并且是以文雅的而不是粗鲁的方式表现出来，为此就需要修辞训练。同时还要学会反驳别人的意见，为此就必须学习辩证法知识及进行相应的训练。所以在西方出现了"自由七科"：算术、几何、天文、音乐，文法、修辞、辩证法。前四者是广博知识，后三者是文雅知识，两者合起来就构成了西方古代博雅教育的主要内容，而且也是现代西方教育思想的基石。

但理想主义教育的核心思想是一种精英主义，即用最精粹的知识、最精英的人才去培养未来的精英。不可否认，这确实造就了一批精英，同时却冷落了一大批非精英。人们把这种教育思想称之为传统教育思想，当然也是非民主的教育思想，它的特征是：以教师为中心、以知识为中心和以课堂为中心，而不是以学生为中心、以活动为中心和以社会为中心。显然，在对传统教育思想批判中最具有影响力的重要人物就是美国著名的哲学家、教育家杜威。①

在杜威的眼里，最有效的教育不是从知识出发，而是从满足学生发展需要出发；最有效的教学不是通过知识灌输方式，而是通过学生的活动来进行体验式的学习；学生的活动范围不能局限于课堂，而应该是真实的社会，那么在教育观念上，教育不是为未来生活做准备，教育本身就应该是一种真实的生活，教育就是要培养这种生活的习惯和能力，这样才能在未来生活中做一个成功的人。这就是杜威的民主主义教育的核心观点，这种观点颠覆了传统的理性主义教育思想，掀起了教育改革的风暴。当然这也是后来永恒主义教育思想批判杜威的口实。

不管怎么说，杜威的反传统的教育观念，对世界教育改革产生了重大影响，也影响了教育研究的整体思路，因此也引发了教育学思想的重大变革。既然要实行儿童中心、活动中心、社会中心，那就必须调整研究视角，必须从儿童的需要、活动内容和社会的现实出发进行研究。了解儿童的需要，无疑需要研究心理学；设计活动，就需要研究儿童的具体活动；以社会为中心，无疑就需要了解社会的需要和社会现实。这样研究就不再是以研究者的愿望为主导了，而是要回到教育对象的世界中，回到社会发展需要的实际中，必须以了解学生的

---

① 褚洪启. 杜威教育思想引论 [M]. 长沙：湖南教育出版社，1998：1-240.

实际心理状态为主导了。在这种思路中就贯彻了人种学方法。

在研究儿童需要时，杜威发现，我们成人容易把自己的需要当成儿童的需要，并且从成人的经验出发，认为成人的认识和要求一定是正确的，因此就形成了成人对儿童的命令和专制。他认为，传统课程和教学是非常专制的，不适合儿童的心理发展需要，不能激起儿童兴趣，是相当不民主的。他指出，过去的课程都是过去的内容，没有反映发展的现实，也没有反映儿童眼中的世界，因此是机械的、粗暴的和无效的，所以必须变革这种课程，采用科学的课程。而科学的课程不是这种以书本知识为中心，而是以社会生活知识为中心，并且应该是通过活动的形式来开展的。为此他主张研究儿童的活动形式，理解儿童活动的意义，通过这种研究来组织更好的活动。研究儿童活动，关键一点就是不能以成人的观点来观察儿童，而必须以儿童的心理来观察儿童。在此，研究者完全采取旁观的态度是不适宜的，必须参与儿童的活动之中，在与儿童的互动中发现儿童的心理发展状态，也只有这样才能做到更好地引导儿童的发展。

这样一来，研究者就从主位下降到客位，不是以自己的观察视点为中心，而是以儿童的活动为中心了。可以说这是研究儿童心理应该采取的视角，或者叫研究儿童眼中的世界，而不是成人眼中的儿童世界。视角的变换代表着两种哲学思想的变换。

可见，杜威所主张的研究方法就是人种学所坚持的方法，因为它不是从一种主位的、命令式的眼光来看待儿童世界，不再认为儿童行为是不成熟的了，而认为儿童世界是一个特殊的世界。这正如人种学不再把原始部落认为是落后的、不文明的、低级的一样，而是认为这种生活方式自有其特殊意义。我们研究它，并不是为了批评它，或按照我们的模式改造它，而在于了解它为什么会这样，对于这种状况我们究竟担负什么样的道义责任。如果我们按照自己的意志去改变它，可能会因为不了解它而使状况变得更糟。因为人类经常有一种天真的设想，希望尽快地改变某种落后的状态或不文明的生活方式，却不知道这是一种变相的灭绝政策。也许只有以他们自己的方式来改变自身才是最好的，才是他们发展的唯一途径。这一思想也是后来的行动研究思想的起源。①

从这一新视角来考察学生，教育研究的总体思路就发生了根本性变化。它也意味着我们必须打破传统的一元主义思维模式，即把某种东西奉为最好的，别的东西则是落后的、不文明的和需要改造的，而不是尊重它的独特价值。多

---

① 刘良华. 校本行动研究 [M]. 成都：四川教育出版社，2002：1-24.

元主义思维模式提醒我们，任何一种东西的存在都具有其独特价值，我们不应该把自己的意志强加于它，因为那样就使它被同质化了。维护物种的多样性才能保持生态平衡，同样，维护人种的多样性才能保持人类世界的和谐。这就是多元伦理的价值。

四、教育人种学的蕴意

教育人种学，就是用人种学方法来研究教育，由此发展起来的一门学问。它首先用来研究不同民族的教育差异，诸如不同民族的生活习惯和思维方式对教育内容、教育方法、教育目标的影响等，由此进一步研究其教育活动的构成、教育制度特征、教育传统与文化、教育思想与哲学等。在此，教育人种学研究与比较教育研究发生了交叉，但并不重合，因为其研究视点存在着巨大的差异。教育人种学研究的目的在于揭示该民族的教育发展历程的独特性，发现其教育活动中所蕴藏的独特的民族气质和作为一个独立文本存在的意义及其所具有的启示作用。显然后一点与比较教育研究非常接近，但其意义是不同的。比较教育研究重点不是对发生发展过程的揭示，而在于对其成功经验的挖掘，目的是为我所用，这种研究是从我者的视角出发的，与人种学从他者的视角出发有严格的区别。这种区别使教育人种学研究属于人类学研究范畴，而不是比较教育研究范畴。

其次，教育人种学用来研究不同社区的教育观念差异。在不同地区之间为什么教育观念会存在着非常大的差异？探究该问题就需要从人种学视角进行研究。在研究之前需要祛除我们先前的刻板印象，应该深入到该地区的生活场景中去研究，特别是从其特有的生活方式中去解读。作为一种文化心理而言它有一个形成过程，在这种心理产生过程中都会有一个"情结"在其中。情结，经常是一种无意识选择，一种非理性的选择，但确实是一种价值选择。当我们无法用理性的方式来理解时，那么我们就需要进行一种换位思考，即从客位的角度来理解他们。不这样理解，就是在把我们的观点强加给他们，这样就给他们造成一种不幸福感，这显然是不人道的，当然也是不足取法的。

再次，教育人种学还是个体用来理解环境、调适自己的方法。人生活在世界上，个体总是孤独的，每个人都会发现自己与别人有那么多的不同，总是发现自己与周围有那么多龃龉。为什么？如果我们用一种客位思考的方法就可以明白我们传统的思考方式都是以自我为中心的，如果把自己放在第三人的位置上则会发现一切并非如我们所想象的那样。这是一种客观地看待自我的方法，也是一种理解社会的方法，显然这有助于调适自我的心理。此时就可以发现，习俗对我们具有引导的作用，它是以契约方式进行倡导，它并非全然是一种约束，同时也是对自我的保护。

最后，我们承认人种学是教育研究的一种根本的方法。这个命题的中心含义是：我们对教育的理解只能是以一种客位的姿态进行，无法通过传统的科学主义的假设—证明或审判的方式进行。因为这种认识方式都是局部的，所获得的认识不是整体的。而且问题还在于，这种认识方式是将认识结果与认识对象进行抽离，而不是要回归教育本身，也即这种认识最终是不可能实践的和受检验的。因为我们所获得的任何关于教育的真正认识都是在自我亲身参与教育活动的状态下获得的，这种亲历的体验形成了我们对教育活动进行判断的基础或前见，是无法彻底祛除的，因为这种关于教育价值体验的形成过程是在我们下意识中积累起来的，不能完全用理性的方式来解释。所以说，对教育的体验有多深，我们对教育的研究才有多深。

在获得关于教育的体验时，我们都是不自觉的参与者，因为我们事先并不真正明白教育是怎样的和该怎样进行，这样只能以客位的身份参与。当我们在无意识中参加时，环境的经验与我们自己经验的交流是畅通的，这就是我们对教育的理解。这种理解获得不是刻意寻求的，而是一种自然而然的结果。显然我们不是站在教育活动的局外，不是以一种旁观者的心理进行的观察，同样也不是一种定格化的角色；相反，是一种"自由人"的角色，这种角色使我们能够游离于各种具体角色之外，变成一种普遍的角色，变成与各种具体角色进行联系和沟通的角色。这种"无主体性"恰是一种"主体间性"的表现，它既可以使我们进入各种具体角色内部，又可以站在他们之外进行思考。所以这样的交流不是与某一个具体角色的对话，而是与一种文化的对话，是发现行为后面的规则，也即发现各种行为背后的结构性的因素。也正是在这个意义上，早期人类学家所坚持的解释模式是"结构主义"的，按照结构功能主义的理解，各种行为表现都是结构的具体功能表现。结构使这个社会组合成一个有机的整体，而不是一种分散的状态。

我们对教育的真正认识先是从印象最深刻的局部开始的，并以此代表对整体的理解，之后随着认识脉络的扩展，逐渐形成了关于一个事物整体意义的认识。显然这是一种个性化的意义网络。这个认识过程其实也是"教育"概念的形成过程，这个概念在研究者头脑中越来越具体，最终形成了一个清晰的定义，这就是研究者的理论或发现。研究者对教育的认识不可能脱离这一过程，无论是采取什么样的途径进行，或者是直接观察，或者是通过文献研究，无不经历这样的一个从模糊到清晰的过程。这显然不是一个先有理论而后去进行检验的过程，而是一个逐渐发现理论的过程。先有理论，然后再用事实进行对照，这样非但不能形成对教育的客观认识，反而肢解了教育的形象，原因就在于教育概念是生成的，不是灌输进去的，所灌输的都是局部的、不真实的教育形象，从而容易造成对教育的曲解。

而且在教育概念的形成过程中，研究者所经历的是一个不断的互动过程。所谓互动，就不是一个单边意志的宣称，而是进行一种对话，尽管这种对话常常是以缄默的形式进行的。在其中，一系列的事件成为我们认识事物的重要的锚点，因为这些事件对我们心灵具有震撼作用，成为不可磨灭的痕迹，从而构成不断修整的认识框架。主体的意识都是围绕这个框架而产生，这些框架也成为意义脉络的主要构成要素。这一过程都是内在的，都以自己体验的程度来衡量它，因此这个意义框架处于不断的建构过程中，形成个体的一种认识图式。这些认识图式是我们接受理论知识和进行理论知识检验的基础，而不是相反。

当我们对事物形成了一个整体认识时，可以说一个认识阶段就已经结束，同时不断丰富、完善和深化认识活动就已经开始。对教育的认识也处于这种无始无终的过程中。从个体成长经历看，我们都是从自己的角色体验出发进行认识教育的，然后又跳出自己的角色，放在更大的背景来看待自己和自己应该扮演的角色，这个不断矫正自我的过程也是对教育认识不断深化的过程。当我们以人类的全部教育经验为基础来审视教育的时候，我们在从事教育专家的工作。作为教育专家，就不能只局限于某一部分来看问题，看问题越全面，则越具有交往性，也越具有解释力，当然也就越具有操作性。所以，从教育体验出发的认识路线，正是人种学所强调的，这就是一种悬置状态，是一种回到事物本身的功夫。这种悬置是将一切定规的悬置，是一种返回事物本初的状态，① 之后进行复观，看其现象背后的实质。这就是还原到一种本真的状态。这时再进行一种纯粹的看，思索为什么有，这样就完成了一个认识的过程。这个过程也是没有终止的，因此也是现象学哲学的命题。

如此观之，人种学方法对于教育研究而言是须臾不能分离的，因为它已经成为教育研究方法的母体，其他一切方法都是在此之后形成的具体的方法。当

---

① 张汝伦. 中国现象学与哲学评论：第二辑：现象学方法的多重含义 [M]. 上海：上海译文出版社，1998：30 - 56.

我们根据亲身经验体会形成了一个关于教育的概念后再通过逻辑的方式来验证它是否成立时，就变成了一种思辨的方法，而通过大量的实际事例或数据来证明时它就变成了实证的方法，如果用它指导行动和改进实践时就变成了行动研究的方法，用于社会结构和意识形态批判时则变成了批判的方法。① 可以看出，它们都源于对事物本身的亲历，源于对定见的排除，也即根源于人种学方法。

五、结论

人种学之所以能够成为教育研究的根本方法，就在于我们获得关于教育的根本知识是因循人种学的认识路线来的，而且我们要把自己的认识运用于改造教育的实践，仍然需要因循人种学的方法路径，即把我们的认识传递给第一线的教育工作者，获得他们的认同，这样才能获得实践的效果，不然就会出现理论与实践的距离。

不必讳言，人种学的认识路线并非唯一的认识路线，在通过扎根理论研究上升到一定层次后，人种学方法就表现出了它的局限性。因为它是个案的，所以很难变成一个具有普适性的理论，它要变成一个普适性的可检验的理论，就需要借助科学实验方法、统计测量方法等，这样人种学方法就必须依靠一些定量的研究手段进行补充。最后它需要哲学方法进行提升，这样才能变成一个普遍性的理论。但是要使理论指导实践，就必须采取回归的路线，即从一个普遍化的理论，变成一个可验证、可操作的方案，最后再根据具体的实践情境，特别是具体实践者的情况进行调整，从而变成一个实践者可理解可操作的方案。这样才能完成理论指导实践的使命。这一认识路线是行动研究路线，毫无疑问，其基本方法是人种学的。

与传统的哲学研究方法不同，人种学方法是从内部来研究事物的方法，而哲学方法是从外部研究事物的方法。人种学方法的重点是让研究对象来说，是一种自我呈现的方法。而哲学则关注研究者看到了什么，这是一种透视的方法，是站在事物之外看问题的方法，并且是带着一定距离感进行观察的。人种学方法是让当事人叙述，把他们的体验叙述出来，这样研究者是客体，而非主体。而哲学研究方法则是研究者站在事物之外，以客观的第三人的立场来观察，研

---

① 王洪才. 论教育研究的方法论特征 [J]. 厦门大学学报：哲学社会科学版, 2007 (1)：114 – 122.；雷克斯·吉普森. 批判理论与教育 [M]. 吴根明，译. 台北：师大书苑股份有限公司, 1988：25 – 81.

究对象是被动的，他们究竟有什么样的动机并不重要，事物的发展变化完全按照研究者思考的逻辑进行，这是一种理性逻辑，而不是一种事实逻辑，而且事实逻辑一般要服从于理性逻辑。

实证研究方法则是介于哲学研究与人种学研究之间的方法。在这里理性逻辑受事实逻辑的监控，事实逻辑优于理性逻辑。但这种事实并非一种自然的事实，而是经过改造了的有限事实。这正是人文社会科学者极力反对的。但与哲学研究一样，实证研究所进行的观察也是外部的，是不考虑研究对象动机的，或者说这些因素是不重要的。

对于教育研究而言，研究对象应该是主动的还是被动的？这是关涉研究方法抉择的根本问题。人种学把研究对象变成主体，作为教育行动主体，认为他们只有在理解后才能产生自觉的行动，这确实反映了教育活动的目的和本质。从这个意义上说，人种学方法不仅是人文主义的，而且也应该是教育研究应遵循的根本法则。因此，人种学可以作为教育研究的根本方法。

叙事研究：价值、规范与局限①

引导语：叙事研究作为一种质性研究方法在教育研究中的运用越来越广，人们在感受到它的推广性价值之际却对其规范性及局限性认识不足。通过对叙事研究实践的反思发现，它的独特价值在于能够揭示日常生活中不受关注的内心世界；而作为草根研究方法要成功地完成它所负载的使命就需要在研究对象选择上严加规范；它的局限性则在于它只是理解而无法进行改变，这很难满足人们的探究兴趣。

关键词：叙事研究；质性研究；教育研究方法

一、叙事研究的独特价值

叙事研究在教育界的兴起是最近十几年的事情，② 它主要是从国外借鉴过来的，③ 而且是与质性研究一起引进的，④ 而且它确实是质性研究中经常使用的一种方法。⑤ 这种方法之所以在国内大有土壤，主要是因为它比较适合于一线的教育教学实践工作者操作，即他们不必经过严格的训练就可以使用这一方法。⑥ 换言之，只要一个一线教育教学实践工作者有兴趣，想把自己的故事讲

---

① 原载于《教育科学研究》，2012 年 4 期，第 76 – 79 页。
② 王枬. 教育叙事研究的兴起、推广及争辩 [J]. 教育研究，2006（10）：13 – 17.
③ 这句话意味着：在引入国外的叙事研究之前，国内教育学早已有了自己的叙事研究，但没有受到强烈关注，这很大程度上与它的非正统的身份有关。在经过一批有影响力的学者推介后，从西方借鉴来的叙事研究才逐步在国内学术界得到认可。
④ 学界一般把叙事研究作为质性研究的一种方法，叙事研究方法之所以能够受到越来越多的关注，也是与质性研究概念越来越普及有关。
⑤ 学界一般认为，要对研究对象的内心世界进行深入的揭示，运用细腻和生动的叙事方式比较恰当。
⑥ 如何进行严格的叙事研究训练确实是一个难题，因为很难说有那样的一个标准。

给别人听，希望大家能够分享他/她的经验，而且他/她还有讲的能力的话就可以做到。所以这是一个非常平民化的研究方法，不是那种贵族式的研究方法。①相对而言，进行思辨研究和实证研究，特别是进行批判研究，都需要深厚的理论背景和比较严格的系统训练，如果没有相应的理论基础和知识积累就很难从事。而叙事研究只要忠实地讲出自己的故事就可以了，甚至当自己讲故事能力不足的时候还可以通过他者的帮忙，由他人代为叙述，这显示出这种研究方式具有浓浓的人文情结。②

　　是的，并非每个人都非常善于讲故事，特别是讲出比较动听的故事。可以说，讲故事也是一种天赋。有的人可以讲得绘声绘色，有的人则讲得枯燥干瘪；有的人可以将事件描绘得妙趣横生，有的人则讲得人昏昏欲睡；有的人讲得形象直观、清楚流畅，而有的人则经常前言不搭后语，让人如坠五里云雾。所以，讲故事也是一种交流，完全沉浸在自己的故事中就容易出现听者不知所云的情况，当讲故事者经过对故事的反思，能够比较超脱地看待自己所经历的人和事之后，才可能比较客观、形象地甚至会采用自我调侃方式将故事讲出来，从而达到与人共赏的效果。③可以说，讲故事不仅要有故事可讲，关键还得有深刻的体验，特别是自己有反省，在其中有所领悟，这样的话，讲故事就不仅是事实和情节的陈述，而且是寓情理于事件之中，使人能够若有所悟。当然，能够达到这个状态可不是简单的功夫，这是个体在经历了不断自修提高后才能产生的结果。

　　但叙事研究的叙事者就应该具有这种叙事能力，而不是仅仅将事情经过进行简单的翻录，如果仅仅如此，叙事研究就失去了其魅力，也就没有流传的价值了。故事之所以能够流传，首先在于它具有可欣赏性，通俗地讲就是可读性，能够吸引别人去读。这就是一种形象描绘能力。这种能力的形成需要一定的文学天赋，也就是说，叙事研究的叙事者不仅要有文学知识，而且要有一定的文学写作能力，即必须具有文字表达能力，而且是文学性的文字表达能力。其次，就是能够寓理于情景之中，这个能力反映了个体平常的积累工夫，即是否善于

---

① 学术界有一种称谓，说叙事研究方法为"草根"方法。这既意味着叙事研究方法的门槛很低，也意味着不需要通过严格的训练即可以采用。

② 叙事研究一般采用两种方式进行叙事，一是研究者讲述自己的故事，另一则是研究者讲述他人的故事。

③ 这里涉及讲故事的技巧，如果过分地沉浸在自己的故事中可能很不理智，也很难达到共情的效果，而唯有经过反思后的故事才有价值。

反思，是否善于提炼自己的生活。如果一个人不善于提炼生活，仅仅是对事件过程进行介绍或陷于个体情绪的简单宣泄，那么就缺乏分享的价值。通常而论，叙事研究的文本表达是一个情理交融的过程，简单的感情宣泄只具有心理学的价值，不具有研究的价值，而简单的道理讲解就失去了叙事研究的本色，那样就流于传统的说教俗套。因此，较好地把握情理交融这一尺度，是叙事研究的要诀所在。再次，进行叙事研究必须能够分辨关键的事实和一般的普通事实。如果简单地复述人人所经历的事实就无研究价值，作为叙事研究的主题一定是为了揭示一个不同的世界，一个令人吃惊的世界，一个能够使人深思的世界，一个能够激发人们继续深入探究的世界，这也是叙事研究的独特意蕴所在，也可以说是所有质性研究的共同使命。如果质性研究缺乏对这一灵魂的把握，质性研究就可能会丧失生命力。最后，叙事研究文本可以作为历史档案存在，它通过对微观的生活经历的描述，反映一个大的宏观世界的变迁，微观叙事可以作为鲜活的例证。当然，这一点最典型的表现就是口述史的应用。

笔者认为叙事研究的重要意义在于揭示一个正在徐徐拉开的事件的真相，而这一真相是无法通过传统的笔触或传统的研究方式来呈现的，这一事件是没有结果的，是正在生成之中的，而且是无法预先给以定论的，所以叙事研究是在阐述一个活的历史，而非一个固定化的历史。叙事研究与所有质性研究的价值一样，即告诉人们一个真实的世界，这个世界在日常生活中往往不受关注，而这一世界又是生活世界中非常重要的组成部分，它是不能被压抑的，应当被真实地揭示出来，从而使这个世界呈现出应有的历史性、整体性和立体性，甚至还能使人们看到人类生活的真正价值所系，反映出一种精神品质，告诉人们一个失落的世界的景象是什么。这一切都是通过叙事的方式来揭示的，这就是质性研究的真正价值所在。

二、叙事研究的对象选择

叙事研究的主角选择是关键的一环。应该说，叙事研究中的主角在生活中具有典型性，它不是泛泛的大众，如果是泛泛大众就没有揭示的价值，因为无论如何揭示，这样的故事都缺乏打动人的价值。叙事研究中的主角在日常生活中似乎是沉睡的，即很少被人们关注到的，他/她是在研究者的视野中才苏醒过来。显然，该主角的历史是丰富的，蕴藏着许多故事，能够不断地被挖掘。一般而言，这样的主角应该是对生活充满信念的人，体现出一种奋斗的意志，能表达一种生活哲学，这种生活哲学是特殊的生活本身所塑造的，当然这种生活具有不可复制性，这正是其典型性所在。

很多时候，这样的主角就像文学作品中的主人公一样，他/她有许多感动人的故事，一般都是非常悲壮的，是平凡世界所无法见识的，这正是其特殊性所在。所以，质性研究与传统研究的最大不同是，它不追求发现一个普遍存在的公理性的认识，而是为了揭示一个非常不同的世界，这个世界是独特的，因为有一个独特的灵魂存在，因为它的存在才使一切变成活泼的、生动的和形象的，从而使我们感受人的精神力量以及人对世界的创造价值。

所以，质性研究所采用的是特殊主义的认识论范式，而通常的研究所采用的是普遍主义的认识论范式。① 传统研究中，越是普遍的才越有价值，因为研究目的是为了发现共性或普遍性即规律，从而指导对世界的改造活动。而质性研究则重在挖掘特殊性，认为这个特殊性更能够揭示世界的真实存在。换言之，世界是以一个个鲜活的生命体的方式来呈现自身的，而不是由背后的公理和抽象的本质所决定的。

对于许多事件而言，只有通过叙事的方式来呈现才有价值。我们经常看到许多法律判例，当运用法律条规来进行审判时几乎就是输定了，而当辩护律师将被告的生活史呈现给大家时，人们突然发现被告之所以采取如此行动有其情理基础，这可能是原有的法律条规所无法预见的。因为传统的法律条规规定的只是一般情况，而没有也不可能规定特殊的或例外的情况。叙事研究在很大程度上就是呈现一个不同的世界，是大众往往难以观照的世界，而这个世界需要特别的关心，这正是质性研究存在的价值。所以，质性研究往往是通过个别事件、微观的操作而得以揭示一个令人耳目一新的真实世界。

质性研究往往是通过叙事的方式来呈现，在其中每个主人公都是立体的和生动的，都通过自己的经历说话，这些经历都超出了人们日常感知的水平，换言之，也超出了常识的水平。用惯常的语言说，这些人和事都有一种神奇的味道，即超出了人们想象的水平。之所以采取特殊的叙事方式来呈现，就是因为这些人和事不适用于惯常的理解方式，对于他们需要特殊的理解，为此就需要一种共情的体验。

因此，叙事研究往往需要进行田野调查，必须深入到主人公的生活世界进行观察体验，这样才能理解他们的所思所行，才能理解为什么在传统意义上不

---

① 王洪才. 教育研究的基本方法论 [J]. 北京师范大学学报：社会科学版，2006（6）：21－27.

可能的东西在这里却成为可能。当有了这样的共情体验之后，再经过当事人的叙述，叙事研究者才能真正理解其所言的具体味道。无疑，只有在长期观察和深入体验后叙事研究者才能开始深度访谈工作，如果一开始就进行所谓的深度访谈，就可能会产生一些想当然的理解，换言之，这样的深度访谈，不是真正的深度，而只是平面化的揭示，是记录者用自己的思想来折射叙事者的意思，这样的叙述多半是经过了"漂白"的作用，已经失去了其原汁原味，因而也就成为赝品。这告诉我们，做质性研究是需要花相当长的工夫的，打算草率之间就形成研究论文的想法是要不得的。

三、叙事研究对宏大理论的拒绝

叙事研究虽然不拒绝理论探讨，但它所从事的并不是传统意义上的理论探讨，它往往不是通过命题的方式呈现理论，而是将很深刻的生活哲理寓于生活的情景之中。一般而言，叙事研究不需要烦琐的理论推导和证明，而是通过具体事例来阐明生活的哲学。因此，它基本上拒绝使用比较抽象的概念进行思考，在叙事研究的文本中，抽象的概念一律都换成了形象生动的事实。在这里，典型的人和典型的事使生活凝缩了，从而使人们体验到生活的精华所在。在这里，人们所面对的是质朴的生命，而运用传统的概念、公理或命题都显得毫无生机。也就是说，在这里更能使人感受到生命的真实，感受到生命的精神价值。换言之，传统的研究所呈现的内容在很大程度上是形式上的和外在的，而质性研究在很大程度上呈现的是实质性的和内涵的东西，因此，这是两种极为不同的呈现方式。

在传统研究中，各个事例之间是具有共性的、层次性的，具有共约性的品质，而在质性研究中，各个事例之间是异质的，不具有通约性，它们是无法叠加的，只能靠历史的线索串联起来。一句话，叙事研究所揭示的是一种生命的真实，所呈现的是生命的价值，而非概念的价值。这正是它的深度的体现。

所以，叙事研究不是简单的讲故事，也不是任何人讲的故事都有价值。①这就意味着，从事叙事研究的门槛虽然很低，比较容易迈入，但要迈出这个门槛却很难，如果没有十足的功力就很难冲出叙事漩涡而凯旋。从这个意义上说，叙事研究具有历史价值，但并非所有的叙事都具有历史意义，要使叙事研究具

---

① 王洪才. 关于"教师讲故事"的方法论思考——通向教师生活世界之路追索［J］. 教育学报，2010（1）：30 - 36.

有历史意义，就必须对叙事主题和叙事人物进行精心的选择。这样的事件和事例常常是我们所遭遇或发现的，而非按照我们预定的框框能寻找到的，正所谓"踏破铁鞋无觅处，得来全不费工夫"。叙事主题的神奇性才使它构成了历史一部分，没有这种神奇品质，它就是苍白的、不能感动人的，从而这样的研究也不可能有真正的价值。

因而，从事叙事研究，首先要有一种好奇的眼光，其次要有感悟神奇的能力，再次要有描绘神奇的笔触，最后还要有阐发这种神奇的勇气。因为做这种研究不仅需要能够抵御别人质疑的目光，还要能够使别人感到你的研究生动有趣，并且能够使人领略到其中的神奇，最后还要能够使人产生一同欣赏并持久关注的动力。可以说，如果没有长期的理论积淀，没有运笔如神的功力，没有深刻的体悟和关注人类命运的同情心，就不可能产生真正的感人之作。

笔者常常将质性研究定位于发现问题阶段，因为它是真实的人、真实的事、真实的问题情景，从而需要真正的思考。在其中，真实的问题情景是最重要的，也即它呈现出了一个特殊的问题，是原先所未经历的，也是传统理论无法解释、不能进行推理和演绎的，因此，需要特别关照。当然，这样的问题是寄身于具体的人和事当中的，如果没有具体的人和事，这样的问题也就不存在，只有具体的人和事，才使这样的问题具有生命力和探讨价值。当有了这样的问题情景，就促使我们把这样的问题揭示出来。

当然，这样的揭示并非直接以命题的方式呈现，而是通过立体的、精心的描绘使问题具有标志意义。在很大程度上，它代表了人们难以逾越的一个情结，因为这个问题是由独特生活情景所决定的，这个问题不仅是存在的，而且也是不可复制的，特别是它还不是能通过运用理论逻辑来加以阐释和解答的。从这个意义上讲，这个问题的存在就具有普遍性，代表了人类生存的一种无法克服的命运，展示了人类生存奋斗的历史。换言之，人类历史就是由这样众多不知名的、经历极其不同的人的命运共同复合塑造而成，这就是一种历史的必然。它是在克服众多偶然之后而形成的必然，因此，这种研究就有了方法论价值，即通过个别的偶然事件来揭示一个普遍意义上的生命存在的价值。

四、叙事研究的局限性

叙事研究在解决问题上的价值或作用是有限的，[①] 因为它所面对的是独特

---

① 王洪才. 质性研究方法在数据挖掘中的作用与局限 ［M］//杜慧芳. 规律探究与科学化追求. 上海：华东师范大学出版社，2011：108 – 115.

的生命和独特的问题情景，这一切都是不可代替的，也是研究者不能用于发号施令的。研究者只能采取共情理解的方式促进叙事主体自省，因为只有叙事主体自己才是解决自己的问题的主人。每个人的特殊问题情景都是历史的，都只能在历史的进程中逐渐得以解决。研究者不具有改变历史的作用，只能客观地反映历史，尽管这种反映也带有研究者自己的主观理解。研究者可以提出自己的预期和设想，但要以不干预叙事主体的生活为前提。换言之，在叙事研究的整个进程中，研究者不是被动的执行者，其始终都是主动的，对研究灌注自己的思考，但研究者只要客观地叙述叙事者本人的思想就可以了，没必要为叙事者设计他们的命运发展轨迹。因为这超出了研究者的能力范围，而且做出不切实际的承诺确实是有害的，它会破坏整个叙事的逻辑，使整个叙事不具有可靠性，从而造成对叙事研究主题的颠覆。

可以说，作为质性研究的一种方式的叙事研究带给我们更多的是个性存在的价值，这个价值促进我们反思普遍存在的意义，而共性的生命确实寓于不同个体的生命经历中，这正是生活的实质意义，如果抽空了这些生命的具体内涵去谈论生命的价值就失去了意义，就会流于空泛。所以，发现独特的个体生命价值就是质性研究的意义所在，这也是叙事研究所叙述的生命主题，当然也是叙事研究的学术价值所在，而叙事研究能够在学术研究中占有一席之地并被越来越多的人重视，其意义也就在于此。

关于"教师讲故事"的方法论思考①

——通向教师生活世界之路追索

引导语:"教师讲故事"乃教育叙事研究之重要形式,它为教育研究提供了非常鲜活的素材。但"教师讲故事"却面临不少方法论困厄,如对教师该讲什么故事、如何讲故事和讲故事的效果究竟如何等基本问题尚未形成确定认识,从而使教师讲故事的合法性受到质疑,为此就需要从影响教师讲故事的现实因素出发来探明教师讲故事的基本机理,从而为教育叙事研究的方法论提升找到出路。

关键词:教师;讲故事;方法论

一、教师讲故事·问题的缘起

在中国大陆,叙事研究②渐渐地进入了教育研究的视野③,教育研究者常常把倾听基层行动者的心声作为了解教育实际运行状况的一种渠道,希望借此探究教育运行中实际存在的问题、教育行动者关于教育的认知、教育行动者的行为方式,以及影响教育运行过程的各种因素。④ 在这一研究范式⑤中,作为教育活动的基本行动者——教师就成了话语中心。⑥ 如此,请教师讲述自己的故事

---

① 原载于《教育学报》,2010 年 1 期,第 30 – 36 页。

② 徐冰鸥. 叙事研究方法述要 [J]. 教育理论与实践,2005 (16):28 – 30.

③ 傅敏,田慧生. 教育叙事研究:本质、特征与方法 [J]. 教育研究,2008 (5):36 – 40.

④ 王鉴,杨鑫. 近十年来我国教育叙事研究评析 [J]. 当代教育与文化,2009 (2):13 – 20.

⑤ 施铁如. 后现代思潮与叙事心理学 [J]. 南京师大学报:社会科学版,2003 (2):88 – 93.

⑥ 王枬. 教育叙事研究的兴起、推广及争辩 [J]. 教育研究,2006 (10):13 – 17.

就是一个重要的获取资源途径。① 目前，教育研究界还缺乏对于教师讲故事的方法论的共同意见，② 当然也缺乏相应的规定，③ 这常常使教师讲故事受到方法论质疑。④ 换言之，是否教师讲任何故事都有助于揭示教师的知识再生产过程，教师究竟应该讲什么样故事，⑤ 究竟该讲给谁听，讲这些故事究竟有什么实际作用，回答这些问题对于教师讲故事的合法性具有重要的意义。

教师能否讲故事？这个问题似乎不必回答。教师作为社会公民当然有自己的言说权利，他当然可以讲发生在自己身上的故事或发生在自己身边的故事。如同所有人一样，在教师周围及自身时时都在发生着各种各样的事件，有的对教师的生活秩序产生了强烈的影响，有的则没有引起教师的注意。对于那些体验深刻的事件，教师有与人分享或向人诉说的需要，这就构成了教师讲故事的直接动机。但教师是否可以把所经历的一切事件都讲出来，甚至把事件发生的细节都原原本本地讲出来，或者说只能讲其中一部分？

凭直觉判断，教师尽管可以讲故事，但不能随意地讲故事，因为教师的工作场景并非纯粹私人领域，也涉及一定的公共利益，涉及相当的专业秘密，因此教师讲故事是有限制的。但是这个界限该如何规定？谁来规定？这一切都牵涉到对教师讲故事的方法论思考。

更进一步的问题是：教师讲故事究竟有多大意义？该如何判断？换言之，教师讲故事是否是一种合法的知识叙事？如果不是一种合法的知识叙事又如何确定教师讲故事的意义？

另一个更为关键的问题是：教师有心情讲故事吗？什么时候教师才愿意讲故事？如果不弄清楚这一前提条件，似乎探讨其他问题都没有意义。

二、教师讲故事·讲给谁听

我们知道，只有当人们有一种主人的感觉时才会主动地讲自己的故事，因为这时讲故事是有安全感的，不会产生内在的焦虑状态。如果人们受到恐惧的

① 丁钢. 教育与日常实践 [J]. 教育研究，2004（2）：16 - 20.
② 张济洲. 论教育"叙事研究"的科学性——兼与许锡良同志商榷 [J]. 教育研究与实验，2006（1）：15 - 17，43.
③ 刘良华. 教育叙事研究：是什么与怎么做 [J]. 教育研究，2007（7）：84 - 88.
④ 许锡良. 评"怎么都行"——对教育"叙事研究"的理性反思 [J]. 教育研究与实验，2004（1）：5 - 11.；陈振中. 论教育叙事研究的若干理论问题 [J]. 上海教育科研，2005（9）：30 - 33.
⑤ 孙启民. 教育叙事叙何事？ [J]. 江苏教育，2004（5）：32 - 33.

威胁，则不会主动地讲出自己的故事，而且也不会讲出真实的故事。因为教师愿意讲故事无非是出于想分享或想诉说的理由，期望获得听者的欣赏和理解。如果教师不愿分享或不想诉说的话，当然就不会去讲故事了。因此，教师讲故事必须是在主动的状态下进行的，这是一个基本的方法论要求。那么，教师一般希望与谁分享或他想向谁诉说呢？

一般说来，教师都希望与自己最信任的人分享自己的经验，特别是自己最信任的上级，因为他希望自己的努力被肯定，同时也使上级理解自己的苦恼，进而得到支持和帮助，然后继续做好工作。可以说这个愿望一般是不能实现的。因为在科层制度下教师与上级之间还存在等级关系，特别是在考评机制作用下，真正关心体贴下属的上司越来越少，而以监工面貌出现的主管则越来越多。在这样的关系中，上级自然不可能成为教师诉说对象了。

向自己的同事诉说吗？如果是自己信任的好朋友，自然也会向其倾诉自己的情绪体验，使其能够分享自己的快乐并分担自己的苦恼，这样可以收到"惺惺惜惺惺，好汉惜好汉"的效果，自己从中能够得到同情和放松。如果是一般同事的话，大家彼此都处于竞争的关系中，而且彼此害怕被瞧不起或四处传播，自然不愿意也不敢敞开心扉来讲自己的故事了。

向自己的学生去诉说吗？这个似乎更不可能，因为教师有自己的尊严，如果对学生讲故事的话既怕学生无法体会反而会误解了老师的意思，又怕因为讲自己的苦恼或得意之事使自己在学生心目中的形象变小了。有了如此顾虑，那么教师对学生诉说的大门也是紧闭的。

那么他还能够向谁诉说？只能找到陌生人了，一个无关紧要的第三人或许是最适合的。难道不可以向自己的家人诉说吗？这取决于具体情境。作为女教师可以向理解自己工作的丈夫来倾诉，但现在越来越具有独立意识的女性则反对这种做法，她们希望保持自己的世界。作为男教师而言则更可能不愿意向妻子诉说了，因为这有点损害大丈夫的形象，在中国文化传统中具有这种思想意识的人还是比较普遍的。如此只能去寻找第三者了。由于中国文化是一个隐喻文化，人们对于自己的苦恼或要求一般都不会直接地提出来，如果赤裸裸地提出来则显得没有教养与水平，往往需要借助委婉的或含蓄的手段来表达，如果采取倾诉的方式则是一种软弱的表现。为了避免产生这种印象，寻找一个不相关的第三人是必要的。

但一个恰当的第三人是不那么容易碰到的。在苍茫世界中，大家都忙忙碌碌，谁有心听你的诉说？即使真有人想听你诉说，此人也会怕自己的举动是自不量力。似乎关心人的事情只能是处于上位的"组织"来做。如果你在诉说时没有得到回应,岂不是如同对牛弹琴?事实上,找到一个真正能够理解自己的人是非常困难的。在这个时候,可能擅长做质性研究的工作者是比较合适的人选。如果有条件的话,有可能找到一个诉说的对象。但质性研究者往往对你的困状爱莫能助,而且他所关注的常常是教师是如何生产知识的,即教师的心理状态如何影响他的授课态度、对待学生的方式及与同事的关系等。

因而找到一个善于倾听的对象并不是一件简单的事情。这个倾听对象一定是能够摆脱利益关系的束缚的人,是一个利益不相干者或非直接利益相关者,而且是乐意倾听者。如果遇到了有直接利益关系的倾听者,那时会引起教师的心情紧张,教师也会失去其自然状态,当然其故事也就失去了自然的真实。从心理学上说,人都有一个面具,这个面具对个体安全而言是绝对重要的。而诉说过程则需要把这个面具扔掉。这并不意味着教师就是一个弱势群体,不敢表达自己的内心世界,而是因为在现实世界中每个人都是相互利益关系的存在,人们不可能对自己的利益不关心,如此就需要一定的防护机制。所以只有当他感到没有威胁时才可能丢掉自己的面具,才会倾诉自己的内心世界。

如果人不能够扔掉面具,那么他只能是以曲折的方式诉说了。这种诉说就是弗洛伊德所说的升华了。心理学上所说的投射就是一种诉说方式,只不过这种诉说带有艺术的面具,经过了精心的文饰,已经使读者很难看到其真实面目了。我们今天所谈的自然不是指这种诉说,而是对自己的遭遇的真实的诉说。事实上,诉说是一种本能的要求,过分的压抑就会产生心理疾病,只是人们所采取的诉说方式不同罢了。

三、教师讲故事·讲什么样的故事

教师的故事可谓众多,但不是所有故事都需要或值得讲述。只有少部分故事才是合格的,这些故事首先是与专业有关。如果是讲一般的生活故事,就无法构成教育叙事。但如何进行这种专业的与非专业的区分呢?这确实是一个难题。

可以说,与教师生活密切相关的都可能与教师的专业有关。如生病就是一日常事件,但这个事件肯定也能够引出一个动人的故事来。如在教师生病时,有一个班上的学生偷偷去看望他,而这个学生不久前还挨过该教师比较严厉的批评,学生当时心里很不服气并且还顶撞了几句,这当然惹得老师很不痛快。事情很快就过去了,现在这个情境下又遇到了该学生,教师该做何感想?当然这背后有多种解释模式，我们不管其具体含义如何，我们觉得这当然属于教学故事了，也是与专业直接相关的故事了。

教师关于学生考试成绩的故事最多，因为这是教师最为关心的，当然也是学校和社会最为关注的。教师怎么来辅导学生，怎么想方设法促使学生成绩提高，怎么来针对每个学生的情况进行辅导，这些可以编制成系列故事。其中能够反映出教师的责任心，教师的经验和教学艺术，教师与学生的互动方式，教师对教育的理解，等等。似乎每个教师都有差不多类似的故事，所以这些故事讲起来也不会很动人。在其中只有个别教师诸如此类故事比较动人，因为这些教师已经取得了突出成绩，他们的故事代表了他们的成功经验，值得分享，人们也爱听这样的故事。这样的故事能够成为经典，当然诉说起来也容易，听众自然也很多，同事爱听，校长及其他上级也爱听。其实这样的故事是不少的，已经有不少人专门在搜罗这样的故事。如果我们翻阅一下对成功教师经验的研究或介绍，我们都能够读到这样的故事。

另一类就是关于教师们喜怒哀乐的故事了，这些故事大多与个人发展有关，往往与个人的苦恼直接联系在一起，如晋升的故事。大多教师都认为自己没有得到公平的对待，认为评价机制是不公平的，认为主管人员处理事件是不公正的。这些带有抱怨性质的故事，往往只有找到知心人时才敢释放，否则就是禁忌的。而这些抱怨压抑在内心确实对个体的精神状况和身体健康以及工作状态都是不利的，是最需要排解的。真正的故事似乎应该属于这一类型，因为这些故事的讲述对教师的发展影响是直接的。

除了这些涉及个人的故事之外，还有一种故事，就是关于对所在环境的评价的故事。这类故事都是教师通过自己的经历来谈自己的体会，这种故事的真实性是最难以把握的，因为涉及对人和事的评价，人在这个时候都会把自己隐藏起来，避免招惹风波，往往把自己打扮成一个不相干的旁观者，对事物的看法也常常轻描淡写。而这些故事才是最有价值的一类，因为它已经超越了个人意义，带有对团体或集体的评价，而这些故事却最难收集。我们经常会发现这些故事的讲述者不怎么坦诚，说话吞吞吐吐，欲言又止。如此要获得一个完整的真实故事就很难。

所以教师的故事可以大致分为这样几类：一是交往类，如教师之间交往，教师与学生之间的交往，教师与管理者之间的交往，教师与其他人交往；二是工作类，这类故事常常涉及自己的专业追求，自己如何投入工作，自己的理想抱负与现实之间的互动关系等；三是发展类，这类故事常常涉及自己发展中的困惑和对外界评价的看法等；四是总体类或综合类，这类故事的主角常常牵涉许多人，叙述者只是作为第三人来观看和评价。

不管是哪类故事都涉及故事讲述者的私人情感投入问题，当然也涉及个人的价值判断问题。人们往往都希望自己只是故事的客观叙述者而不加入自己的情感判断，也即要避免自己的立场介入，努力使它客观化，让听者觉得自己是公正的，但这种努力常常容易使故事失真。如果我们要获得真实故事的话，就应该使讲述者放弃一切顾虑，把事件自然地叙述出来，他扮演一个自然的角色，是故事整体的一部分，而不是把自己作为一个局外人看待。

四、教师讲故事·为什么要讲故事

教师为什么要讲故事？是为了促进自我发展，还是为了研究者，或是其他目的？客观地说，教师讲故事确实有助于促进教师进行反思，有助于自我发展，如果以此作为讲故事的一个理由的话是可以接受的。① 但这是否是促进反思的最好的办法？毕竟教师作为知识分子有很强的反思能力，讲故事显然是一种耗时费力的活动，很多时候就变成了教师在创作故事，而不是在客观地叙述故事了。如果真实目的不清，那么讲故事的效果是不会非常好的。例如，写日志的方式就是一个很好的自我反思的方式，因为向自己诉说也是一个重要的诉说，所以研究日志也是质性研究的重要途径。②

为了交流或分享的目的吗？这诚然是一个不错的理由。但这恐怕是不现实的。很难有人能够聚集在一起听大家讲故事。即使在同行之间，大家对故事主题的选择性也是非常强的，所以如果采取讲故事的方式，充其量只能讲述故事的片断，而且也不可能充分表达自己的情感状态。在这样的交流场景下，大家是讲真实的故事呢还是去编造故事呢？很多时候，真实的故事不一定生动，而一些虚构的故事反而更生动，如卢梭的《爱弥儿》就是一例。这个问题不得不考量。看来，交流还不是最高的或最好的目的，那究竟什么是最好的目的呢？

是否为了使教师更好地展示自己的内心世界？这是一种研究的目的，是为了对教师生活和专业动机进行剖析，这也是现在质性研究者非常喜欢做的一件事。但这是否能够打动教师呢？教师在讲述时是否会根据自己的兴趣来讲，而

---

① 丁钢. 教育叙事研究的方法论 [J]. 全球教育展望，2008（3）：52-59.
② 王凯. 教育叙事：从教育研究方法到教师专业发展方式 [J]. 比较教育研究，2005（6）：28-32.

不会围绕一个中心来讲，这与研究的目的是否相吻合呢？这确实是另一个问题。当然，这种讲述有可能发现教师的发展潜力和对教师的经验进行总结升华，甚至还可能发展出一种教育理论来。但客观地说，这必须在连续不断的跟踪之后才有可能，单凭一两次的倾听是不可能达到这一目的的。

仅仅为了诉说或倾诉？这显然也是一个合理的目的，这个目的对促进教师健康发展是有作用的。教师很多时候难以发现自己存在的问题，当他把自己的经历倾诉一番后，就可能使自己心理上获得一种解脱，甚至还能够从中发现自己新的成长方向。从这个意义上说，让教师定期地讲述自己的故事或为教师提供一个讲述自己故事的平台就能够促进教师发展。

可以说，让教师讲故事的目的是复杂的或者说是混杂的，很难说哪种目的是本质的或唯一的。但是如果不澄清这个问题则影响到教师讲故事的叙事合法性。

五、教师讲故事·讲真实的故事吗

让教师讲故事还面临着许多质疑，即使是从促进教师身心健康的角度出发也不是无可指责的。教师作为一个反思性很强的主体，他可以通过写日志的方式把自己的故事讲述出来，而且还可以以更真实的方式来进行，其间教师的情感能够得到最大限度的释放，因为他可以面对一个相对隐秘的空间。博客（blog）现在是教师写日志的一个很好方法，在这里教师不仅可以诉说，而且可以进一步探索自己的隐秘世界，这个探索既是发现自我的过程，同时也是释放自己心里积郁的过程，此外还能够获得很多倾听者的反馈意见，从而对教师而言不仅是安全的，而且是有助益的。这是否意味着教师必须到一个开放的空间中讲故事才有意义呢？①

在一个开放空间里讲故事面临的最大问题就是个体安全感问题。这种个体安全感是与生俱来的，是挥之不去的。但在一个半封闭的状态下他们讲故事往往就增加了自己想象的成分，很多时候由于主观成分过大而完全失去故事的意义。因为人们常常是通过事后的回忆来体现自己对事件的感受，而不屑于对事件过程进行叙述。这样的故事常常是残缺不全的，往往缺乏故事发生背景和事件发生的具体情景。特别是个体在抒发自己的感情过程中还容易发生说谎的情

---

① 王凯. 教育叙事：从教育研究方法到教师专业发展方式 [J]. 比较教育研究，2005 (6)：28－32.

形，尽管这是对自己心情的一种梳理方式，但确实增加了许多不切实际的成分。一般而言，这种说谎机制对主体而言是有利的，因为它实际上是一种自我保护机制，具有心理调节和自我发展定向作用，从而对教师发展是有促进作用的。

现在涉及一个方法论思考：教师讲故事是否一定要按照原本发生的样态进行，究竟能从教师的故事中发现什么，如果故事不真实是否就失去了意义。①

大家最容易举的例子就是卢梭的《爱弥儿》，故事纯属虚构，但没有人能够否定其意义。如果我们承认教师讲故事的过程也是建构自己的内部世界的话，那我们对他们如何讲和讲什么似乎就不能够做过多的干预。但如果那样的话，故事就缺乏了现实的基础，就可能变成了一种小说。事实上，无论是怎样讲故事，故事都不可能回复到事件发生的情景，因为都已经被重组过了。这意味着，讲故事完全不依照一定的规则是不可行的，否则我们就不知道究竟发生了什么，教师的内部世界究竟是什么状况，以及事件对教师行为的影响究竟如何。

为此，有人提出教师讲故事必须是真实的故事。② 这个真实是指有事件的原型基础。讲述者应该就是事件的当事人，如此才能保证故事具有可信性。换言之，所讲故事不能是流传的故事，必须有讲述者的亲历。假如这一点可以保证的话，下面需要思考的问题是：教师把自己的体验控制在什么程度，是否应该不加干预而听凭教师自由发挥，只要能够反映出个体的独特反映就可以。思考这个问题就是要确定事实的部分究竟占多大比重，对教师进行限制和引导是否合乎伦理学的规则。接下来的问题是：即使有这些引导和限制，在多大程度上是可执行的。事实上，教师在讲故事时，一般是思维状态已经不能够自己控制，是按照自己的情景来发展的，这其实已经是一种编撰过程，也为了使故事发展更符合理性规则。如果仅仅是回忆当时发生的事件的话是否可行呢？

显然，讲故事的目的不是单纯发现事实，而是为了发现事件对教师的影响，知道教师的真实想法，并预知教师的行为，似乎还不在于去建构一个独立的、独特的心理世界。这样就出现了一个问题：讲故事究竟是为了教师发展，还是为了搜集故事材料？

六、教师讲故事·功利化取向

无疑，教师讲故事的主角是教师，教师愿意讲是一个先决条件。从根本上

---

① 张希希. 教育叙事研究是什么 [J]. 教育研究, 2006（2）：54 - 59.
② 鲍道宏. 教育叙事研究：批判与反思 [J]. 教育理论与实践, 2007（9）：16 - 19.

说，教师都愿意讲自己成功的故事和表达自己的不满，但他们喜欢以自己的风格来讲，喜欢对能够理解自己的人去讲，不然他们宁可采取尘封的方式。客观地说，每个人都有一个宣扬自我和自我辩护的机制，宣扬自己是光荣的，而不是卑鄙的、龌龊的；自我辩护是希望证明在经历事件之后自己是无辜的或自己是受害者，希望释放一下心理包袱以获得心理平衡。但这只是一种念头，而这种念头常常不占有主要地位。那么是什么阻碍了教师讲他们的故事呢？

前面曾提到的自我保护机制、本体安全感问题，这两者都与社会上的信任机制缺乏有直接关系。由于社会的诚信机制还不健全，人们不敢说出自己的真心话。如此人们就倾向于封闭自我，如果没有适当的时机和情景的话他们一般不愿意开放自我。另一方面，人们更主要从功利角度来考量讲故事对自己有没有帮助。对于许多心理承受能力强的教师而言，他们不需要向别人诉说也会具有非常健康的心理，因为他们具有很强的自我调节机制。所以他们一般不认为讲故事会对自己有什么实际用处，相反还会认为是浪费时间，还会暴露自己的真实想法，会给自己带来麻烦。对于那些城府比较深的教师而言，主动讲故事只能讲自己的得意之作，对于有碍自己荣誉的故事就会保持缄默。

教师经常考虑的问题是：如果我把自己的想法讲出来，会有助于环境的改善吗？会得到别人的理解，特别是上级的理解吗？别人会怎么看我？我的故事是否会给别人以把柄呢？封存自己的内心世界是否会比讲出来更安全呢？为什么要讲出来呢？如果不是出于必须的话，那么他们宁可选择封存。这说明教师仍然是理性主义者，还不是浪漫主义者。

人们一般都从人具有交往的需要来谈讲故事会改善人际关系，但这会造成对个人隐私世界的侵犯。尽管说通过讲故事进行交流对教师能够起到相互启发的作用，但保持一定的距离也会使大家感到更自如一些。特别是当问到教师讲故事是否真的能够促进其专业发展时则无法给人以肯定答案。如此究竟该如何鼓励教师讲故事呢？仅仅为了满足外部猎奇者的兴趣显然是无法被接受的。而为了教师卸却心理负担又是缺乏充足理由的，想改善教师的社会关系也是经不起推敲的，作为一种职责当然是不可能的，因为这与专业发展之间没有直接的关系。

因此，教师讲故事需要给出一个充足的理由来。

七、教师讲故事·大学教师的故事

不管教师讲与不讲，大学教师都有自己的故事。大学教师往往是通过自己的行动来讲故事，而不单纯是作为一个倾诉者。换言之，大学教师是在构建自己的故事，往往是通过无声的语言，通过自己的策划进行的。那么大学教师的故事就不仅仅是过去的、已经发生的，还可以是面向未来的。

面向未来的故事，何以可能？这意味着，大学教师时刻在创造着自己的故事主题，时时在构建未来的自我。换言之，大学教师往往对过去的自我并不感兴趣，因为这个自我是不完善的，而几乎每个教师在内心中都有一种完美主义的追求。事实上，很少有人对自己当下的状态是满足的。这意味着人人都有完美主义追求的倾向。大学教师在这方面尤为突出，他更希望自己的未来得到确认，而不是对过去的确认，对未来的确认才意味着自己的成功，对过去的确认只是一种保守的表现。当然，所有的故事都确实是通向未来的。因为所有过去的事情并不都是凝固的历史，都有未来的倾向，这意味着大学教师的故事在不断重组，不断地修改，始终是不成稿的，从而这个故事是一个无限的敞开过程。

与一般故事相比，大学教师的故事更具有理性反思的意味，似乎大学教师对情境本身关注不多，因为大学教师对普遍状况更感兴趣，而不希望变成一种自我中心主义的诉说，所以大学教师在故事中更容易扮演传教者角色，而不是诉说自己的遭遇。一句话，他们更关注应然状态而不是现实状态。也即大学教师一般不把自己作为受害者，即认为自己是受压迫者，认为自己是体制的牺牲品，自己不能够主宰自己，必须服从外界的命令等，而是认为自己是创造者，因而常常把自己思虑不足作为反思和检讨的重点。他们的目的不是让别人同情自己的遭遇，而是为了从中获得教益和启示，希望与别人分享一种成长的经验。这就与传统的"情景主义"的叙事风格有本质不同。

大学教师认为自己始终是故事的主角，掌控着故事发展方向，而且选择自己特有的方式来诉说，而不是找到一个具体对象进行诉说，甚至他们从心眼里瞧不起那种简单的诉说模式，他们更喜欢用自己的行动来诉说，也许"行胜于言"是他们的座右铭。他们既然是主角，就应该具有一种英雄气概。所以在他们的叙述风格中总是透露出一种坚定、刚毅。

大学教师从来都没有否定自己具有叙述的权利，但他们对叙述有自己的要求，他们刻意体现自己的意志、主见和个性，强调叙述的艺术特征，换言之，强调叙述的精神创造特征。所以他们的故事不是直白的，而是曲折的，从中透射出生活的深邃。这不是他们故意在隐瞒什么或显示不真诚，而是在故事中透射出一种人生哲学。在这里，他们一般没有设定特定的倾听者，他们把倾听者设计为普遍的历史，也就是说他们叙述不是为了沟通、交流的目的，甚至也没有释放的目的，而是为了表达一种信心，表达一种独特的理解。这或许与大学教师有比较多的自由思考时间有关，因而他们的表达方式既是理想主义的，又是审慎的。

八、教师讲故事·知识生产的合法性

教师讲故事无疑也是一种知识生产方式，我们说这种知识生产在很大程度上是一种使缄默知识显性化的过程，① 因而这种知识生产对了解教师的课堂教学过程和教师行为具有重要意义。从中我们可以从中窥视出教育工作者的世界是如何建构的，这对发现教育内部潜在的问题和发觉教育活动的成功经验都具有重要意义。② 但这同样存在一个问题：这种知识生产方式在多大程度上是合法的？

我们说，如果教师讲故事的本质目的是为了促进教师自我认识，质问自己的心灵，并最终解放自己的心灵，那么教师讲故事是一个极佳的方式。但如果是为了促进知识生产，这必然要遭遇到知识生产合法性的质疑，因为我们不知道这种知识在多大程度是可以开放的和传播的。其中就涉及教师行业的潜规则问题。换言之，一旦这种知识生产公之于众，就会使教师行业的传统神圣性受到玷污。因为在教师内在世界形成过程中，不可避免地会受到世俗社会的影响，甚至还存在不少龃龉之处，这自然会影响到教师的职业声望。教师讲故事的过程尽管已经经过了过滤，但仍然难以逃脱多元化价值观的审判，如此就不能保证教师行业的纯洁性。这不可避免地引起理想世界与现实世界的紧张。目前我们并没有什么良策来消除这种紧张。这也是教师讲故事背后的一种隐忧。

教师讲故事一定会促进他的课堂教学行为吗？这也是值得顾虑的地方。教师讲故事过程是一个反思过程，也是一个觉醒过程，在其中教师也可能产生一种剥夺感，这种剥夺感可能会促使其放弃教师职业，也可能使其加剧对教师职业的厌烦。毕竟教师职业还不是社会上最令人向往的职业。我们期望通过教师讲故事使教师丢弃自己的思想包袱，使其更加热爱教师工作，但这种期望只是一种可能性，并不代表全部的可能性。甚至教师把自己视为受压迫者，这将导致他们对传统或主流价值观的否定，从而对其所应当承担的工作造成一种麻烦，这个可能性的存在就大大增加了对教师讲故事的知识生产叙事的合法性的怀疑。

---

① 鲍道宏. 教育叙事研究：批判与反思 [J]. 教育理论与实践, 2007 (9)：16－19.
② 丁钢. 声音与经验：教育叙事探究 [M]. 北京：教育科学出版社, 2008：1－18.

因为在目前我们还没有一种绝对的引导术使教师讲故事必然产生正向效应，即促进其投入教学，使他们的教学行为更加纯洁，使他们具有更高雅的追求。这种担忧自然也会引起这种知识生产过程的参与者的焦虑，也对使用这种研究工具的研究者提出了更高的要求，即考验他们在倾听教师讲故事时是否具有充分的驾驭能力。

教师讲故事正像一个打开的潘多拉盒子一样，许多东西还是未知的。幸好，这个盒子才刚刚打开，我们还有时间去预见未来，去设想更多的有效方法，如此可促进教师讲故事更好地发展，为教育研究提供丰富的创造力。

三、03

高等教育学方法论探索

论高等教育学的学科特性①

引导语：在高等教育学界也存在着学科与领域之争，这种争论影响到高等教育学的建设方向。实事求是地说，高等教育学自从进入多学科关注视野之后就具有综合科学的特性，它不再是传统意义上的学科了，而是一种复杂研究领域。但无论是学科还是领域，高等教育学都具有形成系统理论的内在需求，也必须建立自己的逻辑起点，成为内在一致的学术领域。

关键词：高等教育学；学科特性；综合学科

一、关于高等教育学的学科与领域之争

高等教育学的学科属性，首先面临的一个问题就是，高等教育学是一个学科吗？传统上以一门学问研究的边界是否清晰来确定可否作为一门学科。由于高等教育学很难与其他学科划清自己的研究边界，故而有人把它说成是一个领域，更有人认为它介于学科与领域之间。② 与高等教育学相关的领域非常多，政治学、经济学、文化学、社会学、历史学、法律学、管理学、心理学等，都与高等教育学关系非常密切，可以说目下高等教育学已经进入了多学科的视野，已经不再是一个单纯的学科了。③ 不仅如此，高等教育学也很难作为一个独立学科，因为它的研究对象、研究方法和概念体系都不是独特的，所以也很难把

---

① 原载于《大学（学术版）》，2011 年 9 期，第 31 – 35 页。

② 刘海峰．高等教育学：在学科与领域之间［J］．高等教育研究，2009（11）：45 – 50.

③ 国际知名的高等教育专家阿特巴赫就认为高等教育属于一个多学科研究领域。参见：赵炬明．学科·课程·学位：美国关于高等教育专业研究生培养的争论及其启示［J］．高等教育研究，2002（4）：13 – 22.

它说成是独立学科。① 在这种情况下，高等教育学越来越像一个研究领域。

有人引入了高等教育学的成熟度概念，认为高等教育学发展历史尚短，如果假以时日，未必不能找到自己独特的概念体系、独立的研究方法或独特的研究对象。当然有人认为关于概念与领域之争属于传统的知识型，并不符合新的知识型要求，所以建议放弃诸如此类的争论，承认高等教育学作为一个事实性的学科。② 可以看出，高等教育学在发展过程中不可避免地遭遇学科特性的质疑，容易被人们以学科或领域的观点进行审视。③ 由于所采用的标准不同，一时还很难给出一个比较一致的意见。但高等教育学作为一门值得探究的学问似乎从来都没有什么异议，因为高等教育现象确实非常复杂，人们对高等教育领域中存在的问题很难直观地给以答案，必须进行专门的研究，否则就不利于高等教育现实问题的解决。有人引入西方学者的学科观点来考察高等教育学的学科性质，如从纯科学、应用科学、硬科学或软科学来进行考察。④ 笔者认为，当高等教育学能够提供唯一的、不容置疑的答案时，它就是硬科学，如果人们可以提出多种替代性的答案的话，则高等教育学就不是硬科学。因为判断一个学科的软硬的标准不仅在于所提供的答案是否具有唯一性，还在于所提供的答案是否具有可检验性。如果所提供的答案是不容易验证的，那么就很容易被替代，也就是说它所提供的答案不是唯一的。

问题恰恰就出在这里，因为高等教育学所提供的答案不是非常清晰的、具体的，因而也就不容易被检验，从而人们可以从多个维度出发提供关于某一问题的解答，而且各种解答之间不仅会产生交叉关系，甚至会出现冲突关系。高等教育学的多学科视野在很大程度上就是在为高等教育所面临的问题提供多重答案，但这些答案之间存在着严重的不一致甚至相互冲突。如从经济效益出发的高等教育功能与从社会公平出发的高等教育功能之间就存在着严重的分歧，人们所纠结的高等教育的营利性与公共产品属性之间就存在严重的冲突，这两者之间进行调和的空间非常有限。这说明高等教育学很难作为硬科学的身份出现。

---

① 王洪才. 教育学：学科还是领域［J］. 厦门大学学报：哲学社会科学版，2006（1）：72－78.
② 刘小强. 学科建设：元视角考察［M］. 广州：广东高等教育出版社，2011：19－30.
③ 潘懋元. 高等教育学科建设的回顾与前瞻［J］. 高等教育研究，1995（3）：1－5.
④ 蒋洪池. 托尼·比彻的学科分类观及其价值探析［J］. 高等教育研究，2008（5）：93－98.

从研究目的看，一个学科是纯学科还是应用学科就在于其是为自身而存在还是为了反映外界的需要而存在。毫无疑问，高等教育学是为了解答高等教育发展所面临的问题而出现的。此外，高等教育学是否具有自己的元理论也是判断高等教育学能否成为纯科学的现实依据。事实上，高等教育学至今仍缺乏自己的概念体系，这说明它缺乏自己严格的逻辑起点。高等教育学所使用的都是别的学科的概念基础和理论工具，这使它变成了别的学科理论在高等教育学领域中的具体应用。① 从这个意义上说，高等教育学就是一个应用型学科，而非纯理论学科。② 事实上，高等教育学作为经验反思的理论，很难建立自己的先验的概念体系，故而也很难上升到纯科学的地位。

但这是否降低了高等教育学的科学地位？回答是否定的。高等教育学是现实需要的反映，而不是由它的学科属性决定的。事实上，高等教育活动的现实地位决定了高等教育学的学术地位，高等教育学完全可以变成各门学科的检验场所，这样的话，高等教育学不仅不是其他学科的"殖民地"，反而可以作为学科的"帝国"出现。

二、高等教育学的综合学科属性

高等教育学虽然没有自己的元理论，主要是借助其他学科理论开展研究，但高等教育并不是其他学科的简单运用，任何学科理论在应用于高等教育领域时，必须要使之适合于高等教育活动特性的要求，也就是说必须进行理论的改造，而且每一种理论都无法宣称自己能够解答高等教育发展过程中出现的所有问题，甚至它们在提供关于高等教育问题的答案时还必须受到具体的历史情境制约。这一切说明，高等教育学仍然具有自己的独立品质，是任何其他学科都无法代替的。而高等教育学的一个重要使命就是将各门学科理论整合成适合自己需要的理论，从而实现理论的再造和发展。

所以，在各门学科知识运用到高等教育研究领域的过程中，都对自我进行了严格的限定，它们都是作为高等教育学的一个组成部分出现的。所以，高等教育学在与其他学科进行交流过程中大大地拓展了自己的理论解释范围，增加了自身的理论内涵，从而使自身理论具有多元综合的特征。因而，高等教育学

---

① 潘懋元. 高等教育学科建设的回顾与前瞻 [J]. 高等教育研究，1995（3）：1-5.

② 方展画. 对高等教育学学科建设的若干理论思考 [J]. 高等教育研究，1996（3）：24-30.

事实上已经成为多学科的组织或多学科交流的平台，它们都在争夺自己话语权的过程中促进了高等教育学这门学科的发展。

高等教育学之所以能够包容各门学科的理论，其原因就在于高等教育现象非常复杂，不可能通过一个角度进行透视，必须采取多元的或多学科的视角。事实上，各种社会意志都可以转化为学科的意志表现出来，而每种意志都宣称自己是唯一的，如此就有了各门学科相互平衡的需要，这就需要站在更高的立场进行整合，从而形成一种内在的一致，这个学科表达就是高等教育学的出现。所以，高等教育学不是高等教育工作状况的简单概括，而是各种社会力量价值观博弈的结果。这种博弈过程必然体现了时代背景和文化的影响，特别是制度设计者的意愿。这些问题都是仅仅研究高等教育自身无法解答的，必须将高等教育视为一个与社会其他现象的共同的存在才能进行揭示。这事实上就宣布了高等教育学的开放性和综合性的特征。

传统上，高等教育学一般都宣称是以高等教育作为自己的专门研究对象的。这个自我规定就排斥了对于高等教育相关问题的关注。这种狭隘的视野往往不利于高等教育问题的解答，因为高等教育问题的出现常常是社会其他领域问题的投射，但从高等教育自身寻找答案是于事无补的。高等教育学必须将与高等教育相关的视野综合进来，形成自身知识的组成部分，这样才能形成一个具有旺盛生命力的知识体系。事实上，高等教育活动的特性正是在高等教育与相关领域的相互作用过程中表现出来的，而单纯从内部人的视角所看到的世界是非常有限的和不得要领的。高等教育在与其他领域互动中也吸收相关学科的问题解答，从而促进高等教育学走向成熟。可以设想，如果没有这个外部的促进过程，高等教育学只是进行孤独的建设，那么其学术地位就会大打折扣。所以，高等教育学是在有机地吸收其他学科知识过程中来发展自己的。①

高等教育活动范围包括所有学科知识的精华部分，高等教育还首先把这些知识的探索作为自己的志业。有了这个活动起点之后，才可能发生后面的高级人才培养活动，不然所谓的高级人才培养就没有依据。所以，高等教育学知识体系首先就在于它的包容性，即将所有学科内容都纳入自己的探索范围，目的在于提出教育学的启示，以便于培养具有理想品格的人。这就要求高等教育学首先站在哲学的高度审视人的发展需要和高级人才的基本特征，从而为具体的知识探索活动和传播活动提供行为指导。其次，高等教育学必须研究各个学科

---

① 高耀明. 高等教育学学科建设四个基本问题述论 [J]. 江苏高教, 1997 (2): 13 – 15.

的特性，观察它与不同个体品性之间的契合性，从而培养出最适合的人才。再次，高等教育学必须研究各门知识之间的相互关系，从而找到构建各门知识相互促进的组织和组成知识体系来培养具有不同发展倾向的人。最后，高等教育学还必须在自己所有的活动与社会所提供的条件之间达成协调一致的意见，这样才能保证高等教育活动稳定持续地进行。高等教育学作为一门综合的科学，必须超越具体学科的特性，如必须超越哲学的特性，必须超越其他各门学科的特性。这正是高等教育学对高等教育实践需要的反映。

高等教育学所具有的强烈的实践特征，要求高等教育学知识体系建设不可能是一种从理论到理论的推演，必须是基于实践的总结和反思。而且也使得它在处理与各门学科关系过程中具有了多学科的特征，从而表现出一种复杂学科的特性。换言之，我们无法从单一学科的逻辑来透视高等教育学的发展过程及其本质。这意味着，高等教育学必须把多学科知识和方法杂糅在一起，形成自己相对独立的知识体系，这正是高等教育学的独特价值。因而高等教育学不是一个简单的应用科学，而是一个综合的复杂科学。

作为综合的复杂科学的高等教育学知识也必然表现为作为一种社会建构的结果。高等教育学知识无法从一个单一概念推演出来而成为一门分析科学，它必然在反映社会需要的过程中建构自身，因而它是一门经验学科，它是知识发展与社会需要之间的互动结果。换言之，它就是在处理知识发展与社会需要之间的冲突中发展起来的。我们知道，知识发展的内在逻辑可以通过专门学科来揭示，如科学哲学和科学社会学等，但要建立知识体系之间的社会组织则需要高等教育学提供方案，这正是高等教育学独特价值的具体体现。所以，高等教育学不是传统的学科，不能从知识分化视角来分析，必须从知识整合的视角来看待。故而，它不属于分析的学科，而属于综合的学科。它的发展也必须等到知识发展达到足够的成熟时才能起步，没有知识的足够成熟，就不会产生知识之间的相互冲突问题，也不会产生知识与社会需要之间的关系问题，而这正是高等教育学存在的前提。换言之，如果各门知识都可以以分裂的形式存在的话，就不需要高等教育学的存在，因为单纯哲学学科就可以解答如此问题。同样，如果社会没有对知识体系产生强劲的需要的话，高等教育学也没有必要存在，人们就可以通过简单的交换关系来处理。正是因为知识发展与社会需要之间的矛盾加剧才产生了建立一门独立的学科的必要，因为它是传统知识体系无法容纳的。

三、高等教育学的理论追求

必须指出，任何一门学科都有自己的理论诉求，高等教育学也不例外。①作为一门学科存在，它总是在寻求自身合法性的基础，这个合法性基础就是拥有自己的理论体系，这个体系就代表了它作为一个知识部门而言，具有一贯的逻辑。如果一门学问没有内在一致性的话，就很难作为一门学科知识存在。尽管高等教育学不追求一个形而上的知识基础，但它必须寻找一个现实的逻辑基础。没有这个知识体系，高等教育学永远都处于一种不成熟的地位。不成熟，意味着它所提供的结论是不可靠的，换言之，所提供的知识也是不合法的。为了这个目的，高等教育学必须寻找自己的逻辑起点，逃避这一任务就是使自己变成其他学科的跑马场，没有自己独立存在的价值。

高等教育学的逻辑起点是什么呢？我们发现它只能是"知识"自身，而不可能是别的任何东西。任何学科都是追求知识，以知识追求为目标，唯独高等教育学既把知识作为对象也把知识作为目标。作为对象的时候是以各门学科知识为对象的，作为目标的时候则是追求一种行动知识，即它是追求一种将各门学科知识冶于一炉的知识，这种知识一方面体现在大学课程体系架构上，另一方面体现在大学的组织结构上。所以，这种知识不仅是追求一种理论的统一，而且是追求一种实践的统一，换言之，它是指掌握知识的主体之间的统一，即建立一个学术的共同体的需要，这种学术共同体就结成了大学组织以及次大学组织，②从而产生了管理大学的知识。所以这种知识是独特的，也是别的学科无法提供的。所以我们必须说，高等教育学知识主体是一种管理知识，这种知识是为了管理知识而存在。

作为高等教育学的逻辑起点的话，"知识"范畴可以演绎出高等教育学的所有范畴，首先是关于"知识生成"的范畴，这作为一种活动的话就是大学的科研活动；作为"知识传播"出现的话则成为大学的教学活动；作为"知识应用"的话则变成了大学的社会服务活动；作为"知识组织"的话则变成了大学的管理活动；作为"知识内在交流"的话则形成了大学科系文化；作为"知识外在交流"则形成了学术自我管理组织如学会组织；作为"知识影响"的话则变成了大学的外部效应。可以看出，大学的一切都是围绕知识而转的，而高等

---

① 王洪才. 论高等教育学的逻辑起点［J］. 江苏高教，1997（2）：9－12.
② "次大学组织"，泛指大学之外的一切高等教育机构。

教育学恰恰是以知识作为起点和归宿的，因为有了知识，高等教育才存在，高等教育学才有了基础。而高等教育学目标是为了保护知识，所以也就必须产生一种行动知识，显然，它的目标不是为了产生一种理论知识，不是为了建立一种在各门学科之上的上位知识如哲学一般，而是为了建立一种知识的调和剂，维护知识的统一性，从而引导人们参与知识，分享知识，促进知识发展。各门学科主要是为了解决自身的问题，而高等教育学则主要是为了解决各门学科面临的问题——知识的传播和知识发展，这也是高等教育学作为知识的帝国出现的象征。尽管这种知识是非常抽象的，但它仍然是经验的，是经验反思后的产物，它不是从理想出发，而是从现实需要出发的，是社会发展对知识发展的需要的结果。

正是高等教育学独特的任务特性，决定了高等教育学研究方法的特性，高等教育学的研究方法就是综合性、包容性，以哲学方法作为基本方法，兼采用各门学科的方法。由此可见，高等教育学研究方法的特殊性并非在于所使用的具体方法的特别，而是在于它的方法的综合性，这也是一种独特的方法论，是其他学科所不具备的。

论高教研究的四种范式①

引导语：在改革开放之后的 20 余年时间里，我国高等教育研究经历了三次大的研究范式的转换，从最初为了确立高等教育学学科地位而进行的"体系"研究范式发展为后来的为了强调高等教育学实践功效而从事的"实效"研究范式，再之后为了寻找教育活动终极目的而开展"文化"研究范式，这些都展示了高等教育研究进展的脉络。进入 21 世纪后高等教育研究为应对网络化生存和构建有效行动主体而出现了向"个性"范式转化的迹象。这客观地说明，我国高等教育研究又进入了一个新阶段。

关键词："高教研究体系范式"；"体系"范式；"实效"范式；"个性"范式

一、高教研究范式出现

20 世纪是中国高等教育历史变迁最为剧烈的时期，也是中国高等教育在迈向现代化的征程中的阵痛期，中国高等教育研究事业发展变化是这一历史变迁的证明。高等教育研究从建立自己的学科阵地起步，逐渐形成了具有相当影响力的高等教育研究队伍。在积极参与建构具有中国特色的社会主义高等教育体系的实践中，高等教育研究事业迎来了它的繁荣期。高等教育研究事业走向繁荣的一个重要的标志是：高等教育研究的主导范式在不断地随着高等教育改革发展主题变化而变化。高等教育研究从最初的"体系"范式，到"实效"范式，再到后来的"文化"范式，使高等教育研究在不到 1/4 的世纪里相继出现了三次大的范式转换。研究范式的转换是学科走向成熟的写照，是高等教育发展客观进程的缩影。在新旧世纪交替之际，高等教育研究又出现了向新的研究

---

①　原载于《北京师范大学学报（人文社会科学版）》，2002 年 3 期，第 74 – 82 页。

范式转化的端倪，此预示着中国高等教育研究将进入一个新的发展时期。

研究范式是一个科学共同体在思考和解决该学科领域重大问题时所形成的主导性的研究方式和共同规则。① 按照库恩的经典性阐释，科学家"对研究共同课题使用大体相同的语言方式和规则，是由于他们具有一种解决问题的标准方式，即范式"②。一门学科的研究范式变化是该门学科发展轨迹的展示。可以说，某一研究范式的出现代表了某一学术的共同体对本学术领域内的关键问题的认定和发展方向的把握，据此形成了一套比较一致的话语规则和价值取向，成为学科内部认同的基础。人们对范式的理解就在于范式能够告诉人们什么是该学科最值得关注和研究的课题，使用什么样的研究方式展开研究最有助于提升学科的地位。社会科学的研究范式往往不同于自然科学的研究范式，自然科学的研究范式对该学科门类的研究主题、研究方式的规定一般都是具体的、明晰的，而社会科学研究范式常常是隐含的、提示性的，所以在学科内部获得的认同度远较自然科学门类为低。在高等教育研究领域中，研究范式主要是以潜在的方式来影响人们的研究兴趣以及人们对研究成果价值的判断。所以，研究范式的变化，表面上看是一个学术共同体的研究重心或关注点的转移，而实质上是一门学科不断完善自身的反映。高等教育研究范式转化是高等教育学领域的学者对该学科领域面临的最基本问题认识发生变化的结果，表现为对新的价值规则进行探寻的成就，它也是高等教育发展现状与高等教育学者之间互动的结果。

二、体系范式的登场

在党的十一届三中全会之后，特别是"实践是检验真理的唯一标准"得到确认之后，学术界思想开始解放，人们对高等教育问题探索的兴趣骤增。人们认定，高等教育学的任务就是从科学的角度来审视高等教育，高等教育学就是透过高等教育现象来揭示高等教育本质和发展变化规律的科学。厦门大学的潘懋元先生开风气之先，撰写了首部高等教育学著作，为高等教育学科发展起到了奠基作用。在此之后，出现了一批热心于高等教育研究的队伍，学术界出现了第一个研究高等教育的高潮。这个时期，高等教育研究的主题特别明确，就

---

① 瞿葆奎. 教育学文集·教育学 [M]. 北京：人民教育出版社，1988：179.
② T. S. 库恩. 科学革命的结构 [M]. 李宝恒，纪树立，译. 上海：上海科技出版社，1980：377.

是要确立高等教育学的学科地位，建立独立的高等教育学概念体系。这时在人们心目中对一门学科的"科学"形象形成一个公式，即一门独立学科得以成立的基本条件是具有三个独立：独立的概念系统、独立的研究方法、独立的研究对象。其中独立的概念体系是最基本条件。而高等教育学获得完全独立地位则依靠它独立的研究方法和独立的研究对象。这样才能使高等教育学区别于其他科学和学科，尤其是首先与普通的教育学区别开来。①

为了争取高等教育学的独立地位，人们以极大的热情来建构高等教育学的独立概念体系。而一套独立概念体系的建构是从寻找最基本概念开始的，最基本概念应该既是该门学科逻辑起点，又是它的历史的起源，即获得一种历史的与逻辑的统一。② 人们常以马克思在资本论中以"商品"概念作为起点为范例，认为一门学科的最基本概念就是该学科的最基本范畴，也就是该学科的逻辑起点，它最具有抽象性，能够涵盖该学科所涉及的所有概念。而最基本概念又是该社会活动的历史起点，因此具有不证自明性；唯它具有自明性，才适合作为学科的逻辑起点，才适合建构学科的逻辑体系之用。建构"体系"，对高等教育学者具有强大的吸引力，它被视为一项神圣的任务，被视为该门学科摆脱依附地位，成为独立学科的前提。可以说，寻求独立概念体系的"体系范式"成为推动高等教育研究出现第一个高潮的内在动力。

从客观情形看，"体系范式"出现具有必然性。改革开放之初，人们刚刚把教育从单一从属于上层建筑的迷宫中解放出来，正在努力探求给教育以科学的定位。高等教育也在这个大探讨氛围中展开了自己的思辨的空间。人们不满意于教育属性或"上层建筑"或"经济基础"式的划分，也不满足于"教育是独立的"简单回答，人们更希望它能够在逻辑上获得证明，这成为人们寻求概念体系的动因。当时教育学界出现了关于教育本质争论的热潮，其实质就是关于教育科学地位的寻找。它也表现出建立独立概念体系的企图，试图以此摆脱来自苏联凯洛夫教育学或古典的赫尔巴特教育学等的束缚。正是在这个大的探讨氛围中高等教育学也开始了自身地位的寻找。由于高等教育学是一门新兴的学科，不比教育学有百余年的历史，且教育学的科学地位尚受到质疑，所以高等教育学的地位更是自不待言了。为此，高等教育学必须从独立的概念体系建构中来证明自己的科学身份了。所以高等教育学不仅需要在事实上证明高等教育

---

① 薛天祥. 薛天祥高等教育文集［M］. 北京：高等教育出版社，2003：35 – 42.

② 王洪才. 论高等教育学的逻辑起点［J］. 江苏高教，1997（2）：9 – 12.

具有不同于普通教育的属性，而且还要在理论上揭示高等教育具有独立存在的规律，从而获得理论上的自证。另一方面高等教育发展的实际也呼唤独立的高等教育科学出现。当高等教育走出"恢复"阶段后，就面临着一个快速发展的任务，这时一股不顾客观实际、急速冒进的苗头出现，这不能不提醒人们要尊重高等教育发展的自身规律。高等教育的规律是什么，需要科学地去揭示，而这是高等教育学面临的首位课题。因此，思想解放的潮流与高等教育发展的客观实际共同推动了高等教育学的繁荣。高等教育发展形势要求人们对高等教育活动的规律给以系统的阐述，这是高等教育发展对理论的呼唤。教育体制改革决定出台之后，这种理论吁求就显得更为急迫起来，人们都希望能够科学地描绘教育改革的蓝图，希望从理论上找到高等教育改革的话语源头。体系范式的出现，一方面是为高等教育学获得独立的学科地位寻找途径，另一方面却是试图给高等教育改革发展提供一揽子解决方案。尽管这种欲望有时是潜在的，但这种动力是深层的、巨大的。这两个动力在 20 世纪 80 年代中后期形成了一个交汇点，成为"体系范式"探求的高潮。

"体系范式"从两个方向寻找自己的突破口：一是从哲学或其他更成熟的学科出发，通过寻求高等教育学的上位概念，找到高等教育活动赖以存在的最基本概念，进而演绎出高等教育活动的具体概念，这是一种从抽象到具体的思维路线；另一种思路是从高等教育具体实践中进行归纳，然后通过经验提升，最终寻找一个与实践比较相符的概念体系，这是一种从具体到抽象的思维路线。尽管这两种思路是大不相同的，但在实践中却是相互借鉴的。两者的追求也有很大的不同，一个是要建立完全高于实践操作的理论体系，另一个则是为了建立与实践相对应的行动指南。这两者都存在实际问题，一个是缺乏强大的实践支撑，另一个则缺乏理论的前瞻性，所以最终都不能完成建构独立概念体系的目的。毋庸置疑，两者都促进了高等教育研究的繁荣，并使高等教育学的基本学科地位确立起来了：一批高等学校建立了高等教育研究机构；师范大学特别是重点师范大学开始设立高等教育学课程；高等教育学的二级学位点出现；高等教育研究有了专门的学术刊物和学术组织，不少地区建立了专门的高等教育研究机构。这个时候高等教育科学观念已经深入人心，各地在进行人才预测和制定高等教育发展战略规划时，都主动要求专门从事高等教育研究的人员参与，开始改变"拍脑门"的决策习惯。

"体系范式"在高等教育研究中的奠基作用是不可否认的，它为高等教育研究提供了一些基本概念范畴，勾画了高等教育学的基本轮廓，从而为确立高等教育学的学科地位做出了贡献。但它的缺陷也是明显的，它过分关注理论体系的构建，忽视了理论体系的实践意义。它的自我期望过高：要揭示高等教育发展的客观规律。似乎这种规律是预成的，等待发现的，这就使体系建构走向迷茫。事实证明，规律是在实践过程中发现的，不是通过书本搜集来的。因此体系范式研究有一种严重的"书斋化"倾向，并陷入了体系化痴迷。所以，高等教育研究常常落后于高等教育改革实际的需求。同时"体系癖"总是把视野锁定在学科独立性上，这也局限了它的研究视野，从而落后于学科交叉和走向综合的现实。这种探索的局限性促使高等教育研究向第二个范式转化。

三、实效范式大行其道

具有中国特色的社会主义高等教育体系建设是一个前人未经历的事业，是马克思主义经典作家所没有揭示过的，这就要求高等教育研究必须结合实际进行创造。它必须具有一种与时俱进的气质，主动为高等教育改革寻找有效的对策。显然，本本主义、教条主义都是无济于事的，这就要求高等教育研究必须转型。于是高等教育研究出现了向关注理论解答实际问题的效果的转变，它具体表现为对一系列改革方案的探索，并成为高等教育探讨的新热点。这表明第二个研究范式登场了，此即"实效"范式。实效范式的核心是，高等教育理论的价值是在提供实践方案中体现的，如果不能为高等教育改革发展提供有效策略的研究，则是一种经院哲学，是不能永久存身的。在这样的价值判断引导下，高等教育理论界在悄悄地进行着一次范式革命，开始从"体系"范式向"实效"范式转变。

"实效范式"的重心是回答经济体制在深化改革中为教育体制特别是高等教育体制提出的问题。经济体制改革是一项全局性的社会变革，它要求高等教育改革必须跟上去，并要求高等教育理论界为此提供方案。从主观上讲，在高等教育发展实际问题面前，人们已经等不及"体系范式"给以一揽子的总体式回答，希望高等教育学界给以具体的应对策略。从高等教育发展的现实情况看，这时高等教育已经走向起飞阶段，需要进行结构和系统的重整，需要给以新的理论指导和支撑。传统的规律话语在解释高等教育面临的新问题时是苍白的，而远景式的理论体系建构努力相对于高等教育改革的急迫需要而言又是远水不解近渴的。当高等教育学的理论价值不能够从逻辑上自证时，就只能依靠它的实践功效了。因此实效范式也是高等教育学价值自我认证的一种新方式。

促进高等教育研究范式转型的另一个重要因素是"体系范式"在自身追求

中的两难处境。体系范式一方面大唱"独立"，但同时又不得不大量借用其他学科的语言，甚至是刻意地模仿别的学科，① 这就在高等教育学科内部引起了人们对这种追求结果的怀疑。促进研究范式转换还有一个重要的因素是，这时人们的思想产生了一个飞跃：一门学科的真正地位并不取决于它有没有完全独立的概念系统，而最根本的是看它所使用的概念或理论是否具有很强的解释力和预见力。这似乎在提示人们：纯理论的诉求并不是什么灵丹妙药，一门学科的理论建构不能脱离现实太远。

这时期高等教育面临许多实际问题，如商品观念对人们的教育教学观念的冲击，西方哲学和文化思潮对人们思想行为的影响，多种办学形式出现对传统管理体制的挑战，工资倒挂对人才流动的影响，扩大招生与成本的合理分担，双向选择与激发人才成长自主性，等等。这些问题不容回避，必须建构新理论去阐释。它促使高等教育研究的主导范式发生转移："体系范式"式微，"实效范式"畅行。

实效范式的出现也是高等教育改革进入关键期的反映。20 世纪 90 年代前期出现了一场关于高等教育发展前程的大讨论，标志着高等教育研究进入了第二次高潮。此次讨论是实效范式成为研究主流的标志，因为人们关注的中心问题是高等教育的现实前途，而不是高等教育的理论命运。这场讨论可以概括为：是高等教育适应商品经济要求还是保持高等教育的净土。正是不同声音的出现，才使高等教育研究呈现了繁荣的局面。这时候，不同的人，不同的身份，从不同角度都参与了这次讨论，从而使高等教育学科基础扩大了，高等教育研究的队伍得到空前的扩张，高等教育学科地位也得到了提升：一大批高等教育硕士点出现，出现几个高等教育博士点，大批学术成果出现，高等教育研究的学术层次有了明显提高。

在实效范式的导引下，人们不再追求高等教育学专有的概念和范畴，而是大量借用其他学科的概念和话语，于是高等教育学科的门户大大开放了。不仅如此，大批其他学科专业人员开始渗入高等教育研究领域，成为高等教育研究新的生力军。他们带来了新概念，新思想和新的研究方式，从而一下子拓展了高等教育研究的视野，使高等教育研究进入了与其他学科交流的学术之林。在这种学科交叉和学科综合态势中，实证研究成为高等教育研究的一个新风尚。正是多学科人员大举进驻高等教育研究领域，才使得高等教育学的分支学科迅

---

① 如模仿经典物理学的建构方式，或马克思在资本论中建构政治经济学的方式。

速崛起，如高等教育管理学、高等教育经济学、高等教育史、比较高等教育、高等教育社会学等。其中高等教育管理学是最活跃的学科，因为它与高等教育改革实际结合最紧密，所以发展最快，并出现了大量的三级学科，如高校科研管理、高校后勤管理等。这说明，理论只有结合实际，才能焕发出无限生机。

实效范式在高等教育研究转型中发挥了重要作用，它客观地起到了进行高等教育研究分层作用，它引导更多的人从事具体应用研究，它要求少数学术基地在继续保持纯理论探索的旨趣的同时也要关注现实问题。这样在高等教育理论与实际应用之间就出现了中间环节。事实也证明，高等教育改革实践需要大量的应用研究，特别是借鉴发达国家经验的比较研究。研究的转型并不意味着"体系"建设任务的不重要，而是告诉人们，体系建设是一个长期任务，要完成它不能太过心切。

四、向文化范式的转变

实效范式在引导高等教育研究走向新的繁荣的过程中功不可没，但它同时对高等教育研究也产生了不小的冲击，因为现在高等教育学还没有真正成形，此时杂多话语的涌入会使高等教育学更产生一种"无根"意识。这种意识的产生客观上是一种学科生存危机感的展示，同时也是学科发展走向深入的前奏：它呼唤学科内部进行整合，形成一个新的理论基础，形成一个高等教育研究领域观共有的话语系统。但由于高等教育内部还没有形成批判话语的传统，因此要完成这一任务就显得异常艰辛，这迫使高等教育研究从更广的话语系统中汲取创造力的源泉。

在20世纪90年代中叶，当我国宣布走市场经济道路时，高等教育改革的轮廓也就基本确定了，从而使人们关于高等教育改革前途之争画上了一个句号。这客观地要求高等教育研究做更深更具体的功夫。而这个时候高等教育体制与经济体制之间的冲撞更凸现出来了，这导致高等教育理论界出现了彷徨的局面。人们发现体制改革的中心话语是寻求高效率，但高效率往往是在牺牲公平基础上取得的，这不能不使人们思索效率背后的深层价值。于是，公平与效率孰先孰后的争执出现，呼唤人文精神的声音出现，呼唤高等教育进行新的定位的呼求出现。这些都是高等教育改革大政方针确定之后出现的新课题，是人们对高等教育与市场经济开始接轨并出现排斥反应现象后进行的反思，因为经济体制改革带来了不可怀疑的效率，但同时滋生了大量的消极现象，这些不能不促使高等教育理论者思索体制改革的根本依托。尤其对研究者们产生震撼影响的是，在商品观念的影响下，人们的心灵出现了坠落。这就在高等教育理论界形成了一个新的中心话题：救助心灵。这个命题带领人们向更深处进行思索，而且必须从人类全部的文化积淀中寻求答案。当全世界都开始关注"可持续发展战略"问题时，救助心灵的行动就成了高等教育研究最强音。于是一个新的研究范式——"文化范式凸现了"。

"文化范式"要求人们用眼光穿透体制的坚壳，进入它的心脏地带：价值领域。因为价值是人的心灵的载体，是人性存在的维系，于是人性主题被呼唤出来。但这一话题并不是高等教育学界所独有，而是为整个社会科学界共同关注，这表明高等教育研究已经融入整个社会科学探讨的总体中去了，要在社会科学之林中发表自己的声音了。教育学界"元教育学"的发问就是这样的一种表现；① 高等教育学界要求大学进行"人文素质教育"或"文化素质教育"也是这种声音的反响。② 与此同时，高等教育学界又一次为没有自己的完整理论阐释而困惑，从而再一次地体验到一种学科危机。实效范式探求只解决了关注现实问题，而没有解决现实背后的深层次问题，尤其不能为塑造人性这一大课题提供答案。这迫使高等教育研究从更广更深的领域中寻求解答，就不能不回到一个古老的命题上——"人之为人"的价值。这正是文化命题的核心。于是，文化探求就变成了高等教育研究的主导范式。

"文化范式"的中心是要为高等教育改革解决根本价值导向问题，同时进一步解决高等教育学的归宿问题。在高等教育走向市场经济的途中，一方面唤醒了人们对效率的重视，另一方面也荡涤了人们对传统美德的珍视。高等教育不可能游离于市场经济之外，也不可能躲避商品观念的侵蚀。为此高等教育必须构筑心灵的防线，这就是文化范式在研究中的核心命题。高等教育活动的所有参与者与社会一道共同经历着从传统到现代的断裂的苦痛，而高等教育是社会活动的心脏区域，必须率先对社会价值做出自己的判断，必须率先摆脱价值失却、行为失范、物欲膨胀、精神迷茫等一系列的转型期现象的困扰，必须重塑做人的尊严，使学术规范回归心灵的依托，制止可怕的学术泡沫，抑制文凭的商品化，阻止知识贬值，使大学重归神圣的殿堂。说到底，就是为人的生存找到可靠的精神家园。它具体要回答的问题是：高等教育究竟应该做什么。这种

---

① 陈桂生. 历史的"教育学现象"透视 [M]. 北京：人民教育出版社，1998：318 - 352.

② 余东升. 高等学校文化素质教育研究 [M]. 北京：高等教育出版社，2009：3 - 79.

价值思考，是一种对人类共同体命运关切的反映，是高等教育从本体上超越学科局限的努力，所以它能够构成一种新的研究范式，即"文化范式"。

"文化范式"能够成为研究的主流还受到全球化时代的诱发。通信技术方式革命使地球变成了一个村庄，人们切身地感受到，原先加之于人们身上的空间限制逐渐消失。但人们在距离感消失的同时，安全感也随之丧失，出现了时空分离、异体存在。且克隆技术认真地对人类自身存在的价值提出了挑战。于是人们在感受到商品宰制的同时，也感受到技术的宰制，这更强烈地激发了人们思索"人之为人"的根本含义。正是全球化时代的来临，促进了文化研究范式的勃兴。

"文化范式"使高等教育研究又汇入到主流中去。它使高等教育研究跳出了学科的局限，开始从共同体命运的视野来构建高等教育学的未来。这个研究风向其实也是对"实效范式"的继承和发扬。实效范式已经拓展了高等教育研究的视阈，文化范式则把高等教育学科的建设融入人类文明建设的总体中。它提示高等教育研究就是一种文化建设，而不单纯是一种文化遗产继承。文化范式同时也是对实效范式进行反思，因为"实效范式"更注重高等教育活动的经济效果，而忽视高等教育活动对人的精神价值。"文化范式"的核心就是要求从满足人类精神需求的角度来设计高等教育活动，来确定高等教育目标和价值规范。

"文化范式"又找回了人们过去忽视的"价值选择"。在科学主义的导引下知识与价值是分离的，认为知识不能掺入价值判断，否则会影响知识的纯洁度。① "价值无涉"是科学主义的金科玉律，而价值无涉对高等教育学的体系建构和对高等教育研究的实效追寻都产生过相当大的影响，尽管这两种研究从根本上是无法排斥价值选择的。文化范式要求人们正视价值选择，重视影响高等教育活动的复杂性，避免陷于一元主义直线决定论的误区。②

文化范式说到底是对高等教育活动目的的探索，是对培养"人"还是培养赚钱的"机器"的抉择，或者说如何来调停人的价值理性和工具理性之间的冲突。回答这个问题必须脱出具体的政治限制、经济限制、地域的和民族的限制，去寻求人类共同的根，寻找人类不断奋进的本源。这是人类共有的危机意识的体现，也是人类对自己在前进中所付出的代价的一次清理。

---

① 马克斯·韦伯. 社会科学方法论［M］. 北京：中央编译出版社，1992：136－182.
② 波林·罗斯诺. 后现代主义与社会科学［M］. 上海：上海译文出版社，1998：160－204.

文化范式注定不可能实现它的宏愿，在人类发展已经出现如此分化的今天，注定了由于人们的思维方式的差异，达成一致的价值判断几乎不可能。那么进行类本质的寻求无疑是一种乌托邦，而试图找到一种共同的本质让大家都去尊奉它，就无异于画饼充饥。所以文化范式只能表达一种对人类生存状况的关怀，而不能真正解决实际问题，因此它对高等教育研究的影响不可能持续太长时间，必须向另一个研究范式进行转换。因为实际问题的解决需要建构一种交往的伦理，建构一种充分表达自我的策略，这才是寻求共同价值的基础。于是人们在对宏大叙事祈求失败后转向微观叙事——个性技术的建构，即个性范式。

五、个性范式是归宿？

微观叙事追求是高等教育研究者自我反省的产物，是他们面对迅速发展的科技世界做出的一种回应。现实生活中，网络世界以不可思议的速度扩张着，没有人能够在这个世界面前完全说"不"，因为说"不"就意味着自身的边缘化。网络世界的出现虽然为人类便利交往提供了可能，但并没有为增进交往提供必然。因为人类还不可能完全跨越文化的域限和思维的域限。传统的空间分割逐渐在消失，分散的时空开始大密度地叠加在一起，这给人的生存带来了一种压迫感。人们普遍感到了目力的限制，感到单凭专业知识很难再发出主宰人类进步方向的声音，而人类进步相当程度上要靠生存世界的网络关系的变化。高等教育在这个世界里担负着重要使命：让生存的每一个个体都能够适应它，使每个人都努力地去辨清自我，变成能够与这个世界进行有效交流的人，变成行动的主人。所以高等教育研究首先就肩负着将个体潜能激发出来的任务，高等教育学必须为此思谋良策。而高等教育学的学科地位也由它对这个问题回答的程度来得到答案。因此，高等教育学的地位不取决于专业团体内部的认定，也不由它对高等教育活动实际发生了多少作用来决定，同样也不靠它寻找到人类共同体价值的多少来决定，而取决于它对每个个体产生多大的作用，对个体生活产生多大的影响，怎样来影响个体的行为抉择。这种影响虽然是微观的，但效益却是普遍的，而且也是唯一可以执行的实践策略。

自然而然，个性解放就变成了高等教育研究的主题。人们对高等教育价值的认同则向这个方向集中：对个体内在潜能的激发程度。研究者的作用不是教导他者去如何做，而是通过发现自身的潜能来对他者进行提示。所以任意地挥洒自我才显示出本真，才是穿越了人类为自我设置的符号迷障。没有人能够告诉他者该怎么做，除非是出于功利的目的。而功利目的始终是个性发展的限制，但这也是人类为现实存在必须付出的代价。那么个性研究范式就有了自我的局限，也使它自身变成了一个开放的研究领域，成为学术界共同采取的研究策略。

我国高等教育研究出现从"文化范式"向"个性范式"明显转移是在高等教育大众化目标明确之后。这个时候，高等教育不再面向特殊的个体，转而开始面向普遍的个体。这时的高等教育也不是为了实现自身既定的目标，而是需要新构建一个行动目标，即高等教育应该为这些新加入的个体提供服务，因为这些新加入的个体更缺乏主动性，更需要去激发，他们更需要尊重，而不是遭到遗弃。高等教育目标的调整，标志着高等教育的价值地位开始升迁，因为这是它主动承载这一艰巨历史使命。当然，这种对个性价值的尊重是需要克服功利算计目的的，因此也是更高尚的。

"个性范式"的出现标志着高等教育研究进一步从总体化思维模式脱出，是对"实效范式"的否定之再否定，是人们对身处日益复杂社会的一种自觉。它标志人们开始放弃过去那种一劳永逸式的宏大叙事追求，开始把探讨范围限定在个人目力所及的限度内。同时人们也发觉，每个人的言行效果只是在具体生存的互动网络中留下一丝痕迹，而没有什么永久性意义。高等教育研究越来越趋向于微格化，这俨然是全球化的反动。事实上，个性化正是全球化的结果。现代信息网络技术将人类带向了全球化时代，时空局限的消除使人们能够把更多目光投向全球，投向普遍关怀。但人们是借助技术发达来实现这一愿望的，这不能不使人感到个体价值的渺小、世界场域的宏大和不可捉摸。同时这种关注还使人们的自我逐渐从现实生存空间中剥离出来，从而使人们的视线丧失了真实感，进而使自身价值感到失落，而网络化的虚拟世界更强化了这种感觉。因为每个人的自我都是在现实的互动网络中进行建构的，超出了直接关注范围就变成了虚幻，而人们的视野不可能在虚幻的世界里存留过久，必然要向现实关注偏移，否则就会造成严重的精神危机。那么关注自我、关注与自我生存维系的互动网络就是不可回避的选择。

个性范式出现的同时也是对传统的人类共同体假设提出的挑战，是文化从普遍范畴向文化具体范畴的迁移，也即关注普遍让位于关注个体。而且世局变迁的剧烈，也只能使人们在自我中寻求安全。虚拟世界只是一种逃避，而不能成为真正的选择，真正的选择只能是建立有效的交往规则，表达自我，建构自我，达到个性的充盈。这是人类生存面临的普遍问题，当然也是高等教育研究面临的抉择。如此个性范式为高等教育提出了新的研究课题和新的行动策略，这必然引导高等教育研究向更高的层次飞跃。在个性的范式下，高等教育的学科界限更趋削弱，人们把它当成所有学科的实验厂，在这里可以检验自己的学说是否真的正确，但在这里也很难出现权威话语，在这里只有公设和个别，不存在一个归结。

六、范式转换逻辑

高等教育研究从"体系范式"到"实效范式"，再从"实效范式"进入"文化范式"，体现了高等教育研究行进的一个里程，它表明高等教育研究视阈在不断扩张，体现了高等教育在发展过程中提出的问题增多了和越来越复杂了。最终高等教育研究从"文化范式"向"个性范式"的转移，体现了高等教育研究从普遍关怀的情结向实践精神的转化，是高等教育研究与时俱进的精神的展现，也标志高等教育研究进入了一个新阶段。

可以这样归纳，在"体系范式"阶段，高等教育研究勾画了高等教育学科发展的基本轮廓，但它与现实之间的反差，促进了它向新的层次跃进，从而进入了关注高等教育现实存在的领域，在这个领域里它将悬空的理论落到了实处，得到多方面的回应，大大壮大了高等教育学研究的基础。但由于它没有进行深层次的价值思考，所以一旦改革方向确定之后，它就产生了一种"无根"的意识，呼唤它反思先前研究的得失，这促进它向更广的视阈拓展，确定一个新的生命。当高等教育研究进入了文化的视阈，它就产生了一种前所未有的包容感，发现了自身意义的宏大。但这种关注也只能是惊鸿一瞥式的，不可能长久逗留，因为它不是一种实践建构的策略。人们的认识旨趣必须上升到实践的旨趣，必须在个性的解放中寻找归宿，这就导致了高等教育研究向个性范式的演进，开始了一种行动的建构，但这是一个漫长的过程。

多学科研究方法：高等教育学的独特方法？①

引导语：潘懋元先生关于"高等教育学的独特研究方法可能就是多学科研究方法"的论断对于高等教育学方法论建设具有开创性意义。但这一论断也常被误读，最典型者是把"多学科研究方法"视为一种专门方法。本章拟通过多学科研究方法的独特性解读及意义还原，以纠正对这一研究方法的误解，促进高等教育学健康发展。

关键词：多学科方法；高等教育学；独特研究方法

一、对"多学科研究方法"的独特性解读

在高等教育学界，几乎无人不晓潘懋元先生提出的著名论断："高等教育学的独特研究方法可能就是多学科研究方法。"这一论断引起了学界对高等教育研究方法论的持久探讨，因而也是人们判断高等教育研究转向的重要标志。② 可以说，这一论断影响了高等教育研究发展走势，对高等教育学发展具有重要的促进价值。

任何学科成立必须有自己独立的研究对象、独特的研究方法和独立的概念系统，这就是人们习惯上称为"三独立"的学科判断标准。③ 在这一标准的引导下，各个学科为了寻求独立和独特，各自开始建立自己的研究领地，不断地宣称自己独特的研究，也在努力建立自己的概念系统，为此不得不寻找自己学科理论体系的逻辑起点。但这一趋势也使得各个学科走向了一种画地为牢的境

---

① 原载于《江苏高教》，2014 年 1 期，第 5 – 7 页。

② 王洪才．论高教研究的四种范式 [J]．北京师范大学学报：人文社会科学版，2002 (3)：74 – 82.

③ 王洪才．教育学：学科还是领域 [J]．厦门大学学报：哲学社会科学版，2006 (1)：72 – 78.

地，导致科学研究走向越来越呈封闭状态。高等教育研究也不例外，在这种传统学科标准的驱使下，也在寻找自己的独立领地、独特方法和概念体系。这一追求的结果就很可能使高等教育研究日趋保守，最终陷于一种孤立无助的境地。面对这种学科发展态势，潘懋元先生果断地做出了"高等教育学的独特研究方法可能就是多学科研究方法"的论断，这一论断从根本上叫停了使高等教育学科发展走向封闭化的趋势，从而为高等教育研究走向开放做出了重要的贡献。

众所周知，中国学术体制与世界上许多国家的学术体制有明显的不同。大多数发达国家的科学研究机构是相对独立于政府管制的，政府只是扮演资助人和引导人的角色。而在中国，政府则扮演了一个比较全能的主宰者的角色。在此情境下，如果一种学术研究要得到发展就必须在国家有关管理机关获得一个学科封号，不然就很难在大学里持久地存在，也难以获得有保障的学术资源。这样学者们就不得不把大量的精力耗费在学科地位的正名上，而且必须借用大量的社会资本来争取这样的学科地位。面对这种越演越烈的瓜分学术领地的现象，有必要使人们从一个更开阔的视野来重新审视、思考高等教育学科发展问题。这可能是潘懋元先生作为高等教育学科开创者做出这一著名论断的初衷。①

潘懋元先生在做出这一著名论断之前经过了审慎的思考，特别是参考了国际上著名的美国高等教育专家伯顿·克拉克（Burton R. Clark）教授在 1988 年出版的专著《高等教育新论——多学科的研究》的意见。在该书中，克拉克教授别出心裁地请八个不同学科专家站在比较的立场上从各自学科出发对高等教育现象发表自己的意见。这样就有了历史的、政治的、组织的、政策的、文化的、科学的、社会的和经济的等八个学科观点的高等教育研究。② 这些意见当然是非常珍贵的，确实突破了单纯从某一学科看问题的局限。这使潘先生看到多学科研究方法对高等教育学的巨大促进作用，也让人看到了高等教育研究的勃勃生机和光明前景。显然，多学科专家参与高等教育研究的结果大大丰富了高等教育研究的内涵。这对于学科创立不久、尚处于亟待进一步完善阶段的高等教育学而言意义是重大的。这一情形会使人产生一种憧憬，即把"多学科研究方法"这一思路看成高等教育学发展的希望所在。似乎还没有任何一个学科

① 谢里·阿沃. 潘懋元——一位中国高等教育学科的创始人 [M]. 北京：高等教育出版社，2006：1 - 194.

② 伯顿·克拉克. 高等教育新论——多学科的研究 [M]. 王承绪，等，译. 杭州：浙江教育出版社，2001：1 - 331.

领域能够直接从不同学科角度来推进自身学科发展的。这大概是潘先生做出这一论断的现实情境。

显然，将多学科研究方法作为高等教育学的独特研究方法还隐含了这样一种思考逻辑：因为高等教育现象本身就是一个以学科为中心形成的集合，大学就是这个集合的构成单元，每个大学都是一个多学科的存在，可以说，任何一所大学一旦缺乏了多学科的支撑就难以存在下去。而任何一个学科都可以在大学中找到它合法存在的理由，只要在理论上能够证明它具有专门学术的特征，在实践中能够证明它可以成为为社会谋取福祉的工具，而且还具有进一步传承和发展的价值，并且在经济可承受的范围内，那么它就应该获得在大学存在的资格。因而任何一个学科都构成了高等教育活动的一个对象，一个有机组成部分，都有理由受到重视，不同学科自身建设的反思自然也构成高等教育研究的一项内容，那么不同学科的建设经验反思以及他们对学术总体建设的期盼都是高等教育研究的触发点。这种寓高等教育研究于多学科研究之中的策略确实是高等教育学所独有的，是别的学科无法替代的。这样，多学科研究方法作为高等教育学的独特研究方法具有本体论的依据，也具有认识论的可行性，故而这一论断具有科学性。

二、"多学科研究方法"被误读之后

"多学科研究方法"在方法论上最重要的意义在于引导人们逐步地走出传统的学科范式，向着一个更符合时代发展需要的新的学科范式方向发展。然而不少学者并没有意识到"多学科研究方法"这一论断的潜在学术价值，仍然按照传统的学科范式进行解读。这样在经过多次转述之后，这一论断的意味已经发生了根本的改变，从而产生了不少误读和曲解，其中最典型的一种曲解是把"多学科研究方法"理解成一种专门方法。虽然这种理解的动机是为了提升多学科研究方法的学术地位，但结果却背离了提出"多学科研究方法"论断的初衷。当"多学科研究方法"的方法论意义被具体化为一种专门方法时，就会出现以下几种危险。

（一）排斥其他学科进行多学科研究

事实上，社会科学是一个共同体，它越来越走向开放，不仅高等教育研究中在运用多学科研究方法，而且许多学科都在运用多学科研究的方法。显然，这时的多学科研究方法是不一样的。其他学科在运用多学科研究方法很可能是借鉴不同学科的具体方法，而高等教育研究则是采纳多学科研究策略，而不是只借鉴某一种具体方法。之所以如此，是因为社会现象是复杂的，是无法进行截然切割的，高等教育现象就是与其他多种社会现象复杂地交织在一起。为此，同一现象可以从多学科角度进行解释，而从不同学科出发得出的结论是截然不同的，因为各个学科的出发点是不同的。一旦把多学科研究方法作为具体的高等教育研究的独特方法，就意味着其他学术领域在使用该方法时失去了正当性。显然，做出这样的宣称是无效的，因为这不是高等教育研究首先使用了多学科研究方法，也不是高等教育研究运用多学科研究方法最多。我们知道，哲学才是使用多学科研究方法的正宗，因为任何学科都是哲学这个母体分化出来的，在他们没有分化出来的时候都是哲学的构成要素。历史研究运用多学科研究方法最多，因为任何学科都有自己的发展史。因此，宣称多学科研究方法作为高等教育研究方法不具有合法性。

（二）把多学科研究方法当成一种混杂的方法

如果多学科研究方法不作为一种整体研究思路进行理解的话，那么对多学科研究方法进行界定就存在很大的困难。从直观上看，多学科研究方法的直接意思就是"多种学科的方法"，这就是把"多学科研究方法"视为一个集合，一个方法的集体，而不是某一种具体学科的研究方法。既然作为一个集体，那么在多学科研究方法中，各种学科研究方法是一个什么样的相互关系呢？它们在高等教育研究中有没有处于优势地位的方法？还是各学科研究方法一律处于一种平等地位？这种多学科研究方法究竟适应于研究高等教育活动中所有现象还是某些具体现象？……如果不对这些问题进行具体回答，那么多学科研究方法就容易变成逻辑关系不清的混杂方法。

（三）导致高等教育学与教育学母体的割裂

如果把多学科研究方法作为高等教育学的独特的研究方法的话，那意味着多学科研究方法同样也应该是教育学的独特的研究方法，如果不属于母体的话，而作为部分的存在就没有根据。显然，教育学界至今还没有认为多学科研究方法是教育研究的独特的方法。国外有学者曾提出"人种学是教育研究唯一的、最好的方法"① 论断，这个观点说出了教育知识产生的根源，但只说出了一种学科视角，显然不是多学科的视角。从教育学的建立过程可以发现，许多学者

---

① 威廉·维尔斯曼. 教育研究方法导论 [M]. 袁振国, 主译. 北京：教育科学出版社, 1997：299.

更倾向于认为教育学应该建立在心理学的基础上。① 当然，早期追求教育科学化的学者并没有意识到他们的决定可能导致教育学方法唯一化的危险。因为他们研究的问题领域集中在教学活动上，所以他们的设想并没有遇到太大的阻力。在今天看来，多学科的视角都已经深入到教育研究的腹地，也没有人能够阻挡这一趋势。实际上，早在教育学诞生之初，赫尔巴特就已经感受到"教育学成为其他学科殖民地"的危机了。② 换言之，他们并不认同多学科侵入教育学研究领地这一事实。

（四）导致多学科研究方法与公认研究方法的冲突

在社会科学界，比较公认的研究方法一般指四种基本的获得研究资料的方法。这种研究方法也是证明研究对象真实存在的方法，或者说它们是验证研究主体的判断与客观存在的事实是否一致的方法。这四种方法具体而言就是观察法、实验法、调查法和文献法。一切社会科学研究都脱离不了这四种方法，甚至自然科学也不可能脱离这些方法，只不过各有侧重，并非某个学科专有。从这个意义上说，多学科研究方法已经融化在这些基本方法之中了，那么再提多学科研究方法不免有重复之嫌，也与学界普遍的共识有冲突。

（五）导致实践操作应用的困难

一旦把"多学科研究方法"作为具体方法理解的话，那么"多学科研究方法"就需要建立自己的操作规范，即必须告诉人们在使用它的时候具体需要注明注意什么，必须要做什么和不能做什么，甚至需要告诉人们具体的操作步骤是什么。显然这一切都是不可能的，因为研究方法的使用是依据具体问题而定的，研究问题的性质不同，自然采用的具体方法就不同，因而就难以设计出具体的操作步骤和具体的规范来。此外，说"多学科研究方法"就是指高等教育学的具体学科方法的话也是在犯一种逻辑错误，因为它潜在的含义是把高等教育学排除在多学科范围之外了。

三、对"多学科研究方法"的意义还原

对于"多学科研究方法"的正确理解，就是如潘先生所讲，把它作为一种"视野"来看待。这种视野的意义在于，任何一个关于高等教育的结论都

---

① 王洪才. 教育学：学科还是领域 [J]. 厦门大学学报：哲学社会科学版，2006 (1)：72 - 78.

② 王洪才. 教育学：学科还是领域 [J]. 厦门大学学报：哲学社会科学版，2006 (1)：72 - 78.

应该适合每个学科的需要。虽然每个学科的发展要求同时也是高等教育的发展要求，但某一学科观点不能代表高等教育的整体观点。在现实操作过程中，由于我们无法对每个学科进行一一检验，但我们需要进行多个学科的检验，至少是针对不同性质的学科来进行检验，这样关于高等教育研究的结论才具有价值，否则该研究结论只能属于某一领域或某一学科，而不能代表高等教育。

这说明，多学科研究方法具有方法论的意义，因为它指出了高等教育研究中的复杂关系，在高等教育研究中必须从不同学科的视角来审视高等教育现象，不能只从某一方面来看高等教育问题。高等教育现象是一个立体的存在，它涉及多种社会现象的交叉，必须从多个学科角度才能看得比较清楚，否则就可能发生一叶障目的情况。从多个学科角度来看待高等教育现象，就能够把多个学科的研究成果渗透到对高等教育问题的研究中来，从而使关于高等教育问题的揭示更加清楚，更加透彻。

伯顿·克拉克也是把多学科研究方法作为一种方法论来看待的，因为他认为高等教育现象具有多种表现，具有不同的侧面，所以他所使用的是"多学科视角"的概念。所谓"多学科视角"就是不同学科视角的意思，因为在它的英文用语中，"视角"一词是复数，而不是单数。如果是"单数"则是作为一种总体性认识或存在，如果用的是复数，则说明它没有要统合不同学科视角的意思。这告诉我们，不同学科之间具有不可替代性，具有各自的知识属性，都产生于自己的学科文化，无法实现它们之间的统合。大学正是这样的多学科的组合，高等教育活动就是不同学科之间互动及学科内部互动的结果。各学科虽然有自己的学科规范，但这种学科规范并非完全排他的，其间存在一定的共性和互补性。正是这种共性和互补性才构成大学活动的整体，才展现出高等教育的相对独立形象。换言之，离开这种共性和互补性，各门学科的独立价值也将同时消失。

多学科研究方法意味着高等教育研究的核心任务就是促进学科发展。显然这里的"学科"是指各门学科，而不是单指某一具体学科，也可以说它指的是学术总体，而不是指某种具体学术。这意味着，高等教育研究的重点是高等教育活动整体，而不是指某一高等教育活动的局部现象。显而易见，高等教育总体与局部之间的矛盾就是高等教育研究关注的重心。高等教育谋求多学科的共同发展，但同时必须尊重不同学科的个别特质，不然的话就会盲目追求统一性而忽视了个性。事实也如此，在高等教育活动中我们经常把某一学科的思维方式作为所有学科的努力方向，最典型的是把工科思维作为人文社会科学研究的方向，这样就忽视了人文社会科学的独特性。这样的结果就导致了某一学科的霸权地位而使其他学科遭受到不同程度的压抑。这一趋势的结果就使大学的文化氛围不再趋于开放和包容，而是走向封闭与专断。目前大学的量化管理盛行实质上显示了工科思维的霸权地位。

多元方法：高等教育研究的新里程①

引导语：研究方法的进步是一门学科进展最直接的显示。我国高等教育研究在方法论上获得了重大突破，最突出的表现就是研究方法由单一走向多元，这为高等教育研究带来了勃勃生机。但就整体而言，人们的方法意识并不强，这在相当程度上影响了研究的深度和结论的可靠性。因此，加强对研究方法的探讨就显得尤为必要。

关键词：高等教育研究；多元方法；新里程

一、多元方法代表了高等教育研究进展

一门学科的进步集中地反映在该学科的方法论变化上，因为方法论是人们关于世界认识经验的结晶。高等教育研究的进步同样也取决于方法论的进展，而高等教育研究方法论的进步是人们对高等教育研究经验不断反思和批判过程中取得的，② 因此，高等教育研究方法论变化直接反映了高等教育研究进展水平。

没有人怀疑，目前高等教育研究已经进入多元化时代：质性研究与量化研究并举，思辨研究与实证研究争雄，叙事研究与批判理论登场，扎根理论作为一种新方法进入人们的视野。这样就打破了传统的对"唯科学方法"痴迷的局限。研究方法的多元也带动了高等教育走向繁荣。人们可以借助多种方法对某一问题进行剖析，而不必固执于某一种方法或受什么唯一方法的限制。

过去人们相信存在一种标准的科学研究方法，认为唯有通过它才能揭示事

---

① 原载于《大学教育科学》，2011 年 5 期，第 82 - 86 页。

② 王洪才. 论高教研究的四种范式 ［J］. 北京师范大学学报：人文社会科学版，2002
（3）：74 - 82.

物本质，才能找到事物发展变化的规律。许多学术流派在初期曾对此迷信过，但科学发展史证明，不存在一种绝对的方法，每种研究方法都有它的局限。如果固守于某种方法，则会严重地束缚研究者的视野，阻碍科学的进步。

高等教育研究方法的多元化，标志着高等教育研究所关注的领域宽广了，研究问题开始从单一角度走向多维视角，研究对象从不分化走向专门化，研究的重心分布在各个层次，人们不需要围绕某一热点问题才有话语空间，人们可以把研究的触角伸向各个方面。这就大大地丰富了高等教育的内涵，高等教育研究者的想象空间大大扩充，说明高等教育已经成为名副其实的开放的社会科学。①

高等教育现象本身是复杂的，没有一种方法能够回答高等教育领域中的所有问题。我们知道，高等教育与社会经济政治文化等复杂地联系在一起，甚至出现了一种相互包含的情况，如此复杂的现象必须通过多种方法才能予以揭示。如果固执于某种方法，则会出现严重的偏执，其结论自然是片面的、不可信的。

不可否认，高等教育研究方法的进步与高等教育自身的进步是同步的，是高等教育发展状况的反映。高等教育在发展过程中，必然会面临越来越多的问题，这就迫使人们必须不断地去寻找新方法来解决。高等教育发展中所面临的问题，既是高等教育发展变化的反映，也是外部对它的期望变化的反映，这些都是必须面对的。靠传统的思维方式就无法应答这些问题，为此必须开拓研究的视野才能获得突破。因此，在高等教育发展的带动下，高等教育中需要研究的问题越来越多，从而促进高等教育研究走向多元和深化。

一句话，高等教育研究方法的进展是高等教育发展变化的折射。

二、高等教育研究起源于大学理念论战

高等教育不是从来就有的，它是历史的产物。有了高等教育现象，才有了高等教育研究。而且，只有高等教育发展达到一定水平，才可能产生高等教育研究以及关于高等教育研究方法的反思。

在前科学时代，高等教育处于不发达状态，高等教育机构比较单一，大学几乎是唯一的高等教育机构。大学就是探究高深学问的场所，在这里聚集着学术精英和热心学术探讨的青年，他们为了担负社会的领导责任而来到这里共同

---

① "开放的社会科学"为华勒斯坦等著、刘锋译的《开放的社会科学》（生活·读书·新知三联书店，1997年版）一书主题。

探讨学问。在早期，人们所关心的中心问题就是人的灵魂与道德问题，进而为生活提供指导。所以，当时所探求的议题就是灵魂的来源和道德的形成问题。人们发现，灵魂来自内省，思辨方法是证明灵魂来源的唯一有效的方法。道德形成也主要依靠自省，而不是由外部训练获得，并且认为外部训练只能培养一种奴性，这对于培养自由思考的人而言是不适合的。所以，围绕人的灵魂问题和道德问题形成了哲学和伦理学这两门基本的学问。显然后者是前者的应用与体现。而关于外在世界的探究最终都是为解答灵魂问题服务的。在当时，哲学是一种学问总体的名称，它的原义是"爱智慧"。此时各门学科尚处在哲学母体襁褓中没有分化出来。而研究哲学的方法就是靠观察、内省和论辩，这样就形成了前科学时期的主要研究方法，即思辨方法。

人们对世界的认识之所以依赖于思辨方法，这与人们对世界的认识方式是密不可分的。人们发现，自己通过感觉所获得的经验并不可靠，它必须经过理性分析，只有最终把握了存在于事物背后的理念才是对对象的真正把握。这个理念的获得不仅需要经过个体的理智确认，而且需要经过群体辩驳过程，只有经过这个过程才能获得比较确定的、可靠的知识。

人们发现，任何理念的获得都需要经历这一过程，于是思辨方法就成为一种总体的学问方法，即适合各种研究对象的探讨。当时人们把学问探求方向定位在寻求事物的本质，目的是为了把握事物的规律，这一研究方向必然导向了对世界本原的探讨，所以学问的终极自然就是哲学，各门学问都依赖于它并为它服务。此外，哲学还有一个别名，就是形而上学，这是因为它探求的对象指向最终实体，它是抽象的，不可捉摸的。而对具有形体的研究则是形而下学。在思辨方法发展过程中发展出形式逻辑这一工具，运用形式逻辑就规范了思辨方法的运用，从而使思辨方法更加严格。所以，思辨方法是前科学时期研究方法的代表。

不可否认，哲学集中于形而上问题的探讨最终束缚了自我发展。这一状况最终导致了哲学反思与哲学研究的转向，使哲学探讨从对本体论的关注转向了认识论的思考。此时出现了理性主义认识论与经验主义认识论的争执，这一争论促进了科学的发展，即各门学科纷纷从哲学母体中独立出来成为一门独立的学科。

在进入科学时代后，实证方法则成为研究方法的主流，这与实证主义思潮兴起有直接的关系。实证主义拒绝对形而上问题进行思考，在这一思维模式主导下，思辨研究方法渐渐边缘化，而实验方法则开始成为主导的研究方法。新的研究范式带动了学科的分化，并迎来了自然科学的大发展时期。而且自然科学在大学中的地位也从边缘向中心扩展，而传统上由经典著作所代表的人文科学的中心地位受到了挑战，由此也引发了关于大学性质的激烈辩论。事实上，正是这个辩论开启了高等教育研究的先河，尽管此时高等教育研究还没有进入人们关注的视野，还只是少数学术精英们关注的话题。

实证方法在自然科学的成功也使它试图抢占人文社会科学领地。这一企图遭到了人文社会科学精英们的强烈抵制。人文学者强调人文科学是精神科学，自然科学是物质科学；自然科学使用的是分析的方法，而精神科学则使用的是综合的方法；前者重在解释，后者重在理解，从而提出了一种释义学方法论主张。但这一主张在实证科学占据统治地位的时代显得声音非常脆弱，直到之后唯科学主义受到人们质疑后它的价值才被重新认识。

当时，人们关于大学性质的争论的焦点是大学究竟是应该因循古典的人文教育传统还是转向新兴的科学教育。当然，争论的结果是以两种教育调和而告终。不过这一争论并没有终结，直到今天人们仍然为走人文教育还是走专业训练道路而争执不休。由于人们各执一词，众说纷纭，所以在大学办学理念上也出现了不同的偏向。人们在争辩时所运用的方法当然是思辨的，不可能是实证的，这主要是因为当时的高等教育还不发达，还没有提供足够的经验供反思批判和进行验证。

三、多元方法在高等教育研究发展中的作用

20 世纪中叶以后，高等教育在民主化浪潮和科技革命浪潮的推动下出现大发展形势并迅速地走向了大众化，从而也出现了精英高等教育时代所未曾遇到的问题。如何回答这些问题成了一个社会问题，成为政府关注、社会各界关心和大学忧虑的问题，如此就催生了高等教育研究专业的产生。此时人们开始运用各种学科理论来解答高等教育所面临的问题。由于美国高等教育率先走向了大众化，因而美国高等教育探讨也最活跃。如马丁·特罗（Martin Trow）运用社会学理论探讨了高等教育大众化问题，并提出高等教育发展阶段说。它的学说影响甚为广泛，特别是在高等教育后发展的国家中。经济学家舒尔茨研究了高等教育投资收益率的问题，他的人力资本理论还获得了诺贝尔经济学奖。伯顿·克拉克从管理学视野出发进行高等教育的跨国比较，在总结美国、法国和英国及苏联等国家高等教育发展的经验后提出了政府、市场、大学的三角协调

模型。① 可以看出，这些研究主体采用了实证研究范式，运用了大量观察资料来验证自己的假设，从而使高等教育研究成为一门新兴的学问。

人们之所以乐于采用实证方法研究高等教育现象，是因为这既与高等教育发展后出现了大量事实材料而容易取证有关，也与实证方法在各门学科运用比较成功的经验有关。早期的高等教育研究者是来自各个学科的专家，他们也习惯于把自己的专业训练带到高等教育研究过程中，这就使初期的高等教育研究带有浓重的实证研究味道。

但传统的思辨方法仍然是高等教育研究中的基本方法，因为任何关于高等教育发展的经验资料收集、整理都首先必须建立概念框架，进行这一工作不可能脱离思辨方法，而哲学的思辨训练是成功运用这一方法的基础。这说明，尽管实证研究开始在高等教育研究中占据主流地位，但思辨研究方法作为基础方法并没有被否定。

同时还可以看出，高等教育这门学问从诞生起就是与其他学科发展紧密联系在一起的，其他学科发展思想都对高等教育研究方法产生了重要影响，这也是伯顿·克拉克所主编的《高等教育新论——多学科的研究》这部著作的思想来源了。② 而且，正是这部著作，也启发我国高等教育学泰斗潘懋元先生产生了"多学科方法有可能是高等教育研究的独特方法"这一判断的灵感。潘先生在这一思想的指导下主编了中国版的《多学科观点的高等教育研究》这部著作。③

必须指出，中国高等教育研究路径与西方高等教育研究路径之间是非常不同的。在美国，大学具有高度的自主权，从事什么样的研究取决于学者的兴趣，而且各门学科之间也没有严格的界限，所以，许多社会科学研究都会涉及高等教育问题。这样，高等教育作为一个研究领域很早就出现了。但在中国，大学的学术自主权有限，高等教育研究的进展取决于学科地位的获得，所以，中国高等教育研究是从以获得学科地位为标志开始的。因此，早期高等教育研究主要致力于学科地位的获得。

自 20 世纪中叶以后，实证研究方法在西方社会科学研究中的主导地位受到

---

① 王洪才. 教育学：学科还是领域 [J]. 厦门大学学报：哲学社会科学版，2006（1）：72 – 78.

② 伯顿·克拉克，等. 高等教育新论——多学科的研究 [M]. 王承绪，徐辉，等，译. 杭州：浙江教育出版社，2001：1 – 289.

③ 潘懋元. 多学科观点的高等教育研究 [M]. 上海：上海教育出版社，2001：1 – 5.

了强劲挑战。经过第二次世界大战的洗礼，西方世界普遍开始关注起价值问题，这个曾经被实证主义所驱逐的对象又开始回到社会科学研究的中心地位，与此相伴随的是思辨研究方法的作用开始被人们重估。实事求是地说，在社会科学研究中，如果去掉了"价值"这个主题，也就失去了它的灵魂，即失去了它的人文关怀价值。尽管价值命题很难被证明或证伪，但没有人能够忽视它的存在，忽视它就变成了一种唯科学主义。唯科学主义正是人们在反对实证研究霸权中所提出的口号。在这一攻击下，实证研究地位开始有所下降，尽管还没有失去其主流地位，却开始包容其他的研究方式。如此，科学研究进入了后实证时代。

在反对唯科学主义的声浪中，人们开始对量化工具表示质疑，尤其在人文科学领域中，量化研究的意义被人们打上问号。量化研究固然有精确化、可验证性的优势，但如果其前提不正确，就会得出非常荒谬的结论。科学研究，特别是人文社会科学研究，如果不考虑它的前提假设的话则是非常危险的，甚至会得出反社会和反人类的结果。

高等教育研究作为一门特殊的社会科学，并没有真正介入这一讨论，原因在于高等教育研究还没有成为一个强势的研究领域，而且从事该领域研究的力量非常单薄。但讨论结果对高等教育研究仍然具有推动作用，即在高等教育研究中，人们所使用的方法越来越多元，各种方法之间出现了相互融合趋势。20世纪80年代之后在美国兴起的院校研究颇能代表这一趋势。① 院校研究是以学校发展为研究对象，采用质性的和量化的两种方法，使用了扎根理论的具体方法，也借鉴了批判理论的一些观点，在表达上也采纳了叙事的技巧，还将思辨研究与实证研究的两种风格结合起来，从而为学校发展提供了发展思路和可靠论据及操作方案，因此受到美国大学界的欢迎。这一研究思路在20世纪末引入我国，开始在我国高等教育学界产生了相当影响，展示了非常大的发展潜力。②

四、多元方法在我国高等教育中的状况

我国高等教育研究虽然受到了国际高等教育研究特别是美国高等教育研究的影响，但是相对独立地发展起来的。如前所述，中国高等教育研究的环境与美国有很大的不同，必须从学科地位获得做起。从事这一工作又不可能在高等教育研究积累得非常成熟之后才进行，必须首先在理论上证明高等教育研究的

---

① 蔡国春．院校研究与现代大学管理［M］．北京：教育科学出版社，2006：1-25.
② 王洪才．院校研究：现状、问题与突围［J］．清华大学教育研究，2007（2）：1-6.

必要性之后确立学科地位，然后再组织力量开展研究。所以，编写《高等教育学》专著成为证明学科存在必要性的前提条件，而从事高等教育管理工作的大学领导呼吁推动则是取得学科地位的关键条件。这两条路线并进，最终使高等教育研究获得了学术地位并逐渐成为当今教育研究中的一门显学。

在我国，高等教育研究方法主体仍然是比较传统的思辨方法。当然这种思辨方法运用是不规范的，因为真正运用思辨方法需要以丰富的高等教育实践经验和高等教育哲学修养作为背景，缺乏其中任何一项，该方法的运用就可能是拙劣的。如果研究者仅从个体感性经验出发，缺乏对文献的深刻钻研工夫，不能结合高等教育发展中出现的实际问题进行思考，特别是对高等教育发展的基本规律认识不足的话，那样的思辨研究就容易变成一种自说自话的感性议论，而不是一种深层的理性思考和理论论辩。因此，进行思辨研究需要非常扎实的基本功。

目前，实证研究是一种主流方法，因为它主要是通过调查研究获得分析资料，从而具有可验证的基础。但如果实证研究不能提出具有前瞻性的理论假设，而仅仅是根据不成熟的工具进行资料收集和分析的话，这种实证研究的价值并不大。所以，当人们越来越多地使用量化工具，越来越依赖调查资料时，就会缺乏深度的理论思考，这样做出的实证研究就不能令人满意。说到底，真正制约当前实证研究深入的是思辨研究没有得到充分发展，没有提出理论性非常强的分析框架，在此情况下实证研究很容易演变成简单的技术操作，无论是其所收集的资料还是分析得出的结论都不能令人信服。

而其他研究方法在国内高等教育研究中的运用还处于初期，甚至还不为人了解，如对批判理论和扎根理论，国内学术界知道得不多，因此特别需要进行推介。对于思辨研究方法，人们经常对它有一种误解，因此迫切需要澄清。对于实证研究，国内学术界还存在不少迷信，因此就需要采取一种辩证的态度进行分析。对于质性研究方法，因为引入国内学术界时间不长，国内学术界多数还处于一知半解的程度，因此就需要进一步普及。而叙事研究方法，由于在中小学教育研究中获得了很大成功，高等教育学界对它的接受比较容易，比较广泛采用的方式就是口述史，《潘懋元口述史》① 是这方面的一个代表作，而加拿

① 参见潘懋元口述、肖海涛等整理的《潘懋元教育口述史》（北京师范大学出版社，2007年版）一书。

大学者许美德教授所著的《思想肖像：中国知名教育家的故事》① 可以称为这方面研究的一个范例。

　　由此可以看出，多元研究方法开始深入到高等教育研究内部。人们对多元方法既兴奋又陌生，为此就需要有一批专门的研究者将这方面的知识整理出来供大家分享。厦门大学教育研究院作为中国高等教育研究的重镇有义务承担这样的工作。我们不揣浅陋将这些资料整理出来，希望大家批评指正。

---

　　① 　参见许美德著、周勇译《思想肖像：中国知名教育家的故事》（教育科学出版社，2008年版）一书。

四、

04

| 高等教育研究方法的转变 |

院校研究：转向还是逃避①

引导语："院校研究"作为一种新的研究领域在我国兴起，标志着我国高等教育研究正在悄悄转向：从总体走向局部，从宏观走向微观，从思辨走向实证，从务虚走向务实。然而如果院校研究不能合适定位，那么这种转向就不可能成功，很可能就是一种逃避，是从宏大叙事关注中退缩。目前不少高校高教研究机构的尴尬地位给我们提出了警示。

关键词：院校研究；高教研究机构；转向；逃避

一、院校研究在中国登场

院校研究（IR，Institutional Research）在我国高等教育研究领域中作为一种新势力已经登场了。② 院校研究把自己定位为对所处院校发展状况和发展对策的研究，讲究直接采集院校发展资料和对这些资料进行定量分析，目的直接指向院校发展决策。这种研究潜力将是无限的。③

然而作为一种新生事物，院校研究还需要建立自己的规范，否则它将会与过去高校内所设的研究机构（如高教研究室等）没有区别，最终也难以实现自己的研究初衷。正如有些院校研究者指出：现在进行院校研究还有许多阻力，最主要的是要改变所在学校领导的决策习惯，从依照经验办事和个人主观意志办事转到依靠科学决策办事上来。④ 当然这种决策方式转变更依赖于大学成为真正独立的办学实体，并能够独立地面对办学市场的风险，而且大学校长能够

① 原载于《集美大学学报（教育科学版）》，2006 年 4 期，第 3 - 8 页。
② 指 2004 年 10 月在华中科技大学成立了院校研究专业委员会的学术组织机构。
③ 刘献君. 加强院校研究：高等学校改革和发展的必然要求［J］. 高等教育研究，2002（2）：25.
④ 周川. 院校研究的职能、功能及其条件分析［J］. 高等教育研究，2005（1）：40 - 46.

真正负起责任来。这些都是高校实行科学管理的先决条件，不然，院校研究就没有多少用武之地。

客观地说，目前已经具备了从事院校研究的一些基本条件。我国在经过20余年的改革开放实践之后，人们对高等教育的认识在趋于成熟，如一方面，人们普遍认为大学办学不能从长官意志出发，而必须从办学市场的实际出发。人们意识到，在市场经济条件下，教育规律往往是通过市场规律发挥作用的，因此大学办学必须遵循市场规律。市场规律要求高等教育资源配置也要服从公平高效原则，另一方面，人们也意识到计划体制形成的痼疾很难即刻冰消雪融，在很多方面仍然具有强烈的计划体制特征。与院校研究的发展直接相关的是高校领导的决策方式和民主作风。

一般说来，大学领导人的遴选方式会直接影响他的决策风格。如果大学领导人是通过直接民主选举方式产生的话，那么他就更关心民意，作风上也会更加民主，并注意对民情的研究，努力使自己的行为举措得到更大多数人的满意。这时他会主动要求成立一个院校发展研究机构作为其智囊团，从而来保证他的决策科学有效有力。

反之，如果大学领导人完全是上级任命的话，那么大学领导人就可能出现单纯为上级负责的现象。他在决策中当然要贯彻上级的意图，听从上级的安排。而且，从他被上级部门选中的那一刻起，他就可能产生一种飘飘然的感觉，就听不进去别人的谏言献策，甚至会觉得别人的建议没有必要，因此就容易奉行独断专行。这时，他的下级自然也以讨好他的意图为能事，即使有院校研究机构也可能会成为摆设，或是专门为他的决断提供注释服务。

当然，现实中往往是上述两种选拔机制的折衷，即采用民主集中制的办法来选拔大学领导人。在这种情况下，往往会将一些有学术才能而无管理才干的人推举到大学领导人的岗位上来。这是因为人们对学术的硬件条件比较佩服，而对管理方面的软件条件很难形成一个公认尺度。在这种情况下，一些确实很有学术造诣的人会进入大学领导岗位，但事实很快就证明他们在管理上是失败的，因为管理是一个实践性、综合性都非常强的事务，它不像学术事务那样比较单纯和专门化。许多时候，这些被推举到领导岗位的学者并没有什么管理经验和管理业绩，他们进入管理岗位纯粹是一种巧合，要使他们对大学管理达到比较熟悉的地步就需要一定的时日，然而大学管理并不能等待他们的管理经验成熟并去发展一套自己的管理理念来。① 大学校长一般都有任期制的限制，可以说还未等他管理经验成熟，任期就已届满。②③ 而在他没有成熟时如何来进行决策呢？那么只有偏向于上述两种情况的一种了，要么是"大民主"④ 的作风，但这样无法显示其管理风格，所以这些大学校长有时为了显示其作为领导的作用和重要性，他只有靠拍脑门来进行决策了。要么就是另一种选择，即听从上级领导的指示，按照上级的意图办事，并认为这就是一种正确的官场哲学。但大学领导这个官毕竟还不同于社会上的官。⑤⑥

所以，从选拔体制上讲，似乎直接民选的大学领导人更尊重民意和科学决策，而非经过民选的领导人决策容易走向武断和讨好上司。显然，适宜于院校研究展开的环境是大学领导人通过民选的机制，因为这时大学领导人会自觉地利用研究机构来科学地反映民意，为他有效执政服务。不然的话，院校研究机构容易成为摆设。

二、院校研究是高教研究转型标志

院校研究的概念在我国出现，从某种意义上说标志着我国高教研究进入第二个发展阶段。在第一个阶段，高教研究是以各高校成立高等教育研究室为标志开展的。从研究机构设置的层级看，绝大多数处于第二或第三层次，其中多数居于这两个层次之间。在一些比较重视高教研究的高校，高教研究机构一般为第二层次的建制，或名之为高教研究所，或为高教研究室。在一些觉得高教研究无足轻重的高校，高教研究机构则为第三级设置，并且普遍以高教研究室命名，这时他们一般依托在教务处或综合处之下。高教研究机构所发挥的作用也不尽相同。在以独立的二级单位身份出现的高教研究机构中，高教研究比较注重宏观问题，但仍然以中观层次的研究为主，即针对高校发展中出现的问题进行研究。而处于第二层次与第三层次之间的研究机构或第三层次的研究机构，其研究多半倾向于微观研究，即针对具体的教学和改革的问题进行研究。虽然

---

① 一般认为，大学校长的成熟期是 7~8 年的时间，相当于我国大学校长的 2 个任期。
② 刘道玉. 中国怎样建设成世界一流水平的大学 [J]. 高等教育研究，2003（2）：4 – 10.
③ 刘昌明. 大学校长为何难成教育家 [J]. 煤炭高等教育，2002（1）：23 – 26.
④ "大民主"作风，就是事事大家讨论，很少自己做出决断。
⑤ 李建宇. 浅议职业型大学校长的选拔任用 [J]. 黑龙江高教研究，1999（2）：71 – 73.
⑥ 王长乐. 关于选拔大学校长的思索 [J]. 科技导报，2002（6）：39 – 40.

也进行一定的中观研究，但所从事的研究题目多数是边缘性的，如校史研究等。实质上，这时的高校内的高教研究主要从事指令性的研究工作，即所研究的内容都是大学领导人直接交办的研究题目。

可以说，在高教研究机构普遍创立的初期，学校领导人对高教研究是非常重视的，他们都有一定的研究意识，希望高教研究机构能够提供一定的决策信息和一定的决策思路。从早期一些高校领导人关注高教研究的视点看，他们对国家方针政策变化趋向非常感兴趣，并对国外高教改革发展趋向非常感兴趣，同样也对国内主要大学的变革趋势感兴趣，他们希望高教研究机构为他们搜集有关此类的决策情报信息，并提供一定改革借鉴或意见建议。但此时高教研究机构普遍都不参与校内改革事务。还有一点可以说明大学领导人对高等教育研究重视的论据是，多数的高教研究机构的领导人都由学校的主要领导人兼任，只是日常的行政事务才交由专职的副主任或副所长来办理。尽管后来大学领导人兼任高教研究机构领导人越来越形式化，但其中仍然可以看出高教研究机构从受重视到逐渐趋向边缘的发展脉络。

尽管有高校主要领导人的重视，但高校的高教研究状况并不理想。造成这种局面的主要原因是研究人员素质低下。从普遍兴起的高校高教研究机构看，它需要大量的专职的经过专门训练的研究人员来从事，而受过这方面的专门训练的人员供应严重不足。因为高等教育学科发展与国内高等教育研究需求发展是同步的，高教研究的专门人员培训工作不可能超前于高教学科的自身发展。正是高教发展中出现的大量问题需要回答，才促使高教研究成为一个兴旺的事业，才推动了高教学科的壮大。只有当高教学科足够壮大时，它才能培养出更多的适合从事高教研究的专门人员。在这种研究专门人员严重短缺的情况下，一些未经过专门培训的人员仓促之间上马了。其中不乏一些长期从事高校管理工作的中层干部，虽然他们有比较丰富的管理经验，但由于缺乏科学的专门训练，他们的研究视野受到了严重局限，所以他们的研究成果不能满足学校领导对决策信息的高度要求。由于这些人员有管理经验，他们一般在高等教育研究机构中充任常务负责人的职位，他们的视野也决定了研究机构的视野和研究机构的发展前途。另一个主要人员构成则是一些从其他学科转变而来的研究人员，他们的视野受到了其原来学科的限制，他们在面对复杂的学校管理事务和多变的高等教育形势时经常感到手足无措和无能为力。还有一部分人员属于大学机构变革中富余下来的管理干部，出于学校稳定的考虑，他们也被编入了高等教育研究队伍。这种人员状况决定了他们的基本训练不足，研究意识不足，在为学校决策信息服务方面的能力不足，渐渐地，高教研究机构在高校中的位置从中心走向边缘。

促成高教研究机构边缘化的另外一个原因还在于研究机构的自我定位。从学校设立高教研究机构的目的看，其中中心任务是为学校决策服务。但如果他们真的把研究视野仅仅局限于学校内部时，那么他们就永远无法很好地为学校决策服务。因为从研究机构所获得的校内信息来源上讲，他们远没有大学领导人获得的渠道广和真实，所以，在信息短缺的情况下他们不可能提出比大学领导人更高明的对策来。而且管理实践本身对角色意识要求得非常强，不在其位不谋其政，作为一个旁观者是无法了解管理者的真正需求的。在他们无法把握真正需求的时候，就不能把握真正问题所在，因此就难以为学校领导出谋划策。他们在经过反复几次的研究结果不受重视之后必然要倾向于闭门造车的路径，似乎这样还能够表现出一定的自我价值。但这些自我欣赏和无疼搔痒的小文章是不能纳入大学领导人的视线的，如果确实文才出众，学校领导人一般会另委以重任，会列入领导秘书班子。所以无论其观察问题的视角，还是其提出的对策建议，以及对自我价值的认定，都一步步使高教研究机构走向了边缘化。这种情况变成了高教研究机构进一步生存的威胁。正由于这种情况存在，一些高校在机构改革中撤销了高等教育机构，或从实体变成了虚体。

直接取代高教研究机构设置的是高校所设立的战略发展研究室或综合改革办公室。从这些机构的名称上就可以看出它们的实用研究定向，也就是说，这些研究机构就是要为高校进一步发展提供具体的操作办法和实践方案的，学校并不要求他们进行理论方面的研究。在这里，研究问题是具体的，而不是抽象的；研究目的是应用的，而不是为了发表个人的见解；衡量研究成绩的不是发表的研究论文，而是研究方案被学校领导采纳的程度。这要求研究人员具有更高的素质，必须进行调查研究，搜集多方面的信息，如此方能够为学校领导改革设计出谋划策。这种情况也是拒绝理论思考和拒绝闭门造车的反映。当研究者在进行理论思考时，往往会在有意和无意中带有一种指导实践的味道，就会被大学领导人视为一种越位企图，当然大学领导人对此是不欣赏的。而走闭门造车路径更难使大学领导人欢心，这些研究往往被认为是在不务正业。可以说，从高教研究机构名称变更上能够发现高教研究已经进入了转型期。

三、院校研究适应了我国高等教育发展形势要求

高教研究机构名称的改变，也反映出高等教育发展的总体形势的变化，反

映出大学领导人对高等教育研究需求的变化。

在改革开放之后相当长的时间内，无论是大学内还是大学外，对我国社会发展的总体趋向是不明朗的。大学作为社会发展的一个敏感地带，格外需要对外部形势发展变化的关注，特别是对国家政策变动趋向的关注。总体上说，高等教育研究所讨论的话题是与国家社会经济变革的大政方针的步调相一致的。如高等教育如何与有计划的商品经济发展相适应、如何与有计划的市场经济相适应、如何为建设中国特色社会主义服务等。所有这些命题都是非常大的，都是作为大学领导人需要格外关注的。这些命题都需要专门的高教研究机构去回答，而这些问题都带有理论性和政治色彩，不同于具体的事务性的问题研究。大学领导人需要在这些大的问题上表现出自己的意见和见解，从而来证明大学办学所遵循的方向正确性。这在一定程度上培养了大学高教研究机构的务虚的研究倾向。

随着市场经济体制的改革路线完全明朗，高等教育发展也由追求对外部的适应开始转向高等教育结构的自我调整。每个高校都在考虑自己在高等教育系统中的位置，以及如何来提升自己的位置。此时就需要进行学校的宏观发展战略研究。这种研究就需要针对高校的具体实情，去分析同类院校的实际水平，进行对照和比较，从而发现本校的特色和优势，进而规划学校的发展思路。这就要求高等教育研究风格进行彻底改变，即必须由传统的务虚型转向务实型：关注高校发展中实际存在的问题。

在这个时候，每个高校都遇到了发展的压力：招生的、就业的、优秀教师引进和流失的、资源紧张的、同类院校竞争的压力等，这些还不包括日常大学管理中的压力。大学领导人迫切希望一些部门来分担他们的压力，压根就不希望别人指手画脚和进行不切实际的高谈阔论，他们需要的是具体对策和发展方案。高教研究机构不能根据新的形势变化来调整自己的研究思路就面临被改革和调整的命运。

研究的转型往往是与研究机构领导人的变化联系在一起的。一种领导人有一种研究思路，要让他们做彻底的改变几乎是不可能的。外界迫使研究机构职能转变的对策往往与研究机构的调整以及任命新的机构负责人联系在一起。从高教研究室变化为改革发展研究室或战略发展研究室以及综合改革研究室的动因看，都是为了实现这些高教研究机构的职能转变，即过去的关注宏观的变化到关注具体的变化，也即中观层面的变化。

中观层面的研究也就是将本校作为个案进行研究，也有人称之为校本研究。

从某种意义上说，这就是要求高等教育研究者不要好高骛远，不要过多地将精力浪费在某些不能证实的抽象问题上，因为这些事情不是高校设置研究部门的目的和能力所及，而且这些事情也有专门机构在进行研究，所以学校的研究机构应把关注的重心放在学校自身，放在发展策略上。

这种研究需求的变化正是院校研究机构出现的先决条件。

四、研究院校的范式争议

从学校发展战略研究能否直接过渡到院校发展研究呢？院校研究有没有自己的研究范式呢？它属于发展性研究（或策略性研究）还是属于应用研究呢？它是保持自己研究独立性呢，还是扮演一种纯粹服务的角色？而且它如何处理它的研究独立性与广泛地获得信息来源的问题？

首先需要澄清的一个问题是：我国的院校研究是出生于本土还是一个舶来品。对此笔者不敢贸然下结论。从我国目前兴起的院校研究的现状看，一般都认为是仿效国外的院校研究传统。但同样存在一种说法，我国自己就有院校研究，虽然没有使用"院校研究"的名称，当然也没有院校研究之类的组织。如我国不少高校就有校史研究室，目前的许多大学的战略发展研究室似乎也像院校研究机构一样。有人认为，院校研究强调研究方法的规范化，研究人员的外聘化。但这似乎也只是程度问题，而不是根本问题。我们说，即使是一个舶来品，也需要进行本土化。假如它是一个舶来品，它有没有现成的研究规范？这些现成规范需要进行哪些改进来适应本土需要？如果说院校研究直接产生于本土，似乎一切问题都简单了，只是一个名称问题。事实不然，既然要取代高校的战略发展研究机构，就必须有一个非常正当的理由，而不只是为了保持与国外研究机构的一致。如果仅仅是为了提升院校研究的地位，那么名称就不是什么根本问题，而根本问题仍然是研究的质量，研究结论能否被领导所采纳。这就出现一个问题：院校研究的题目是自己定还是由领导制定？如果是前者，怎么来保证它的应用价值或者叫适销对路；如果是后者，则与战略发展研究无异，那么也就没有必要改换门庭，从发展战略研究改变为院校研究。

从文献的介绍看，似乎国外的院校研究有一定的范式，即集中于某些方面的研究。这意味着院校研究保持着较强的独立性，是与行政机构保持一定的距离的，也可以说，是不受行政的直接指挥的。院校机构虽然接受大学领导人的咨询，但这是以自己的研究背景为基础进行的，而不是跟着领导的意图转。这可能是国外大学管理体制所决定的，在国外，大学的内部机构设置具有高度独立性，不因学校领导人的变更和喜好而兴废。而我国有些大学领导人对研究机构的设置和存废持非常功利的态度，即从直接的实用价值来看待，这种需求旨趣使得国外的院校模式不能直接搬用到国内来。那么我国的院校研究应该保持一个什么样的立场呢？

保持研究的独立性和从事纯粹的服务两者之间的选择似乎是一个两难选择。有没有中间道路呢？而现实要求我们进行中国式的院校研究，似乎必须走中间道路。在行政气氛比较浓厚的情况下，院校研究要完全坚持自己研究的独立性，肯定无法取得校方的满意，也就意味着无法获得充分资源。众所周知，在我国大学内还没有建立起一个开放的信息系统，信息资源一般都是通过行政渠道或私人关系获得的。通过行政渠道获得信息的方式往往是非常便捷的，而通过私人渠道获得的信息成本往往是非常高昂的。因此进行院校研究不能缺少行政的支持，这就意味着不能过分强调自己的独立性。但如果单纯强调服务性的话，学术价值就很难保证，研究的结论也可能失真，研究可能陷于急功近利的状态，这对院校研究的持续发展显然是无助的。

最后的结果必然是：院校研究必须保持相对的独立性，在进行规范研究的同时还要做好服务咨询工作。协调好两者之间的关系并不是一件简单的事情，这需要院校研究的领导人必须具有战略眼光、政治意识、协调能力和学术远见，这些基本功夫缺一不可。没有战略眼光就使院校研究陷于具体事务分析的工作中；没有政治意识就不会平衡各方面的需要，那么研究就没有什么价值；不具有协调能力就不能使学术的独立与行政需要有机地结合起来；没有学术远见就无法使院校研究长久地持续发展下去。

所以，院校研究不是高校战略发展研究的简单过渡，也不仅仅是研究对象的变化，即从关注宏观向关注中观的转移，而且也不是简单地提高研究人员的专业素质问题，这是一个非常综合和非常复杂的问题，涉及既要追踪学校发展变化，又要在一定层次上引导学校发展变化的问题。因而，院校研究的对象既是学校发展的内部问题，又是大学发展中的普遍问题，这样使院校研究既不是一个具体事务性的研究，也不是脱离实际需求的纯理论研究，而是带有一定理论性质的发展应用研究，或者说是发展研究与应用研究的结合部。如果脱离了这一本质属性，院校发展的步履注定是非常艰辛的。这也意味着，照搬国外院校模式是行不通的。

五、院校研究是一次逃避吗

有人说，院校研究出现是高教研究的一次逃避，是回避对高教发展中的重大理论问题的回答，是要钻入一种新的象牙塔，进行一些小叙事的研究，认为这种研究趋向的出现具有明显的后现代主义的特征。因为后现代主义要求放弃对宏大叙事的关注，要求关注个性、个体，要求关注行动，而不是意义，并认为行动之后才有意义。或者说这是一种存在主义的表述：存在先于本质。

我们认为，院校研究显然不能完全放弃对宏大叙事的关注。换言之，如果脱离了研究对象所处的宏观背景，研究的结论就无法获得满意的解释，而且研究结果就几乎是没有什么价值的。但同样可以肯定的是，院校研究也能够使高等教育研究脚踏实地，因为只有先解剖麻雀才能获得对整体的更深的理解。这对于我们传统的思维方式是一个不小的触动，即从问题着手，而不是从什么主义出发。传统上我们的思维方式总是由上而下，由大而小，有些大学领导人的眼睛也总是向上的，即不是学校必须怎么做和应该怎么做，而是上面要求怎么做，这种思维方式虽然获得了上级的赞誉和大学地位的晋升，但大学内部实质上仍然是死气沉沉的，因为这样的办学没有关注到基层的需要或者大学发展的最基本需要，所以这样的大学终究是没有活力的。办一所真正的大学必须从激发最基本的动力源出发，思维方式应该是自下而上的，而不能反其道而行。

同样还有一个事例来说明，传统的高教研究方式过于集中于宏大叙事，结果造成了研究主题的单一化和研究结论的唯一化。从研究的本质看，人们不可能放弃对大的宏观背景的关注，对这个问题的忽视就会使研究陷入盲目。但过分关注这个话题就会使研究无法深入而仅仅陷于表面议论，从而使实践者也不能从研究中获得具有实质意义的启示，进而使他们在实践中无从下手。而空发一通议论后往往会导致权威话语的出台，这样就使得先前的议论变得轻浮和不可操作，这就会严重挫伤研究者的积极性。现在，对院校个案进行研究，似乎是个宏大命题可以搁置不管。其实不然，宏大命题的关注仍然是根本性的，但这些宏大命题是靠一些具体命题组织起来的，院校研究就是对这些具体命题的探讨，而不是奢望通过宏大命题的解答来实现对所有问题的解决。从这个意义上说，院校研究是高等教育研究的具体化和深化，而不是简单的微格化或逃避对重大现实问题的回答。

正如前述，院校研究还有很长的一段路要走，它的核心是规范化和专业化。当院校研究形成规范的时候，大学领导人才能真切地体会出院校研究的真正价值，才不会对院校研究抱有过分功利的希望。院校研究形成规范，意味着院校研究的学术价值得到承认，意味着大学内部机体发育趋向成熟。因此，院校研究的规范化程度是大学内部机体运转规范化的尺子，也是大学机体发育程度的尺子。院校研究当然有推动大学内部机体发育成熟的责任，而不是单纯地呼喊大学机体要发育成熟或等待大学内部机体发育成熟。因而院校研究与大学机体既是部分与整体的关系，也是一个互动关系，通过院校研究的进展可以促进大学机体走向成熟。显然，院校研究取得进展与研究者的素质密不可分，只有高素质的研究者才能使研究进行得更为规范。这样研究者的专业素质提高就显得格外重要。因此推动院校研究发展的关键在于院校研究的专业化程度。

令人欣喜地看到，随着高等教育学科的逐渐成熟，它将培养出越来越多专业化人员。这些专业化人员将能够以丰富的理论背景为指导，关注高校发展的实际问题，运用比较精致的技术解答高校发展中的疑难，充当高校发展的可靠参谋和决策顾问，这样大学领导人就会打消他们对院校研究的疑虑，转而倚重于院校研究提出的发展方案来改进决策，从而使大学发展建立在更加稳健的基础上。一旦大学产生了对院校研究的强大需求，那么距离院校研究的繁荣的日子就不远了。

院校研究：困境、出路与突围[①]

引导语： 院校研究作为我国高等教育研究领域的一个新兴研究方向，它既表现出巨大的成长潜力，也面对着诸多挑战，其中最大的挑战莫过于来自传统院校决策体制的坚冰。与此相关，如何进行角色定位、确立新的研究规范和组建合理队伍都是院校研究必须面对的难题。院校研究出路在哪里？我们认为院校研究有望取得实质进展的努力方向是行动研究。

关键词： 中国；院校研究；困境；出路；突围

一、院校研究机构的身份：行政的，还是学术的

院校研究是国内高等教育研究领域中一个新兴的研究领域，在国内已经形成了一定影响，它的目标是要使人们从过分集中于对宏大命题的关注中走出，更多地关注院校发展的内部具体事物，为大学发展的科学决策服务。[②] 这一研究主旨确实是对高等教育改革实践吁求的回应。但如何将这些美好的愿望付诸实施呢？换言之，院校研究的最大问题不在于是否应该进行，而在于该如何实行。

从院校研究的定位而言，它是要为院校发展的决策服务。[③] 这一定位必然要求首先对院校发展状况进行评价，因为没有评价，就难以进行下一步研究，当然也就无法找到进一步的发展思路和探讨发展对策，更无法谈及为决策服务了。但要对院校发展进行评价，首先需要获得院校发展资料。如此就存在一个疑问：院校研究者能够获得院校发展的资料吗？这个看似简单的问题，其实是

---

① 原载于《清华大学教育研究》，2007 年 2 期，第 1 - 6 页。

② 李晶．全国首届院校发展研究学术研讨会综述 [J]．高等教育研究，2003（6）：98 - 100.

③ 周川．院校研究性质与特征 [J]．教育研究，2003（7）：32 - 36.

一个关键问题。因为能否获得院校发展资料意味着该项是否受到了足够的重视，是否成为院校发展规划中的一个不可或缺的部分。如果院校研究在院校发展中没有一个比较明确的定位，它就不可能获得必要的资料，或者说它所能够获得的资料都是面上的、公布的资料，而无从获得一些机密的资料。可以设想，当院校研究并不掌握关键的基础性资料时，要想对院校发展中存在的问题进行客观判断就变成了非常困难的事情，建立于这种资料之上的判断当然也是不可信的，自然也不可能发挥多大的影响力。如此院校研究可能只是在从事一些无所谓的工作，自然而然，其发展前景也是堪忧的。

　　要获得一些基础性资料，必然要涉及资料获得的途径问题。我们首先要问，院校研究者需要自己去进行实际调查吗？我们认为，对于一些突发事件和重要情况，因为没有现成资料，当然需要去调查了解，甚至可以说，如果不进行深入调查可能就不能获得任何信息。但对于许多比较敏感的事件而言，如果没有"尚方宝剑"的话，这些事件就可能对这些研究者是封锁的。那么，要想获得这些不便于公开的信息资料，院校研究者就必须获得一定的特许。这种特许使他们便于获得一些比较机密的资料。但涉及对相关事件的评价问题时，有关部门仍然会对院校研究者实行保密，或者说所提供的信息资料是经过处理的，也有可能是失真的。现实中经常会遇到这种经过处理的资料，这也是我国许多统计资料严重失实的重要原因。可想而知，不能获得真实资料就无从进行深入研究。

　　如果院校研究要获得真实资料，是否它就必须成为一个带有行政性质的部门？在中国，带有一定行政性质的机构在资料获得方面有许多便利的途径。或者说，如果院校研究机构能够成为学校行政管理中的一个环节，并且使所有的第一手资料都要经过这个部门的验审，然后才能向高一级决策部门报告，这样显然能大大提高所获得资料的充分性、真实性，由此可节省大量的调研时间。无疑，这样的制度安排对于获得资料是一个便利，但同时也有其不便之处。因为在行政管理的体制下，不免会产生层级之间相互制约的问题。纳入行政管理程序便会产生评价问题，同样会使下级部门产生忌讳，仍然会将资料经过处理，可能对一些重大事件隐瞒不报，对一些无关紧要的事件做一些文牍主义的描述。而作为一层管理机构不可能对任何一件事情去追查来龙去脉。所以，这涉及院校机构究竟该以什么样的身份出现的问题：如果以行政身份出现，就难以获得真实的信息，如果不以行政身份出现，就可能难以获得任何信息。这是个非常尴尬的事情。

　　此外，如果真的以行政身份出现的话，还可能与其他职能部门形成冲突。

从现实中我们可以了解到，几乎每个大学都设置了为学校领导直接服务的校长办公室、学校战略规划室、综合研究室等机构，这些机构一般是横向的或综合的部门机构。此外还有纵向渠道设置的各个行政院系处所及下属的各类科室部门。各个主管部门都有自己直接管控的信息渠道，这样院校研究要获得信息，就会与各个部门形成一定的权限冲突。就行政机构的本性而言，都不希望别人插手自己的领域，都希望自己服务的主体是比较单一的，否则他们会感觉无所适从，这样院校研究机构就与其他部门之间形成了一种无形的阻隔。但如果以纯粹的研究部门出现，由于受到信息渠道来源的限制，就可能使他们的眼光无法充分地关注到非常现实的问题，因为他们没有管理权限，一些平行的特别是行政机构也不愿意将信息提供给他们。在这种情况下，他们的研究视野比较狭窄，只能从务虚的角度进行研究。这样的研究结果经常会不切实际，也就很难得到学校领导的欣赏，那么为院校发展决策服务的计划就会落空。而且这种研究思路与传统的高校研究室所的设置又出现了趋同。或者说，这样做就消解了院校研究作为一种新事物存在的意义。这个难题是院校研究面临的根本性的挑战，也是它能否很好生存的一个挑战。

二、院校研究的主体：谁最合格

与院校研究角色定位问题并存的还有一个非常致命的问题，即谁来研究。原则上讲，应该是受过专门训练的院校研究者来研究。事实上，进行院校研究训练可能只是一种理论训练或专业训练，而不是一种实务训练，也就是说掌握一些院校研究的基本原理会有助于从事院校研究，但不等于能够真正从事有效的院校研究工作。否则的话，院校研究也只是一项技术工作，不具有很强的智力挑战。"不在其位，不谋其政"，也就是说不实际参与院校管理工作，就很难深切体会院校管理的难处，也就不可能去找到适切的对策。进行院校研究训练可能就缺乏这种实务体验。因为院校研究是面对院校发展的复杂情况，其目的是要为院校进一步发展提出决策建议，这些决策建议不可能从一些统计数据中获得，也不可能从一些没有院校管理经验的人的眼光中获得，能够真正提出切合院校发展实际的建议的只能是既具备院校管理经验，又具备一些院校研究理论和技能的人员。这就产生了一个问题：这批具有管理经验的人员会乐于从事院校研究工作吗？或者说，我们可能会以这批人作为院校研究工作的主体吗？

但凡有院校管理工作经验者在此之前都有自己的专业，而且在自己的专业领域都已获得了相当的成功，这种成功是他能够进一步上升到院校管理岗位的前提条件。这种对专业的专注精神甚至还持续到他进入管理岗位以后。这也是为什么中国大学的校长们不是专业的校长的原因，他们多数都是"双肩挑"，是一种兼职的校长，而不是专职校长。① 许多校长认为他们的行政职务是有任期的，而学术工作是没有任期的，所以他们仍然将主要精力用于自己的专业，对学校管理事务投入的精力很小，因而这方面的深刻体验也非常少。甚至当刚刚有一定的管理经验时任期已经到了，所以他们在管理岗位做出突出业绩的并不多。这也是中国大学难以出现真正优秀的校长的主要原因之一。② 没有管理大学的真正成功经验的体会，当然就不可能对大学发展的真正需求有深切体会，也就不可能了解大学发展的真正所需，因此他们从事院校研究未必是合格的。而且这些管理者从岗位退下来之后一般仍然会选择自己原来的专业，而不是去开辟一个新的研究领域。这也是人们惯常思维中的保守性所致。

对于那些有成功管理大学经验的人士而言，再进一步从事院校研究也非他们所愿。对他们而言，角色意识是非常强的，如果不在政，就会自觉地不干政，避免产生干扰现政的嫌疑。这并非一种明哲保身的哲学，而是一种明智之举。在任何学校，新一任领导人都会有自己的工作设想，都会力求创新和突破，为此经常会对原任领导提出的意见建议感到左右为难。对每一位领导者而言，他们都有自己的思考方式，都有自己的处世哲学，而且都有自己的行政办法，完全遵照别人的指示来行事几乎是办不到的。所以不在位者主动减少影响是对新当政者的一种支持，如果过多地发表言论就显得举措失当，就会对新当政者的正常施政产生干扰。为此他们一般选择退隐的路线，而不是以政治强人的姿态出现。因此让这些有经验、有识见的人士来开展院校研究确实是强人所难。即使是勉为其难，明智者也会采取退让、婉转的迂回策略来表达自己的观点，而不使自己"讨人嫌"。

那么谁最适合从事院校研究工作呢？依照常理，那些正在从事院校管理工作的领导者最有条件开展这项工作了。因为在政者可以借助职位优势，获得各种资料信息，可以组织队伍进行院校研究。但是这种权能效应既有正面作用也有负面作用。职位优势固然可以使下级机构主动提供各方面的资料，但他们也有讨好上级领导之嫌，会投领导所好，会走入政绩主义的误区。对于基于一定职权所组织的院校研究队伍而言，他们也是经常按照领导的意图进行研究，所

① 刘道玉. 大学职业化校长三种类型 [J]. 学习月刊, 2005 (5): 35-36.
② 刘昌明. 大学校长为何难成为教育家调查 [J]. 煤炭高等教育, 2002 (1): 23-26.

以这样研究的客观性往往受到质疑，甚至会变成领导意图的注释。这样从资料收集开始，到最终研究结论的出现，都不可避免地带上了主观色彩，以这种方式来指导院校发展决策，就可能出现很大的偏差。看来，由现任领导者来直接主持院校研究的开展尽管有许多便利之处，但其缺陷也是非常明显的。

既然院校领导者从事院校研究会产生很大的"权势效应"，有什么比较好的办法来防止这种权势效应的发生呢？现在只能选择次一级的方案，那就是由原先从事过中层管理的人员转而从事院校研究。当然这些有经验者应该是在中层管理岗位上比较成功者，是那种比较尽心尽责的类型，而不是那种非常强干、非常精明的类型，因为这批人还有进一步上升为学校领导的可能，而且他们也必然是所在专业方面的领袖人物，让他们转行从事院校研究的损失太大，并且也不可能持久。长久之计是使那些在中层岗位上干得比较好但向上发展余地又不大的人来主持院校工作，因为他们对基层工作熟悉，又有与上层领导沟通的经验，同时与院系各个部门交往的范围又比较广，了解多方面的情况，并且对院校管理具有钻研的兴趣，知道如何为上级谏言献策。此外，由于他们具有专业研究方面的经验，所以能够将研究的方法技术迁移到院校研究中，故而他们应该是最佳人选。

这种人事选择，是否意味着开展院校研究首先是从经验出发而非从科学要求本身出发呢？我们认为，在这里，经验性与科学性是不可分割的，如果必须进行选择，那么经验是第一位的，因为这样研究结论是实在的、可行的，具有被接受的可能。而完全从纯科学的角度出发可能会远离它的使用者。当然，科学性本身也具有属人的特性①，因此科学性与经验基础之间没有矛盾。进而言之，如果没有经验做基础，要保持科学的姿态也是不容易的。

三、院校研究：有没有独特的规范

院校研究有什么特殊方法？或者说院校研究的独特性何在？这实际上是质问院校研究有没有一套独特的技术。如果没有一套比较独特技术或方法，它的真正存在的价值何以体现？这也是关系到院校研究能否在中国真正兴盛起来的一个根本问题。

一般认为，院校研究出现是高等教育研究方式转变的一个征候。传统的研

---

① 科学性的属人特性是指任何科学研究与结论都与研究者所持的立场、角度有关，不可能做到完全无偏颇的情形。

究过分宏观，大而不当，缺乏理论联系实际的机制，因此许多研究成果被人们认为是空疏无用的。不可否认，这些指责有不少是符合实际情况的，但问题的关键是如何改变这种状况，简单的放弃是否是明智之举。就目前情况而言，高等教育研究形势在逐渐得到改善，如院校研究就是其中代表转变的一个迹象，但可以肯定地说，现在并没有出现根本性的好转。过去我们的研究过分务虚，从而使实际工作者感觉我们的研究理论脱离了实际。但反过来说，理论也不可能完全与实际相符合，完全与实际相符合的就不是理论了。因为理论本身就具有抽象性、概括性的特征，它不可能与现实形成一一对应关系。何况理论也不是某种技术、技能，可以拿来就用。理论的元素是概念，概念需要理解，因此就不可避免地受理解者的素质影响，那么理论在实际中的应用效果当然就会出现千差万别的情况，这并非理论自身的原因，而是理论本身的概括力的问题，还有理论本身的成熟程度的问题，以及理论向具体转化的能力问题。而我们传统的理论研究往往缺少对具体执行环节的研究，从而理论经常高高在上，只是一种帝王之学，而不是一种实用的平民学问，这自然带来操作的困难。这其中包括我们的理论定向问题，因为我们传统上比较看重宏大理论，对涉及具体操作的微观理论和具有一定程度概括的"中程理论"① 不怎么看重，这样就导致了理论研究的偏失，似乎理论研究越抽象越好，越是搞一些别人看不懂的东西似乎研究者本人水平就越高。如果研究者缺乏这种高屋建瓴的能力，就不得不去贩运一些洋货以掩饰自身的内在空虚。这样的理论研究就变成了中看不中用的洋垃圾。所以院校研究要超越这些传统研究的误区，就必须确立自己的合适的研究定位，既不能追求那种好高骛远的空头理论，同样也不能指望自己的研究成果马上变成一种操作技术，而必须尽力使它成为一种新的研究风气的代表。将高等教育研究转向对院校内部事务的研究体现了一种务实的态度，这种取向应该是院校研究与传统研究的第一个分水岭。

但院校研究与传统研究的关键区别仍然在于它有没有自己的研究规范。如果没有自己的研究规范，谈研究转向就会架空。② 因为在院校研究的招牌打出之前，许多大学的研究室所并非没有注重学校内部事务的研究，也在努力为学校发展决策服务，后来许多高校的研究室所"易帜"为战略发展研究室或隶属于综合研究室或始终隶属于教务处就是一个证明。但这种研究的价值是不大的，

---

① 林聚仁. 悼罗伯特·K. 莫顿 [J]. 社会学研究, 2003 (3): 111 – 113.
② 秦国柱. 院校研究与大学发展 [J]. 江苏高教, 2004 (1): 10 – 12.

造成这种状况除了研究者本身的素质之外，一个更重要的原因就在于这种研究没有什么规范，似乎谁都可以进行研究，当它没有专业门槛时人们自然就把它看低了。而且它的研究方式属于纯然的经验总结研究，功利性非常强，对问题的揭示分析严重缺失，从而不能使人们从这些研究中获得借鉴，这样当然就没有多少实质意义，可能其最大的用途是为领导季度或年终进行工作总结提供一些素材或为领导起草一些讲话发言稿。这样的研究当然不能令人满意，于是许多大学把这一机构编制列入可有可无之列，另有一些学校则对它进行明确定位，要求它对学校发展战略进行研究，于是它的工作重点从过去的经验总结转变成了围绕学校领导提出的各种思路和想法而负责起草可行性论证报告。这样研究仍然是一种附属品，而不是具有独立意义的研究。

所以院校研究必须超出传统研究的误区，使研究在独立意义上开展，这就需要摆脱完全的以行政命令为中心的传统工作研究模式，要以促进学校发展为目的独立地开展科研。这样开展科研需要获得的资料是广阔的、真实的，需要处理资料的方法得当，需要提出研究结论具有可操作性，需要研究结论的执行结果具有建设性意义。如此，院校研究必须建立自己的研究规范，不然在惯性和惰性的推力下就会不可避免地回归到传统研究的老路上。这当然是许多人不乐意看到的。那么什么是比较规范的院校研究呢？

四、院校研究的出路：行动研究

我们认为，规范的院校研究首先要从实际搜集资料开始，因为它不可能完全依赖别人提供的资料数据。院校研究不可避免地应该注重使用实证的研究方法，因为实证研究方法的客观性更强，研究结果也容易获得证验，采用的方式方法也比较容易得到规范。如果采用实证研究方法，那么就要求研究者必须善于进行调查和统计测量，善于对研究对象进行量化处理，这样从对研究对象的描述开始到对结论建议的提出都能够给人以一种比较确定的印象。所以，在国外院校研究一般都以实证研究为主。①

当然实证研究并不是某种具体的研究方法，而只是一种研究取向，甚至可以说是一种研究类型，这种研究的特点是基于研究对象具有可观察、可测量、便于实施干预和便于操作以及方便进行记录的特点，这样就为研究的重复实施、

① 赵炬明. 现代大学与院校研究（上、下）[J]. 高等教育研究，2003（3－4）：35－44，59－67.

进行研究过程检测和研究结论检验提供了条件。那么从事这种研究的基础是以数字化的资料为主，研究对象都是可以精细描述的，所使用的语言都是比较客观的，不容易引起歧义的，从而容易进行交流和传达，而且研究结果也具有较大的可执行性。这就要求院校管理过程非常规范，管理部门对院校的一切活动都有比较详细的记录，如此就比较方便院校研究工作者的查阅和调取。没有这些日常积累，全部靠院校研究者从零开始建设，相信即使是最有才能、精力最旺盛的研究者也不可能胜任。所以院校研究的有效开展依赖于院校管理的规范化、程序化，大学内部的一切活动都可以有章可循，从而研究活动可以不依赖行政权力而独立行使。也只有这样，院校研究才能在保持基本中立的状态中进行，研究结果才是客观的，具有较大的可信度。

现实中，许多大学在管理过程中并无明确的程序规定，管理活动也缺乏严格的监督措施，所以就没有明确的操作过程记录，一旦有什么问题就只能依靠当事人进行回忆，一旦当事人出现变更，追忆也变得不可能了。这也是今天一旦进行大学评估就必须进行临时突击去制造大量文件的原因。虽然目前许多高校已经采取了办公设备计算机化，并且在管理的规范性方面有了很大的进步，但这种规范化也仅仅涉及实际管理事务中比较小的部分，而且只在比较显著的部分进行了定量化的处理，主要是在投入和产出部分，而对大量的中间管理环节、大量的日常事务很少进行记录或定量化处理。因为这涉及具体管理者的责任心、细心和研究素质，如果他没有认识到日常经验积累的重要性，他就可能把许多司空见惯的事实漏掉了。在现实的管理过程中，许多岗位职责都是依据经验印象制定，并不十分明晰，所使用的许多管理程序设计软件还处于初始化状态，加上许多高校在管理过程中大量使用临时人员，这样就对管理细节的关注和进行具体的细微的记录工作产生了不良影响。

同时对大量的管理工作而言，也不可能事事时时都进行记录，因为实际管理工作也不可能一切都用统计数字说话，那样的话人就与机器无异。对院校研究而言，它的工作也不可能全部都采取量化手段。它有大量的工作是从事文献研究和实地研究或质的研究，无论是历史的文献还是正在形成中的文献，所遇到的无论是管理过程中的难题还是教师生活中的故事，或是社会对学校的评价，抑或是对校友进行的跟踪研究，这些都应该是院校研究的视野。此外，尽管院校研究试图与传统研究划清界限，不做过分宏观的思辨研究，但这不等于说院校研究就不进行宏观政策的解读，因为不了解国家的教育方针政策，就等于不了解院校发展的客观环境，当然对院校未来发展趋势也就不可能产生比较明晰的判断，那么这样的研究也只能落入事务主义的俗套中，也注定不能带动教育研究思潮的改变和教育研究方式的改进以及教育研究状况的改善。

如果院校研究要在院校发展中发挥越来越重要的作用，就应该将自己的研究定位在"行动研究"范围内，也就是说院校研究不仅是"校本的"，更应该是"行动的"，即是参与到大学的行动过程中的，这样才能避免研究与实际行动脱节，才能较好地发挥研究对大学发展的咨询参谋作用。而要开展行动研究，就要求院校研究者必须能够与院校管理者进行有效的合作，从而能够为院校管理者采取合理的有效的行动方案提供咨询服务，没有这个"合作"过程，研究者的角色将始终是一个局外人，那么他就不可能掌握发展的真正状况，也就不可能发挥他对院校的参谋咨询作用。所以能否参与到院校发展过程中去，是对院校研究工作绩效的一个基本考量。这样院校研究者不可能坐等各种信息上门，也不可能采取完全的局外人的姿态，也不可能以一个行政机构的面目出现，他应该以一个专业的研究者身份，与更多的兼职研究者进行合作研究。也可以说，所有的学校员工都可能是他的研究伙伴，他也是为所有的员工服务的，而不仅仅为院校领导这一个上层集团服务。如果不是这样，他就疏远了群众，那么他的研究路径就会很窄，就不可能获得全方位的、具有丰富的鲜活品质的第一手资料，那么他的研究成果就是不容乐观的。所以进行客观的实证研究是院校研究的基础，而从事行动研究才是它的本质含义，也只有在这个意义上，院校研究才是以学校为本的研究，而不是为了某种外在于学校发展的东西。当每一个院校研究者能够以积极的主动精神参与到院校发展的每一个过程中去的时候，院校研究的春天才可能真正到来。不然，院校研究也会回复到传统的无生气的、仅仅是文字拼凑的空疏无用的所谓的研究报告中去，从而在文字的烟海中消失了自己。

高等教育研究的两种取向：本质主义与非本质主义①

引导语：我国的高等教育研究是以本质主义思维方式作为指导思想的，并以学科理论体系建设和建立精确、可操作的研究结论作为自己的价值追求。但在反思了中国高等教育管理体制改革的历程和指导思想之后，特别是在中西学术交汇过程中逐渐地接受了非本质主义的思考方式之后，我国高等教育研究的风格发生了巨大变化，开始走向多元化。展望未来，我国的高等教育研究将在本质主义与非本质主义之间寻求平衡并获得突破，这将会促进中国高等教育研究更趋成熟。

关键词：高等教育研究；本质主义；非本质主义

一、中国高等教育研究中的本质主义传统

1. 高等教育研究中的本质主义思维方式

在我国，高教研究与其他任何科学研究一样，在研究路线上所遵循的是一种本质主义的思维模式，② 即认为科学研究的价值在于探讨事物的本质，只有探讨出事物的本质，才能找到事物发展变化的规律，从而才能用于指导社会实践并为人类谋福利。③

该思维模式建立在本体论的哲学基础上。本体论哲学认为，任何事物发展变化都有其内在规律，而规律是由事物的本质所决定的。事物发展变化的只是其表象，其所隐藏的本质是固定不变的，规律就是事物本质的反映。每个事物

---

① 原载于《高等教育研究》，2012 年 2 期，第 35 – 40 页。
② 金炳华. 哲学大辞典（修订本）[K]. 上海：上海辞书出版社，2001：71.
③ 金炳华. 哲学大辞典（修订本）[K]. 上海：上海辞书出版社，2001：722 – 723.

都有自己的本质，事物的特性就是由本质所决定的。正是由于事物的本质属性不同，大千世界才会如此繁复多样。但复杂多样的世界又处于一个统一体之中，人类对事物的认识就是在寻找事物之间的区别与联系。相互区别的属性是事物的特殊性，它决定事物的本质；相互联系的属性是事物一般性或共性，它决定了事物包含于统一体之中。事物最一般、最普遍的属性就是事物的本原。①

关于本质最后是以什么样的形式存在有两种不同的哲学观念。一种是唯物论哲学，它认为事物本质最终是以物质的方式存在的，这种物质常常被归结为最小的物质粒子。如物理学的进步就是在揭示不断可分的最小物质，目前人类对物质的测量已经进入纳米单位。另一种则是唯心论哲学，它认为世界的最终存在是一种精神，它的最基本存在是绝对理念。这种哲学也就是理念论哲学。柏拉图是人们公认的理念论哲学的鼻祖。②

2. 本质主义的两种认识论路线

无论唯物论还是唯心论哲学，他们在认识论上都坚持可知论立场，即认为事物的本质是可以认知的。只不过唯物论认为，认识事物本质是一个从感性认识到理性认识的过程，而且理性认识结果需要通过感性认识证明。换言之，唯物认识论采取一种还原论的立场，即坚持感性认识的基础地位，这一观点后来发展为经验主义认识论。③ 而理念论则认为感性认识只是激活理性认识的条件，并且认为感性认识是不可靠的，只有理性认识才是可靠的，因此它不能还原为感觉经验，这一观点后来则发展为理性主义认识论。④

据此，我们知道，事物的本质是事物存在的根据，它可以被理性所把握，因此它遵循因果律。经验主义认为对事物本质的认识可以通过经验来证明，这一思想后来发展出实证主义哲学，逻辑实证论是实证主义哲学发展的高级阶段。而理性主义认为对事物本质的把握只能通过推理，也即思维的抽象来把握，换言之，只需要逻辑证明即可，不需要也不可能还原为经验来证明。这一派主张后来发展出思辨哲学，黑格尔（Georg Wilhelm Friedrich Hegel）是这一哲学的集大成者。⑤

---

① 金炳华. 哲学大辞典（修订本）[K]. 上海辞书出版社，2001：67-71.
② 金炳华. 哲学大辞典（修订本）[K]. 上海辞书出版社，2001：111-112.
③ 金炳华. 哲学大辞典（修订本）[K]. 上海辞书出版社，2001：669-670.
④ 金炳华. 哲学大辞典（修订本）[K]. 上海辞书出版社，2001：1506-1507.
⑤ 金炳华. 哲学大辞典（修订本）[K]. 上海辞书出版社，2001：526-527.

3. 本质主义在高等教育研究中的表现之一：思辨哲学倾向

上述两种认识论立场在高等教育研究中都有表现。理性主义认识论表现在建设高等教育理论体系的努力上，它首先是承认高等教育活动具有与其他社会活动在本质上不同的属性，高等教育学建立的目的就是为了探求高等教育活动本质，揭示高等教育活动的规律，进而为指导高等教育实践服务。可以说，这是高等教育学建立的依据。换言之，如果不承认高等教育活动与其他社会现象具有不同本质的话则高等教育学就没有建立的必要。这也是我国普遍承认的学科建立的必要性条件。[1]

在承认高等教育活动具有自己的特殊本质之后，高等教育研究任务就是认识这一本质。但如何来认识高等教育活动的本质呢？一派观点认为要从寻找高等教育活动的最基本范畴出发，即要知道高等教育是在什么基础上活动的。进行这一工作无疑需要逻辑思考能力，也即人们日常所说的思辨能力才能解决，它不可能通过感觉认识来回答。相信理性思考能力在认识事物本质中的作用正是理性主义认识论所一贯坚持的，这也就是说要找到高等教育活动中最普遍、最一般的属性。[2]

如何来寻找这个最普遍、最一般的属性呢？那只能从高等教育发生发展的历史中去寻找，从众多的高等教育现象中提炼出它的最基本的共同属性来。所以，它的考察就遍及古今中外的高等教育发展历史，从而从中寻找最一般的、最普遍的、最基本的共同特征。如有学者认为"高深学问的教与学"就是高等教育活动的最普遍、最一般、最基本的共同特征，[3] 而有的学者则认为"专业教育"是高等教育活动区别于其他教育活动的根本属性。[4]

找到高等教育活动的本质属性之后的进一步工作就是确立高等教育学的逻辑起点，然后建立高等教育学的理论体系、逻辑体系或概念体系，这个体系不同于日常的高等教育活动的工作体系或经验体系。[5] 高等教育学的逻辑起点就是反映高等教育活动的最基本特征的概念范畴。[6] 所以，有学者提出了"专业

---

① 薛天祥. 薛天祥高等教育文集 [M]. 北京：高等教育出版社，2003：38 – 42.
② 薛天祥. 薛天祥高等教育文集 [M]. 北京：高等教育出版社，2003：45 – 48.
③ 薛天祥. 薛天祥高等教育文集 [M]. 北京：高等教育出版社，2003：37 – 38.
④ 薛天祥. 薛天祥高等教育文集 [M]. 北京：高等教育出版社，2003：4.
⑤ 薛天祥. 薛天祥高等教育文集 [M]. 北京：高等教育出版社，2003：21 – 23.
⑥ 薛天祥. 薛天祥高等教育文集 [M]. 北京：高等教育出版社，2003：37 – 38.

知识的教与学"是高等教育学的逻辑起点,① 而另有学者则提出了"知识"概念是高等教育学的逻辑起点。②

可以看出,这一研究路线与黑格尔的思辨哲学路线是一致的。

4. 本质主义在高等教育研究中的表现之二:实证科学取向

上述从理论上来寻找高等教育逻辑起点的努力经常容易被人指责为理论研究脱离了高等教育发展实际,不能反映现实的高等教育发展需求。有人认为,研究高等教育不能从应然的推理出发,必须从实然的经验感受出发,所以他们主张应当从实际出发进行高等教育研究,希望通过归纳、实证的途径找到高等教育发展的规律。这一探讨路线正是经验主义认识论的反映,具体为实证主义的研究路线。这一派在研究策略上采取提出假设、建立数学模型的方式来研究高等教育现象,通过经验的即可验证的方式来确立高等教育发展中的基本关系。这种研究在寻找高等教育与外部社会现象之间的关系及高等教育内部各种现象之间的关系方面发挥了重要作用,而且确定这种关系也正是决策部门最急迫需要的能够提供科学依据的部分。这也就意味着,实践部门所要求的能够为现实提供科学、可验证的研究成果,与理论工作者要建立自己学科的理论体系旨趣之间存在很大的差别。

在高等教育研究中最常见的实证研究,如高等教育投入与经济效益之间的关系研究是政府最关心的,因为政府非常希望知道究竟该投入多少到高等教育上,以及投入到高等教育上的经费所产生的效益究竟有多大,这样的数据能够为以后的进一步投入提供指导。为此,就需要建立投入与产出之间的数学模型,而建立这个模型的前提是采集大量的数据,这种数据的来源无外乎从政府过去的统计数字中去获取或通过实地调查来获取。这类研究的有效性如何就直接取决于所获得的数据是否全面、客观以及所建立的数学模型是否经得起经验检验。北大教育经济研究所在这方面做了许多工作,如他们关于高等教育办学规模的研究、高等教育投入对经济增长拉动影响的研究对国家的高等教育经费投入方面的决策影响非常大。包括"985"政策的出台也是他们的杰作。③

显然,从事这些实证研究面临的最大困难就是数据的全面性与客观性以及数学模型本身的科学性问题,这三方面问题常常容易遭受质疑。

---

① 薛天祥. 薛天祥高等教育文集 [M]. 北京: 高等教育出版社, 2003: 39 - 40.
② 王洪才. 论高等教育学的逻辑起点 [J]. 江苏高教, 1997 (2): 9 - 12.
③ 闵维方, 文东茅, 等. 学术的力量 [M]. 北京大学出版社, 2010: 29 - 158.

二、中国高等教育研究中的非本质主义倾向

1. 非本质主义溯源及其基本立场

如果从理论源头进行考察，则可以发现非本质主义思想的源头乃是怀疑论哲学。怀疑论哲学首先是对人的认识能力表示怀疑，即不相信人能够把握事物本质，认为人只能把握感性世界，对理性世界究竟是怎样的是无知的。怀疑论的第一个代表人物是休谟，① 而康德则进一步发展了这种怀疑，并展开了对绝对理性的批判，提出了此岸世界与彼岸世界的区别，他认为人的认识能力只限于此岸世界。②

既然人无法把握事物的本质，那么本质是否存在就成了一个悬案。而哲学上的非理性主义思潮对理性认识能力也大加挞伐，强调非理性的直觉因素在认识世界中的作用。③ 鉴于理性化的后果导致了科技对人类生活世界的宰制，西方出现了反现代化的思潮，这就出现了 20 世纪 80 年代兴盛一时的后现代主义，这股思潮对我国学术界产生了很大的影响。后现代思潮中的解构主义对传统的知识进行了谱系学考察和考古学研究之后，发现知识与权力话语紧密地结合在一起，从而宣判了传统知识所坚称的客观、中立原则是不存在的。④ 后现代主义对理性中心主义的否定，实质上是否定了本质主义存在的基础。

非本质主义在认识论上还否定了本质主义所坚持的普遍主义原则。⑤ 因为本质主义主张要探求事物普遍的、一般的属性即规律，非本质主义则坚持一种特殊主义原则，⑥ 认为认识事物的独特性更有价值，而且这种认识并非理性能力所能够把握，而需要一种独特的方法即直觉，这种认识是不可重复的，因为它的发生与认识的场景联系非常紧密，所以，只要人们的认识角度不同，所得

---

① 金炳华. 哲学大辞典（修订本）[K]. 上海辞书出版社，2001：1721 – 1722.

② 金炳华. 哲学大辞典（修订本）[K]. 上海辞书出版社，2001：710 – 711.

③ 夏基松. 现代西方哲学辞典 [K]. 合肥：安徽人民出版社，1987：280，519 – 521，305 – 306.

④ 夏基松. 现代西方哲学辞典 [K]. 合肥：安徽人民出版社，1987：280，519 – 521，305 – 306.

⑤ 夏基松. 现代西方哲学辞典 [K]. 合肥：安徽人民出版社，1987：280，519 – 521，305 – 306.

⑥ 赵敦华. 为普遍主义辩护——兼评中国文化特殊主义思潮 [J]. 学术月刊，2007（5）：3 – 40.

到的结论就不同。这种特殊主义的认识论原则也常常被称为视角主义。① 视角主义主张尊重个体的认识差别，不应强求人们的认识统一。它认为强求人们的认识统一就注入了一种权力话语，这样同样是不客观的甚至是反人道的。

非本质主义在本质问题上持建构主义立场，认为本质主义所承认的既定的、不变的本质是不存在的，所谓的本质都是人们思想建构的产物。人们的地位、立场不同，关于事物的本质认识就不同，因此不存在统一的本质，从而本质也不是固定不变的，而是变化的和多元的，什么样的本质就取决于所站的立场或视角。对于不同视角而言，它们都是合理的，它们之间是可以对话的，能够达到一种解释学的"视界融合"状态，② 从而达到一种最优状态，而非一种唯一状态。这个观点对于处于弱势地位群体发表自己的观点非常有帮助。

2. 非本质主义思维方式影响我国高等教育研究的时代背景

在高等教育研究中，非本质主义立场在无声中发挥着影响，这个影响首先是来自对高等教育研究自身的反思，其次是得益于西方学术思潮输入的激发。高等教育学界在研究过程中不断对自身努力的方向进行反思，反思高等教育学理论体系建设和实证研究取向的得与失。而西方学术思潮对国内学术影响的不断加强又促进了这一反思。学术本身就是一个共同体，中国的学术不可能完全独立于国际的学术之外，高等教育研究也不可能独立于哲学社会科学大的学术思潮之外，在外部学术环境发生剧烈变化的时候，高等教育内部的学术环境也在发生变化，也在进行研究范式的调整，尽管这种调整常常是潜在地进行着。

西方学术思潮对我国高等教育研究最直接的影响表现为：高等教育大众化思想为我国学者广泛接受，多学科研究思路成为我国高等教育研究的基本方法论，高等教育管理三角思想成为分析国际高等教育体制的基本框架。而后现代主义对我国高等教育研究的影响则是间接的，但是深层的。毋庸置疑，这些学术思潮影响主要是发生在 20 世纪 80 年代中期之后。最初我国学界对高等教育大众化思想是持排斥的态度，因为传统上一直把高等教育理解为高深学问的教育，认为接受高深学问教育的人也只能是少数人，所以不能理解为什么高等教育可以大众化。1998 年亚洲金融危机之后，我国高等教育开始了规模扩张。这个举动在很大程度不是高等教育内部压力造成的，而是由高等教育外部的压力

---

① 酒井直树. 现代性与其批判：普遍主义和特殊主义的问题 [EB/OL]. (2003 - 08 - 26) [2011 - 08 - 20]. http：//www. sociology. cass. cn/shxw/shll/t20030826_ 0867. htm

② 万象客. 作为一种方法论思潮的视角主义 [J]. 国外社会科学, 1992 (8)：39 - 43.

造成的。这个震动是巨大的,它改变了人们传统的高等教育观念,特别是改变了人们对高等教育质量的看法。我国高等教育在大扩招之后,开始从满足精英群体的需求转向满足大众的需求。

3. 非本质主义对高等教育学的传统学科价值追求提出质疑

多学科研究思想的引入,① 对人们建立高等教育体系的想法产生了重要的影响。学科建设中的传统观点坚持独立的研究对象、独立的研究方法和独立的理论体系的三独立原则。② 而在研究方法上大胆地采用多学科方法就使传统上所追求的建立学科自己的独特的方法似乎成了一个伪命题。因为人们已经在怀疑高等教育是否是高等教育学独特的研究领地了,如果这两个独立性难以坚持的话,独立的理论体系的坚持是否还能够继续坚持也成为问题。引入多学科方法,实际上就是开放高等教育学的研究领地,这是一种主动的、积极的姿态,与当年赫尔巴特所宣称的教育学变成其他学科的殖民地不可同日而语。③ 当然,人们质疑最多的或最大的则是高等教育学能否找到自己的逻辑起点。似乎许多人并不相信我国高等教育学者具有这个能力,理由是我国高等教育实践还很不丰富,仅凭历史资料是无法预见高等教育未来发展趋势的,因为科学技术在日新月异地变化,高等学问的性质也在发生着深刻变革,是故人们对寻找逻辑起点和建立高等教育学体系均持怀疑主义态度。

当然,人们对高等教育研究的质疑还不止于此,人们甚至怀疑高等教育有没有不变的本质存在,高等教育的规律在处理高等教育与政治、与经济、与文化的关系时究竟是什么样的。而伯顿·克拉克所归纳出的高等教育管理体系三角模型正好揭示了高等教育受到政治、经济和文化的影响从而表现出不同的高等教育体制模型。④ 我国学术界大都切身经历了高等教育受政治影响的时刻,因为这一经历时时让人们思考高等教育规律如何坚守的问题。同样,目前人们正在经历着经济运行方式对高等教育发展的重大影响,这个影响让人们思考高等教育如何独立于经济方式的存在而坚守自己的本质。人们也怀疑高等教育能否超越文化影响而存在,人们发现文化烙印就存在于高等教育行动过程中。这

---

① 潘懋元. 多学科观点的高等教育研究 [J]. 高等教育教育, 2002 (1): 10 – 17.

② 王洪才. 教育学: 学科还是领域 [J]. 厦门大学学报: 哲学社会科学版, 2006 (1): 72 – 78.

③ 陈桂生. 历史的教育学现象透视 [M]. 北京: 人民教育出版社, 1998: 344.

④ 伯顿·克拉克. 高等教育系统 [M]. 王承绪, 等, 译. 杭州大学出版社, 1994: 155 – 161.

一切都对高等教育本质和规律命题提出了质疑。

更多的质疑是从对高等教育改革的反思出发的，人们认为目前高等教育体制仍然是大一统的体制，这个体制不利于大学办出个性特色；大学管理也是采用大一统的管理体制，而这个管理方式又不利于激发学者的学术创造性。这个大一统的思维方式隐含着传统的本质主义思维的影响。因为按照本质主义的思维逻辑，大学的属性应该是统一的，也应该适用一个模子进行管理。这正是计划体制设计的出发点。而从现实出发，学术需要有自己的个性，大学办学需要具有自己的特色，而统一管理则使人们失去了这个特色，使个体失去了创造性，所以，如何更尊重大学的个性和学者的个性成为一个内在的本质的需求。特别是，我们培养的人才，如何才能适应多变的市场环境要求则是一个更根本的问题。而传统的统一的教材、统一课程的思路显然是有悖于社会发展要求的。这一切都使人们感受到，传统的本质主义思维方式是有缺陷的，必须建立新的高等教育哲学才能适应改革的需求。

因此，在中国，高等教育研究中的非本质主义思潮主要是反思高等教育实践的产物，而西方学术思潮的输入在一定程度上起到了发酵催化作用。换言之，我国高等教育研究中的非本质主义的思考主要是从实践出发，而非从理论思考出发。

4. 非本质主义在高等教育研究中提倡多元主义和个案研究

非本质主义在高等教育研究中的具体表现就是提倡多元主义，在方法论上反对唯一方法或独特方法，认为无论什么方法只要有助于解决实际问题即可。此间，我们可以看到，多学科研究方法在高等教育研究中非常流行，它不仅是基于高等教育学没有找到自己独特方法的事实，而且也是基于高等教育学研究逐渐走向开放的事实，换言之，高等教育学无法把高等教育作为自己独有的活动领地而阻止其他学科的渗入，这也客观地说明了高等教育学不是传统的学科，而更像是一个研究领域，即无须设立严格的边界，无须建立自己独特的方法，而在是否建立自己的理论体系方面则表现出很大的灵活性。① 满足现实需求是第一位的，体系建设则是一个长久的事情，不是急迫间可以解决的。

非本质主义在高等教育研究中的另一个重要表现就是重视个案研究，逐步从寻找规律和本质的宏大叙事中疏离出来。可以说，从美国流传过来的院校研究传统正是一种重视个案研究的方式。院校研究本身就是一种多元研究范式，

---

① 刘海峰. 高等教育学：学科与领域之间［J］. 高等教育研究，2009（11）：45-50.

它综合了质性研究和量化研究，对研究高校的办学定位和办学特色非常有益。因此，在美国实行分权制和大学普遍实行自治背景下兴起的院校研究传统对中国呼吁扩大高校办学自主权、鼓励高校办出特色非常有帮助。这一研究趋势是高等教育研究从宏大叙事向微观叙事转移的重要标志。①

非本质主义在高等教育研究中还有一个重要表现，是把大众的需求作为衡量高等教育发展的依据，否认把探求高深学问作为大学存在的唯一理由，否认实现国家利益是高等教育发展的唯一目标，强调高等教育发展中存在多个利益相关者，认为学生不是单纯的接受教育者，学生具有自我成长的目标，高等教育要为学生的发展服务。同时强调各个高校应该具有自己的特性，不能按照一个模式发展。此外，也不相信各国的高等教育应当遵循一个共同的模式，各个国家的高等教育具有自己的个性特征，是民族文化精神的反映。② 凡此种种，都是多元主义价值观的折射。

所以，非本质主义思潮在高等教育研究的集中表现就是不承认唯一的研究目标、唯一有效的研究方法，从而标志着高等教育研究进入多元化时代。

三、关于高等教育研究未来的思考

1. 本质主义的主流地位更趋式微

尽管非本质主义思维方式是以渗透的方式进入高等教育研究领地的，但确实已经改变了高等教育研究的面貌，目前高等教育研究方式更加多元，开始形成了不同的高等教育研究风格，这也为我国高等教育学派的建立提供了条件。

非本质主义思维方式对人们的研究思路具有很大的解放作用，但它并没有为高等教育研究指明方向，高等教育研究的未来只能在多元研究方式的对话中获得答案。可以说，非本质主义思潮既为高等教育研究带来了活力，同时也带来了张力，在客观上促进了人们从更高的层次上思考高等教育研究的发展取向问题。

在非本质主义思维方式影响逐渐扩大的同时，占据主流地位的本质主义思维方式并没有放弃自己的主导地位，它们仍然坚持自己的乌托邦理想，仍然致力于统一的严格的学科体系建设和高等教育规律的寻求，似乎这就是学科建设

---

① 刘献君. 中国院校研究将从初步形成走向规范发展 [J]. 高等教育研究，2011 (7)：1 - 8.

② 王洪才. 大众高等教育论 [M]. 广州：广东教育出版社，2004：49 - 80.

的使命。在多元主义价值观的冲击下，这种努力的影响力将大不如前。

2. 非本质主义的势力扩展仍遭阻力

目前，对于非本质主义的思维方式，没有人能够完全拒绝，这是基于人们对传统的本质主义思维方式的不满，因为本质主义的思维方式未能为人们所关注的问题提供比较满意的答案。但也没有人愿意完全地接受这种新的思维方式，因为这种思维方式不能保证为人们提供一个可靠的答案，而人们从心底里还是希望建立一个稳定的可靠的知识体系，而不希望学术界出现言人人殊的局面。特别是，如果人们完全接受这种思维方式的话就意味着在质疑高等教育学对科学地位的追求，这对高等教育学的学科建设努力是一个重大的挫伤，而非本质主义思维路线还不能为人们提供一个更好的替代方案。正是在这样的矛盾心态中，高等教育研究需要进行更艰苦的摸索。

尽管如此，非本质主义思维方式在高等教育研究中的影响呈不断扩大趋势是无法阻挡的。在大学去行政化的浪潮中，院校研究将发挥重要作用，它将在很大程度上影响高等教育发展方向，从而也影响高等教育研究的发展方向。在鼓励创新人才培养的时代背景下，关注个性特质培养的质性研究范式将有更大的用武之地。尽管它们都不能为高等教育学学科建设问题提供统一的方案，但至少增加了高等教育学发展前途选择的可能性。此外，多学科研究思路已经在高等教育研究中尽显风采，可以说，现在很少有人再说高等教育学必须建立一个独立的研究方法了。这也说明，高等教育研究在相当程度上已经摆脱了传统的唯一化的研究思路了。

3. 本质主义与非本质主义将长期共存、相辅相成

无论承认与否，非本质主义在高等教育研究领域中出现都是一件好事，因为它意味着高等教育研究出现了争鸣的声音，预示着本质主义与非本质主义两者将在相互辩驳与诘难中共同得到提高。这一过程必然导致更多的更具竞争力的高等教育学学派的产生，这标志着高等教育研究走向繁荣，标志着高等教育研究价值追求实现了多元化，标志着高等教育研究的氛围更加开放和包容，也标志着高等教育研究拥有了一个更宽广的平台，从而高等教育研究可以在百家争鸣过程中进一步走向深入和成熟。而对于这一现象本身的关注，也是高等教育研究走向深入的重要表现。

从本质主义走向非本质主义：
中国高教研究 30 年回顾①

引导语：中国高教研究在近 30 年的发展中已逐步形成了一种多元研究格局，这种多元性集中体现在多种研究范式纷纷登场并展现出从本质主义向非本质主义转变的趋向。在这一转变中，本质主义研究范式仍扮演着主导角色，其惯常采用的研究范式为思辨研究和实证研究。而非本质主义势力在迅速扩大，其标志是多学科研究范式被广泛认同和院校研究范式兴起及质性研究被接纳。多元研究范式代表了不同的学科发展理念和研究思路，是高教研究走向繁荣的重要标志。其中，学术大师发挥了示范作用。可以预期，多元研究格局将长期存在下去，这也是高等教育学走向成熟的必经之路。

关键词：高教研究；本质主义；非本质主义；范式转变

一、高等教育研究从本质主义向非本质主义迁移过程

中国高等教育研究在近 30 年发展中经历了学科初创、学科价值认证和学科再造阶段，目前正面临学科发展转型，② 这一发展历程折射出高等教育研究思维方式正在发生着重大转变，即从传统的本质主义研究范式向新的非本质主义研究范式的迁移。③

所谓本质主义研究范式，指在研究价值取向上坚持这样的一种认识论信仰：凡事物皆有其本质，事物发展变化皆由其本质决定，科学研究就是为了认识事

---

① 原载于《现代大学教育》，2012 年 2 期，第 1－6、111 页。

② 王洪才. 高等教育学创立、转型与再造 [J]. 厦门大学学报：哲学社会科学版，2009 (4)：51－58.

③ 石中英. 本质主义、反本质主义与中国教育学研究 [J]. 教育研究，2004 (1)：11－20.

物本质，揭示事物发展变化的规律。而规律就是事物之间内在的本质的联系，本质乃事物内在的必然联系。就高等教育研究而言，高等教育学就是探讨高等教育发展规律并为指导高等教育实践服务的学问。本质主义认识论是建立在感性—理性、现象—本质的二元对立的思维模式基础上的，它认为事物发展变化所呈现的只是其表象，而事物的内在本质则是固定的、不变的；对事物的本质认识不可能通过感觉器官获得，必须通过理性思维方能成功。这一认识论也是后现代主义经常批判的理性中心主义立场。

毋庸置疑，高等教育学在学科初创时期，最关心的是对高等教育发展规律的探讨，因为这是高等教育研究获得学科地位的前提。所以，高等教育学一开始就试图通过揭示高等教育的本质来确立关于高等教育的基本认识并用于指导高等教育实践。高等教育学经过艰苦努力，终于在 20 世纪 80 年代中期创建了自己的学科，① 专业学位点建立是学科成立的标志。

众所周知，高等教育学建设的背景是为了使高等教育发展摆脱长期以来受政治影响而出现的大起大落局面，也是为了摆脱使教育单纯作为意识形态出现的传统境遇，呼吁按照教育规律办大学。② 为此，教育界还展开了教育本质的大讨论，高等教育研究者也参与了这个大讨论。正是在这一大背景下，高等教育学开始了建立独立学科的努力。随着高等教育学专著出版、高等教育学学位点的设立和高等教育学研究会的建立，高等教育学的学科地位逐步确立起来。此刻人们努力把高等教育学建设成一个理论性非常强的学科。

1985 年的《中共中央关于教育体制改革决定》颁布以后，高等教育体制改革序幕拉开了。特别是中央提出发展商品经济、推进由计划经济向有计划的商品经济转轨的目标后，高等教育研究如何为经济发展服务的任务也随之提出，此时高等教育研究的重心开始转移，即从过去关注高等教育学理论体系建设转向如何为经济改革服务上，此时高等教育学提出了"主动适应经济转轨要求"的现实命题。③ 这个转变也是对学科建设成果的一次价值认证。

随着高等教育与新型的市场经济互动密切，高等教育学再次面临失去主体地位的困惑，这使人们感觉高等教育过去作为政治工具的地位可能被作为经济

---

① 李均. 中国高等教育研究史［M］. 广州：广东高等教育出版社，2008：178.

② 潘懋元. 潘懋元文集：卷二·理论研究（上）［M］. 广州：广东高等教育出版社，2010：17 – 31.

③ 潘懋元. 高等教育：历史、现实与未来［M］. 北京：人民教育出版社，2004：346 – 356.

工具所取代。此时，多学科研究范式开始引进也引起了高等教育学的内部危机，因为人们发现高等教育开始成为其他学科的殖民地，高等教育学宣称的独立疆界被打破。这告诉人们，高等教育学面临着转型。①

在世纪转折处，高教研究面临新选择。此时，西方学术思潮，特别是后现代思潮对中国高教研究产生了重大影响。后现代思潮促进高教学界对传统研究范式进行反思，对宏大叙事研究进行检讨，而高等教育大扩招之后也提出许多现实命题亟待高教研究者回答，这就形成了高教研究范式转变的动力。恰在此时，质性研究范式和院校研究范式已经度过了初期的水土不服期而逐渐被高教研究界接受，从而为范式转变提供了理论资源。② 新的研究范式登场，说明高等教育学走向了一个新阶段，即进入学科再造时期。行动研究范式的提出，说明高等教育研究价值追求多元化，即不仅以传统的理论知识探求为目标，而且开始把实践效果改进本身作为目标。这些都告诉我们，高等教育研究进入了多元化时代。③

多元研究范式进驻高教研究阵地的现实，说明高教研究从关注高等教育本质的宏大叙事开始向关注个体发展等微观叙事方式转移。无论是质性研究还是院校研究，都是针对个案进行，都没有把发现普遍知识作为自己的使命。换言之，这实质上是对本质、规律等宏大叙事的疏离。行动研究范式把行动改进作为独立的目的，事实上已经成为非本质论的呼喊。这一切变化都在告诉人们，非本质主义研究范式已经登上高等教育研究的舞台。

非本质主义研究范式在认识论方面的典型特征是：不承认事物背后存在一个固定不变的本质，认为本质具有生成性，即在不同情境下所表现出的本质是不一样的，追求不变的本质是一种虚妄。正是这一认识论立场，促使人们把视野转向目前和当下，关注人的现实的真实需求而不是期许遥不可及的将来。与本质主义相反，非本质主义非常注重人的即时感受和当下体验。在非本质主义视野中，个体价值感受取代了传统的客观知识的追求而居主导地位。

客观地说，高教研究范式转变是高教发展历史变化的反映。高等教育在进入大众化阶段后，价值观也发生了根本性转变。在精英高等教育时代，大学以

① 王洪才. 论高教研究的四种范式 [J]. 北京师范大学学报：人文社会科学版，2002（3）：74 - 82.
② 刘献君. 中国院校研究将从初步形成走向规范发展 [J]. 高等教育研究，2011（7）：1 - 8.
③ 王洪才. 多元方法：高等教育研究的新里程 [J]. 大学教育科学，2011（5）：82 - 86.

探讨高深学问为天职。而在大众高等教育时代，满足入学者的需求似乎成了第一位选择。于是，以学生为中心的观念逐步地取代了传统的以知识为中心的观念。在今天，高等教育质量显然不能再以学术水平作为唯一衡量标准了，还必须以满足市场需求和学生自身的需求作为参照标准。① 这一转变也带动了高教研究者的思维方式转变。这正是从本质主义向非本质主义转变的客观背景。我们认为，高教研究者的思维方式转变带来了高教研究范式的多元化，意味着高教研究进入了百家争鸣时期，也预示着高等教育研究开始走向成熟。

二、高等教育研究中两种本质主义倾向的影响及其境遇

在我国，高教研究范式在从本质主义向非本质主义转变是在平静的状态下进行的，无论是多学科范式的引入，还是质性研究范式或院校研究范式的引进，都没有引起激烈争辩。也许最能够引起高教学界讨论的是潘懋元先生提出的命题"多学科研究方法可能是高等教育研究的独特方法"②。这说明，高教研究确实面临着思维方式变革的冲击。在高教研究思维方式变革中，本质主义思维方式面临着强劲挑战。最能够代表本质主义研究范式的是两个研究传统：③ 一是致力于建立高等教育理论体系的思辨研究范式，它具体表现为寻找高等教育学逻辑起点运动；另一个则是致力于高等教育研究科学化的实证研究传统，其具体表现就是要求高教研究采用定量研究方法，努力使高等教育学变成一个硬科学。

思辨研究范式是哲学研究采用的基本方法，以黑格尔的思辨哲学为典型代表，马克思的经典著作《资本论》也是运用该方法写就的，只不过马克思将黑格尔的唯心辩证法倒置过来变成了唯物辩证法。④ 而高等教育学要建立自己的理论体系就需要借鉴这一研究方法。具体操作方法是，使用逻辑分析的方法从众多的高教现象中找到高等教育学的最基本概念，然后用该概念去解释高等教育中的所有现象，从而形成一个概念系统，并且使概念系统的演进过程与高等教育发展历史相统一。所以，做到逻辑的与历史的相统一是思辨研究范式的基本要求，唯有如此，高等教育学的基本概念才能解释高等教育的所有现象。

思辨研究范式的一个基本假设是：任何事物存在都有一个特殊的本质，该

---

① 王洪才. 论均衡的高等教育质量观的建构 [J]. 教育与现代化，2002（6）：3-8.
② 潘懋元. 多学科观点的高等教育研究 [M]. 上海教育出版社，2001：1-6.
③ 潘懋元. 高等教育研究方法 [M]. 北京：高等教育出版社，2008：52-66.
④ 薛天祥. 高等教育文集 [M]. 北京：高等教育出版社，2003：35-42.

本质使之与其他事物相区别同时又统一在广大的宇宙中。高等教育现象是其特殊本质的表现，它是高等教育现象与其他社会现象相区别的根据，如果能够把握这一特殊本质就可以理解高等教育的各种现象，那么，这一特殊本质就是高等教育学的最基本范畴，从而也就是高等教育学的逻辑起点。一旦找到了这个逻辑起点就可以建立严密的高等教育学的概念体系，而建立了这样的概念体系，则标志着高等教育学科走向了成熟。①

可以说，寻找高等教育学逻辑起点是高等教育学自初创时期就发下的誓愿，因为这是建立高等教育学理论体系的必需，也是使高等教育学摆脱其经验主义味道的必然选择。该种研究潜藏的一个假设是，如果一个学科缺乏一个一以贯之的概念，那么就意味着该学科知识是不成熟的。所以，寻找高等教育学的逻辑起点一直是高等教育学开拓者们的一个心结。

无奈高教现象太过复杂，要梳理出一个最基本的概念且能经得起历史的和逻辑的检验显然难度太大。② 所以，尽管有的高教研究开拓者在此用力甚勤，但成效并不显著。

即便如此，人们并没有放弃建设高等教育学理论体系的努力，如关于"高等教育学是一门学科还是一个领域"的论争就是逻辑起点运动探讨的延续。③ 关于"学科还是领域"的争论无疑是为建设高等教育学理论体系确立前提条件，因为只有当证明高等教育学是一个严格意义上的学科时，才有可能和必要去寻找它的逻辑起点，否则就不必固执于寻找它的逻辑起点。目前高等教育学在"学科还是领域"问题上人们并没有达成共识。④

实证研究范式则在自然科学中广为流行，在部分社会科学如经济学中运用甚广。教育学在初创时期"实验教育学派"也曾致力于该路径探索，教育测量学就是在实证研究的理念下发展起来的。但由于教育现象太过复杂，教育对象为具体的个人，因此无论实验手段还是测量方法在此都遭遇到伦理困惑。这表明，自然科学方法不太适宜于教育研究。

尽管如此，仍有相当部分高教研究者坚信高教研究运用实证方法是可以成功的。因为实证方法具有明显的优势，如它能够提供明晰的研究思路，提供可

---

① 薛天祥. 高等教育文集 [M]. 北京：高等教育出版社，2003：3-13.
② 薛天祥. 高等教育文集 [M]. 北京：高等教育出版社，2003：35-42.
③ 王洪才. 教育学：学科还是领域 [J]. 厦门大学学报：哲学社会科学版，2006（1）：72-78.
④ 刘海峰. 高等教育学：在学科与领域之间 [J]. 高等教育研究，2009（11）：45-50.

以验证的结论，也容易为教育决策提供精确的数据支持，这为我国从经验决策向科学决策过渡起到了积极作用。但是，进行实证研究必须建立在严格的假设基础上，如果没有严格的科学假设，实证研究的意义并不明显。而要建立严格的科学假设，就必须进行思辨研究，就必须将研究对象分解到无法分析为止，从而建立基本的假设模型并为进一步测量提供依据。显然，要做好这一步并不简单。我们知道，实证研究方法是在颠覆思辨研究方法基础上兴起的，但它并没有完全否定思辨研究的基本思路，它只是放弃了对知识的形而上追求，转而追求知识的实体形式，试图使知识建立在精确的、可观察的基础上。这仍然是一种唯一论立场，是本质主义立场的变种，因为它旨在获得一种唯一正确的知识，这与高等教育学理论体系建设者对逻辑起点的寻找的思路本质上无异，只不过它追求的不是一个最具有概括力的抽象概念，而是用数学方式来表达的公式定理。换言之，实证论者探求的是一种可经验的本质，不同于思辨研究的理念本质。但事实证明，实证研究无法提供最精确的、最标准的知识，思辨研究也很难找到令人信服的逻辑起点。正因于此，人们开始寻找新的突破，于是多元研究范式就获得了发展机会。

三、非本质主义思维方式的逻辑基础

如前所述，多元研究范式进驻高教研究阵地的标志是多学科研究范式被广泛接受，院校研究范式和质性研究方法的引入，这些显著变化为高等教育研究注入了活力，从而也促使人们思考高等教育学的建设路线并思考这些新的研究范式的逻辑基础。多学科研究方法的引入本身就标志高等教育学不能固守于寻找自己的独特方法的传统思路，这促使高教研究从封闭走向开放。① 院校研究范式的出现使高教研究价值观发生了震动，这标志微观叙事研究同样具有价值。质性研究范式更为关心处于弱势地位的个体，从而使高教研究真正走向了行动者本身。这种从一元价值到承认多元价值的过渡，正表达了非本质主义思维方式逐渐在扩大自己的影响范围。

非本质主义研究范式的出现实质上就代表了人们对唯一知识观的怀疑，实际上也是对传统的因果决定论的线性思维逻辑的怀疑。受后现代主义影响，人们怀疑事物本身是否存在一个不变的本质，各种事物之间是否存在严格的界限。对于高教研究者而言，一个直接的现实是，高等教育现象并不单纯具有教育属

---

① 潘懋元. 多学科观点的高等教育研究 [M]. 上海教育出版社，2001：1-6.

性，它还具有政治、经济等多重属性，而且各种属性之间的严格界限是不存在的，这样的话要确定本质属性就几乎不可能。此时，人们开始拒绝在完全统一的立场上看问题而倾向于采取多元视角。所以，视角主义可以代表非本质主义的思维逻辑。视角主义认为，人们无论看待任何事物，都不可能从完全统一的出发点看问题，都必然受到自身所处的情境左右，特别是受到自己的理论前设和价值立场的左右，所以要做到无偏见的观察几乎是不可能的。那么，人们要寻找的共同本质也是不存在的。

与思辨研究强调绝对理性和实证研究强调价值中立不同，非本质论者认为在高教研究中承认价值存在是正当的，认为这是高教研究无法逾越的命题。不少研究者认为，文化可能是解释高教现象的最后因素。[1] 而文化就是一个民族的生存样法，代表了一种独特的价值吁求，是价值观念与行为方式的统一体，具体表现在人们日常的思维方式和风俗习惯中。[2]

所以，非本质主义研究范式的一个典型特征是把价值因素引入到高教研究中。显然，在不同价值观的指引下，高教改革和发展路线是不同的，当然也不存在一个绝对科学的路线。换言之，高教研究也是在表达不同利益群体的诉求及实现不同利益群体之间的平衡。如此，就不可能采取一种标准的研究方案，必须采取同情式理解的解释学方法来揭示这些现象。文化研究的主旨就是要尊重不同的利益诉求，尊重多元价值观存在的客观事实。而质性研究则更多地尊重研究对象的价值主体的地位，从而它也更有助于揭示沉默的少数人的声音。

可以说，非本质主义遵循的正是一种价值主体多元且平等的逻辑。这意味着，在高等教育活动中决定性的主体也不是唯一的，而是多元的，而且在多元主体之间都具有一种平等对话的身份，从而不是一种谁依附谁的问题。传统的高等教育观所追求的价值是唯一的，常常是只有国家唯一利益，高教研究就是为了反映国家的利益。而高等教育进入大众化时代后，利益主体分化使不同主体具有了自己的独立利益诉求，从而成为必须关照的对象。[3] 其中，特别要关照弱者的利益。所以，承认不同利益群体的不同诉求并给以公平的言说机会是非本质主义的内在逻辑。正是在这一意义上，非本质主义可以超越本质主义的

---

①　顾明远. 教育国际化与本土化［J］. 华中师范大学学报：人文社会科学版，2011（6）：123 – 127.

②　顾明远. 教育国际化与本土化［J］. 华中师范大学学报：人文社会科学版，2011（6）：123 – 127.

③　王洪才. 大众高等教育论［M］. 广州：广东教育出版社，2004：12 – 80.

研究范式，从而打开人们研究高等教育的基本视域。在非本质主义的逻辑中，高等教育发展放弃了统一模式，高教质量观就不再是单一的或唯一的，高等教育的形式也不是唯一的，高等教育不仅要关注知识本身发展的需要，更需要关注受教育者的个性发展需求。如此，高等教育追求学术质量并不是一种普遍追求，而追求与受教育者个性相适应的教育方式则是一种普遍的追求，必须充分重视教育者本身的个性价值追求，否则这个价值观仍然是偏颇的。因此，追求多元价值的平衡是当代高等教育价值观的核心追求。这也是高教研究进入文化研究视域后的必然反映。

四、学术大师在研究转型中的示范作用

在学术发展上，学术大师的影响是不言而喻的。学术大师通过学术演讲、讲学和为政府决策提供咨询及出版等发表学术观点，都能够对学术界产生巨大影响。在高教研究的思维方式转变过程中，学术大师的影响是潜移默化的。

总体而言，高教学者从本质主义向非本质主义转变是无意识的。作为高等教育学泰斗的潘懋元先生尽管没有旗帜鲜明地率领这一转变，但他的学术思维动向实质上引领了这一转变。无论是从学会创立，还是从建立高教研究的实体单位，或是从出版高等教育学专著，以及后来的学位点建设，潘先生都当之无愧于"中国高等教育学奠基者"的称号。[①] 他最初关注高等教育学理论体系的建设，努力使高等教育学成为一个独立的学术系统。在经过一段时间的努力之后，他发现这有脱离实际的危险，于是他呼吁高等教育学研究要结合实际，为指导高教改革实践实际服务。针对高教研究有画地为牢的风险，他提出了"多学科研究可能是高等教育研究的独特方法"的命题，[②] 这一猜想对于建立开放的高教研究领域具有重要的意义。这一呼吁使中国高教研究与国际高教研究实现了接轨，避免了高等教育学成为一种象牙塔学问。在世纪交界处他又提出了具有中国特色的高等教育大众化理论，即高等教育大众化过渡时期理论，[③] 这是高等教育大众化理论本土化的一个重要成果。在关于中国高教发展方向的问题上，他提出了公办与民办并存、精英与大众并存的设想，所以他为民办高教

---

① 谢沃，A. 潘懋元：一位中国高等教育学科的奠基人 [M]．高晓杰，等，译．北京：高等教育出版社，2008：1 - 174.

② 潘懋元．多学科观点的高等教育研究 [M]．上海：上海教育出版社，2001：1 - 6.

③ 潘懋元，等．关于高等教育大众化阶段的过渡理论 [J]．高等教育研究，2001（3）：1 - 6.

发展奔走呼号，为建立独立的高职教育体系而大声疾呼，同时也大力倡导加强高教体系内部分化，从而提出了发展应用型本科的设想。① 在高教发展面临的新转折时期，他又呼吁高等教育学界要加强理论研究，认为从事高教实践研究脱离理论思考同样是危险的。这一呼吁表明，高教理论研究的新的发展期来临。

由于潘先生在中国高教学界德高望重，他的意见得到了学界的高度重视。可以这样判断，潘先生的学术思维路线在很大程度上引领了中国高等教育学的建设和发展方向，中国高等教育学发展轨迹具有浓厚的潘氏风格，② 比如他的教育内外部规律思想、③ 大众高等教育质量观思想、④ 多学科研究思想、发展应用型本科思想等对中国高教学界影响至深，而且也影响了中国高等教育决策思维，成为中国高等教育学发展史上一道亮丽的风景。

从潘先生这一思维发展路线可以看出，他既没有坚持唯理论的路线，也没有主张完全从经验出发，而是坚持理论与实践结合的路线并在一定时期要各有侧重，这在一定意义上可以说明，他是不怎么相信本质主义的思维范式的。他的公办与民办并重思想、精英与大众并存的理论，说明他的思维品质不是一元主义的，也就是说与本质主义是有相当距离的。他的多学科研究方法思想，是对拒绝一元主义或本质主义的正面回答。

特别需要指出的是，潘先生对于后现代主义思潮持一种辩证的态度，即一方面肯定其对学术思想解放的意义，另一方面则反对其所持的否定一切的态度。所以，潘先生的非本质主义思维方式主要来源于解答高教发展中的现实问题的需要，而非受后现代思想影响所致。

此外还有一批杰出学者在推进高教研究范式多元化中做出了重要贡献，如刘献君教授推进了院校研究中国化、陈向明教授把质性研究引入中国，张楚廷教授和杨德广教授在行动研究方面取得了成功，薛天祥教授对高等教育学理论体系进行的探索，郝克明研究员对实证研究的提倡等。

---

① 潘懋元. 高等教育：历史、现实与未来 ［M］. 北京：人民教育出版社，2004：329 – 508.
② 杨广云. 高等教育学学说的基本理论——潘懋元学术思想研究之四 ［J］. 现代大学教育，1999（4）：7 – 12.
③ 潘懋元. 潘懋元文集：卷二·理论研究（上） ［M］. 广州：广东高等教育出版社，2010：461 – 542.
④ 潘懋元. 高等教育大众化的教育质量观 ［J］. 江苏高教，2000（1）：6 – 10.

五、结语：向非本质主义转变是一个长期过程

尽管非本质主义研究范式事实上已经被高教研究界接受，但这种接受颇有几分无可奈何的意味，因为非本质主义并不能给人们提供明确的答案，致使人们仍然怀念能够为人们提供确定答案的本质主义的思维方式。

如前所述，本质主义则是一种既定论的主张，即认为事物本质是先定的，科学研究就是为了探究事物内在的本质的联系，所以，高教研究就是为了发现高教现象的本质，探讨高教存在和变化的规律，这也是建立高等教育学科的前提。就非本质主义思维方式而言，如果拒绝事物存在一个本质的话，就必然拒绝规律，那么高等教育学还能够以科学的面貌出现吗？这是否也危及了高等教育学的学科地位？

接下来的问题是：如果没有本质和规律的话，那科学研究的目标又是什么？如果仅仅是关于世界现象等偶然性的描述，那对人们的生活实践或社会活动还有什么启示？或者说，知识又是什么？知识体系如何积累？是否会陷入"什么都行"的无政府主义方法论立场？①

显然这些问题太过巨大，非高教研究所能解答，但它却预示着高教研究从本质主义向非本质主义转化将是一个漫长的历程。在这一转化中，两者将在相互诘难的过程中长期共存下去，这将促使高教研究更加开放，更加多元，也最终将高教研究推向成熟。

---

① 佟立. 西方后现代主义哲学思潮研究［M］. 天津人民出版社，2003：55 – 115.

五、

05

| 高等教育学发展历程反思 |

中国高等教育学的创立、再造与转向^①

引导语：改革开放 30 年来，中国高等教育学经历了"学科初创""学科认证""学科再造"直到今天的"学科转向"四个阶段。这一发展历程展现了高等教育理论探索与改革实践之间的互动逻辑，同时表明，中国高等教育学科建设具有浓厚的本土气质。在 21 世纪，高等教育研究重心开始向行动研究转移，这预示着中国高等教育学将进一步走向成熟。

关键词：中国高等教育学；30 年回顾；四阶段

十一届三中全会以来，中国高等教育面貌发生了巨大变化。在这一发展过程中，一直有高等教育理论探索相伴随。在一定意义上，中国高等教育学科发展轨迹也折射出中国高等教育发展的历程。回顾 30 年来中国高等教育学科发展历程，可以发现，中国高等教育学经历了学科初创、学科价值认证、学科再造和学科转向四个阶段，研究重心也经历了创建理论体系——追求实践价值——接纳多学科视野——转向实践主体需要的发展过程。这一发展过程表明高等教育理论探索始终围绕着解答高等教育实践提出的重大命题进行，并以此作为高等教育学科发展的内驱力。这不仅展现出高等教育理论与高等教育实践之间存在一个相互依存的互动逻辑，同时也反映出高等教育学科具有独特的实践气质。客观地揭示高等教育学发展历程，特别是高等教育理论与高等教育实践之间的互动逻辑关系，对于完善高等教育学科建设和推动高等教育改革实践，具有重要的理论价值和实践意义。

---

① 原载于《厦门大学学报》（哲学社会科学版），2009 年 4 期，51–58 页。

一、学科初创：寻找强有力的理论支撑点

1977 年恢复高考之后，人们普遍预感到高等教育的春天即将来临。在经过"文化大革命"之后，高等教育面临着百废待兴的局面。人们在拨乱反正、解放思想的过程中深深地感受到：必须运用科学的理论来指导高等教育发展，避免高等教育再次出现大起大落的状况，高等教育再也经不起大折腾了！这已经成为高等教育界的一致声音，并在许多社会有识之士中形成了共鸣。于是，刘佛年、朱九思、刘道玉、潘懋元、余立等一批大学校长和主管领导开始倡议建立高等教育学科。① 人们认识到：高等教育有自己的规律，高等教育发展必须避免行政的过分干预，必须正确地处理高等教育发展中的内外部关系，努力使高等教育发展按照科学规律进行。为此就必须建立一个能揭示高等教育发展规律的学科——高等教育学。② 在此背景下，当务之急是组织开展高等教育学术研究，为学科建设进行学术积累，因此必须成立专门的高等教育研究机构。正值此时，厦门大学成立了全国第一家专门研究高等教育的机构，后经教育部批准成立高等教育研究所，潘懋元先生就是这一机构的创始人。③

如何来建立高等教育学科呢？最初的创建者们比较一致的看法是：首先要建立高等教育的研究机构，出版高等教育学专著，培养高等教育专业人才以及成立高等教育学术联系组织。其中高等教育学专著出版是最具有标志性的事件，因为它才能真正反映该学科的积累程度，反映是否具备成为一个学科的基本条件。当时高等教育学的撰写思路一般被认为遵循这样一个公式：高等教育学 = 教育学原理 + 高等教育实践。这个公式的含义是高等教育学属于教育学的下位学科，它遵循教育学的基本原理，但需要与高等教育具体实践相结合。这个公式也是第一本高等教育学乃至许多高等教育学编写的基本思路。

这一建设思路也引起了一批高等教育研究者的激烈讨论：从教育学原理演绎出高等教育学的路线是不是最佳的路线，它究竟是建立一个理论体系还是一个经验体系或工作体系。在经过讨论后大家认为：从这一思路出发的高等教育学建设能够反映高等教育的工作需要，但这个体系还只是一个工作体系或经验

---

① 李均. 中国高等教育研究史 [M]. 广州：广东高等教育出版社，2008：108 – 115, 150 – 161.

② 潘懋元. 高等教育：历史、现实与未来 [M]. 北京：人民教育出版社，2004：15 – 31.

③ 李均. 中国高等教育研究史 [M]. 广州：广东高等教育出版社，2008：108 – 115, 150 – 161.

体系，尚不是一个科学的理论体系。① 科学的理论体系应该是建立一个完善的概念体系，该体系是从高等教育活动的最基本范畴探讨开始，即从寻找高等教育学的逻辑起点开始。而这是高等教育学未来努力的目标。可以看出，无论是工作体系还是理论体系，都具有强烈的"体系范式"② 色彩，都希望高等教育学体系能够囊括和解释高等教育活动的所有现象，从而能够为高等教育活动提供全面的指导。

因此在学科初创阶段，高等教育研究就确立了以建立真正的高等教育理论体系作为自己的奋斗目标。为什么要建立一个完善的概念体系呢？因为大家将此作为严格的科学地位的象征，代表学科的成熟程度。一个完善的概念体系指从高等教育学的最基本概念出发能够演绎出涉及高等教育活动的所有概念，而且这一演绎过程是与高等教育发展历史相对应的，即所谓历史的与逻辑的对应，这不仅是黑格尔思辨逻辑的基础，③ 也是马克思的《资本论》撰写的逻辑基础。

问题的关键就在于如何确立高等教育学的最基本概念。这个概念不可能想当然地确定，而必须给予历史的和逻辑的证明。现实中每位高等教育研究者都倾向于把自己最为偏爱的概念作为高等教育学的最基本概念，但这很难获得历史的和逻辑的证明，因为他们都难以克服个体经验的局限。从根本上说，这个局限是不可克服的。因为只有站在完全的哲学角度才能较好地完成这一使命，而作为局内人很难超越自己的立场。从另一个角度说，进行高等教育研究必须跳出教育自身的局限，必须把高等教育与教育外的事物进行比较，如与政治、经济、文化等现象进行比较，这样才能发现高等教育的恒常性，进而得出它的最基本范畴。显然这是对高等教育研究者的巨大挑战。

在关于高等教育学概念体系建设中，华东师范大学薛天祥教授做出了突出贡献。他主要致力于高等教育学逻辑起点的探索，一直试图建设一个真正科学的高等教育学理论体系，④ 他所主编的"高等教育理论丛书"就贯穿了这一思想。⑤ 实事求是地说，这个意愿是很难达成的。从高等教育学的实际建设情况看，经验体系探索一直是主流。按照经验体系的路线，高等教育学的体系基本

---

① 肖海涛，殷小平. 潘懋元教育口述史 [M]. 北京师范大学出版社，2007：153 - 178.

② 王洪才. 论高教研究的四种范式 [J]. 北京师范大学学报：人文社会科学版，2002（3）：74 - 82.

③ 黑格尔. 小逻辑 [M] 贺麟，译. 北京：商务印书馆，1980：327 - 428.

④ 薛天祥. 薛天祥高等教育文集 [M]. 北京：高等教育出版社，2003：3 - 62.

⑤ 薛天祥. 高等教育学 [M]. 桂林：广西师范大学出版社，1999：7 - 17.

上包括总论和分论及合论三大部分，总论是关于高等教育与社会政治、经济、文化等基本关系的论述，分论则是关于高等学校各项工作的论述，合论则是一些宏观管理论述。这基本上是与人们从事高等教育工作的思路是吻合的，所以被称之为经验体系或工作体系。潘懋元先生的《高等教育学讲座》是高等教育学经验体系的开创者，也是高等教育学这门学科的开创者，其历史地位是无法代替的。①

但无论是理论体系或经验体系都面临着无法直接地回应高等教育改革发展实践需要的问题，特别是在《中共中央关于经济体制改革的决定》和《中共中央关于教育体制改革的决定》颁布以后，此时高等教育理论探索把如何来解答高等教育与经济改革需要相适应的问题视为更急迫的问题。于是高等教育学建设就进入到第二个阶段：投入实践，在实践中检验自己的价值。该阶段的中心任务是探索高等教育如何与经济体制改革相适应。

二、学科价值认证：回应高等教育改革实践的需要

探讨高等教育如何与经济体制改革相适应，说到底就是要探索高等教育制度改革如何与经济体制改革相适应的问题。我国在社会经济改革实践中提出了究竟该如何走社会主义道路的问题。对这一问题的总体的理论思考成果是社会主义初级阶段理论的提出，这一理论也成为高等教育理论探索的出发点。② 这一时期的探索方式仍然是演绎式的，即从经济体制改革要求推导出高等教育应做的变革。我们知道，高等教育必然要与经济运行的各环节发生联系，因此，高等教育运行机制必须根据新的经济运转方式进行调整。③ 传统上，高等教育就是计划经济的一个环节，是属于输送高级专门人才的环节，高等教育的招生计划、培养过程和毕业分配都按照统一计划的方式进行。这一方式当然是无视人才的个体性特征的，是与新的经济运转方式的要求格格不入的，因此，必须对高等教育的运转方式进行系统改革。

实事求是地讲，使高等教育适应经济体制改革的要求与坚持教育自身特性的传统观点是相冲突的。我们知道，在经过拨乱反正之后，人们痛感教育受政治运动的左右太大，违背了教育活动的规律，为此人们开展了教育本质的大讨

---

① 薛天祥. 高等教育学 [M]. 桂林：广西师范大学出版社，1999：3 – 7.

② 薛天祥，杨德广. 社会主义初级阶段高等教育 [M]. 上海：百家出版社，1989：3 – 281.

③ 潘懋元. 正确对待商品经济对高等教育的冲击 [J]. 高等教育研究，1989（3）：3 – 9.

论。经过反思，人们认识到，教育虽然有诸多属性，但毕竟有自己的特性和规律，因此必须保持教育的相对独立性。现在讨论高等教育必须适应经济体制改革的要求就面临着一个观念的转变，因为人们担心教育从过去的政治决定模式变成新的经济决定模式，从而仍然丧失教育的独立性。为了避免思想观念与现实改革需要之间的矛盾，人们又在适应论中区别了主动适应和被动适应，但这些区别都无法回避一个根本问题：高等教育改革以是否适应经济体制改革的要求来判断自己工作的绩效，而且这也是检验高等教育理论研究成绩的依据之一。如此，关于高等教育改革的理论思考就不自觉地卷入到"经济中心论"或"经济决定论"的思维模式当中。

在关于高等教育与市场经济关系的论争中，一批改革的激进分子主张高等教育必须适应市场经济要求，为此就必须从招生、培养和分配各个环节来重新建构高等教育运行机制。在鼓吹高等教育与市场经济相适应的理论工作者中，杨德广①、胡瑞文②和笔者本人③都是其中的代表者。

毕业生分配制度的改革最终确定了"双向选择、自主择业"的新的就业模式，这虽然表现在政策层面，但确实反映了高教理论界的探索成果。高教理论界在适应经济领域改革过程中提出了建立"人才市场"概念，用人才市场理论指导高校毕业生的就业改革。人才市场理论认为应该建立以人才市场为主导的人才配置机制，因为人才市场主张用人方和人才之间是一种平等的自愿的契约关系。在这里，尊重人才的自主性放在了中心的位置。人才市场概念的提出就彻底地打破了由国家统一分配的传统就业模式在观念上的束缚。

对招生制度改革的探索成果同样对招生制度改革实践发挥了重要的理论导向作用。1977 年国家统一高等学校招生考试制度恢复后就面临一个现实的问题：如何照顾不同层次高等学校的生源需要，如何处理不同地区生源素质不均衡的问题，如何照顾城乡之间的生源状况差异问题。这些实践问题是高等教育理论探讨的直接动因。我们知道，在招生考试制度问题背后反映的是地区社会经济发展状况的差异，反映了高等教育资源分布状况的不均衡，反映了各地的教育基础水平的悬殊，反映了各地对高级专门人才的需求状况差别，因此，确立一

---

① 杨德广. 关于建立教育市场的思考 [J]. 中国高教研究，1994（3）：46–52.
② 胡瑞文. 要利用市场机制促进教育事业发展 [J]. 探索与争鸣，1996（6）：34–35；
　 胡瑞文. 教育市场的利用与规范 [J]. 求是，2002（23）：48–50.
③ 王洪才. 论教育市场 [J]. 高教与人才，1993（1）：2–5；王洪才. 高等教育适应市
　 场经济的三部曲 [J]. 江苏高教，1993（2）：11–14，18.

个公平的招生政策直接关系到地区发展的均衡问题。而传统的招生制度无法充分照顾地区需要和区域差异，因为传统的人才观单纯强调人才的国家属性而忽视了人才的区域属性、个体属性等因素。这样的招生培养制度显然与中央和地方"分灶吃饭"的经济改革政策不相适应，也与分配制度中所要体现的人才的个体属性不一致。为此就必须改革完全统一的招生制度，建立更为公平有效的招生考试制度，从而能够反映不同地区对人才的规格需求和规模需求，允许地方在招生方面具有一定的自主权。所以各地的招生改革试点就此展开了热烈探索。探索的重要成果是对委托培养制度和自费生制度的确认，这一探索成果对民办高等教育发展起到了重要的理论支撑作用。

在培养环节改革的理论探索方面，高等教育理论界也取得了一些重大成绩。在改革开放初期，由于人才断层，招生的来源是多样的，一大批具有实践经验的高中毕业生进入高等学校学习，这批学生后来在各条战线的建设中发挥了突出作用。之后，生源素质逐渐趋向单一化，最终形成以应届高中毕业生为唯一对象，从而出现了学生的理论知识基础较好而实践动手能力欠缺的问题。针对如此情形，高等教育理论界提出了要科学处理知识和能力关系问题，提出要改革教育和教学方案，重点在于培养学生的社会实践能力等意见。这一理论探讨成果最终形成了第三次全国教育工作会议大会报告的主要内容之一。

可以看出，招生、培养和分配三个环节的理论探索是紧密结合高等教育实践中的问题进行的，高等教育的理论探索对高等教育改革实践发挥了重要的理论导向作用和理论支撑作用。但一个不可回避的问题是：在关于高等教育与经济体制改革相适应的思考中，基本上是在"被动适应"情况下进行的，所以所做出的思考基本上属于对策式的或应急式的，而不是对高等教育的长远发展的战略思考。换言之，还没有上升到对高等教育的根本属性的思考，没有考虑到高等教育与社会经济发展之间存在着深层的互动关系。这些也是所有的高等教育改革的理论探索无法事先预见的，因为高等教育改革本身就非常复杂，只有在改革过程中随着问题的不断出现才能促进人们进行更深层次的思考。

这一时期的高等教育研究风格以应用性研究为主，即从技术层面探讨高等教育如何与新的经济形式相适应。这种探索方式是局部的，常常指向一些对策性意见而缺乏深层的理论思考，从而难以建立一个统整的理论体系，尤其对高等教育学科建设的作用不是非常明显。换言之，这样的理论探索往往衬托出高等教育基本理论探索的薄弱，反映出对高等教育改革实践的指导性不强。① 高等教育改革实践要求建立更为系统化的理论，从而指导高等教育改革向深层次发展。

三、学科再造：多学科视野与高等教育研究反思

随着高等教育改革的深入，特别是在进入 20 世纪 90 年代中期之后，高等教育在适应市场经济的改革过程中出现了一系列负面现象，所引发的社会问题越来越多，这些问题不仅是理论缺失的反映，也是实践中的失误表现，它们都超出了纯粹的教育研究范围，也超出了简单的高等教育与经济体制改革相适应的关系范畴，从而迫使人们进入对高等教育属性的深层次思考。这就必须深入思考高等教育与社会各方面的广泛联系的属性，从更新的角度来探讨高等教育与社会经济发展的关系。由此高等教育研究的总体视角发生了变化，从传统的适应观进入到新的互动观，即坚持高等教育有自己的独立价值，不完全为了适应经济改革的需要。这样，高等教育的理论探讨便逐渐从传统的"经济中心"思考模式中走出，站在更公允的立场来思考高等教育与社会经济发展要求相适应的策略，同时也促使高等教育理论研究走向具体化，从更细致的角度进行研究。

当人们思考的出发点改变后，高等教育的研究策略也随之发生了转变。人们发现，在高等教育改革过程中所发生的一系列问题都与人们的意识形态有关，与人们的思维模式和行为习惯有关。这是一个深层次的文化问题，它无法从单一学科的角度来解释，必须进行多学科多维度探索。在这个时期，多学科的研究视角被借鉴过来，研究者从不同的理论视角来探索高等教育改革实践中提出的问题。可以说，多学科探索成为这个时期高等教育研究的一大景观，它预示着：高等教育研究是一个多学科的集合，而不是传统的封闭性的学科。② 而且高等教育研究需要以多学科的发展背景为研究对象，从不同学科发展过程中透视高等教育的总体发展规律。因此，原先的建立独立的高等教育学科的设想便转换为开展高等教育的多学科研究。这一重大转变反映出高等教育理论探索从一个总体层次走向一个更为具体的层次，走向一个与高等教育社会实践关系更

---

① 潘懋元．高等教育学科建设的回顾与前瞻［J］．高等教育研究，1995（3）：1 - 5.
② 王洪才．教育学：学科还是领域［J］．厦门大学学报：哲学社会科学版，2006（10）：72.

为紧密的层次。①

在这一时期，社会学对高等教育的理论探索的影响是非常明显的。首先是公平理论开始运用于分析高等教育实践中出现的问题，进而教育机会均等问题也出现在中国高等教育研究的视野中，这在传统的高等教育探究中是不可想象的。因为提出该命题就要面对高等教育机会不平等的现实，而传统上对此是回避的，甚至是禁忌的。

经济学对高等教育理论探索的影响作用也是巨大的。人力资本概念的影响使人们开始真正关注接受高等教育的个体收益和社会收益以及其间的平衡关系问题，并进一步关注高等教育对社会经济发展的作用问题。这样就把高等教育与经济关系的思辨研究推向了实证研究层次。

文化学研究对高等教育理论也发挥了突出的作用。由此人们开始关注价值观念对高等教育行为的影响，关注高等教育发展目标与高等教育发展模式问题，关注不同文化背景对高等教育发展模式选择的影响，从而比较客观地对待不同的高等教育发展模式并从中汲取经验和教训。

管理学与高等教育理论研究的关系更紧密，因为高等教育管理实践始终是高等教育研究的一个核心领域。高等教育改革中的一系列问题，诸如管理体制、管理效益、领导方式、管理层次和管理模式及激励模式等，都是高等教育管理实践中问题的反映。可以说，管理学在高等教育改革理论探讨中发挥着主导性作用，原因就在于高等教育改革从某种程度上讲就是一种管理方式的变革，从体制改革到具体的人事制度改革等，都是高等教育改革中所直接面对的管理问题。

传统上对高等教育理论建设发挥重要影响的学科如历史学、哲学和心理学，似乎在这一时期居于边缘的地位，因为历史经验无法处理当下面临的新问题；哲学的思辨很难马上解决实践中面临的实际问题；心理学关注人的行为动机问题但不能代替直接的物质刺激，因为现实生活所面临的都是直接的物质利益，是交换式的，而非学理式的。此外，教育学影响也呈式微状态，人们在关注教育机会时更关注的是规模效益问题而较少关注其质量问题。尽管人们经常把质量、规模、结构、效益放在一起，而且还把质量放在优先的位置，但事实上，质量问题最容易被忽视，原因就在于它难以测量。而规模、结构和效益等问题，

---

① 潘懋元．高等教育理论研究必须更好地为实践服务［J］．高等教育研究，1997（4）：4–7.

由于更具有可见性，受到的关注更多。当然，这四者之间是相互联系的，规模、结构和效益都与质量有关，但毕竟它们之间的关系是非常复杂的，而不是一种简单的线性关系。

值得一提的是系统科学思想对高等教育理论研究产生了重大影响，它对人们的高等教育哲学观念产生了重大触动，人们开始以新的视野来看待高等教育结构和高等教育系统问题，认识到高等教育各个部分的紧密联系，认识到高等教育与社会大环境之间的联系，认识到高等教育的部分与整体之间的关系。当然，系统科学不是某门具体的学科，而是一个观察的视角，它适用于广泛的研究对象，并在很大程度上丰富了传统哲学内容，加深了人们对高等教育问题的认识。

毋庸置疑，多学科视角的加入大大增强了高等教育探讨的活力，使高等教育研究内部充满了一种新奇的创造力，并且使高等教育研究的影响广泛地发射到各个学科探讨中。这在一定程度上提升了高等教育研究的理论层次，丰富了高等教育的研究内容，使高等教育研究的问题更具体了，研究方式和方法也改进了，从而促进了高等教育学科的建设和发展。

在多学科视角加入高等教育研究过程中，高等教育的问题变得更为综合了，人们都会不自觉地从多个学科视角来思考高等教育问题，这种探讨视角的变化促进了高等教育概念内涵的深化，从而使高等教育现象不仅是高等教育学的专门研究的对象，而且成为各学科研究的对象。这一变化促使人们更为关注高等教育的现实问题，思考从综合的视角来研究高等教育问题，并指导高等教育实践及为高等教育改革实践提供更好的理论说明。湖南师范大学张楚廷校长是多学科视角探讨高等教育问题的一个代表，他在大学治理的实践的过程中研究高等教育问题，其身份也从一个数学教授转变为高等教育管理问题专家。

但不容回避的是，在多学科进入高等教育研究领域的过程中，西方学术理论在其中占据了主导地位，并且在理论资源上出现了一个替代过程，即传统的马克思主义的阶级分析方法被新的多元化理论所代替，各种各样的西方理论思潮在高等教育学术界都有所体现。这也是高等教育理论在丰富和发展过程中不可避免的一个选择。也可以说，传统的高等教育研究都或多或少属于演绎式的或经验式的，即或从马克思主义基本原理演绎而来，或直接从研究者自身的实践经验总结而来，它往往使人感到空洞无物或感到缺乏理论品位，而从西方借鉴来的新的理论多属于中观层次，在一定程度上弥补了传统理论探讨的不足。特别是西方的实证研究思潮对中国高等教育研究影响极深，并成为高等教育经济学研究和高等教育社会学研究的主导方式。但不无遗憾的是，人们在借用这些西方理论时还带有明显的生搬硬套痕迹，在结合中国国情进行分析方面则严重不足。

反映这一阶段的理论研究成果的是潘懋元先生主编、由具有多学科知识背景的研究者参与的《多学科的高等教育研究》① 一书的出版，这是对我国学者运用多学科视角探讨高等教育问题的一个尝试，因此具有标志性意义。

四、学科重新定位：转向行动研究

进入 21 新世纪之后，高等教育发展面临的中心问题是由"大扩招"带来的一系列的问题，它们都是具体办学中所遇到的棘手问题。② 它呼唤高等教育研究者积极地投入对这些问题的解答。③ 而这些问题基本上都属于中微观层次，而非传统的宏观研究。理想的答案是提出能够具体指导实践的中微观层次理论而非传统的宏大理论。这促使高等教育研究重心转入行动研究范畴。

我们认为，高等教育研究任务的转变必然带动高等教育研究方式的转变。当研究者直接面对现实的实践问题时就进入了一个复杂的视野，因为实践活动是多维的，受复杂的情境因素影响，并不能预先设计一种周密的宏大的解决方案，④ 人们只能边实践边摸索有效的解决方案。

在高等教育行动研究范畴内，保障高等教育质量是首先要面对的问题，⑤ 这是高等教育在数量扩张之后的一个必然反映。但高等教育质量问题牵涉的因素太多，如有课程设置问题，有教师的配比关系问题，有教学管理方式问题，还有相应的投入问题，此外还有一系列的政策配套问题，最终还涉及对质量的评估问题。关于质量保障问题，不可能完全靠理论研究予以解决，而必须通过实践操作并在理论与实践互动中才能逐步加以解决。

另一个与质量相关的命题是创新人才如何培养的问题。这一问题牵涉的因素更广，如涉及教师素质问题，教学内容选择问题，教学时间支配问题，教学场景选择问题，学生参与性问题，教学管理导向和具体的考核制度问题，其中

---

① 潘懋元. 多学科的高等教育研究 [M]. 上海：上海教育出版社，2002：1 - 6.

② 潘懋元. 高等教育学科的世纪末回顾与前瞻 [J]. 高等教育研究，1995（3）：1 - 5.

③ 王洪才. 院校研究：转向还是逃避 [J]. 集美大学学报：教育科学版，2006（4）：3 - 8.

④ 王洪才. 论高等教育研究的特性与学科归属 [J]. 高校教育管理，2007（2）：6 - 11.

⑤ 潘懋元. 高等教育大众化的教育质量观 [J]. 江苏高教，2000（1）：6 - 10.

既有教育自身的影响因素问题，又有学生素质问题，同时还有环境影响的问题。如果不进行行动研究就不可能解决这样的一个复杂问题。

再就是校园文化建设问题，这也是一个综合性非常强的实践性命题，它牵涉校园内所有活动，同时与社会大环境密切相关，不可能通过制定一个统一的方案解决，必须针对具体的实践环境制定具体的方案。这就要求实践工作者必须同时进行理论的思考，寻找具体的解决策略。这些理论思考必然是针对具体实践中所遇到的问题进行，目的在于问题的有效解决，而不是提出一个普适性的理论。这些都必须在实际做的过程中进行研究后才能真正促进该状况的改善。

类似的问题还很多，诸如教师队伍建设问题，学科基地建设问题，学校内部资源共享问题，学校内部管理体制问题，多校区管理问题……所有这些都不可能通过预先制定一个周密的设计方案并进行操作执行，都是一个不断发现问题、不断解决问题、不断取得进步的过程。

我们认为，能够反映高等教育研究理论转向的是院校研究协会的成立，这一现象表明已经有一批高等教育理论研究者认识到了高等教育研究必须走与实践需要紧密结合的路线，在参与实践过程中丰富理论，建构理论。刘献君教授身兼管理者和研究者双重身份，在这一转变中发挥了重要作用。这一转变也代表了高等教育研究的方法论的转变。[①]

与此同时，高等教育学科发展方式也面临着转折。传统的高等教育学科的研究与教学均是理论导向型的，对具体的应用实践能力问题关注不够，而新的研究转向则要求加强应用研究和应用型人才培养，特别是随着研究生就业压力越来越大，学科建设转型任务将越来越迫切。[②]

五、学科展望：构建中观理论

可以看出，在改革开放初期，高等教育理论探索主要是围绕建构高等教育学体系进行。在经济体制改革发动之后，高等教育研究的重心转向了高等教育适应市场经济的对策的探索上。在反思市场经济对高等教育的负面影响后，高等教育研究走向了开放的多学科探索，并迎来了高等教育研究的初步繁荣。[③]进入 21 世纪后，随着高等教育实践新课题的提出，高等教育的研究重心也向行

---

① 王洪才．院校研究：困境、出路与突围 [J]．清华大学教育研究，2007（2）：1 – 6.

② 王洪才．研究生教育处在十字路口——以高等教育学科研究生教育为例 [J]．清华大学教育研究，2008（5）：16 – 21.

③ 潘懋元．多学科观点的高等教育研究 [J]．高等教育研究，2002（1）：10 – 17.

动研究转移。这也宣告，高等教育研究将放弃传统的建立宏大体系的策略，走向兼顾理论与实践需要的中观理论研究，具体步骤是采取扎根理论的方法。这一态势呼唤高等教育理论工作者和实践工作者进行合作并进行角色转换，共同来解决高等教育发展中出现的问题。这预示着，在未来，无论是缺乏理论的实践工作者，还是缺乏实践的理论工作者，他们对高等教育发展的影响将式微，只有那些能够成功扮演两种角色的研究者才能在高等教育理论建设中发挥越来越重要的作用。①

---

① 王洪才. 人种学：教育研究的一种根本方法 [J]. 厦门大学学报（哲学社会科学版），2008（3）：13－20，89.

论高等教育"适应论"及其超越①

——对高等教育"理性视角"的理性再审视

引导语：进入 21 世纪之后，中国高等教育进入快速发展的大众化阶段，高等教育发展中出现了一系列新问题，这些都需要进行新的理论阐释。传统的高等教育理论坚持高等教育应该适应社会发展要求并做出主动回应，这一思想能否继续引领大众化时代的高等教育发展就是一个急迫的学术课题。目前学术界出现了"超越高等教育适应论"思想，它能否作为一种新的学术主导思想有待学术界的批判验证。经过历史的和现实的考证，发现无论是传统的适应论还是新提出的理性视角都存在着很大的缺陷，都有待进一步完善与发展。完善出路在于从宏大理论走向中观理论，强化实体性理论建设。

关键词：高等教育适应论；理性视角；再审视

进人 21 世纪之后，中国高等教育在大众化、"985"工程建设、孔子学院建设等诸多方面取得了举世瞩目的成绩，但同时也面临着一系列困惑，最大困惑乃是"钱学森之问"②。"钱学森之问"引发了人们对大学行政化现象批判③，并掀起了人们对现代大学制度探讨的热潮，最终建设现代大学制度成为《国家中长期教育改革和发展纲要 2010—2020》的重要主题之一。然而要真正解答"钱学森之问"并不容易，因为其中牵涉到复杂的体制机制问题，当然还有观念转变和路径依赖问题，这就促使人们思考如何从根本上解决这一难题。此时一

---

① 原载于《北京大学教育评论》，2013 年 4 期，第 129 – 149 页。
② "钱学森之问"，概括地讲就是"为什么我们的学校总是培养不出杰出人才"。
③ 对大学行政化现象有多种解释，但人们一般都同意"大学的学术特色不突出，越来越像行政机构"这样的说法，至于大学行政化现象的表现就非常多，大学中出现的官本位现象就是最突出表现。

个"理性的视角"出现了（以下简称"理性视角"），它认为：中国高等教育传统上习惯于"适应论"逻辑，无视高等教育的认知理性本质，从而陷入了工具理性的困境，产生了政治理性的错觉，面临着经济理性的抉择，已走到实践理性极限，亟待回归认知理性从而走出"适应论"的历史误区。① 此论一出，即让人嗅到一股浓浓的学术争鸣气息，让人叹服其学术探究的勇气，同时也使人产生不少怀疑。因为该文所称的"适应论"所指乃是中国最负盛名的高教学家潘懋元先生的观点，"理性视角"的适当性也大可质疑，虽然它的确反映了部分大学，特别是研究型大学发展的心声。但该文的判断与措辞还是容易引起争议，如一个最直接的疑问就是"高等教育'适应论'是历史的误区吗"②。接下来的问题是：认知理性发展是高等教育的主要矛盾吗？这就需要我们进一步思考：高等教育本质究竟为何？认知理性是否代表高等教育活动的本质？"理性视角"能否超越"适应论"？这一切都促成了对"理性的视角"的理性再审视。

一、"认知理性"与高等教育本质

（一）处于争议中旳认识理性与实践理性关系

认识理性与实践理性是西方哲学中的一对基本概念，最初由亚里士多德提出并进行了系统阐发，经康德实现了革命性的转变，之后又被黑格尔颠覆，最后再一次被马克思拨乱反正从而构成人们思考认识理性与实践理性关系的基本框架。③

在亚里士多德看来，人是理性的动物，④ 人区别于万物的本质在于人具有理性思考能力，这种能力能够使人超越感性认识而进入理性认识，发现事物本质，从而使人产生自我主宰意志并成为自己的主人。当这种能力用于认识世界时即为认识理性或理论理性，它主要回答世界是什么的问题，目的在于求真；

---

① 展立新，陈学飞. 理性的视角：走出高等教育"适应论"的历史误区 [J]. 北京大学教育评论，2013（1）：95 – 125.

② 杨德广. 高等教育"适应论"是历史的误区吗——兼与展立新、陈学飞两位同志商榷 [J]. 北京大学教育评论，2013（3）：135 – 148.

③ 朱葆伟. 理性与合理性论纲 [J]. 湖北大学学报：哲学社会科学版，2011（6）：19 – 29.

④ 王善超. 论亚里士多德关于人的本质的三个论断 [J]. 北京大学学报：哲学社会科学版，2000（1）：114 – 122.

当它用于指导行动时则是实践理性，目的在于求善。① 亚里士多德把理论理性置于优先的地位，因为理论理性是实践理性的前提，由此认识理性和实践理性是一个统一体。当康德对纯粹理性进行考察后发现，人的理论理性或思辨理性能力非常有限，仅限于经验范围，无法认识事物本身，人关于事物的认识实际上是人对感性材料的综合事物本身，是不可知的，而人的意志却是自由的，能够按照善良意志支配自己的行动从而赋予实践理性更为优越的地位。② "理论理性永远无法超越可能经验的限度，而只有在实践理性那里才有超越概念"③。康德关于实践理性的认识深深影响到了马克思，④ 而黑格尔对康德的结论不以为然，他认为康德的困惑在于其思辨理性中缺乏辩证法因素，所以他在经过对康德哲学修正后创造了自己的思辨哲学体系，重新确立认识理性的优先地位乃至绝对地位。⑤ 马克思虽然同意黑格尔的辩证法，但他认为这个辩证法是倒置的，他将它扭转过来，并再次恢复了实践理性的优先地位。⑥ 到了社会学家韦伯那里，理性开始做合理性解释，从而出现了价值理性与工具理性的冲突以及形式理性与实质理性的矛盾，这对后世的社会哲学产生了重要的影响。在当代，哈贝马斯继承了法兰克福学派对工具理性的批判，也主张实践理性的优先地位，但他又提出交往理性概念，交往理性是与工具理性相对的，但又不同于价值理性，从而实现了对韦伯的理性超越。⑦

由此可见，在西方学术界，关于理性的认识一直处于发展之中，而关于认识理性和实践理性的争论一直也没有停止过。

在中国学术界，人们辩论最多的则是关于"知"与"行"的关系，我国历史上很早就出现了"知先行后"或"行先知后"和"知易行难"或"知难行易"以及"知行合一"等不同观点的论辩。⑧ 而关于认识理性与实践理性的辩

---

① 汪子嵩. 要重视对亚里士多德的研究［J］. 清华大学学报：哲学社会科学版，2002（3）：1 – 7.

② 俞吾金. 康德批判哲学的研究起点和形成过程［J］. 东南学术，2002（2）：56 – 66.

③ 俞吾金. 康德"三种知识"的理论探析［J］. 社会科学战线，2012（7）：12 – 18.

④ 俞吾金. 马克思对康德哲学革命的扬弃［J］. 复旦学报，2005（1）：28 – 36.

⑤ 俞吾金. 马克思对黑格尔哲学方法论改造及其启示［J］. 复旦学报，2011（1）：2 – 10.

⑥ 俞吾金. 论实践维度的优先性马克思实践学新探［J］. 现代哲学，2011（6）：1 – 7.

⑦ 王晓升. 从实践理性到交往理性——哈贝马斯的社会整合方案［J］. 云南大学学报，2008（6）：29 – 37.

⑧ 方克立. 中国哲学史上的知行观［M］. 北京：人民出版社，1997：1 – 393.

论则是从西方引进的，而且以阐释西方哲学观点为主。如果从西方哲学视角来看中国哲学的话，一般认为中国哲学更注重实践理性，往往对认识理性不做深究，而且建树也不多。

在今天，人们一般倾向于认为，认识理性就代表了人对事物本质的认识能力，实践理性则代表人在实践中的能动性或意志自由。① 很显然，认识理性的优势地位常常体现在人对理论知识的追求上，实践理性的优势地位则体现在人对实践效果的追求上。此时，认识理性概念有时也被替换成认知理性，它强调人在认识过程中必须遵循逻辑，符合事实，努力使人的主观认识和客观展现相一致。而实践理性则强调行动目的正确即价值合理，进而努力行动采取的手段合理，最终使行动效果与行动目的相一致。

（二）关于高等教育本质的论争

高等教育无疑是当今最重要的社会实践活动之一，其特殊性就在于它主要是通过培养高级专门人才为社会服务。② 在近代之前，高等教育活动主要集中在大学里进行，而在近代之后，从事高等教育活动的机构呈多元化方向发展。传统的高等教育机构仍然坚持以学术为主，走精英主义路线，而新的高等教育机构则走大众主义路线，坚持以社会服务为主。前者以德国柏林大学为代表，后者则以美国的赠地学院为代表。进入 20 世纪后，社区学院兴起，它以职业技术教育为主，而且逐渐成为高等教育大众化的主力军。与此同时，大学的功能也变得异常复杂多元，因而不少大学变成了多元巨型大学，不单纯追求学术，也注重实践功效。

那么，高等教育应该向哪个方向发展呢？传统大学理念论者坚持大学自治、学术自由，认为大学必须与社会保持一定的距离，大学的学术探讨应以纯知识探讨为目标，所培养的人才也应当成为学术精英。而改革主义者坚持实用主义路线，主张大学门户开放，主动反映社会需求，知识探索也以应用知识为主，那么培养人才也以能够服务于社会需要为主。③ 显然，两条路线都不是绝对的，在实践中必须兼顾彼此，这样就出现了职能多样、功能复杂的巨型大学。正如加州大学前校长、美国著名的高等教育专家克拉克科尔所说，现在大学已经变成了繁华的都市，包含着多样的目的，很难再找到传统的内在统一的大学了。

---

① 王桂山．实践理性及其规划本质［J］．社会科学辑刊，2005（5）：36－40．
② 龚放．高等教育的本质特点不容忽视［J］．高等教育研究，1995（1）：22－27．
③ 克拉克·科尔．大学的功用［M］．王承绪，译．杭州：浙江教育出版社，2001：189－196．

但他对这种变化持乐观主义态度。① 而芝加哥大学前校长、著名的高等教育学家赫钦斯则对大学的这种发展忧心忡忡，所以他极力主张回到传统大学去，甚至回复到纽曼时代的大学。② 哈佛大学前校长、著名的高等教育专家博克则显得非常理智，他一方面坚持学术自由，另一方面则主张大学走出象牙塔，尽其社会责任。③

在我国，坚持"大学独立说"或"教育独立说"者早有其人，蔡元培可谓其中的代表人物，④ 但这一派思想始终没有占据主流。即使在今天，坚持大学应该回归象牙塔者也大有人在，持"高等教育的本质是知识再生产，核心使命是发展认知理性"观点者实际上就是"大学独立"思想的再现者。但主张大学应该主动为社会服务、"高等教育应该主动适应市场经济要求"的意见似乎更能够符合社会发展要求，从而也一直占据主流地位。因为在今天，高等教育显然不只是为了满足"理智的闲逸好奇"，而更多地充当了"社会流动"的工具、经济发展的机器和文化发展的引领者，甚至是政治进步的助推器。换言之，在高等教育走向大众化的今天，高等教育的认知理性品质逐渐被淡化甚至仅能偏安一隅，因为它很难适应整个社会以实践理性为主的强烈要求。这一趋势确实使大学的认识理性特色受到了相当程度的压抑，这大概也是"理性视角"提出的时代背景，也因此格外引人瞩目。而且在国内已有学者展开了对大学理性的系统反思并有专著出版。⑤

我们不能不承认，我国高等教育长期受到政治理性的困扰而把自己局限于上层建筑的意识形态领域，也受到经济决定论思维的影响而使自己跟着经济要求转而面临实践理性抉择的难题，在今天又被赋予文化引领的责任。但学术界始终对发展认知理性缺乏信心，因为我们的文化基因中非常缺乏把知识作为本体价值追求的元素，知识长期以来就是作为工具价值存在的，"学而优则仕"是工具理性的充分展示。至今"升学大战"仍然是教育活动中的主旋律。在这种扭曲的价值观背后，实际上反映出在中国文化中非常缺乏"为知识而知识"的

---

① 克拉克·科尔．大学的功用［M］．陈学飞，等，译．南昌：江西教育出版社，1993：26.
② 罗伯特·M. 赫钦斯．美国高等教育［M］．汪利兵，译．杭州：浙江教育出版社，200：11-68.
③ 德里克·博克．走出象牙塔［M］．徐小洲，陈军，译．杭州：浙江教育出版社，2001：1-101.
④ 蔡元培．大学独立议［M］//杨东平．大学精神．上海：文汇出版社，2003：90-91.
⑤ 张学文．大学理性研究［M］．北京：北京师范大学出版社，2013：1-213.

因子。今天人们接受高等教育很少是因为被知识所吸引，而绝大多数是出于就业的现实目的。即使是大学中的专家学者，也很少是因为被纯知识的吸引而追求学术，这就是为什么许多人把学术仅仅作为职业而远非一种事业的原因，而且这也是大学行政化现象不断膨胀的根源。由于缺乏对求知的热诚，许多人寻求捷径，而走向仕途就是人们公认的学术成功捷径。在这样的功利心驱使下，要把发展认知理性作为高等教育的核心使命则面临诸多困难。

由于这些现实问题的存在，关于高等教育本质的争执也就有了时代背景。

（三）关于高等教育的价值理性与交往理性

价值理性和工具理性本是韦伯社会学理论中的一对概念，今天广泛运用于社会科学界，而且也是分析高等教育问题时一个非常有用的工具。① 我们知道认知理性主要在于它能够满足人对知识的渴求，它是非功利的，因而属于价值理性范畴。交往理性则是哈贝马斯的社会哲学概念，主要是用于反对技术理性的统治。不可否认，交往理性既有价值理性因子，同时也属于实践理性范畴，因为交往的目的是为了获得理解，而非为了控制的目的，这是其价值理性的展现。但交往又是一种行动，彼此使行动合乎目的、符合规范，才能达到有效的效果，这又是实践理性的要求。而认知理性在高等教育中的地位获得也必须借助交往理性的实践才能成功。

高等教育作为一项社会实践活动②，它不可避免地要与社会各方面交往，从而必须面对政治理性诉求和经济理性诉求。如果高等教育缺乏自己的本体价值追求，那么它在交往中就不可避免地居于依从的地位。高等教育只有坚持自己的价值理性才能更有效地应对政治理性诉求和经济理性诉求。因为高等教育本身也需要理性地实践，理性实践的前提是必须有自己独立的价值追求，唯此它才可能表现出自己的独立判断能力，才能与外部的政治理性诉求和经济理性诉求产生有效的互动。而认知理性的独立性恰恰就在于它相对于政治理性或经济理性时所具有的工具价值，政治理性和经济理性对于认知理性价值实现而言同样也具有工具价值。正是这种相互性才构成了一种交往关系的存在，也是各方能够保持理性地位的前提。

---

① 刘珂珂，王彩云. 从工具理性与价值理性统一谈思想政治教育的实效性［J］. 中国高等教育，2012（17）：43－44.

② 因为很难把高等教育说成是一种认知活动或主要是理论探讨活动，人们更能够接受"高等教育是培养高级专门人才的社会实践活动"说法，因而把高等教育本质说成是主要是认知理性活动则与常识相悖。

鉴于此，高等教育在与外部交往就可以建立起一套理性的规约。

1. 高等教育必须坚守知识的逻辑，这是高等教育的本体价值。知识的逻辑就是坚持真理至上原则。这是高等教育存在的永恒价值基础。失去这一点，高等教育就失去了存在的根据。

2. 高等教育必须坚持开放性原则，这是高等教育运行的基础。如果高等教育拒绝回答社会要求，高等教育就失去了方向，也很难引领社会发展，甚至失去了存在的合法性。

3. 高等教育必须恪守行为边界，必须具有严格的自律精神。高等教育的话语权力主要是在认知领域而非实践领域，而知识无法直接转化为社会应用，因此不能随意地逾越行为边界而对实践领域颐令指使，要时刻提醒自己认知理性的作用是有限的。

4. 高等教育必须与社会良性互动，主动提供社会服务。这意味着高等教育要善于表达自己的意志并随时倾听社会的声音而不固守自我中心主义。高等教育要善于辨别社会的真正需要，从而提供力所能及的社会服务，赢得社会的大力支持。

可以说，是否具有一个良性的互动机制是高等教育能否成功的关键，如果高等教育不能有效地应答社会需要或不能有效地拒绝外界的不当干预，高等教育就无法正常发展。

二、高等教育"适应论"及其争议

（一）"适应性"是高等教育的基本特性之一

"适应性"原本为生物学概念，它指的是有机体与周围环境相适应的一种特性，这是一个有机体能够存在的前提，否则该有机体就面临灭亡或绝种的危险。达尔文的进化论已经非常清楚地说明了这个问题，所以，有机体的适应性已被人们普遍接受。

在教育学界，人们普遍接受"适应性"这一基本观点，人们也把教育看成一个有机系统，处于与周围环境或其他社会系统不断地适应过程中，人们一般相信教育不是一个独立自足的系统，因此必须与周围环境进行物质的、信息的和能量的交换，这样才能维持教育作为一个有机系统的运转。这正是系统论给人们阐述的基本原理。

高等教育也是一个有机系统，它不仅属于社会大系统的一个子系统，也是教育系统中的一个具有特殊地位的子系统，它直接与社会各个系统之间进行着物质、信息和能量的交换。作为一个有机系统，高等教育必须回应社会的要求，必须将自己的优势和特色表现出来，否则就不可能与周围环境进行有效的交流和交往。社会向高等教育提出的主要要求就是培养高规格的人才，提供高智力的咨询服务，提供比较满意的知识产品，所有这一切都构成高等教育存在的基本价值。正是这些价值存在，才使高等教育向社会提出各种的资源要求包括人力的、物力的和精神的。因为高等教育要完成外界交付的任务需要一定的条件支持，没有适合的物质基础和人力资源保证都是不行的，高等教育特别需要制度方面的保证，即要保障高等教育按照自己的规律办事，而不处处听从外部的指令。我们今天提得最多的就是关于现代大学制度建设，这是高等教育发展到一定阶段后才提出的要求，这也是高等教育主体性的表现，是高等教育内在生命力的表现。

如果高等教育不能与外界进行有效的互动，社会不向它提出任何要求，它也不能满足社会的任何要求，那么它实际上就已经消亡了。高等教育与社会环境之间是一个相互依存关系，社会环境良好，高等教育发展就顺利，同时高等教育对社会环境的促进作用就大；相反，如果社会环境恶化，高等教育发展就不顺利，高等教育对社会所发挥的促进作用就很有限。而高等教育的适应性就表现在它能主动地调节自身以适应社会环境的变化。高等教育不可能只有一个模子，它必然是根据社会环境要求而呈现出不同的特色。高等教育的适应性也表现在它的能动性上，即它对于不适合自身发展要求的东西理智地拒绝，对于适合自己发展要求的东西则主动地接受并成为自身机能的一部分。高等教育的机能也是在适应环境要求过程中发展起来的，正是这种机能变化，高等教育才呈现出不同的发展模式。可以说，适应性也是高等教育的基本特性，如果没有它，高等教育系统就不可能存在，或者说它就变成了其他东西的简单附属物，也就失去了存在价值。

（二）高等教育"适应论"与反对声音

直到2013年之前，中国高教学界还没有明确提出高等教育"适应论"，在2013年第1期《北京大学教育评论》发表了展立新和陈学飞两人的《理性的视角：超越高等教育"适应论"的历史误区》之后，人们才发现一个新概念，即高等教育"适应论"诞生了（以下简称"适应论"）。这个概念既是对我国高等教育发展轨迹历史梳理的结果，同时也是针对潘懋元的"两个规律"学说的批判。因为在整个高等教育学界，人人皆知潘懋元提出了"两个规律"学说，这个学说可以说是一种具有中国特色的教育理论，因为潘懋元的学术影响主要在高等教育界，所以，高等教育"适应论"就是对潘懋元的高等教育理论核心思想的概括。

潘懋元在改革开放不久就开始了对教育基本规律的探索，他在多处讲学中都曾阐发过他的教育规律的思想。最终他在发表文章和《高等教育学讲座》《高等教育学》两部著作中都曾系统地阐述过他对教育基本规律的看法。概括起来，他把教育规律归为两个基本规律，一个是外部关系规律，一个内部关系规律，合称为"内外部关系规律"。外部关系规律就是教育必定要受社会条件的制约，这个条件包括社会政治的、经济的和文化的，所以他的基本结论就是："教育必须与社会发展要求相适应。"用他自己的话说，"外部关系规律就是教育与社会关系的规律"，基本内涵就是"教育必须受一定社会的经济、政治、文化所制约，并为一定社会的经济、政治、文化的发展服务"①。这也是他日后提出"高等教育要主动适应市场经济要求"的理论前提。

内部规律也称内部关系规律，或叫教育自身的规律，他认为，"社会主义教育，必须培养全面发展的人"②。教育必须尊重教育对象身心特征和个性特征，必须处理好教师、学生、课程等诸要素之间相互作用关系等。③ 在内部关系规律的具体表述，上内涵也在不断地丰富。最初主要是指"人的全面发展要求"，之后又增加了对教育对象身心特征的描述和对个性特征尊重的内容，最后又提出要处理好内部各要素之间关系的内容。这说明，关于规律的认识是在不断深化的，而且对规律的完整表述是非常困难的。

在内外部规律关系上，潘懋元做了两点说明：一是下位规律（特殊规律）必须符合上位规律（一般规律），上位规律要通过下位规律来实现；二是教育外部规律制约着教育内部规律，教育的外部规律必须通过内部规律来实现。④ 在这个关系阐述上，潘懋元并没有完全依照"内外因关系规律"学说进行阐述，而是把系统论的一些基本思想整合进去。显然他把社会系统看成大系统，教育系统看成小系统。在系统论的"整体性"原理思想指导下，外部关系规律自然

---

① 潘懋元. 潘懋元文集：卷二·理论研究（上）［M］. 广州：广东高等教育出版社，2010：484.

② 潘懋元. 潘懋元文集：卷二·理论研究（上）［M］. 广州：广东高等教育出版社，2010：492.

③ 潘懋元. 潘懋元文集：卷二·理论研究（上）［M］. 广州：广东高等教育出版社，2010：538－539.

④ 潘懋元. 潘懋元文集：卷一·高等教育学讲座［M］. 广州：广东高等教育出版社，2010：36－37.

就成了上位规律，内部关系规律也就成了下位规律。这个思想脉络是比较清晰的。而这一点也是反对者颇为不满的，因为这似乎轻视了教育内部规律，也在有形和无形中削弱了教育的地位。

实际上，早在"两个规律"学说提出之初就已经遭遇到了反对声音，当时争论的焦点是"教育内部关系"规律和"教育外部关系"规律的表述是否科学。[1] 潘懋元在经过一番仔细的考证后，认为把规律描述成一种关系确实有科学的根据。同时他也承认，关于教育规律该如何表述是一个非常困难的事情。[2]这说明，教育规律探索始终是一个开放的命题。

（三）高等教育"适应论"与交往理性

显然，反对高等教育"适应论"者的核心点是认为两个规律学说对教育主体关注不足，对教育规律定位错误，认为教育规律应该是对教育本质的揭示，而不是仅仅把教育放在一种依从的"适应"地位。就高等教育而言，反对者认为，高等教育本质应该发展认知理性，所以应该提倡"无用之用"的纯学术，即不必急于为社会服务、适应社会要求，因为无论是政治理性还是经济理性，它们所推崇的都是实践理性，强调的是高等教育工具理性的一面，无视高等教育作为价值主体的一面，从而都不符合高等教育所应当尊崇的认知理性要求。而适应社会要求的结果必然是高等教育被实践理性主导，而认知理性的本质被忽视。

对于"适应论"而言，反对者的指责可能并不符合实际。因为高等教育发展首先要考虑到条件的可能或环境的允许与否，如果不关心这一点，无异于建造空中楼阁。因为在任何社会，高等教育都不可能摆脱社会政治的、经济的、文化的联系和制约，都必须首先考虑这些外部的要求，否则就没有生存空间。因为高等教育的价值体现只能在为社会服务的过程中表现出来，如果不知道社会需要的话显然就不可能得到承认。从这个意义上讲，高等教育适应外部要求恰恰是高等教育具有交往理性的表现，因为这是对外部要求的尊重，是自觉地把教育放在社会的一个子系统的地位上，目的是为了了解社会发展要求，从而发挥自己的功能作用。在此，认知理性只是一种形式合理性，实践理性才是实质合理性。首先关注到社会需要、考虑自身的社会责任，则是一种交往理性的

---

① 潘懋元. 潘懋元文集：卷二·理论研究（上）［M］. 广州：广东高等教育出版社，2010：508.

② 潘懋元. 教育外部关系规律辨析［J］. 厦门大学学报：哲学社会科学版，1990（2）：1-7.

体现。如果不关注社会需要，则是非理性的，即不符合交往的真诚性要求。

高等教育主体究竟是认知理性还是实践理性，这也是一个值得探讨的问题。没有人怀疑高等教育的工作对象就是知识，因为高等教育的一切活动都是围绕知识进行的，高等教育主体活动可以概括为知识的整理、知识的传播和知识的应用，但这些活动既可以纳入认知理性范畴，也可以纳入实践理性范畴，因为这些知识活动很难说是"为了知识而知识"，即认知理性的目的，相反都是为了实践，为了培养人才或为了服务社会。也许对于研究型大学而言，其核心使命应该是为了知识的生产和创新，较能够反映认知理性要求，但对于大部分高校而言，他们工作的重心则是在知识的传播和应用，那么如何传播得更有效和取得更大效益就成为他们的目标追求。这种追求显然是实践理性主导而非认知理性主导。尽管不同类型高在培养人才时都负有提高学生认知理性的使命，但这一工作显然是工具理性诉求，而非价值理性诉求。如此，直接判定高等教育本质就是发展认知理性恐怕并不符合实际，因为不能代表高等教育活动的整体特征。此外，运用认知理性和实践理性一对概念来分析高等教育现象时常常容易出现概念混淆的状况，因为高等教育活动很难截然地划分为认知理性和实践理性两个方面，常常是认知理性和实践理性经过了无数次综合后的结果。

（四）"高等教育适应论"与价值理性

关于高等教育的本质属性一直存在争议，无论国内外皆然。在国外，高等教育一直存在"认识论"与"政治论"的冲突。① 显然前者是把认知理性作为高等教育的本质了，而后者则是把实践理性作为高等教育本质了。在国内，高等教育学界与教育理论界也一直存在着"社会本位论""个人本位论"和"知识本位论"的争议。无论是"社会本位"还是"个人本位"，它们都属于实践理性范畴，唯有"知识本位论"强调的是认知理性范畴。

实事求是地说，坚持知识本位观并非完全是纯粹理性思考的结果，而更多的是实践理性的总结，因为高等教育属于一个特殊的实践领域，必须以知识为中心展开才有实践的可能，不然高等教育就无法正常运转，那时无论是社会目的还是个人目的都无法实现。这种实践理性目的要求高等教育活动必须把知识追求放在第一位，从而知识就具有了本体的地位。如果仅仅把知识作为工具范畴的话，社会目的和个人目的就会凌驾于理性之上，那样的结果就是非常荒唐

---

① 约翰·S. 布鲁贝克. 高等教育哲学［M］. 郑继伟，等，译. 杭州：浙江教育出版社，1987：12－27.

的，就会出现违背规律而肆意妄为的情况。在中国历史上，高等教育多次受到来自政治方面的冲击和来自经济方面的冲击，还出现过"政治代替一切"和"停学闹革命"以及"破墙开店"的闹剧，这些都是知识价值被无视的结果。这说明，如果把知识作为简单工具的话，无论社会目的还是个人目的都无法得到满足。

但高等教育如果不考虑个人要求和社会要求是否可行？显然也是不行的！因为针对整个社会而言，知识价值毕竟是一个工具价值，知识仍然承担着为人类谋福利的任务，它是人类的创造物，最终还要服务于人类。即使对于个人，它虽然能够满足认知兴趣，但它作为工具价值的作用似乎更加突出。这说明，知识具有多元属性，既代表一种本体价值，同时也是一种工具价值。因此，妥善地处理好知识与个人、知识与社会的关系才是高等教育的根本使命。从这个意义上说高等教育本质是一种交往理性。

总体而言，高等教育"适应论"能够较好地处理好知识与个人及知识与社会的关系，因为它首先把社会发展需求放在第一位，其蕴意就是把社会视为一个整体的存在，高等教育仅仅是社会的一部分，高等教育不能封闭起来推行自我中心主义。同时高等教育必须尊重人的发展要求，因为人不仅是社会的基本构成，也是社会价值的归宿。换言之，没有人就没有一切。这正是教育内外部规律的蕴意。但两个规律学说对知识独立价值论述偏少，常常给人一种忽视知识、忽视高等教育本体的印象。这也正是"理性视角"批判的重点。

三、"理性视角"的逻辑误区

(一)"理性视角"代表一个情结

在高等教育学界，人们一直有一种使中国高等教育成为世界上最强的高等教育的情结，建设一流大学、建设高等教育强国都是这种情结的释放。事实上，不仅高等教育学界，整个学术界都有这种期望。"钱学森之问"之所以能够引起国内学术界共鸣，就与这种情结联系在一起。因为大家深感高等教育存在诸多不足，而大学行政化现象日趋严重则激发了人们对高等教育失误的反思。在此背景下，"理性视角"作为一种批判声音出现了，它首先是对中国高等教育发展历史进行了一次系统的检视，追索中国高等教育发展的内在逻辑。它发现了中国高等教育发展中有根深蒂固的工具理性思维的影子，不仅今天有，"民国"时期就有，但尤以学习苏联时期为突出。它进一步发现，在高等教育理论界也存在工具理性思维模式，认为潘懋元的"适应论"就是代表，甚至是与实践界一脉相承的。进而认为，这种思维模式是高等教育长期受到政治理性统治或依附于经济理性的结果。所以就得出结论：高等教育本质上是一种知识再生产活动，认知理性与实践理性矛盾构成了高等教育的一对基本矛盾，认知理性是矛盾的主导方面，认为"适应论"所坚持的乃实践理性主导，这一价值取向的后果是认知理性遭到忽视，个别实践理性的地位得到提高而忽视其他实践理性的存在，这样就导致了高等教育政策经常发生摇摆的现象，也导致了高等教育行政化非常突出的现象，如此就无法承担建设一流大学的使命。所以，为了高等教育发展的根本大计，高等教育必须回归到认知理性的本质上来，走出"适应论"的历史误区。之所以是历史误区，主要是因为它受国家现代化等工具思维的影响也与意识形态影响直接相关。如何超越"适应论"的逻辑呢？作者在借鉴西方大学模式后认为，建立学术市场是一个理想选择，因为它更符合认知理性发展要求，由此构成了"理性视角"的思维逻辑。

在"理性视角"之外还有其他反对者，但他们大都以隐含的方式反对"适应论"。① 他们所表达的基本意见是一致的，即认为"适应论"没有高扬高等教育的主体性从而导致了大学对基础理论研究的忽视。② 因此，这些论者均可视为"理性视角"的支持者。

必须指出，高等教育学界出现了不同观点争鸣的现象是一件好事，因为学术争鸣是学术繁荣的前提，而学术缺乏争鸣是悲哀的。只有学术争鸣才能有效地促进学术反思，才能促使理论建构更加成熟。但必须承认，我国学术争鸣是严重不足的，"自说自话"的现象还比较普遍，这非常不利于学术共同体的成长，也不利于学术规范建设。而没有学术规范的约束，学术要成为真正独立主体是不可能的。我们知道，学术自由与学术自律乃一对孪生弟兄。

（二）"理性视角"的逻辑误区

严格地说，"适应论"并非一种科学提法，因为提出"适应论"立场就应该出现一个与之相对的"非适应论"或"独立论"立场。很显然，提出"教育独立说"或"高等教育独立说"乃至"大学独立说"都不合时宜。早在20世纪20年代，学术界就曾出现"教育独立论"和"大学独立论"，历史经验证明

① 张楚廷在2007年10月14—15日在云南大学和云南高等教育学会上发表的演讲中称："有专家认为，高等教育受社会、经济、政治的制约，所以高等教育必须适应社会、经济、政治的发展并为其服务，我认为不是这样。"见张楚廷：《高等教育理论及实践评论》，载《学园》2008年第1期，第8－12页。
② 彭道林．应用型人才教育观探疑［J］．大学教育科学，2013（1）：23－29.

它们是无法成立的。在今天，这种思想就更加无法证明了。因为现在高等教育与其他社会现象出现了高度融合的迹象，在高等教育中有政治的、经济的、文化的等各种成分存在，已经很难分彼此，出现了"你中有我、我中有你"的情况。这正是高等教育走向复杂视域的表现。潘懋元提出高等教育是一个复杂的开放系统，① 这个提法并不过激，可以说很大程度上反映了高等教育发展状况。这意味着我们不能再用单维的眼光来看待高等教育了。用"理性视角"来看高等教育就面临这样的尴尬局面。

"理性视角"认为，在教育内外部关系规律中，无论是外部的社会政治经济要求，还是内部的人的发展要求，它们都不是从教育主体性出发的，因为都不反映高等教育的本质特性。因为在高等教育活动中，其核心使命是提高人的认知能力，这个提高过程不是传统的"老师讲、学生听"的过程，而应该是一个师生共同探讨过程，如梅贻琦所说的"大鱼小鱼从游"状态。② 很显然这是一种理想状态的大学，其前提是无论大学教授还是大学生（当然包括研究生）都是知识的真诚追求者，而大学的目的就是为了发展知识而不需要关心知识的实际用处，否则把发展认知理性作为高等教育的核心使命就很难成立。

我们知道，无论中国还是外国，把纯粹知识追求作为目标的大学越来越少了，大学越来越注重知识的应用价值特别是知识对就业市场的价值。国外创业型大学兴起就说明了前者，而高等教育职业化趋势则证明了后者，而后者正代表了高等教育大众化的趋势。目前把纯粹知识探讨作为大学核心使命逐渐成了研究型大学的专利，而大多数高等教育机构则从事知识传播、知识应用工作，特别是在大学内部教学功能和研究功能两者开始走向分离而且成为越来越严重的高等教育问题③，从而洪堡提出的理想大学模式越来越不可能实现了。④ 对于大多数高等教育学习者而言，他们的求学动机是职业的而非学术的，他们甚至是作为知识消费者出现的，而非知识的生产者。对于大学教师群体亦然，他们大多数都是知识的使用者而非知识的创造者，这在今天的高等教育中越来越普遍，已经成为一个难以回避的事实。在此情境下，如果继续认为高等教育本质

① 潘懋元. 高等教育研究在中国发展的轨迹 [M] //潘懋元. 中国高等教育评论. 北京：教育科学出版社，2012：4.

② 梅贻琦. 大学一解 [M] //杨东平. 大学精神. 上海：文汇出版社，2003：46 – 54.

③ 冯向东. 深化教学改革 建设以研究为基础的本科教学体系 [J]. 中国高等教育，2005（3）：36 – 38.

④ 俞可. 洪堡 2010, 何去何从 [J]. 复旦教育论坛，2010（6）：23 – 30.

就是发展认知理性而不必关心实践理性的呼吁，那将出现严重的错误。此时，高等教育是多重心的，而非唯一中心的。兼顾多方面需要的平衡是高等教育发展必须面临的课题，不能因为发展认知理性重要而对实践理性的需要置之不理。所以，发展认知理性仅仅是高等教育的一个必要条件而非高等教育本质，它可以成为研究型大学的核心使命而不能代表所有大学的必然追求。

（三）"理性视角"的文化适应性

"理性视角"在论及"两个规律"之间的关系时提出了"文化选择性"问题，即外部规律决定内部规律不是必然的，两个规律之间的关系需视不同文化而定。其实这个观点也是高等教育"适应论"中"外部关系规律"所蕴涵的内容，即高等教育发展必然受到文化传统的制约，从而使不同国家的高等教育都有自己的特性。"理性视角"也同意韦伯关于中国文化的论述，即中国文化本质上是一种实践理性，尤以儒家文化作为代表。所有这些都使我们在考虑如何把认知理性嵌入一个以实践理性为本质的文化环境中。这似乎从反面说明，高等教育"适应论"的出现并非一种无奈，而是一种文化的历史必然，也即在"适应论"的背后，文化选择已经在悄悄地发挥作用。

"理性视角"呼吁高等教育远离政治，这如何可能？这不仅在中国不可能，即使在国际上似乎都没有先例可循。我们知道，中世纪大学从诞生起就一直无法摆脱与政治的纠葛，他们一方面与世俗权力进行斗争，另一方面又与教会权力进行斗争，最终是与外部势力达成妥协，大学自治权的获得在很大程度上是这一妥协的结果。在近代，改革大学是当时政治的一项重要诉求，所以在法国出现了"废大学"而建"大学校"，"大学"则变成了一种管理机构。[1] 1810 年出现的柏林大学与当时德国面临的民族危机直接相关，[2] 美国赠地学院的出现就是为了回应当时的农工业的社会发展需要。[3]

大学发展到今天，其成功很大程度上是一种学术与政治博弈的结果。正如马克斯·韦伯所讲，要处理好学术与政治的关系，否则学术可能被政治所代替。[4] 要使学术成为真正的学术，既不能远离政治，也不能过分亲近政治，必须保持与政治适度的距离，这样才可能建立一种良性的互动关系，因为学术脱

---

[1] 符娟明. 比较高等教育 [M]. 北京：北京师范大学出版社，1987：15 – 16，19 – 20.

[2] 贺国庆. 德国和美国大学发达史 [M]. 北京：人民教育出版社，1998：34 –53.

[3] 符娟明. 比较高等教育 [M]. 北京：北京师范大学出版社，1987：15 – 16，19 – 20.

[4] 马克斯·韦伯. 学术与政治 [M]. 冯克利，译. 北京：生活·读书·新知三联书店，2005：1 –204.

离了政治的支持不可能发展，而政治也需要学术为其贡献智慧。显然，这种关系是一种相对独立的关系，而不是一个简单依附关系。如果不能保持一个适度的距离，大学就很难实现自主，也很难保证学术自由。

在今天，高等教育已经成为社会政治生活的一个重要方面，我们知道，高等教育大众化很难说是认知理性发展的要求，它主体上是一种政治诉求，是大众对接受高等教育权利要求的结果，而在西方直接表现为"教育民主化运动"①。在我国，高等教育大众化在相当程度上表现为大众对高等教育机会的诉求，在发展时机上则是因为亚洲金融危机对国内经济和政治造成了巨大冲击。仅这一个事例就可以看出，高等教育与政治、经济已经密不可分了，要使高等教育远离政治似乎是一个永远的乌托邦。

在中国，人们接受高等教育的主要动机则是为了社会流动，为了追求知识本身而上大学虽然大有人在，但仍然属于极少数。受传统的科举文化影响，追求功名利禄仍然是高等教育入学者的核心追求。人们很难摆脱功利主义的文化基因影响，这也是今天升学大战、应试教育高温不退的根本原因。虽然我们试图改造文化传统，努力树立新的文化观念，在大学推行纯学术教育，但影响力不容高估。因此，很难估计大学何时能够把认知理性追求作为自己的核心使命，也很难设想大学如果不主动回应社会要求的结果会是怎样。

在西方，人们的个性价值得到非常高的尊重，人们可以自主地追求自己的认知兴趣满足。即使如此，把知识追求作为人生理想的人仍然属于人群中的极少数。在中国文化氛围里，人们往往屈从于外界压力，特别是受到世俗功利价值的影响，因此个人的理想追求常常受到贬抑。所以，把认知理性发展作为高等教育本质在多大程度上成立就是一个谜。而且我们认为，真正保护纯粹认知兴趣的策略并非把认知目标奉为唯一或绝对的，而是实行多元化鼓励高等教育向多元化多样化方向发展，这样的话多元的价值就能够得到尊重。我们相信，只有在尊重差异的文化中才能使认知兴趣追求获得最大程度的保护。

因此，把认知理性作为高等教育的核心使命具有文化上的不适应性。

四、"适应论"与"理性视角"的互补性

（一）"适应论"的历史意义

"适应论"产生于当时的历史背景，出发点是为了扭转过去不尊重教育规律

---

① 邬大光. 高等教育大众化理论内涵与概念解析 [J]. 教育研究，2004（9）：20-24.

的极左作风。故而,"适应论"并非因循历史惯性的结果,而是要开创一种尊重科学的办学风气。众所周知,长期以来,教育在社会生活中地位不高,一直是作为配角出现的。当政治上重视教育时,它的地位就高,否则很低。如此,教育就常常受外部环境左右,缺乏自主性,很容易成为政治的工具。"内外部关系规律"学说的提出,在很大程度上是为了确立教育主体地位。把教育作为一种主体就是要重视教育群体的内在声音。显然,在当时历史条件下提出"教育独立说"是幼稚的。同样,认为教育可以不反映社会政治经济要求也是非常幼稚的。因为教育不是生活在真空中,社会本身是一个统一体,教育必然受到客观环境的制约,这就是规律。在"内外部关系规律"中确实没有独立考察"知识"因素,这与当时学术风气解禁不久、学术自觉意识不强等有直接关系。20世纪80年代初,我国实行改革开放政策时间不长,国内学术界的思想解放程度还比较浅,此时对知识内在逻辑的认识还非常不足,从而很难提出"认识理性独立"的主张。更深层的原因在于,"认识来自于实践"这一唯物辩证法基本原理已经深深印刻在人们头脑中,因此很难想象有人敢挑战这一原理。而且当时教育理论的提出,主要是从实践理性要求出发的,而非学者思想辩论的结果,虽然学者也参与了讨论。实践理性的直接判据是,教育作为政治的工具的后果是毁了教育,使教育失去了自身存在的基础。"文化大革命"使学校教育遭到严重破坏的现象,仍然使许多人记忆犹新,这构成了中国教育界的集体记忆。

历史经验表明,教育依附于政治或经济诚然不可取,但教育完全脱离政治和经济同样不可取。这不仅在客观上不可能,而且在理论上不成立。在现实中,教育必须依托于一定的政治经济环境才能生存,因为只要有人类社会存在,就必然伴随着一系列的政治经济等社会实践。而且社会分工越精细,教育的专门化越强,则教育对其他社会部门的依赖程度就越高,[1] 那么就不可能脱离一定的政治经济文化环境。在历史上,仅有书院是为了逃避当时的社会动乱而兴起的,但这是一种偶然现象,因为随着社会政治稳定,书院又成为社会政治瞩目的中心,而且作为实现社会治理的有效手段,这样就出现了学术与政治共同繁荣的局面。这说明,教育脱离社会政治经济环境从根本上是不可能的。

但历史经验同时说明,教育必须具有自己的相对独立性,需要与政治保持

---

[1] 独立性的显著标志是专业化程度越来越高,越来越依赖自治。但专业化发展仅仅是事物发展的一个方面,事物也要求必须走向综合化,社会各部门之间更加需要统筹,这即是代表相互依赖性越来越强。这正是一个辩证发展关系。

适度距离，否则就很容易成为政治的工具和牺牲品。但这个距离如何设定，需要靠实践摸索来解决，这与政治和学术之间的互动分不开。如果双方足够理性，就可以找到这个合适距离，而且这个距离最终通过法律的手段来确认。① 从某种意义上说，"大学章程"建设就是为了寻找这个适度的距离，这在西方是成功的，在中国目前仍然处于一种摸索状态。

（二）"适应论"的软肋

正因为"适应论"是历史的产物，所以它的局限性也是明显的，最大的局限性则是对"知识的逻辑"在高等教育活动中的地位和作用论述不足，没有把"知识的逻辑"作为一个独特的规律来论述。这正是"理性视角"所着力强调的。

众所周知，大学是以知识为中心展开的，从知识储存开始到知识整理，再到知识传播和知识应用，直到最后的知识创新，无不需要遵循知识的逻辑。为什么"适应论"会无视这一明显事实呢？这是历史影响的结果，还是两个规律学说中就已经内含了知识的逻辑？我们知道，高等教育要适应社会发展要求，必须通过知识这一中介才能实现，适应人的发展要求同样也离不开知识，如果不按照知识的内在逻辑进行传播和应用的话，就不可能满足社会的要求和人的全面发展要求。如果不能对这一现象进行充分解释则容易授人以柄。

一个合理的猜测是，规律本身代表一种客观知识，对规律的探讨就代表了对知识的重视，这也是教育科学建立的目的；之所以没有对知识逻辑进行系统阐述，是因为知识问题太过复杂，因为它不仅是哲学研究的基本问题，也是科学哲学研究的核心问题，高等教育学虽然必须面对多学科的知识，但很难有自己的独立结论，那么借鉴其他学科就是一个必要选择。限于哲学对知识概念的阐释状况，高等教育学对知识问题没有深入探索。但高等教育学确实对具体学科的知识进展状况是非常关注的，如多学科研究方法引入高等教育研究就是对知识发展状况的高度关注。② 此外，在当时历史条件下，知识分子身份是比较敏感的，不对知识问题过多探索也是一种合理回避。

但无论如何，知识这个核心要素并没有作为"适应论"的重心进行探讨。此时"理性视角"将这个问题提出，客观上有助于弥补"适应论"在该方面的

---

① 1810 年建立的柏林大学较好地处理了这个距离，一方面国家大力扶持大学，另一方面大学又实行高度自治，这样才出现了德国大学模式的崛起。这显然与政治的开明和大学办学者的自律是分不开的。

② 潘懋元. 多学科观点的高等教育研究［M］. 上海：上海教育出版社，2001：1－6.

论述不足。换言之，"理性视角"有助于"适应论"的丰富和完善。

（三）"理性视角"过犹不及

"理性视角"对高等教育本质的阐释，特别是对认知理性地位的强调，客观上有助于人们对高等教育本质问题的深入思考。我们知道，任何理论都不可能十全十美，都是一个开放的等待证伪的命题。"任何思想都是时代的反映"，高等教育理论认识也是一样，不能脱离时代的烙印。"适应论"之所以对"知识"问题论述不足，与当时人们对知识本质的认识不足有直接关系。当时，"实践是检验真理的唯一标准"的命题提出，实际上已反映出整个社会对知识概念本身的认识混乱状况了，把马克思主义教条化理解的现象还非常普遍。此时让高等教育学完全超出时代背景是不可想象的。

"理性视角"试图从理性的视角将知识的地位和作用阐述清楚，这一努力勇气可嘉，但实际上很难完成。因为认知理性和实践理性的关系并没有想象得那么简单，否则就不可能在亚里士多德的论述后出现康德的"哥白尼革命"，之后又出现黑格尔的反复，最后马克思再一次拨乱反正。我国历史上多种"知行"关系说的出现也是因为要辨清实践理性与认识理性关系非常困难。"理性视角"用"理性的视角"阐释高等教育本质现象也显得有点力不从心。当运用"认知理性"和"实践理性"两个超级概念无法解释通的时候，不得不又引人"工具理性""价值理性""目的理性"和"交往理性"等一系列理性概念，这些概念纠缠在一起反倒使人不知道高等教育本质究竟适用于哪一种理性了，从而就产生了一种理性的混乱。出现这一结果，显然不是"理性视角"所希望的。

在人们的印象中，认知理性的发展不可能是凭空发展起来的，必须通过实践环节，这个实践环节显然不是通过书本阅读就可以解决的，必须要参与具体的实践活动，这也是为什么今天大学办学要与社会合作的关键所在。无论是新知探讨，还是学生的认知能力培养，无不需要深入到具体的实践环境中进行体验，只有当认知主体体验到真正的问题所在，才可能产生真正的探究动机，如果缺乏真正的探究动机，要想获得真知是不可能的。"实践出真知"或"知识来源于实践"，这一唯物辩证法"实践—认识—再实践—再认识"规律是不可颠覆的，高等教育学界无论如何努力都不可能超越这一规律。所以，直接把高等教育定义为"认知理性"本质就面临着这一理论困难。

高等教育当然需要发展认知理性，因为这是高等教育活动有效性的前提。高等教育活动的目标是培养高级专门人才，而高级专门人才的首要品质就表现在其独立判断的品质上，没有这个品质就很难称为高级人才。这种独立判断能力正是认知理性发展的核心内容。这也是西方大学多把批判思考能力放在大学办学目标首位的重要原因。实事求是地说，独立判断能力是作为一个自由人的基本条件而非根本目的，根本目的仍然在于指导实践和改造实践，这也是西方哲学在认识理性之后必然要产生实践理性概念的原因。西方大学的自由教育思想源远流长，其核心仍然是亚里士多德的博雅教育思想。而西方大学的思想精髓并没有被我国大学吸收，甚至在有意无意中被抛弃了，这值得我们深思。而我国传统文化中重视实践理性的品格恰是我们的长处，需要进一步挖掘和发扬，我们不能弃之如敝屣。

所以，无论从教育内部关系出发还是从教育外部关系出发，高等教育都不可能坚持认知理性独尊的地位。从交往理性的视野出发，高等教育必须确立多元价值共荣的观念，既要尊重政治理性诉求和经济理性诉求，又要赢得外部对高等教育认知理性的尊重。从实践理性的视角出发，高等教育活动无时无刻不是一个知识运用的过程，认知理性能力的提升也是在知识运用的实践中发生的。在中国，虽然受意识形态的影响，认识理性的独立价值始终没有得到正式确认，但这绝非认知理性获得独尊地位的理由。正如前述，"多元价值"共存才是认知理性地位获得保障的最好条件。在这点上，"适应论"仍然具有启发价值。

（四）"适应论"的中国文化特色

如果认真解析一下"内外部关系规律"学说就可以发现其中蕴藏着丰富的中国文化内涵。简而言之，在这个学说中，教育是作为一个"小我"存在的，而社会则是一个"大我"，那么对于"大我"的要求，自然要适应，不然就失去生命之源。把人的全面发展要求视为教育内在的"自我"，从而成为一种内在的命令。从实践理性出发，"小我"必须服务于"大我"，"大我"又必须为"小我"提供滋养。即便作为"小我"，时时都不可小觑"自我"的内在意志，否则"自我"就被扭曲了，"小我"也就不保了。因而，"小我"是"大我"与"自我"沟通的桥梁。"自我"就是"小我"获得相对独立性的依据。

"适应论"在此有一种预设，即"大我"意志是不可抗拒的，"小我"明智决断就是"择善而从之"，而"自我"保持平衡是关键。这其中隐隐地有一种传统的伦理观念在发挥作用，这样就出现一个难题：当外部意志与内部意志冲突时该如何抉择？"适应论"并没有给出明确答案。而现实的逻辑就是内部逻辑被外部逻辑决定，这似乎是"内外部关系规律"中"下位规律"符合"上位规律"的逻辑。这一点也是"理性视角"最不满意的。

"理性视角"的答案是尊重每个人的平等的学术权利，每个人应具有批判反思精神，而抉择正确与否由学术共同体或学术市场来判断，即通过建立规范的学术市场来保护每个人具有平等的发言权。毋庸置疑这一设计是搬用了西方大学运行模式，它在西方"个人本位"文化环境中是成立的，而在中国的"伦理本位"的文化中就很难成立。① 这意味着"理性视角"的实践基础还非常薄弱，而要完善这个基础并不容易。

因此，重新审视教育内外部各种关系时就会发现实际上存在着三方面关系：一是教育与社会的关系，二是教育内部关系，三是教育与知识的关系。"适应论"重点论述了前两种关系，对第三种关系的论述则显得不足。而"理性视角"重点论述了第三种关系，从而在一定程度上弥补了"适应论"的不足。但这三种关系如何协调一致仍然是一个开放的命题，"理性视角"借用了西方大学的建设思路，究竟它如何才能在中国行得通还值得认真思索。

五、传统理论及其现代转型

（一）传统理论的时代性

不容否认，"适应论"有大批的支持者，因为这代表了一种历史记忆。可以说，高等教育"适应论"是在历史反思中产生的，代表了一种实践理性的成果，其中蕴涵了丰富的实践智慧。但在"理性视角"看来，"适应论"弱化了大学的地位，没有把大学作为社会的智力中枢，也没有把大学作为理智训练和培养的中心，从而无法担负引导社会实践的责任。在他们的理想中，大学应该批判现实，超越现实，应当扮演社会发展的引导者，而不是一种与现实要求的适应关系。在他们看来，无论怎么讲，"适应"都是消极被动的意思，就是迁就现实，就是压制自己内部的意愿，从而也就抹杀了教育活动的主体性。似乎这为各种外界势力干预高校、影响大学正常运转提供了理论依据。

对于高等教育实践派，尤其是高等教育改革派而言，坚持"适应论"能够为高等教育改革提供比较满意的理论指导。因为改革派就是要打破传统教条，要求高等教育根据外在环境的变化而调整自身，特别是根据经济发展要求采取相应对策。尽管其中隐藏着一种经济决定论的思维方式，但不可否认这种思维方式是现实主义的。这一主张与中国高等教育改革发展现实比较接近，从而容易获得政府支持，当然也有利于学术观点的传播。

---

① 梁漱溟可谓为"伦理本位观"的代表。在梁漱溟的《中国文化要义》（上海人民出版社，2005 年版）一书第五章专门论述了"中国是伦理本位社会"。

实事求是地说，学术不可能与政治绝缘，也不可能摆脱经济的束缚，更无法脱离文化因素的影响。虽然大学一直在追求自治，但从未真正实现过完全的自治，因为大学内外部永远存在着千丝万缕的联系，也必然要受到所处的政治环境和经济状况及文化传统的影响。"适应论"的历史意义在于它揭示了教育内外部关系的相互作用，从而有助于使教育从服务于政治要求的极左思维中解放出来，这有助于扭转人们的传统思维定式，有助于促进教育改革开放，换言之，有助于教育界解放思想。

（二）"适应论"的不适应性

必须承认，"适应论"吸收了当时的先进科学研究的成果，系统论就是"教育内外部关系规律"学说的有力支撑。按照系统论原理，教育不是一个孤立系统，它既是社会大系统的一个系统，同时又包含着不同的子系统。教育系统要生存就必须与外界进行交换，那么就必然受到外界条件的制约并适应外界的要求；就教育内部而言，各个子系统又是由不同要素构成，这些不同要素之间也需要相协调并达成一致以实现结构和功能的优化。①

但随时代发展变化，"适应论"在对许多现象的解释上越来越困难了，特别是在对教育内外部关系的划分上表现得尤为突出。在计划经济时代，教育与社会各部门的界限比较明显，它们之间存在相互适应的关系。而在进入市场经济之后，传统的部门划分被打破，高等教育活动界限也越来越模糊，高等教育变成了一个复杂的开放系统。在当代，人类已经进入了学习化时代，终身教育成为教育发展的根本趋势，在此情境下，整个社会都变成了学习场域，进而也成为教育活动场域，换言之，高等教育已经弥散到各种社会活动场域中，形成了一种"你中有我、我中有你"的状况，再对教育内外部划分也就失去了意义。

可以说，在当代社会，教育与社会各种现象处于相互渗透之中，已经打破了传统的经济政治文化和教育之间的边界。解释这一现象正是"适应论"需要面对的课题。

（三）"理性视角"的非理性

面对"适应论"的困难，"理性视角"似乎也无能为力，因为它也试图将高等教育活动与其他社会活动部门之间的界限明确区别出来。这意味着"理性视角"想超越"适应论"还很困难。虽然"理性视角"在增强高等教育的主体

---

① 潘懋元. 潘懋元文集：卷二·理论研究（上）［M］. 广州：广东高等教育出版社，2010：498，538.

地位方面确有其贡献，但要完成对高等教育主体再造工程依然是困难重重。

　　而且，无论"适应论"还是"理性视角"都有哲学理论推演的痕迹，虽然都基于一定的高等教育发展的经验事实。"适应论"是在"内外因关系规律"和"系统论"基础上形成的，在更大程度上结合了教育的实际。而"理性视角"则是亚里士多德的认识理性和实践理性的直接引用，同时还掺杂了"主要矛盾和次要矛盾关系学说"。"理性视角"的最大问题在于没有把"理性"概念具体化为高等教育概念，从而出现多种理性概念同时登场，从而使人感到一种理性的错乱。这实际上说明，直接套用哲学概念并不利于对高等教育现象的分析。

　　此外，"理性视角"自认为可以远离政治，实际上这是一个乌托邦玄想，在教育与社会各方面已经复杂地交织在一起的当代就越发如此。"理性视角"宣称高等教育应以发展认知理性为主，这不仅在理论上无法证明，而且在现实中根本无法操作，因为高等教育本质上是一个实践问题，而非认识问题，显然实践问题比认识问题复杂得多。发展认知理性仅仅是高等教育的一个基础任务或阶段性任务，不可能作为高等教育的根本目标，因为高等教育培养人才最终要走向社会实践，不反映实践需要是不可想象的，而且如果不反映实践需要的话，认识理性也不可能真正建立起来。特别是，"理性视角"作为一种总体性判断，容易使高等教育政策走向单一化，不利于高等教育向多元化多样化方向发展。

　　"理性视角"试图将高等教育独立于其他社会活动的设计是非理性的，因为这种理性思辨失去了实践的支撑。要使认知理性优越于实践理性，除非能够证明认知可以独立，但这在哲学中无法证明，在教育实践中更难以证明。

　　（四）科学理论的型式

　　必须指出，科学理论是分析型的，它的构成要素是清晰的，因为它是通过归纳主义路线形成的，具有明确的适用对象和范围，而且也适宜于进行严格的逻辑推理；而传统理论是综合型的，往往走的是思辨推演的路线，它的构成要素是不清晰的，缺乏明确的适用对象和范围，它无法进行严格的逻辑推理，而它的判断方式是直觉的，很难找到相应的经验基础。换言之，传统理论虽然具有启发性，但不具有可证明性。

　　就教育而言，传统理论在概念内涵上往往是不清晰的，难以指导具体实践。科学的教育理论则应该指明理想的教育状态是什么样的，并告诉人们该如何努力才能实现它。所以，科学理论是一种精致型理论，有比较精确的边界，有明确的指向性，有明晰的操作规范。这说明，中国教育发展需要实现理论转型。

以此作为依据，就可以发现，"适应论"属于传统的宏大理论范畴，它所做的是一个总体判断，从而缺乏具体内涵。它明显受到了"经济基础决定上层建筑"思维模式的影响和马克思"人的全面发展"学说的影响，同时还受到了"内外因关系规律"的影响。如我们无法从"教育必须与社会发展要求相适应"这一命题中得知"社会发展要求"如何界定，也无从得知何种程度才算"适应"。这样，"谁来代表社会发展要求"和"谁来判断是否适应"就不清楚，而且也容易发生误读。这也使得"两个规律"很容易遭受攻击和指责。

"理性视角"同样属于大理论，因为它试图总体上回答高等教育的本质问题。它是由"认知理性—实践理性"的哲学范畴推演而来，运用了哲学上的"主要矛盾—次要矛盾"关系论述，并杂糅了社会学的"价值理性—工具理性"及"技术理性—交往理性"等概念。其最大问题在于"认知理性"概念过于庞大，很难反映出高等教育的独特性，[①]尤其是没有区别出高等教育与科学研究之间的差异来。虽然该理论在解释研究型大学使命时具有一定的适用性，但如果稍加推广就会发生困难。此外，"理性视角"还散发着一种浓郁的象牙塔味道。

这说明，"理性视角"在解释高等教育本质时并不恰当，从而也无法实现其超越"适应论"的愿望，如果要作为一种补充的话则又显得心犹不甘。

六、结语

"两个关系规律"学说的提出在教育学发展史上具有里程碑的意义，它表明中国教育理论探索开始迈进。它在解释教育与社会关系时仍然具有很强的说服力，但在解释教育内部关系时则显得力不从心。作为一种开拓性理论，它还带有浓厚的哲学思辨色彩，为此急需大量的实质性理论来支撑，不然就会随着历史语境的变化而失去活力。"理性视角"虽然能够在一定程度上提升关于"知识"的地位，但也属于宏大理论，而且思辨色彩更浓。这说明，中国教育理论发展亟待从传统上的思辨推演式向经验归纳式转变。要实现这一转变必须从建立研究方法规范着手，从形成学术共同体进行突破，否则，要建立实质性教育理论也是困难的。因为要形成具有普遍适用性的形式化理论必须建立在大量的、

---

① 如果按照"理性视角"的逻辑进行推导的话，那么把整个教育事业说成是发展认知理性事业也成立，那么作为高等教育的本质就不成立了，因为高等教育无法代表教育整体，它只是教育的一个部分。

比较成熟的实质性理论基础上，而实质性理论需要以厚实的第一手资料挖掘为基础。这样，教育理论才能实现从传统演绎型向科学归纳型转变，无疑，实现这一转变需要相当长的时间。总体而言，教育理论转型的时机开始临近，因为我们再也无法用一个理论来解释所有的教育问题了，这要求我们必须从归纳出发去建构实质性理论，否则，理论就很难发挥对实践的指导作用。

理想大学寻觅：一个现象学考察^①

引导语：现象学作为 20 世纪西方重要的哲学流派对人文社会科学产生了广泛深远的影响，但直到 20 世纪末叶才真正影响中国教育学界，而对高等教育学界的影响则极其微弱。进入 21 世纪以来，随着中国高等教育大众化的快速推进，高等教育意义发生了根本性的转换，个体生命的价值开始凸显并成为高等教育活动中最具影响力的主题。传统研究范式在揭示高等教育宏大命题上的意义是不容怀疑的，但在揭示个体微观世界方面却捉襟见肘，而现象学研究范式则找到了用武之地。现象学关注生活世界，为人们祛除科学主义迷障提供了武器。从现象学视域看，高等教育的使命无外乎实现人的自我解放，高等教育研究目的无外乎对理想大学的追寻，从而为大学里生活的人们找到自我解放之途，摆脱管理主义的种种束缚。现象学的本质直观方法为高等教育研究转型提供了方法论指导，可促使高等教育研究尽快地进入人们的内心世界，走向真正的生活世界。

关键词：现象学方法；本质直观；理想大学；高等教育研究

一、现象学是高等教育研究的新方法

当代中国大学进入了一个空前的迷惘期，充满着颇多的景象：一方面大呼大学精神，另一方面却对经费表现出贪婪之情；一方面要求原创性的科学成果，另一方面却紧盯量化指标不放；一方面标榜以育人为中心，另一方面却围着排行榜转；一方面高唱教授治学，另一方面行政化却丝毫不想退让。凡此种种，不胜枚举。生活在大学里的人们感觉整体被技术绑架，有终日应付不了的表格

---

① 原载于《北京大学教育评论》，2015 年 3 期，第 94－109、190－191 页。

的填写和指标的完成，似乎很难静下心来做学问。这是大学的理想状态吗？

高等教育研究从本质上讲无外乎是对理想大学的追寻，目的是为在大学里生活的人们找到一个可靠的心灵寄托，从而使他们的创造性得以充分发挥，进而实现学术卓越的梦想。传统的思辨研究虽然发现了许多大学成功之道，但要找到实践它的人却很难；实证研究对大学成功的模型进行了精确的定量化描述，但发现很难按照它复制出一流大学。这究竟是为什么？难道没有找到大学精神吗？难道大学行为无法测量吗？事实并非如此，因为大学运转需要依靠每一个具体的大学人，如果不理解具体的大学人在想什么，一切美好愿望都只能是泡影。

生活在大学中的人在想什么？他们的想法其实非常简单：需要一个宽松的学术环境，不需要处处被管束；希望能够自由争鸣，不希望被一个权威主宰着；希望做自己认为有价值的事情，不希望做不情愿的事情。只有他们的愿望被关注、受尊重，他们的主体性才会存在，创造性才能被激发。不可否认，思辨方法确实能够抽象出一套概念系统，成为人们思考大学运行模式的参照，但它对具体人的需要关注不足。实证方法确实能够找到一些理想的模本，但无法反映具体人的复杂需求。因此，要真正反映大学的创造需要，必须走近每一个生命主体，承认他们都是价值主体，并努力使他们成为创造主体，这样才能实现大学自身的目标。这应该成为高等教育研究的基本工作。为此必须转变研究方法，真正面向大学中具体的人。

可以说，在高等教育进入大众化状态后，多样化已经成为高等教育最突出的品质，而统一化、官僚化的管理方式明显不适用了。如何面对这一新现象，必然是高等教育研究关心的主题。传统研究范式关注统一化、寻求普遍规律，而新的研究范式必须面对多样性、尊重差异，现象学研究理路能够适应这一要求，因为现象学的法则就是面向事物本身，去掉传统的刻板印象，使研究对象呈现自身，从而达到自我解放的目的，最终实现创造性才能的发挥。这样才是向大学本质的回归，才有望实现大学的理想。

现象学是 20 世纪以来影响最大的哲学流派之一，其现象学方法倍受人们推崇，被称为是思辨方法与实证方法之外的第三条道路。① 现象学由德国哲学家埃德蒙德·胡塞尔开创，经过其弟子海德格尔、舍勒（Max Scheler）等发扬光

---

① 涂成林. 现象学运动的历史使命——从胡塞尔、海德格尔到萨特 [M]. 北京：中央编译出版社，2007：47.

大，已经成为影响广泛的哲学流派，渗透到人文社会科学各领域。虽然现象学语义繁复，晦涩难懂，流派杂多，缺乏统一解释，① 但一致认同"面向事物本身"原则，而"本质直观"被公认为现象学方法。② 如何用这种方法有效地解释高等教育现象，是高等教育研究的一个急迫任务。

早在 20 世纪上半叶，现象学哲学已经传播到中国，但限于各种原因并未产生巨大影响，对教育学界影响也不直接。进入 20 世纪中叶之后，现象学因其非马克思主义哲学色彩而遭到排斥。直到 20 世纪 90 年代才再次影响中国教育学界，而此时对中国教育学界影响力比较大的是加拿大学者范梅南的现象学教育学著作。③ 对高等教育学界而言，现象学仍然是一个新领域，人们只是借助质性研究方法才间接地认识到现象学方法的意义。因此，现象学对中国高等教育研究而言仍然是一个待开垦的处女地。

二、现象学方法是一种通向生活世界的方法

（一）现象学开始于本质直观

一般现象学研究者都承认：现象学方法就是一种本质直观的方法。④ "本质直观"的意味是：本质是自明的，就是一种现象，是可以直观的。"直观"首先是"去蔽"，即"悬置"，也即把已有的认识等统统"悬置"起来，它也被称为"加括弧"，当把这些观念全部"悬置"起来之后就剩下了纯粹观念，就是关于事物本身的"意向"，直接地面向这种"意向"，就是"本质直观"，也称为"本质还原"。⑤ 胡塞尔认为"本质直观"还没有完成认识任务，需进一步走向"先验还原"。这一点经常被后人批评为进入了先验主义泥淖。⑥ 后世对现象学方法的继承主要是对"本质直观"方法的继承，而抛弃了其"先验还原"主张。⑦ 胡塞尔本人晚年主张"回归生活世界"也可以看作是对"先验还原"的

---

① 倪梁康．现象学及其效应——胡塞尔与当代德国哲学［M］．北京：商务印书馆，2014：4，174.
② 高伟．教育现象学：问题与启示［J］．清华大学教育研究，2004（1）：18-26.
③ 王萍．教育现象学：方法与应用［M］．北京：教育科学出版社，2012：12.
④ 倪梁康．何为本质，如何直观——关于现象学观念论的再思考［J］．学术月刊，2012（9）：49.
⑤ 高伟．教育现象学：问题与启示［J］．清华大学教育研究，2004（1）：18-26.
⑥ 高秉江．胡塞尔与西方主体主义哲学［M］．武昌：武汉大学出版社，2005：190-215.
⑦ 倪梁康．现象学及其效应——胡塞尔与当代德国哲学［M］．北京：商务印书馆，2014：4，174.

某种矫正。①

回归生活世界在今天成为中国教育学界的一个鲜明主题。之所以如此，是因为教育距离现实生活需求越来越远，只是把人们的兴趣引向对学历符号的重视，而非引向自我世界的建构。正因为如此，在中小学教育中，应试教育风气长盛不衰；在大学教育中，学生缺乏探究的热情；在整个社会，人们对读书求学的兴味索然，更钟情于网络媒体带来的娱乐。这些都是教育功能缺失的标志，也是教育研究面临的课题：为什么人们不注重精神世界的构建而迷恋于网络、满足于学历文凭的信号？它的答案可能就是因为教育中的知识传授与现实的人们精神生活之间失去了联系。在传统的教育研究中，人们重点关注的是对"知识"的宣称，而不太关注人的真实生活状况，人生活在冷漠的环境中就不自觉地走向自我麻痹，最终沉溺于网络自娱而不能自拔。什么样的研究方法才有助于关注人们的日常生活世界呢？从纯粹科学主义态度出发是无解的，因为它首先是一个价值问题，而现象学提供了这种可能性。因为现象学能够使我们真正把认识对象当作主体对待，能够与研究对象进行平等的交流，而非把研究对象看成异常状态而从一个权威姿态去要求研究对象改变。换言之，现象学有助于研究者克服专家的定式心理，还原为一个普通人的角色，真正同情理解研究对象的处境，设身处地地为其着想，从而才能真正给研究对象以启发。正是凭借这一优势，现象学教育学作为一种教育思潮传播到中国并开始赢得越来越大的市场。质性研究方法在我国教育研究中开始占据一席之地，在很大程度上也凭借其现象学对生活世界关注的指引。这说明，现象学方法对于解答中国教育面临的困境具有独特的解释力。但现象学对高等教育研究的影响力远未得到重视，特别是人们还没有运用现象学视角来解释"为什么中国大学难以培养出杰出人才"的钱学森之问，也没有解释中国高等教育发展该如何转向的问题。这些都是现象学为高等教育研究展现的问题域，值得高等教育学界高度关注。

（二）现象学作为一种研究范式的意义

现象学面向生活世界，它要面向的是真正生活中的个人，而非抽象的人。而传统的研究方式都是对人进行抽象，从而失去了人的本真意义。真正生活中的人是复杂多面的，很难用一个通则来概括，更难用一个不变的规程进行管理，因为每个人都不是简单的、被动的受体，他们与环境之间都有很强的互动需要，

---

① 杨耕. 胡塞尔：从先验自我转向生活世界——从马克思的观点看［J］. 吉林大学社会科学学报，2004（5）：42-51.

人们在互动的过程中去塑造和被塑造，也在建构着自我世界。如果这种建构的身份得不到确认，人们便产生疏离感，对社会生活会变得冷漠，可能趋向自我娱乐化，不再以积极的建设者姿态出现。所以，在信息化所创造的大众社会里，每个人的主体性都应该得到重视，否则就会释放出一些负能量。特别是当网络媒体打破了边界限制后，每个人的潜在能量都不容小觑，都必须受到重视。

现象学作为一种研究范式，非常关注细小的社会变化，关注日常生活中的每个人的生存状态，① 关注他们对社会秩序产生的影响。现在社会成员之间的联系不再依靠有形的接触来维系，而是越来越依靠看不见的网络世界。在这个新的虚拟空间中，每个人都变成了主体，都可以发声，而且他们的声音也获得了一视同仁的对待，这也是一种新型民主化趋向。这是传统社会无法想象的。在此情况下，不关注个体的微观生存状态是不可能的，只有关注人们的微观世界，才能使社会运转不会超出难以控制的状态。可以想象，一旦社会失去控制，其后果是极其严重的。

（三）现象学视野中的"现象"

现象学关注现象的整全性，即不仅包括物理现象，也包括心理现象或精神现象。实证主义也关注现象，但只是一些物理现象，即所关注的是"现相"②，无疑这些"现相"都是客观的，即有物质实体的实存，从而具有可反复检验的特征。思辨哲学当然也关注现象，但认为这些现象都是表象，虽然是可以感觉的，但并非实在的，换言之就是一种假象，即它是与本质相对的一个存在，不具有真正意义，仅仅是获得真实存在的索引。本质则是物自体，是一个独立存在，它隐藏在事物表象背后，无法直接被感知，只能依靠推理来证明，它作为绝对理念或作为一种单子而存在，此正是理性主义认识世界存在的逻辑起点。③ 现象学把客观的和主观的呈现都称为现象，认为本质就在现象之中，对本质的把握既不是靠推理，也不是靠感觉经验，而是依靠直觉，即本质的直观。如前所述，本质直观建立在先期的现象还原（即"悬置"或"加括弧"）基础上，本质直观就是一种本质还原，是找到自我的意向性所在，即直觉。

---

① 马克斯·范梅南. 生活体验研究——人文科学视野中的教育学 [M]. 宋广文，等，译. 北京：教育科学出版社，2013：11.

② 马丁·海德格尔. 存在与时间 [M]. 陈嘉映，王庆节，译. 北京：三联书店，2012：35.

③ 鲁洁. 走向世界历史的人——论人的转型与教育 [J]. 教育研究，1999（11）：3-7.

（四）现象学对人的主体性重视

不难看出，现象学主张确实有助于拓展人们的研究视野，克服传统研究对物质现象的迷信，非常关注生活中的另一部分，即精神现象。但这种精神现象不像理念论哲学所认为的那样完全独立于物质世界，而是与物质世界融合在一起的。① 这种融合是由于主体对世界的积极参与造成的而非自动生成的，从而承认人是自主的而非被决定的，进而反对来自外部的控制。在胡塞尔看来，世界的真正意义是主体赋予的，而非一种被规定的状态。主体的赋予过程就是人与世界的交往过程，在这样的交往过程中人把自己情感投射其中而获得了世界的反响，这确实是一种意义生成过程。在这一点上，它与实用主义的新经验论具有异曲同工之妙②，与今日的建构主义学派关于知识的主张存在着内在的媾和。

三、现象学方法对高等教育研究的意义

（一）对大学中管理主义盛行的透视

现象学范式对摆脱今天大学过分强调物质刺激、精神控制的管理主义的思维方式有很大启发，因为它从另一方面揭示了人的意义存在或人的存在价值也即人的本质。管理主义思维方式只重视可见的行为，热衷于绩效管理。在这一点上，科研活动比较符合其旨趣，因为它可以通过一些外在的标志符加以计量，教学行为则难以计量。即使如此，它也在寻找一些可以计量的方式，如学生评教分数就是一个计量方式。

科研活动真的完全可以计量吗？当然并非如此。对于理论研究而言，虽然下的力气很大，但可见的产出非常小，在计量中必然处于劣势。量化管理对于可以外现的行为而言确实是有用的，对于无法外现的行为就变成了无效的。但如果不使用这种量化手段的话，对于规模越来越大的校园管理就变得越来越困难，单纯阐释人的精神价值似乎难以满足管理的要求。所以，20 世纪 80 年代以来，这种注重量化绩效管理的问责制在世界各地大学里兴起。其结果使人们越来越重视表面行为，而忽视了对行为背后的意义考察。③

---

① 金美福. 秉持现象学态度的教师教育理论研究［J］. 教育研究，2007（8）：58 - 62.

② 杜威的新经验论就主张经验是主体与客体之间的互动状态，之间存在一个连续统，认为主观与客观很难截然区分，从而判断认识的真实性无法以主观与客观确定，而应该以认识的有效性来确定。

③ 毛亚庆. 高等教育管理方式转型的知识解读［J］. 教育研究，2013（12）：69 - 73.

早在 20 世纪初，人们就发现了人类被技术操纵的窘相，这也是法兰克福学派的批判理论兴起的重要缘由①，也是现象学兴起的重要动因。在 20 世纪末这一现象却越来越严重，在 21 世纪初变成中国高等教育管理中的一个最突出的问题。人们虽然发现了问题，但似乎很难找到解决问题的途径。现象学范式能否有助于这个问题解决？

（二）关于高等教育的使命

高等教育的使命是为了促进人的自由价值的实现。② 自由，是人之作为人的基本价值，也是人之成为人的最高价值。自由就是一种摆脱依附的状态，使人变成独立的个体，从而可以独立承担生命的责任和考验。自由包括物质的和精神的两个方面。可以说，人获得物质独立相对容易，获得精神自由则困难得多。精神自由是一种创造的自由，是一种为了实现自己的理想而不断地努力和奋斗的过程。

作为一个成熟的人应该具备自我规划的能力，这也是高等教育的基本目标。人如何才能合理地规划自己？这需要人建立在对世界充分认识的基础上。但人的认识局限性是永远存在的，因为人永远无法充分认识自己。人的生存很大程度上是一种境遇性的，这正是海德格尔所说的"被抛"状态。③ 人仅仅在技术的掌握中才获得一丝成就感，这也是技术主义得以膨胀的原因，因为它能够满足人的一种控制欲。但除此之外人能够主宰的范围就非常有限，最为尴尬的现实是人无法主宰自己的意志。人的意志总是在现实面前变得非常脆弱、容易妥协，而这一点恰恰又是人具有适应能力的表现。这种吊诡的现象事实上困惑着每个人。高等教育就是要求我们学会去面对这种现象，获得真正自由。

（三）关于知识与自由

人类对知识探求的脚步从来没有停歇过，从另一个角度看，人类对知识的探求就是对自由的探求。人类的知识系统也可以看作对自由探索的成果。知识系统标识着人类文明的足迹，它向人们宣告自由探索之路非常漫长，无法即刻达到真理，相反却是人终生努力的目标。对于每个人而言也是如此，虽然人们

---

① 傅永军. 法兰克福学派的现代性理论［M］. 北京：社会科学文献出版社，2007：335 – 337.

② 彭福扬，邱跃华. 生态化理念与高等教育生态化发展［J］. 高等教育研究，2011（4）：14 – 18.

③ 马丁·海德格尔. 存在与时间［M］. 陈嘉映，王庆节，译. 北京：生活·读书·新知三联书店，2012：33 – 34.

共享知识体系，但是每个人不得不独立探索，以建立自己的知识系统，这种知识系统也是对自我生命意义的注解。在对生命的探索过程中，人们不得不依赖既有的知识系统，但如果不增加自己的注解，这些知识系统整体是无意义的。

人类的教育活动说到底是为了人类获得更大的自由而设计的。这个设计在为人们认识取得便利的同时也容易遮蔽人们的目光，因为人们总是倾向于接受已有经验，误认为它们都是真理，从而形成依赖心理，放弃自己的探索。而人所有的经验都受情境制约，并非如宣称的那样是普适的。因此要形成正确的认识，必须悬置这些"前说"，进行独立探索。传统教育往往忽视了知识的境遇性特征而要求人们必须接受，从而把知识变成了教条，束缚了人们的视野。如此，教育在增长人们的知识之际也设置了障碍。当人们无法领会知识的旨趣时，知识不仅不能成为解放的力量，反而成为一种负累。

传统大学经常对经典具有一种着魔般的崇拜，认为它有助于人生意义的寻找，尽管经典渐渐脱离了实际。现代大学迷恋于知识的创造，但往往重视的是技术知识，反而丢失了人生的真正意义，这更应该引起人们的警惕。显然人的意义寻找离不开知识探索，但将两者完整结合起来始终是一个教育学难题，特别是大学的难题。对于每个人而言，意义寻找似乎比知识探求更具有优先性，但它又不得不以知识探求作为手段，因为只有知道是否"真"才能为意义提供可靠的根基，从而个体的意义探求过程必须经过知识探求过程才能实现。因此，知识与意义两者本来是不可分割的，而现象学研究关照了这一统一性，传统研究则在有意无意之中将两者分成了两截。

（四）现象学视域中的知识

知识在传统研究中经常以客观性、公正性或真理性自诩，在现象学视野中，知识是什么形象？现象学的抱负更大，为此才探求一个更为彻底的方法。现象学以哲学的科学自诩，试图打破哲学中关于物质与意识的二分状态，具体方法即现象学还原方法。胡塞尔的思路是先进行"悬置"（也称"现象还原"），然后是"本质直观"（也称"本质还原"），最后是"先验还原"。

相对而言，质性研究则比较满意地执行了胡塞尔的研究思路，如首先是"悬置"——这是排除"偏见"或"先见"的过程；然后是"本质直观"——进入现场观察，而且是多角度观察、长时间体验，使观念自动产生于体验的过程中；最后是"先验还原"——达到自我内在的满意程度。这就尊重了现象学所强调的"让事物自我呈现"①，即采用"深描"的方式进行陈述，避免过多的解释，因为解释可能把研究者的意见渗透到研究对象中。

为了增加描述的效果，质性研究还提出了整体性原则、情境性原则和脉铬主义原则。② 整体性原则把释义学的基本原理融进去，部分需要从整体进行理解，而整体需要参照部分的意义进行理解。③ 情境性则说明一切的发生都是有条件的。这种情境性也是反映深描功力的部分，否则难以表达情境的差异，这显然是对语言学功力的挑战。脉络主义则强调意义是一贯而非零散的。

正是这些基本原则的存在，使质性研究方法号称具有自己的方法论。当然，质性研究方法把自己的哲学基础定位在现象学，认识论则倾向于建构主义，而且吸收了实用主义哲学作为自己的哲学支撑，也把符号互动论作为自己的认识论支撑。④ 如此它就是一个基础非常庞杂的方法论系统。

四、现象学与中国高等教育研究的契合性

（一）现象学教育学的立场

现象学教育学研究者把现象学原理运用到教育学研究中，⑤ 非常关注学生的精神体验和教师的精神体验，鼓励人们对自我精神世界进行探索，似乎教育的意义就是为了完成这一使命。这一思路与传统的教育把学生培养成社会的建设者或接班人当然是格格不入的。传统教育承诺对社会的责任，有一种道德主义的偏好，同时也有一种工具主义的偏好，虽然也关注儿童的精神世界，但远没有把它放在绝对重要的地位上。从这个意义上讲，即便传统教育讲尊重个性，但仍然是从社会本位出发的。现象学教育学则是一种个人本位论者，把自我的发展放在绝对中心的地位。这在文化脉络上秉承了西方的传统，容易得到西方社会的支持和回应，在中国当下也得到了相当大的理解和同情，但毕竟由于文化背景不同，要完全接受这种主张还很难，人们对它的理解或同情主要是基于对传统教育的批判。也正因此，现象学教育学很难成为中国教育学的主流声音，

---

① 马丁·海德格尔. 存在与时间［M］. 陈嘉映，王庆节，译. 北京：生活·读书·新知三联书店，2012：203 - 208.
② 陈向明. 质的研究方法与社会科学研究［M］. 北京：教育科学出版社，2000：34，5 - 20.
③ 陈嘉明，等. 科学解释与人文理解［M］. 上海：上海人民出版社，2010：277.
④ 陈向明. 质的研究方法与社会科学研究［M］. 北京：教育科学出版社，2000：5 - 20.
⑤ 这里指的是加拿大学者范梅南的现象学教育学。

仅仅是素质教育的一种补充。①②

尽管我们在高等教育研究中都不免是一种个人经验的表达，但我们都不自觉地试图站在整体的立场来发言，在某种意义上把自己的意见当成一种真理来宣称了。虽然我们相信"人同此心，心同此理"，但它毕竟是一种个体表达，因为我们很少真正去征求别人的意见，我们只是借助推理证明我们的声音具有普遍性（同理心）。这就是我们论证自我言论合法性的一贯做法，这其中带有思辨研究的一些特征。如果要我们为自己的每一个观点提供充足的、现实性论据，我们就会感到不胜其烦。而在西方文化传统中比较信奉证据，他们对理论论据持一种相对怀疑的态度，尤其是在英美系统。

当我们不屑于为每一个言论提供证明时，如何证明自我言论的正当性？如实地自我陈述就是一个可供选择的策略（即通过过程展示自明性）。这就是描述主义态度，也是质性研究的基本策略。现象学本身也主张描述而反对解释，虽然很多时候解释是无法避免的，但解释容易掺杂个人偏见。描述主义强调情境性的重要性，它认为这种情境性提供了理解的可能性，③ 人们根据情境性判断你的陈述是真是假、你的诉求是否合理，而不需要外引各种证据证明自己的合理性与正当性。这时合乎规范（指交往伦理规则）、尊重共识就显得非常重要，否则你的陈述就变成不可理解的。这也是哈贝马斯提出交往语用学概念的原因，而哈贝马斯非常强调交往伦理的构建。④

（二）中国文化与现象学旨趣的契合

在中国文化传统中，人们对规范的尊重程度是非常低的，人们希望直接获得本质，所谓单刀直入就是这样的思维风格，而这种思维不合逻辑，也往往是难以传说的。人们往往特别相信自己的感觉，认为自己的感觉来自一种神秘的天赋。从本质上讲这是一种武断的姿态，即我代表真理，无须怀疑。从另一方面说，人们对自我真理宣称时往往不加限制，常常把自己的局部见解当成一种普遍规律，从而导致一种态度上的专制。这种态度往往受到社会地位的保护，

---

① 一般而言，英美文化中重视经验主义传统，欧洲大陆的理性主义传统更盛一些，从法律文本上就可以显示这一点，英美法系是案例法，而大陆法系是成文法。

② 王洪才. 现象学教育学：颠覆、回复与整合［J］. 比较教育研究，2007（8）：22 – 27.

③ 理解一般具有情境性，这种理解往往是直觉式的。这非常接近于胡塞尔所倡导的"本质直观"。所以，这种情境性具有自明性的特征，这也是主张"描述主义"的主要论点。

④ 汪怀君. 话语与理解：哈贝马斯的交往伦理学略论［J］. 山西师范大学学报：社科版，2013（5）：17 – 20.

社会地位越高的人，其态度一般也越专横，因为他们相信自己的意见是绝对正确的，就是真理的别号，"朕即天下"就是这种专制态度的集中表现。

从这个意义上说，中国传统哲学在认识论上是直觉主义而非理性主义。① 正是这一点，它与现象学认识论达成了某种程度的契合。从认识方式上讲它是比较感性的，不是一种非常抽象的认识。换言之，所有的判断都有感觉的影子在其中，但又不是一一对应的，故而缺乏实证的价值。因为大家有相似的感觉基础，沟通起来就比较容易，进而一些比较隐约的语言也可以得以流传，尽管认为它不严格、不规范。如果你要咬文嚼字推敲各个字的具体含义反被认为非常迂腐，因为人们认为只要领会其大概意思就已足够，而后世对它的领会就靠不断地注释，这就形成了一种"六经注我，我注六经"的学术传统。这也说明中国人对语言没有那种神圣性感觉，认为它仅仅是一种记事的工具而已，并没有赋予它什么特殊的价值，关键在于话语背后潜藏的意义。这似乎与中国语言缺乏严格的语法习惯有直接的关系。在这一点上与默会文化是相通的，"只可意会，不可言传"在很大程度上可以表达这种思维特质。

（三）中国传统学术的局限

从各方面看，中国传统的学术方式与生活世界结合得比较紧密，中庸的哲学对这种思维方式起到了保护作用。这样就很难建立一种完全抽象的符号系统，也很难推行彻底的理性主义，其结果是造成了这种学术系统的情境性比较强，很难具有普适性。这种思维方式比较符合生活的本质，也比较容易传播。难怪海德格尔从中国传统哲学中获得启示，② 推崇绝对理性主义的黑格尔对中国传统文化则不屑一顾。③ 但中国哲学中所隐藏的智慧也是明显的，西方许多哲学家都能够从中获得启发，如莱布尼茨（Gottfried Wilhelm Leibniz）的单子论提出就受到中国道家学说的影响。④ 而马克斯·韦伯认为中国哲学缺乏绝对信仰，认为这是中国没有进入资本主义社会的根本原因。⑤ 这种论调不能说完全没有

---

① 韩玺吾. 中国传统思维的典型范式［J］. 河北师范大学学报（哲学社会科学版），2009（6）：47－50.

② 张祥龙. 20世纪西方哲学东渐史：现象学思潮在中国［M］. 北京：首都师范大学出版社，2002：94.

③ 张祥龙. 孔子的现象学阐释九讲——礼乐人生与哲理［M］. 上海：华东师范大学出版社，2009：作者序.

④ 乔清举. 论儒家思想与人权的关系［J］. 现代哲学，2010（6）：96－101.

⑤ 马克斯·韦伯. 新教伦理与资本主义精神［M］. 于晓，陈维纲，译. 西安：陕西师范大学出版社，2006：14－15.

根据，但至少说明中国缺乏理性主义的土壤。西方资本主义社会是在尊重技术理性的条件下发达起来，而中国文化对技术一直持贬低的态度，无论道家还是儒家都对技术持鄙夷态度。后世的宋明理学虽然推崇理性，却仅仅是作为一种生活哲学态度出现的，还没有形成一种体系，从而没有产生系统的影响。

这说明，尽管现象学与中国文化比较契合，有助于关注生活世界，有助于解除技术主义对人们思想的宰制，但是人毕竟不能完全生活在精神世界而不关注物质生活。采用现象学方法，目的在于使人们关注我们的意义世界，而不是让它取代一切。而且现象学本身也是不彻底的，也依赖于人们的阐释，但它确实向我们的生活世界打开了一扇窗户。

五、现象学有助于揭示高等教育的本真

（一）现象学与高等教育本真

由上可见，现象学方法对高等教育研究确实是具有意义的，而对高等教育研究能够发挥什么样的作用是值得思考的。从笔者的切身体验看，我们在做高等教育研究时经常在不自觉中运用现象学范式进行研究，虽然笔者这个判断是下意识的，没有经过严格的推理，也没有经过严格的事实证明，而是仅凭借直觉。这个直觉当然也是笔者的一种体验，这种体验是笔者在长期的高等教育研究实践中形成的而非一时冲动的结果，因为笔者一直在边研究边寻找高等教育研究的路径，寻求高等教育研究的突破方式。最初的出发点很简单，就是为学科的独立性寻找扎实的依据。经过对高等教育现象的不断反思，认识到这个路程很艰难，几乎找不到突破的路径，于是最后倾向于承认事实，即高等教育实际是什么样子就怎么呈现，不需要把它打扮得"高大上"，使它徒具一个华丽的外衣而与现实不符。

这显然不是一种简单的"镜论"，即如镜子一样反映现实的状况，因为现实是复杂的，一般的镜子只能是一种平面的反映，很难立体地反映高等教育的现象。① 我们只能以我们自身的体验作为镜子来反映，这个镜子当然是一种特殊镜子，这个镜子经过了反复的磨砺，能够反映出高等教育的秋毫变化。当然，即使这样的镜子也有其观照不到的死角，这与个体的生存局限性是一致的，因为有的生活场域你从未涉入，就不可能有很深的体验。有时你只能凭借自己的想象或通过他人的经验反思获得一点启示，但毕竟这不是自己的亲身感受，如

---

① 柏拉图. 理想国［M］. 郭斌和，张竹明，译. 北京：商务印书馆，1986：387-340.

此说起来难免牵强附会。这正是认识的局限性所在。

我们在进行高等教育研究时，这个认识过程就是一个个体情感高度投入的过程，当然也是个体智力潜能处于一种被开发的状态，从而它也不可能是一个纯理智化的过程。我们都是在一定情境下认识一定事物的，我们的认识无法脱离一定的情景而达到完全抽象化的水平，而且我们所经历的事情都具有一定的情景性，很难为此情景留下绝对的或可靠的证据。即使留下了局部的证据，要想还原到原来的情景已然不可能，我们只能尝试通过解释的方式达到复原的目的。① 这也意味着高等教育研究不能使用固定的框框进行，如实证研究范式预先设定许多规则；也并不如思辨研究范式那样，必须从某一个固定的公理命题出发而通过演绎的路径推导出来。现象学追求高等教育的真实，这似乎就排除了价值干预或理想的投射。往往我们自身在感受高等教育现实时不自觉地投入了自己的情感价值判断，即认为某些东西是合理或不合理的。比如对于量化管理，我们不可能保持一种完全中立的态度，要么是赞成，要么是反对，或部分赞成部分反对，或者说赞成大于反对或反对大于赞成，我们不可能采取漠视的态度而认为它不存在，虽然这样的策略对于平静自我心理而言也许是有效的，但并不符合高等教育现实。

（二）现象学对管理主义解释

在现象学视野下，我们怎样反映高等教育量化管理的现实？必定是通过对多个经历者的体验进行综合，不能完全从被管理者角度出发，还要从管理者的角度看，即进行换位思考，甚至需要从第三方的观点看（如从专业的管理协会的观点看）。在管理者群体中，有制度的设计者，也有制度的执行者。从被管理者的角度看，这其中的分层也非常明显，如对人文社会科学学者是一种态度，对自然学科的学者可能是另一种态度。即使在人文社会科学内部，推崇自然科学研究方法者与主张采用传统研究方法者之间的立场分歧也很大。往往态度不同，表现出个体在其中获得的利益也不同，而在谈及利益时又与权力产生了纠葛，所以很难用完全客观公正的态度看待量化管理本身。研究者的态度可能取决于自身对这种制度的真实体验。

研究者在反映自己对量化管理的意见时，一般不会完全地把自己的意见全

---

① 由此可以看出，现象学方法在运用中不可能脱离释义学方法，虽然现象学的主张与释义学相互排斥。

盘反映出来，因为他在研究过程中必然与研究对象的观点之间产生互动，① 一方面可能会加深自己某些方面的体验，另一方面则可能矫正自己关于某些方面的偏见，尽可能全景式地呈现关于量化管理的各种意见，包括管理者公开宣布的量化管理解释等。当然研究者不可能一开始就相信管理者自己关于量化管理所做出的关于"科学""公正""客观"等一系列宣称，因为研究者一定会认为他的价值立场是有偏颇的，认为他是为了推行该制度必然会对该制度进行"过度的"粉饰，所以，研究者一定会通过其宣称发现其中的真实意蕴，因为研究者的直觉是管理者在宣称的过程中会故意隐瞒自己的真实意图，而把自己的举动打扮成公正的。于是他通过被管理者②的这种解读和真实体验反映这种量化管理政策意味着什么。

因此，作为现象学范式的坚持者不仅仅是陈述一种客观事实（这是实证研究关注的核心），也不是为了得出一种总体性判断（这是思辨研究所重视的），而是为了说明一种事件的真实意义，从而对各种宣称进行纠正（即认为各种宣称都有"矫情"成分在其中），无论这种宣称来自组织还是个人（虽然他们都是以"公正的"名义出现的）。这种纠正自然是在参考各种意见基础上做出的，更主要的是依据研究者所认为的最高价值原则做出的。

（三）现象学对生活意义的唤醒

我们在日常的具体研究中是否遵守一定的套路？显然是的。我们在具体的研究过程中一般所追求的目标不是为了验证某个概念或完善某个概念，而是因为产生了歧见需要重新阐释某个概念，这个阐释就是自己的理解，实质上就是给以自己的注解，即把自己的体验融进这个概念之中。之所以如此，就在于概念本身具有模糊性，接受者在感知的过程中发现它是比较空洞的，但确实与自己的经验是有联系的，于是他就试图使这个概念充盈起来，赋予这个概念以生命。这个过程就是一个转化过程，把一个相对无生命的概念变成一个相对有生命的概念。

在这个过程中，研究者一般对传统的解释"存而不论"，因为很难直接判定传统解释的正误，进一步说，传统解释并不意味着必定是错的。这实质上就是

---

① 这个互动可以理解为一种辩论，即驳斥其不合理性，主张自己的意见，同时又必须回应对方的各种质问。

② "被管理者"可能就是研究者个人，因为只有作为被管理者才有那种非常真实的体验，这是旁观者无法体会的。在这个意义上，研究者也是以弱者身份发声的，即为了改变自己的被压迫的境遇而发声。

一个"悬置"过程。之所以如此，就在于研究者对这个定义没有获得必要的启示，与自己的经验不吻合，但又无法直接地判断它的对与错。这个"悬置"过程不仅"悬置"他者的观点，也同时悬置了自己的观点。在这个悬置之后他就开始了自我生命历程的回溯，希望以这个概念作为诱因来唤醒生命中的某种记忆。如果生命中根本无此印记，就不可能产生唤醒作用。当真的达到一种唤醒状态时，就获得了对事物本质的认识。这种唤醒作用是直观的，不是运用推理手段或什么物证进行的。这与潜意识中的直觉有一定的分别。因为直觉发生作用往往是一种积极的状态，而这种直观相对而言是一种被动的状态，是一种被召唤的状态。

被唤醒之后，研究者产生了关于概念所代表事物的某种清晰的认知，这种认知显然不是对过去经历的回忆，而是对当下事物的重新认知，也可以说对事物形象的重新建构过程。这种建构是不自觉的，是个体内在价值诉求的不自觉的投射，从而赋予事物以一种新的面貌，也就赋予了事物以新的灵魂。这个新的灵魂与过去生命中的印记是打通的，也对当下的情景予以扫描和折射，从而获得了综合的体验。原来所赋予的意义仅仅起一个诱因的作用，而不具有决定性意义。这个构建过程因为不是自我能够决定的，从而具有先验的特性（这是意识的一种自动作用，是不受理性控制的）。如果是一种主动的建构过程，则可能把更多的人为因素融入其中，就变成一种非真实状态，可能与主体意志产生排斥的作用。

由此可以看出，在对事物的研究过程中，研究者时刻需要克制自己的冲动，使自己的心境归于平静状态，不能涉入人为因素，尽可能地使研究进程保持一种自然状态，最终达到一种自我圆融状态，从而使对事物的认识从主体的意识中自动生发出来，而不是研究者苦心孤诣地制作的结果。

所以当我们产生一个好的观念或认识时，自我就能够从中感受到某种惬意。这种惬意本身表明我们认识到了事物的本真，这比本质认识又进了一个层次。

（四）现象学作为一种基础性方法

故而，我们认为解释现象学方法对于扫除传统认识的偏见是有价值的，对于把思想扎根于坚实的生活土壤是有促进作用的，但如果要使这种生发于生活的观点成为一种更为广泛的观点，就需要借助其他研究方法。① 所以现象学方法不是唯一方法，也很难说是最好的方法，因为它究竟能够达到什么样的知识是不可知的②；却可以作为一个基础性方法，因为它对于我们"去蔽"的作用是明显的，它使我们思想解放出来，使我们变成了认识主体。它也具有反体制作用，因为它的前提似乎就是怀疑或怀疑一切，这似乎是笛卡尔方法的再现③，只不过笛卡尔走向了理性主义，现象学则走向直觉主义或神秘主义。正是在这一点上，它与中国传统哲学的认识方式是沟通的。

必须指出，我们真正的认识都来源于生活本身，不能靠移植而来，从这个意义上讲，我们所有的认识都是个体性的。但这种个性化认识显然不是认识的终极目的，认识的目的是为了获得对生活的真正理解，在这个意义上就必须进行交往，必须要获得共识，如此，走向普遍化是认识的必然命运。这样就分化出两个向度：一个是技术的向度，产生出控制性知识；一个是理念的向度，这种知识走向了哲学。这两者正是传统研究思路，一是实证研究的，一是思辨哲学的。现象学自身所走的是一种生活的向度，也是一种个性的向度，也可以说是一种文化的向度，因为文化就是共同生活方式的反映，而文化与个性成长是一种互动关系。

六、现象学与理想的大学

（一）现象学的方法论意义

现象学对高等教育研究具有多大的指导意义始终是值得考虑的。从本质上说，现象学范式更接近于生活，仅从这一点看它就是可取的。然而遗憾的是现象学的术语太过艰涩，很少有人能够真正理解它，能够理解它并运用于研究就更难。如果说它与中国的传统思维方式比较契合，似乎说我们不需要研究就是在运用现象学范式，这显然是不成立的。我们在生活中的思考确实有现象学的影子，但不是对现象学范式的自觉运用。因为我们在生活中所使用的现象学观

---

① 因为现象学方法很难规范，这既是其缺陷，也是其优点：优点是它没有变成一种技术，变成一种死板的东西，从而保持了灵活性本质，也使它具有很大的阐释空间；缺陷是它难以交流和传承，很难获得共识，从而形成了很大的歧见。

② 我们推测现象学方法可能只能达到一种微型知识或个人知识，很难成为一种公共知识。这样一来它对社会系统的意义就是不确定的或有限的，因为社会系统更需要一种确定性的知识，这样才能实现社会控制的目标，否则社会秩序就无法保障。

③ 倪梁康．意识的向度——以胡塞尔为轴心的现象学问题研究［M］．北京：北京大学出版社，2007：36.

念都是零星的或局部的，无法显现现象学的主旨，这样对改善研究品质的意义不大。运用现象学方法的关键是能够超越传统研究范式，透视到传统研究方法无法观照的领域，这样才符合现象学的主旨。从我个人的感受看，现象学的作用在于巩固"地基"，它还不能替代其他研究范式，虽然它最初确实有这样的打算。在巩固地基的过程中能否对其他研究具有促进作用？答案显然是肯定的，但这种作用却是难以衡量的，这也是它自身的难处。它的作用往往是弥散式渗透到其他研究之中，或者说改造其他研究范式，其他研究范式因为它的出现而促进了自我更新，这表现在其他研究不再严格地坚持传统的立场，虽然其主导性立场没有改变。这也说明任何研究方法都不可能完全独立发展，只能融合发展，即与其他研究范式结合在一起才能发展。只靠一种方法包打天下显然是不切实际的。

（二）现象学对高等教育意义的阐释

现象学研究范式的作用首先在于它对我们认识高等教育的本质的作用或意义。现象学使我们更加注重个人对高等教育的体验。传统上我们谈高等教育的意义势必要从国家、民族的角度出发，似乎只有这样才有意义，谈个人的体验似乎是微不足道的。而我们每个受教育者都深切地体会到，高等教育对个人的意义是不能被忽视的，忽视之后所谓的国家、民族、人类等意义也难以真正立足。虽然每个人对高等教育的感受相加并不等于高等教育的总体意义，但它确实是高等教育意义的一个重要构成部分，忽视了它，高等教育是不完美的。我们对高等教育的研究，无外乎更加真切地认识到高等教育的意义，认识高等教育意义的来源，探索如何使高等教育表现得更加完美。个人也是高等教育的一个重要建设者，因为他们也在用自己的行动诠释着高等教育的内涵。换言之，高等教育的意义不是完全如法律条例规范的那样，而是人们实际体会中的高等教育。每个人的行为都可能改写高等教育的意义，只不过有的人留下的痕迹比较深，有的比较浅，但无一例外都在影响着高等教育的意义。个人的行为无疑受到他对高等教育的期盼影响，他想象中的高等教育影响着自己对行为的设定。

个人对高等教育的期盼首先表现在对知识的诉求上，因为他总希望获得一种能够充分展现其发展前途的知识，一旦获得这种知识，他就可以表现自如，获得社会认可，从而获得一种人生价值实现的体验。所以，个人对高等教育的期望都寄托于知识这个载体。高等教育也隐隐约约地许诺个体能够达到自己的人生理想，能够为个体人生理想的实现提供帮助，因为它许诺自己传播的是真理，真理当然应该是"放之四海而皆准"的，无论他是谁。如果这个许诺无法实现的话，自然会引起个体的恐慌与焦虑，引起个体对自身意义的怀疑，也引起个体对高等教育意义的怀疑。所以，每个个体都不容小觑。现象学范式让人们关注到个体的感受，个体对知识的感受，个体对未来发展希望的感受，从而也是对高等教育意义的感受。这也是在间接地回答高等教育本质问题。一句话，高等教育本质不能脱离具体个体的感受。

（三）大学是理想与现实的交汇处

从个体角度而言，他是带着成长的祈愿进入大学的，这也是人们怀着五彩的梦来到大学的原因。人们来到大学后会感到非常失望，因为五彩的梦很快就破灭了，自己的生活方式与之前的状态没有根本的改变。什么是大学的应然状态？它应该能够为个体的自由表达提供机会、提供训练，引导自我开展自由探索，清晰地认识自己的梦究竟是什么，如何追逐自己的梦而不是一切屈从于现实，成为一个完全的现实主义者，甚至成为一个功利主义者，[1] 因为那个时候就不再有梦了，只有竞争，只有自我中心。[2] 人进入那种状态之后就处于一种孤独无助的状态，也是一种被强迫的状态，而非一种自觉自愿的状态。大学缺乏人文素质训练，个体不会自由地表达自己，而个体生活经历的局限使他无法认识真正的自己。[3] 大学缺乏综合素质训练，无法使学生认识到自己的偏颇。事实上，人的心理总是处于一种既是合理的又是不合理的挣扎中，于是变得无所适从，从而也变得很恍惚。人迫切希望改变这种状态，然而大学里到处弥漫着一副漠不关心的氛围，使人们发现必须依靠自我奋斗，无法依靠任何外援，即无法从环境中获得成长的滋养。社会的发展似乎使人们感觉人与人之间的距离越来越远，无法使心灵获得滋养，人们发现只有赤裸裸的物质利益才是一种现实存在，于是在不自觉中使心灵变得扭曲。在这个时候，人才彻底地抛弃了幻想，也抛弃了温情，从而变得世故或精明了。人一旦失去了美好的心灵，就

---

① 北京大学中文系钱理群教授在武汉大学老校长刘道玉召集的"理想大学"专题研讨会上把这种人描述为精致的利己主义者："我们的一些大学，包括北京大学，正在培养一些'精致的利己主义者'，他们高智商、世俗、老到、善于表演、懂得配合，更善于利用体制达到自己的目的。这种人一旦掌握权力，比一般的贪官污吏危害更大。"参见钱理群：《北大在培养"精致的利己主义者"》，2012 年 5 月 3 日，http：//daxue.163.com/12/0503/08/80IKTNJI00913J5R.htm。

② 自我中心主义的典型表现是：我只能依靠自己，不能寄希望于任何人，我必须意志坚定，我必须面对失败的挫折，只要我认为重要即可，别人怎么看都不重要。

③ 这种状况导致了现实中的人很多时候像困兽一样，总想咆哮，却总也找不到发泄的理由，这种状况又使自己感到气馁。

会感到一切都是没有希望的。

这当然不是理想中的大学。理想的大学是通过知识照亮了自己，也照亮了别人，照亮了大家共同的路，使大家感受到是一个命运的共同体，而不是一个孤立无助的单干户。因为单干户所发挥的只是一些个体的生存本能，而非人的高尚追求。理想的大学能够给人的心灵以归宿感，而现实的大学则可能给人造成一种逃离感，因为它似乎已经变成一种名利场，变成沾满了铜臭气的地方。因此，个性对理想的表达是对高等教育意义的探索，也是高等教育本质的另一种诉说。

六、

06

| 高等教育研究的基本标识 |

教育内外部关系规律学说：中国教育学发展的一面镜子①

——潘懋元教授专访

引导语：20 世纪 80 年代初，潘懋元教授正式提出了教育内外部关系规律学说，这一理论以马克思主义唯物辩证法原理为基础，同时融合了大量的系统论思想。在教育的内部关系规律说中，不仅包含尊重青少年的身心发展规律，也包含了对认知发展规律的尊重；教育的外部关系规律说强调教育主动适应社会要求。特别需要指出的是，"两条规律"指的是整个教育，而不是单指高等教育；"相适应"是指相互起作用，而不是单方面制约；两条规律的关系是平行的，而不是上下位的。

关键词：教育；内外部关系规律；哲学基础；系统论

改革开放 30 多年来，我国教育改革与发展取得了巨大成就。这些成就的取得，与我国教育学界持久的努力是分不开的。在这一历史的进程中，中国的教育学人，尤其是老一辈的教育学者们，以他们坚定的信念和卓然的智慧，热切关注、努力探究中国教育改革发展实践过程中一个个重大而又复杂的理论和现实问题。他们在探究这些并非纯学术问题的过程中，实现着学术与社会实际的互动。如果没有深厚的学术功底，没有对中国国情的透彻领会，就不可能使学术与生活、使教育学与教育实践保持这种动态的平衡关系。保持这种动态的平衡关系考量着中国学人的智慧，特别是中国教育学人的智慧，因为中国教育学人担负着对教育规律阐述的重任。如果不能对教育规律做出符合实际状况的阐释，就难以在中国教育学界获得

---

①　原载于《苏州大学学报（教育科学版）》，2013 年 1 期，第 48－52，126 页。

共识，更难以形成教育学界与社会互动的基础。在这一探究的征程中，厦门大学潘懋元教授早在三十多年前，就率先表达了自己对教育规律的理解，提出了"教育内外部关系规律"的学说，并引起人们对教育规律的广泛讨论，这一学说在为教育研究者提供一个解释中国教育问题的分析框架的同时，更多的是为教育界的实践工作者在总结经验、制定发展战略上提供了理论依据。将近35年过去了，随着中国教育的新发展，"教育内外部关系规律"学说也显现出恒提恒新的生命活力，至今仍然不断被教育界的理论研究者和实践工作者所引用，同时也时时引发学者同仁的热议。

应《苏州大学学报（教育科学版）》之约，笔者（以下简称"王"）于2013年11月12日下午就"教育内外部关系规律"学说（以下简称"两条规律"）问题，专访了潘懋元教授（以下简称"先生"①）。先生面对笔者，精神矍铄，侃侃而谈。以下是笔者对专访记录的整理。

王：先生，您好，我今天是应《苏州大学学报（教育科学版）》之约，想对您做一次专访，我这次访谈的主题就是您的"两条规律"学说。我之所以要采访这个话题，是因为"两条规律"学说在中国教育界影响太大了，不仅在教育学界影响非常深远，而且对解释和指导中国教育改革实践，也具有非常独特的价值，我认为最有意义的是它至今还在激发人们对教育发展规律的深层次思考。所以，先生，我想问的第一个问题是：您是在什么情况下提出"两条规律"学说的？您能不能回想一下，这个学说提出后，在学界都产生过什么样的影响？

先生：你知道，我提出"两条规律"的时候是在三十多年前，当时我们国家实行改革开放政策不久，教育界也处于百废待兴的状态，教育该如何更好地发展的问题是全社会普遍关心的事情。我国教育学界很多专家和一批大学校长也在探讨究竟怎么样才能使我国的教育事业更加平稳健康地发展。当时大家一致的意见是，要使教育获得健康稳定的发展就需要遵循教育的基本规律，因为我们这一辈人一直都对"文革"造成的影响记忆犹新，"文化大革命"实际上就是违反了教育规律，造成了对教育的破坏。这样导致我们国家的教育长期停滞不前，可以说整整耽误了一代人，给我们国家建设造成了很大的损失，也可以说是带来灾难性的后果。为了防止这样的历史悲剧的重演，大家都认为要办好教育就要尊重教育的基本规律，如果不尊重教育的基本规律，我们的教育发

---

① 先生是厦门大学教育研究院师生对潘懋元先生的习惯性尊称。

展就没有希望。所以，我很早就写文章探讨教育规律，① 但对教育规律究竟该怎么表述一直处于一个不断探讨的过程中。直到 1980 年，我在湖南大学举办的一期部校院长学习班上正式提出"教育内外部关系规律"，之后又在多次报告中谈到这两条规律，后来被整理为"教育基本规律及其在高等教育中的应用"而广为流传，1983 年才由华中师大整理出版成为《高等教育学讲话》的一部分内容。② 我当时一直在想，大家都说要尊重教育规律，但教育规律究竟是啥？因为我们大家都学过心理学，大家都知道，办教育不尊重青少年心理发展规律不行，不尊重一般的认识规律不行，当然学校教育还有特殊的认识规律，但这些规律究竟叫啥，怎么在教育活动中应用？这些都是需要认真考虑的问题。而且当时我在想，我们只让人家尊重教育规律恐怕还不行，如果办教育不尊重社会发展规律能行吗？我在经过反复思考后认为，教育发展确实存在着两种规律：前一种规律是教育系统内部的规律，也可以叫教育的内部关系规律，就是说办教育的人必须尊重的，或处理教育内部关系的原则；后一种规律是处理教育系统外部关系的，因为办教育必然要与外部发生关系，不是关起门来办教育的，那么就需要考虑到社会发展的可能和需要。这样，办教育就需要尊重内外部两方面的需要，我认为这是教育必然要面对的，而且是办教育必须遵循的规律，所以，这就有了教育的内部关系规律和外部关系规律。

当时我这个想法提出来之后，曾在多期高校领导干部培训班上讲过，也在一些学术会议上发表过，很多学者给予了肯定的意见，鼓励我把这种思想阐述出来。我在后来的文章中就提出了"教育内部关系规律是教育必须尊重人的全面发展要求的规律"，这就是说，办教育必须根据人的全面发展要求进行，否则教育活动就是盲目的。同时提出了"教育外部关系规律是指教育必须与社会发展相适应，也即教育适应社会经济政治文化要求的规律"，换句话说，办教育必须与外部的社会环境相适应，如果办教育不能与外部环境相适应的话，要想让教育很好地发展下去是不可能的。

"两条规律"的说法提出后，在教育学界内也引起了讨论，确实也出现了一些不同意见，不同意见主要是认为教育内外部关系规律提法不妥，因为规律是

---

① 参见潘懋元：《开展教育科学研究，探索教育规律》，见《福建教育》1979 年第 8 期，转载于《潘懋元文集》【卷二·理论研究（上）】，广州：广东高等教育出版社，2010：463 - 472。

② 参见潘懋元：《潘懋元文集》【卷一·高等教育学讲座】，广州：广东高等教育出版社，2010：35 - 54。

内在的本质联系。我的解释是，内部、外部，所指的是教育系统之内和之外，而不是内在和外在。教育系统同其他社会系统之间，的确是存在内在的本质联系，即内在的必然联系。

王：听先生这么讲，我对"两条规律"学说的认识也更加深了，我也能够体会到，一个新观点提出是很不容易的，而且要获得学界的广泛认可也是不太容易的。可以说，任何学说完全没有反对意见也是不可能的。在很多时候，有一些反对意见是件好事，因为我觉得这能够促进人们进一步完善自己的学说和理论。我想，任何学说必然有一个发展过程，所以，我想请教一下先生，"两条规律"学说提出之后是否有进一步发展？对"两条规律"学说该如何完整地表述？

先生：这确实是一个很好的问题。在"两条规律"提出之后，核心思想并没有变化，因为这个思想的提出是我在长期的实践经验基础上不断反思的结果，包括对很多国内外教育成功经验和失败教训的总结，可以说，这个思想提出后具有很强的概括作用，是一个在实践基础上理性思考的结论，所以基本不会变。但对教育规律的具体表述确实随着认识的不断细化也在不断丰富它的具体内涵。在对规律的表述中，要反映事物的内在的本质的必然联系确实是很不容易的，因为人的实践环境是在不断变化的，人的认识也是在不断地更新的，比如说我对外部关系规律阐述时就有一个不断细化或深化的过程。教育与社会、政治、经济、文化的相互适应可以更合理地表述为教育要同生产力与科技要求、社会制度（主要是经济制度与政治制度）要求、文化传统（包括中国的传统文化与外来文化）要求等相适应，除此之外，还要同人口、地理、生态环境、民族、宗教等因素相适应。[①] 看，很难说哪一种表述就非常全面，非常完整，因为每一种表述只能把最主要的方面表现出来，这就是说，在进行理论概括总结时不仅要看到事物稳定的不变的特征，还要看到事物发展变化的特征，我觉得在广东高教社出版的《潘懋元文集》中的表述算是比较完整的，当然也很难说是非常完整的。[②]

王：先生您这一说我又明白了许多，我非常钦佩先生的这种实事求是的态度。确实，按照马克思主义基本原理说法，不存在什么绝对真理，真理永远是

---

① 参见潘懋元：《潘懋元文集》【卷二·理论研究（上）】，广州：广东高等教育出版社，2010：522－523。

② 参见潘懋元：《潘懋元文集》【卷二·理论研究（上）】，广州：广东高等教育出版社，2010：484－497。

相对的，我们只能不断地接近真理，而无法终结真理，我想先生的"比较完整"能够代表这个意思吧。现在我想接着问一个问题，就是我想知道先生的"两条规律"学说的哲学基础是什么？

先生：你问的是"两条规律"的哲学基础，我想这个问题比较容易回答，因为我们主要是受马克思主义哲学的影响，所以指导我们的世界观和方法论的都是马克思主义的唯物辩证法和历史辩证法。我在总结"两条规律"时就充分地运用了马克思主义的唯物辩证法原理。我在研究教育内外部关系规律时，对我直接影响的就是内因与外因的关系规律。关于内因是根据，外因是条件，提供了对两条规律关系的理解。在教育发展中，教育内部要素当然是主导的一方面，但教育内部要素发生作用必须要有一定的条件，这个条件不是机械地、被动地等在那里的，而是需要教育内部的活动者去主动适应的。所以，外部社会提供的条件是一方面，如果没有教育内部的主动适应，这个条件仍然是不起作用的。因此，我们说教育发展离开了外部的积极支持不行，离开了内部的主动努力就更不行。"内因是根据，外因是条件"，所讲的正是"两条规律"之间的关系。

王：先生，讲到哲学基础，我突然想到一个有趣的问题，因为我在阅读先生著作中，包括与先生进行学术交流时，我发现先生对系统论思想非常感兴趣，所以，我猜测您的"两条规律"学说中融合了大量的系统论思想元素，我还拿不准我的猜测是否正确，因此，我斗胆问一下先生，您在思考内外部规律关系时与系统论关系怎样？

先生：你很敏锐，你不是猜测，而是正确的理解。我在思考教育规律时，正是系统论思想开始影响我国学术界的时候。虽然系统论思想在国外并不怎么新鲜，但对于当时我国学术界而言是非常新鲜的，因为我们经历了一段特殊的封闭时期。改革开放后，国外的一批新的学术思想涌进了国内，系统论是比较早引入我国学术界的，而且也没有遇到什么批判，因为我们学术界几乎都倾向于认为系统论思想是一种科学的方法论，而且能够丰富完善马克思主义理论。所以，我在思考教育发展规律时就借鉴了系统论的不少思想。比如，系统论中讲"整体性原则"，这对于我解释教育内外部规律关系时就很有启发作用。系统论讲大系统与子系统的关系，这对于我们认识教育系统与社会系统关系非常有帮助。系统论还讲各个系统之间是一种相互作用的关系，这对于阐释教育与政治、经济、文化和科技等不同系统的关系就很具有说服力。可以说，系统论思想对当时教育观念的更新所发挥的作用是非常大的，对于这一点，我们应该用历史的眼光来看待。也可以说，系统论思想也是我提出两条规律学说的方法论基础。

王：先生这么一说，我的一个疑团释解了。不过，我对先生的"两条规律"学说还有一点不是非常清楚，就是在教育内部关系规律中，您是怎样认识知识发展规律的或认知发展规律的？我知道，先生的"内部关系规律"内含了对认识规律的尊重，但认识规律究竟处于一个什么样的地位，我认识得不是非常清楚。

先生：认识规律当然是非常重要了。我们整个教育活动都是建立在对认识基本规律尊重的基础上的，因为违反了认识的基本规律，我们就违反了青少年身心发展规律，那么我们就不可能把知识的真谛传递出去，当然也就不可能培养学生的认知能力了。在马克思主义哲学中，认识规律就是主张从感性认识开始，逐步上升到理性认识，所走的是一条"实践—认识—再实践—再认识"的不断上升路线，马克思主义哲学就是一种实践论的哲学，因此，我们的教育活动也不可能超越这一哲学的指导。不过，在教育活动中有自己相对独立的规律，因为教育中的认识活动不是完全从实践开始，而往往是从间接经验开始的。在教学过程中怎样更好更快地把人类积累下的知识精华传递给下一代，这是教育学研究中的一个重要任务。在我的教育内部关系规律说中，尊重青少年身心发展规律中确实已经包含了对认知发展规律的尊重，但没有把它独立出来论述，这主要是因为学生认识规律的阐明是在教学过程中，这是属于基本规律的下位规律。

王：我知道在您的后期论述中，非常注重对教育主动适应社会经济发展要求的论述，比如您特别论述说高等教育要主动适应市场经济的要求，还提出高等教育要主动适应知识经济时代的要求等，这样您的教育论述始终与时代发展变化是同步的，但在这里一个比较难以把握的问题是：教育主动适应社会要求与被动适应社会要求的根本区别点是什么？请先生再帮助阐释一下。

先生：你说得很对，是的，在我的很多论述中都强调教育要主动适应社会经济发展要求，我认为，如果是被动适应的话就很难反映教育的内部需要了。主动适应与被动适应的根本区别点在于后者把外界的要求当成了命令来执行，容易无视教育本身的特点。教育主动适应的意思就是教育内部对外界所提的要求要进行适时的转化，要努力把一切不利的影响转化为积极的有利方面的因素。做这个工作就要求教育工作者对外界的要求进行理性透彻的分析，不能盲目服从外界要求，因为那样很容易违背教育发展规律，其结果就是教育发展容易遭受挫折。因为教育发展有自己的特殊规律，培养人才也有自己的要求，即遵循人的全面发展规律。从全面发展的要求出发设计教育教学方案，这样才能促进学生的智力发展和身心健康和谐发展。过去我们经常犯的错误就是对外部的要求被动服从，从而丧失了教育活动的独立性，这样往往使教育发展遭到很大的冲击，忙于应付外界的要求而不能关照教育内部自身的需要。教育主动适应外部社会发展要求就是要把握社会发展方向，认识到教育必须做的工作，从而能够在各种外界影响下辨明方向，找到促进教育发展的一切有利因素，尽可能使教育遭受的损失最小，获得最大的发展。

王：先生，那么您在思考"两条规律"学说时是否充分考虑到我国国情问题？

先生：这个问题非常有意思。实事求是地说，任何人在思考教育问题时都不可能完全脱离国情实际，否则的话就容易流于空想。教育理论思考当然也不例外，也必然要考虑到国情实际。我在思考"两条规律"的时候，必然要考虑到人们的思想观念解放得够不够的问题，以及要考虑如何继往开来的问题，还要考虑我国政治经济社会环境的要求问题，特别是要考虑我国发展科技要求的现实问题，这一切都是对中国的国情实际把握。另外，还有一个国情实际就是我国的文化传统实际，因为在我们的文化传统中，教育是国家发展的一部分，所以，教育不反映国家发展需要是不现实的，我们经常说教育是为国家培养人才的，这其中就有很深的文化内涵在其中，这与在西方的文化观念中往往认为教育只是为了发展个性的观念是不一样的。当然，我们的教育也需要发展个性，而且我们今天的教育对个性发展的尊重已经超过了新中国成立后历史上的任何时期，但不得不说，我们对个性的重视程度仍然是很不够的。"两条规律"学说中提出对人的全面发展规律的尊重也有重视个性发展的含义，因为这是马克思的人的全面发展学说的应有之意。但我们在重视个性发展要求时必须与社会发展要求结合起来，不然的话我们的教育就容易走偏方向。可以说，"两条规律"提出是基于国情而提出的，特别是针对我国经济社会发展需要的实际提出的，只有这样，教育理论才有持久的生命力。

王：先生，我们在认识这两条规律时还需要注意什么？

先生：我有几点要强调，一是"两条规律"是指整个教育的，而不是单指高等教育的，更不应以高等教育中的学术型大学的功能来否定教育基本规律；二是"相适应"是相互起作用的，不应只理解为单方面的制约；三是"两条规律"的关系是平行的，也可以理解为外因是条件，内因是根据，但不是上下位规律，上下位规律是一般规律与特殊规律，教育基本规律之下的下位规律有教学过程规律、德育规律、教育管理规律等；四是，"两条规律"的提出是从实践的需要出发的，是在总结实践经验（包括古今中外的和我自己的实践经验）的基础上提出来的，不是从哪一个理念中演绎出来的。

王：好，谢谢先生，您的补充很重要！也谢谢您接受《苏州大学学报（教育科学版)》的专访，希望先生就刊物发展说几句！

先生：《苏州大学学报（教育科学版)》在教育领域里是一份新的刊物，希望这份新的刊物有新的气象，办出特色，办出水平。

"一元三维"：论潘懋元教育思想的内在逻辑①

引导语：潘懋元教育思想有几个重要的价值支撑，这就是慈爱、包容、开放和务实，它们构成了潘懋元教育思想的内在逻辑。慈爱精神是潘懋元教育思想的灵魂，包容、开放、务实则是具体载体，构成了一种"一元三维"价值模式。从潘懋元提出的两条规律学说，到他对高职教育和民办高等教育的关爱呵护，再到坚持采用多学科视野来发展高等教育学科等，都渗透着潘懋元的慈爱、包容、开放和务实精神，这几种精神在他的日常教学生活中有机地融为一体。

关键词："一元三维"；潘懋元教育思想；内在逻辑

潘懋元是我国当代最负盛名的高等教育学家，也是中国特色教育理论的开拓者，② 他的许多教育思想一直对中国教育改革实践发挥着重要的指引作用，特别是内外部关系规律学说，科学地解释了教育发展与社会发展之间的关系及教育发展与个体身心发展之间的关系。他的多样化的高等教育质量观至今仍然对我国的高等教育大众化推进具有指导意义。他对民办高等教育高职教育和应用型本科的见解，成为我国高等教育体制和机制改革的重要理论资源。在中国高等教育发展过程中，高等教育理论工作者发挥了独特的理论引导作用，潘懋元就是中国高等教育理论工作者的杰出代表。潘懋元丰富的教育思想，反映了他对中国教育特别是中国高等教育的独特认识，是中国当代教育思想特别是高等教育思想的重要来源，值得认真总结和整理。关于潘懋元教育思想的研究已经很多，但从不同角度阐发，意义就非常不同。从逻辑视角进行阐发无疑是一

① 原载于《山东高等教育》，2015 年 8 期，第 72 - 79、2 页。
② 王洪才. 论高等教育"适应论"及其超越——对高等教育"理性视角"的理性再审视 [J]. 北京大学教育评论，2013（4）：129 - 149.

个新视角，该视角会增强对潘懋元教育思想的阐发力。

一、一元三维：潘懋元教育思想的内在支架

在对潘懋元教育思想进行认真的考察后就会发现，在其教育思想深处，隐隐地有一个核心的理念在发挥着支配性的作用，从而成为他进行教育理论思考和教育实践行动的动力源，这就是慈爱。这个理念来自他对教育本质的理解。我们知道，爱是教育本源，没有爱就没有教育。潘先生把这种爱升华为一种教育理念，成为一种内在的精神追求，从而灌注在所有的教育行为中：爱教育，爱学生，爱知识，爱生活。爱教育，使他兢兢业业从教 80 年，始终热恋讲台；爱学生，使他对学生的发展关怀备至，不自觉地把学生当成自己的孩子一样看待①；爱知识，使他成为教育规律的探索者和高等教育学的创始人；爱生活，使他把学术融入生活，使生活充满着睿智。他以 94 岁高龄获得"全国教书育人楷模"称号，成为中国教育学界的一座丰碑。②

爱教育是他慈爱精神的起点，这种爱源于他第一次上讲台时所遭受的震撼：辛辛苦苦准备了好久的教学内容不到半个小时就讲完了。③ 从此，他悟出教育大有学问，绝不是简单的讲授活动，于是他就开始了持久的、不懈的教育探究之旅。这种探究动力首先表现为对学生的爱，准确地表达就是慈爱，像慈父对待自己孩子一样，这种慈爱精神转变为他对教育事业的挚爱，对教育规律的追寻，对教育科学的信念，并确立了他"敢为天下先"的勇气和"只做第一，不做唯一"的自信。④

正是基于他对教育本质的理解，形成了他对教育科学的独特认知，当人们一般倾向于教育要与政治保持距离的时候，他坚持要肯定政治对教育的制约关

---

① 教育界流传一则轶事：潘懋元儿子潘世墨在评价他父亲时说：我父亲在教育中犯了一个很大的错误，就是把学生当成了自己的孩子，又把自己的孩子当成了学生。这可以从侧面反映出潘懋元对学生的爱。

② 新华网 . 2014 "全国教书育人楷模"名单公布 94 岁潘懋元入选［EB/OL］. (2014 - 09 - 03)［2015 - 05 - 02］. http：//news. xinhuanet. com/edu/2014 - 09/03/c_ 126948491. htm.

③ 潘懋元 . 潘懋元教育口述史［M］. 北京：北京师范大学出版社，2007：30.

④ 潘懋元 . 30 年回顾与感悟——厦门大学教育研究院成立 30 周年发言［M］//潘懋元 . 潘懋元文集：卷二·理论研究·上 . 广州：广东高等教育出版社，2010：301 - 305.

系①，这一认识也是他提出两条规律学说的重要动因，也为他后来提出教育要主动适应市场经济要求进行了精神上的铺垫。因为教育规律必须反映教育运行的客观现实，不能单从应然角度进行理想国的构建。教育规律就是要全面揭示教育健康发展所需要的内外部条件，并致力于构建一个比较理想的发展条件。为此就需要对教育内外两个方面的要求进行全面综合地考虑，换言之，必须考虑到教育发展中面临的一系列不利条件，只有这样未雨绸缪，教育发展才可能更加主动，才不会陷入一种被动的应付局面。所以，教育内外部关系规律转变为具体的教育发展，态度上就是要持一种包容性的发展理念、开放性的发展理念和务实性的发展理念。如此，作为一种普遍形式的慈爱精神就有了具体的执行实体，即依靠开放、包容、务实理念引导教育发展。这些理念就构成了"两条规律"学说、多样化高等教育体系思想、开放的高等教育学科建设思想的精神支柱。

二、务实性是教育规律学说的第一位品质

"教育内外部关系规律"学说（简称"两条规律"学说）是潘懋元对教育理论探索的独特贡献，尽管该学说曾引起争议。② 客观地说，引起争论并非坏事，至少可以活跃教育研究气氛。而且能够引起争论，正是因为它具有独特之处，与传统思维不同，即具有新思想，人们在接受这个新思想的过程中自然会出现不同的理解。所以，引起争议是学术界持续讨论的结果，而非不受关注，不受关注才是最大的冷遇，故而应该客观、冷静、理智地对待各种争议。退一步说，引起争议本身还可以促进理论进行自我反思，从而促进理论走向完善，上升到更高层次。中国学术界不喜欢讨论，往往一有不同意见就会大惊小怪。学术本来就需要争鸣，争鸣才能促进学术繁荣。只是我们太习惯于传统的"唯一论"思维模式了③，从而把出现学术讨论看成是异常现象了。此外，争议还

① 潘懋元.30年回顾与感悟——厦门大学教育研究院成立30周年发言［M］//潘懋元.潘懋元文集：卷二·理论研究·上.广州：广东高等教育出版社，2010：359.
② 王洪才.论高等教育"适应论"及其超越——对高等教育"理性视角"的理性再审视［J］.北京大学教育评论，2013（4）：129–149.
③ 在过去"顶峰论"思维模式影响下，学术界也染上了唯一论、独断论的思维怪癖，认为一旦某个理论被接受后就不能再有异议，认为有异议就是一种不敬的表现，实际上这就否定了学术争鸣和学术发展。事实上，这也是一种形而上学思维模式的具体体现，认为事物发展的结果只能是唯一的、固定的、不能变化的。这种思维方式显然会窒息学术探讨空气，不利于学术进步。

可以激发人们探索理论背后的思想根源，这无疑对从深层次阐释潘懋元教育理论具有积极意义。正如科学哲学家波普所言，科学发展是一个不断证伪的过程，只有当一个学说被证明是错误的时候，科学才是进步了。① 目前，两个关系规律学说只是被质疑，还没有被证伪。即使被证伪，也难以改变它的里程碑意义。所以，在这个意义上说，两条规律学说是中国教育理论的一面镜子。②

认真研究潘懋元的两条规律思想的产生过程，我们不难发现，支撑他教育理论学说的是该理论背后所体现的慈爱理念。他真心地希望教育发展不再遭受折腾，必须按照教育规律办事，否则教育就很难避免遭受折腾的命运。只有教育规律受到了尊重，教育才能获得善待；教育获得了善待，个体的成长发展环境就更加健康。这也是他对教育事业本身的挚爱表现，一句话，他希望能够探索出一条促进教育稳定发展的机制环境。他在不断的理论探索与实践经验总结中发现，只有遵循教育规律才是保护教育健康可持续发展的唯一可靠途径。但怎么来表述教育规律就是一个必须认真思考的问题，因为如果单边地进行教育主张宣称的话，非但不能保护教育，反而给人们一种本位主义、利己主义的嫌疑。孔子曰，"己所不欲，勿施于人"（《论语·卫灵公》）；"己欲立而立人，己欲达而达人"（《论语·雍也》）。这就是一种中国文化精神，即善于换位思考。在中国现实环境中，教育与政治的关系必须作为第一位的事务来考虑。如果不能正确处理这一关系，不仅不能推动教育发展，甚至会给教育发展带来致命的伤害。为此，教育内部与外部关系就成为教育规律要处理的头等重要的事情。客观地说，教育不可能脱离或超越它所存在的环境，无论这个环境是如意的还是不如意的。教育规律表述不可能单方面地表达自己的意志，而应该站在换位思考的角度来思考教育究竟是什么，教育发展究竟需要什么。从根本目的上说，教育发展必须与周围环境的发展取得协调一致，教育不可能孤独地、固执地前行，为此，教育合适定位就成为教育规律构建的核心思想。尽管人们都承认唯物辩证法的内外因规律，但在具体实践中应该是一个什么样子呢？系统论思想对教育规律的表述起到了决定性的推动作用。③ 这就是把社会看成一个大系统，

---

① 卡尔·波普尔. 猜想与反驳：科学知识的增长 [M]. 傅季重，等，译. 上海：上海译文出版社，2005：1 - 579.

② 王洪才. 教育内外部关系规律学说：中国教育学发展的一面镜子——潘懋元教授专访 [J]. 苏州大学学报（教育科学版），2013（1）：48 - 52，126.

③ 王洪才. 教育内外部关系规律学说：中国教育学发展的一面镜子——潘懋元教授专访 [J]. 苏州大学学报：教育科学版，2013（1）：48 - 52，126.

而把教育作为一个小系统看待，不能把教育看成是独立于社会之外的系统。社会大系统中包含政治、经济、文化、科技等社会子系统，它们与教育系统不单纯是平行关系，而且具有复杂的交织关系。也就是说，教育活动不能不考虑到政治、经济、文化、科技系统的反应，因为只有充分考虑到这些系统的反应，才能凝聚教育发展的合力，不然可能形成排斥教育发展的力量，那样对教育发展是非常不利的。这也意味着，教育发展受到制约是必然的，是无法排除的，必须面对的。面对这种必然性，教育不可能逃避，必须适应，在主动适应中表达自己的意志，从而表现出一种交往理性。

教育内部关系规律才是两个关系规律的核心，即教育发展必须适应人的全面发展要求。全面发展的教育理想是马克思主义哲学一贯主张的，而在现实中却是屡屡被歪曲的，因为现实社会经常出于短期的眼前利益，只强调某些方面的发展，比如强调应试技能方面的发展，对人的道德素质、心理素质、劳动素质和身体素质，特别是审美素质不予重视，这些显然是非常态的教育状况，也是必须加以阻止的。内部关系规律特别对这些现象加以关注，要求人们必须将人的全面发展放在教育发展中第一的位置。这其中透视的首先是对教育事业的热爱，更深层次的是对青少年一代的珍爱，也是对国家未来发展的珍爱。这实际上是出自内心深处的慈爱教育理念，即对教育本真的认识，也即真正的教育应当如此。

正是对教育本身的挚爱，才促使他站在教育外思考教育问题，打破了就教育论教育的局限，这体现了一种开放精神；要求教育主动适应外部要求，就是包容了教育异己的要求，这样才能激发教育的主动性、创造性，提高教育机体的适应性；对外部要求的接纳和适应，是务实精神的体现。如果持教育万能论思想或教育中心主义思想的话就可能使教育发展走向自我封闭，拒绝外部的一切要求包括其中的合理要求，同样也就丧失了教育自己的发展机会。毕竟教育是建立在一定经济基础上的，需要一定政治环境保护，教育不是建设思想上的乌托邦，必须脚踏实地，才能为教育发展争取最大的空间。

三、包容性是多元化高等教育体系的基本特征

潘懋元在谈到高等教育发展趋势时就已经鲜明提出了多元化主张，① 这是他对大众化高等教育要坚持多样化质量观的思想和多样化办学模式思想的进一

---

① 潘懋元，肖海涛．中国高等教育思想发展30年［J］．教育研究，2008（10）：3－10.

步发展。① 同时，他还大力推动对高等教育分类研究。这些都表明了他对多样化高等教育体系的坚持。② 而潘先生对高等职业教育研究高度重视和民办高等教育的格外重视是众所周知的事实，后来他对新建本科院校建设又投入了巨大的心力，始终坚持致力于推动多样化高等教育体系建设。从根本上说，这是他对健康高等教育发展机制的追求的表现，其背后透视出的仍然是他的人文关怀，是他对教育的慈爱精神。用他的话语说就是高职教育、民办教育是弱势群体，需要关注。

对于高职教育发展，他最著名的主张就是建立独立的高等职业教育系统思想。③ 他的思想可谓独树一帜，显然是在对高等教育系统考察后提出的。其实他提出的理由非常实际，他认为，如果高职教育不独立发展的话，就很容易与普通高等教育趋同，那样的话高职教育就发展不起来。他这个判断绝对不是空想，而是基于现实的判断，从现在高职不断要求"升本""升格"的动力就可以窥见一斑。

从国际高等教育发展经验来看，确实有高职教育独立发展并取得成功的案例。尽管人们对究竟是"单轨"还是"双轨"的意见一直没有达成共识④，但在我国高职发展过程中需要研究双方面成功的经验和存在的问题。我们知道，"双轨制"比较成功的国家是德国，其采用的"双元制"是国人在研究高职教育时一直称道的经验。我国台湾地区也是把高职教育作为"独立一轨"来发展，而且确实对中国台湾经济起飞发挥了巨大的作用。尽管在今天德国和台湾都存在"两轨合并"的趋势，但作为一个发展阶段而言，"双轨制"似乎更有利于高职教育的快速发展。

民办高等教育在我国高等教育发展历史上的经历比较坎坷。最初我国民办

---

① 潘懋元. 高等教育大众化的教育质量观 [J]. 江苏高教，2000（1）：6－10.
② 陈厚丰. 中国高等教育分类研究现状述评 [J]. 大学教育科学，2010（1）：34－38，59.
③ 潘懋元. 建立高等职业教育独立体系刍议 [J]. 教育研究，2005（5）：26－29.
④ 传统上一般认为，美国是"单轨制"的代表，无论是在中小学还是在大学，都没有独立设置的职业教育一轨，教育体系是综合性的。而欧洲传统上采用的是"双轨制"，在中学阶段分为文科中学、综合中学和现代中学等，在高等教育阶段，职业高等教育是相对独立的一轨，比较有代表性的是德国、英国高教体制。但 20 世纪 90 年代之后，英国高等教育已经取消了双轨制的划分，传统的多科性技术学院也可以升格为大学，从而打破了传统的双轨制模式。而德国高等教育已经打通了职业系统和学术系统之间的关系，我国台湾地区在进入 21 世纪之后，职业高等教育系统向普通高等教育系统转变，似乎表明美国的一轨制代表了未来发展趋势。

高等教育发展动力是因为传教士建立的教会大学的影响，后来是一批主张"教育救国"的仁人志士为了兴学而创办了私立大学。但它们的发展历程都比较艰辛，始终面临资金发展短缺的问题，如比较著名的私立大学南开大学就是一例，有的最终改制为公立大学，如厦门大学就是典型一例。新中国成立后，为了适应社会主义教育改造的需要，私立教育一律被取消了，这样私立大学办学实践在大陆中断了，直到实行改革开放政策之后，民办高等教育才渐次发展起来。随着民营经济的不断发展，民办高等教育也出现了非常充沛的发展活力。对于这支新生的高等教育力量该怎么看待，一直是高等教育研究的热点问题。潘先生则一直坚持国家要采取保护、扶持、善待的政策，致力于消除对民办高等教育的歧视性的待遇，这一呼吁得到了越来越多的理解和支持。

可以说，潘先生主张大力发展高职教育，完全是基于对社会发展需要大批高层次技能人才的认识，因为他认识到，社会发展需要多样化的人才，单纯的理论性人才是无法满足社会发展需要的，必须培养更多实用性的技能人才才能适应社会建设需要。也可以说，发展高职教育思想也是他的两条规律学说的具体运用。

对于民办高等教育，潘先生一直给予高度的同情与理解，认为在国家没有直接投入的条件下，他们为国家培养了大量人才，弥补了高等教育供应不足的缺口，其公益性是主导方面的。尽管他们多数都出于投资性的动机，但其实质是为社会、为国家培养建设者。他认为，在目前情况下，试图使他们完全不图回报是不符合实际的，当然也是不合乎情理的。实事求是地说，民办高等教育家多数是白手起家，滚动发展，知道创业的艰辛，所以他们非常注重经营，如果不能赢利的话，他们就不可能生存下去。他们没有别的指靠，只能依靠市场，靠赢得市场而赢得发展机遇。因此，国家采取扶持性政策是应该的，毕竟他们分担了国家应该担负的责任。潘先生也不鼓励通过教育获得暴利的行为，认为那样就违背了教育的基本宗旨，不可能办好教育，也不可能持久。他支持民办高校"适度赢利"的思想，认为这是民办高等教育发展的重要动力，也能够激励这些民办高等教育办学者主动办好教育。所以，他不支持对民办高等教育持过分理想主义态度，即坚持要求他们捐资办学，认为在中国现阶段的经济和文化发展水平的基础上，期望民办高等教育办学者有非常高的道德觉悟是不现实的。①

在新建本科院校发展道路上，他的态度是异常鲜明的，即走应用型发展道路，区别于传统的理论本科或学术本科的道路。② 这一思想逐渐得到越来越广泛的认可。对于许多新建本科院校而言，他们也希望走传统本科发展道路，也希望自己不断升格，从而最终实现举办研究型大学的梦想。如果真的是这样的话，就走了一条如同升学主义的路线，对于高等教育自身发展是相当不利的，对社会经济发展需要而言则是造成了不必要的浪费，虽然它在短时间内能够满足人们对学历文凭的要求。事实也证明，新建本科如果走传统本科道路就只能被淘汰，因为传统本科所供应的人才市场需要早已经饱和，而且传统本科院校也在探索改革的路径。研究型大学普遍开展的通识教育、创新人才培养实验等，都是为了改变或更新原来的培养模式。新建本科如何来避免传统本科发展的误区则是其健康发展的关键。走与社会需要紧密结合的应用型发展路线可以说是其不二的选择。可以说，国家近来推动新建本科向应用技术大学转型的发展方针也是在一定程度上采纳了潘先生关于应用型本科院校建设的设想。

四、开放性是多学科观点研究高等教育的标识

作为中国高等教育学的创始人，潘先生非常关注高等教育学发展状况，这是再自然不过的事情了。但在高等教育学如何发展问题上，是走过去的传统的封闭型的学科发展道路，还是走开放型的发展道路，则面临着重要抉择。在国内教育学"寻找逻辑起点"热、③ 强烈要求建立独立的高等教育学体系的大环境下，潘先生毅然决然地选择了走开放型发展道路，主张将多学科思想引入高等教育学建设中。这一抉择显然是冒了很大的风险的，因为教育学界一直有一种声音，即担心成为别的学科的殖民地④，而开放自己的研究领地是否是一种"引狼入室"的行为？把高等教育学自我封闭起来就一定有发展前景吗？因为在教育学寻找逻辑起点的热潮中同时有一种"教育学终结"的声音。⑤ 潘先生高

① 潘懋元，邬大光，别敦荣．我国民办高等教育发展的第三条道路［J］．高等教育研究，2012（4）：1－8.
② 潘懋元，车如山．略论应用型本科院校的定位［J］．高等教育研究，2009（5）：35－38.
③ 瞿葆奎，郑金洲．教育学逻辑起点：昨天的观点与今天的认识（一）［J］．上海教育科研，1998（3）：2－9.
④ 陈桂生．教育学的建构［M］．长沙：湖南教育出版社，1998：36－46.
⑤ 吴钢．论教育学的终结［J］．教育研究，1995（7）：19－24.

瞻远瞩，从学科发展大局出发，坚持走开放发展之路，这确实是一种学术胆识，冲破了国内学术界的一种学术惯性，这种惯性倾向于使学科建设走向封闭，画地为牢，从而使学科发展走向萎靡不振状态。坚持从多学科视野来从事高等教育研究，确实为高等教育学发展赢得了更大的空间，也为高等教育学长远发展储备了充足的动力。因为多学科方法为高等教育学提供了多学科的理论资源，也借鉴了多学科的研究范式，特别是吸引了诸多跨学科人才加入高等教育学研究队伍之中，从而为高等教育学发展赢得了勃勃生机。从本质上讲，高等教育学向多学科开放，反映了高等教育学学科的内在特性，因为高等教育学是以高等教育现象作为自己的研究对象的。在高等教育现象中，必然要包含各个学科的人才培养活动，这也是高等教育实践活动的具体形式，从而就使高等教育研究更加紧密结合高等教育发展实际，同时也促进了高等教育学与多学科进行交叉融合，也为解决高等教育学重大难题——促进多学科共同发展，提供了丰富的实践基础。可以说，目前国内高教界所热衷的协同创新的一个重要形式就是跨学科合作，因为跨学科合作是未来知识创新、重大科学突破的基础。

必须指出，采取多学科发展范式是国际社会科学的一种普遍发展趋势，只有顺应这一趋势才可能开展国际对话，才能为各个学科发展赢得更大发展空间。事实上，依靠封闭型的发展路线只能造成发展资源越来越枯竭。国际著名学者华勒斯坦（Immanuel Wallerstein）教授就提出了开放社会科学的概念，① 他的主张有众多的支持者。在高等教育领域也不乏许多追随者，如美国当代已故的著名高等教育学者伯顿·克拉克不仅是该观念的支持者，也是这一观念的实践者，他的《高等教育新论——多学科视野》就是代表作。② 潘先生在一定程度上受到了伯顿·克拉克坚持多学科发展观念的启发，从而开始探索中国高等教育学的多学科发展之路，他主编的《多学科观点的高等教育研究》就是例证。③

潘懋元以巨人般的魄力，超人的智慧，率先地主张开放学科领地，鼓励运用多学科的视角从事高等教育研究，为高等教育学发展注入了清水活源。不能不说，这是一种促进学科发展的有力举措，也使高等教育学很快很好地融入科学的大家庭中。

---

① 伊曼纽·华勒斯坦，等. 开放社会科学 [M]. 刘峰，译. 北京：生活·读书·新知三联书店，1997：1 - 113.

② 伯顿·克拉克. 高等教育新论：多学科的研究 [M]. 王承绪，等，译. 杭州：浙江教育出版社，2001：1 - 331.

③ 潘懋元. 多学科观点的高等教育研究 [M]. 上海：上海教育出版社，2001：1 - 404.

五、学术沙龙是"慈爱—开放—包容—务实"的典范

潘懋元主张高等教育必须联系实际，必须反映现实中的问题，既不搞封闭型的学科建设，也不搞脱离实际的理论研究，最为难能可贵的是他把高教研究与高教理论教学有机地结合为一体，致力于建设一种独特的高等教育研究文化氛围。他率先开展了研究生培养模式改革试验，在研究生教学中推行"学习——研究——教学"① （简称"学——研——教"）三结合的教学模式探索。所谓"学——研——教"三结合，就是在教学时间分配中，老师的讲授占三分之一，学生自学占三分之一，而教学共同研讨占三分之一。当然，各占三分之一只是一个相对比例，不是绝对的，但它表明了要打破传统的单纯教师讲授的模式，要把学生的自学的积极性发挥出来，把师生在一起共同研究作为教学的重点推行。我们知道，学生是教学活动的重要主体，如果学生的积极性不能调动起来的话，教学总体上是无效的。显然，完全采用自学研讨的方式对于中国学生而言还是吃不消的，也不利于快速地把学生带到学术前沿，教师的讲授在这一点上的作用是非常大的。无论是学生自学还是老师讲授，都存在弊端，单纯学生自学学习效果就难以保证，单纯教师讲授的话则可能形成单边灌输的情况。而教师与学生在一起共同研讨，就能够弥补这两方面的不足。师生在一起共同研讨是教学改革的最重要的环节，这样就能够使课堂变成开放的课堂，一方面可以把学生自学中面临的问题带到课堂中，从而增强教学的实效性；另一方面可以促进教师思考，不断地面对学生的质疑，从而可以促进教师的知识构架的更新，完善自己的理论设计。

潘懋元在教学共同研讨方面创建了两个制度的影响巨大，一是每周六晚上的学术沙龙制度，这已经成为先生自己生活中最重要的一部分，同时也是研究生学习生活中最重要的一部分，这对博士生而言尤其是如此。学术沙龙的主题非常多样，有热点讨论，有课程作业汇报，有外部学术信息交流，特别是有一些著名学者拜访，这些都构成学术沙龙研讨的主题。所以，学术沙龙的信息量非常大，内容非常广，为学生提供了一个广泛学术探讨空间，从而使学生能够敏锐地接触到学术前沿，更直观地感受到现实的需要。每次学术沙龙都有丰盛的来自四面八方的风味茶点，使学生在享受精神大餐的同时也领略了各地风土人情。许多博士生在自己毕业论文的后记中都写到，沙龙对自己的学术思维训

---

① "学习——研究——教学"三结合，也被称为"自学——研究——教学"三结合。

练影响最大，终身受益。这足以反映师生之间的共同探讨氛围的重要性。另一个制度建设则是每周一上午的学术例会制度，这是全院师生共同参与的，当然先生自己是坚持得最好的，这个机会使研究探讨的问题不限于课堂内容或与课堂教学直接相关的内容，可以是各方面的学术报告。如果说沙龙是一种非常轻松自由的学术研讨氛围的话，学术例会则是一种比较正规的学术探讨氛围，两者相辅相成。这两种制度都为学术思维激荡提供了广阔的空间，锻炼了学生的思维水平，扩展了学生视野，也传递了最新的学术动态，从而使师生之间形成了一个共同探讨的浓郁的学术氛围。

潘懋元教学的最重要特征是言传身教，他把对学生的爱融入自己的一言一行中。每年的迎新晚会①，潘先生都把自己压箱底的绝活拿出来，那就是出谜语、猜人名，人名主要是研究生，间或有个别老师的名字。这个节目本身需要认真研究人名的直接意思和象征意思，而且要与历史事件联系起来。这样的一个猜谜活动不仅考察学生的知识面，而且考察学生是否对自己的同学非常关心，当然最重要的是考察学生的反应能力是否灵敏，因此是一个娱乐性、智力性和知识性及情感性高度合一的项目，当然首先是考察的出谜题人的思维水平，故而是一个高难度的智力挑战。所以，每到这个时刻，是最具有悬念的时刻，也是最充满刺激和欢乐的时刻，在这个时刻，师生的精神高度地凝聚在一起。这种人生经验与智慧的分享，使研究院充满了浓浓的人情味，具有无形的教化力量。

六、结语

我们说，在潘懋元身上，开放、包容、务实是三位一体的存在，三者统一在慈爱理念之下。在两条规律学说中，开放性反映在从教育外部视野来看待教育发展需要；包容性反映在必须客观地承认外部的制约；务实性反映在必须尊重教育内部要求，即反映人的发展需要上。多样性高等教育质量观也是三者有机统一的体现，如对民办高等教育的营利性持包容性态度上，主张善待民办高等教育、消除关于民办高等教育的歧视性政策就是开放性态度体现，承认民办高等教育的营利性与公益性的统一是一种务实的态度。而采用多学科观点研究高等教育则是他在学科发展上坚持开放、包容、务实理念的集中体现。毫无疑

---

① 人民网. 高等教育学鼻祖潘懋元先生 ［EB/OL］. （2014 – 09 – 06） ［2015 – 05 – 02］. http：//edu. people. com. cn/n/2014/0906/c1053 – 25616533. html.

问，开放、包容、务实三者都是为了促进教育，是对教育挚爱的体现，是在慈爱理念下的有机统一。

　　学术沙龙是潘懋元创造的另一个独特的教学形式，这个探讨的氛围能够把多元的学术思想引进来，如此才能达到学术争鸣的效果。在学术争鸣中也充分贯穿了开放、包容、务实的理念。这些品质也表现在教学方法改革探索中，自学——研究——教学三结合是开放、包容、务实理念的具体实践。

　　可以说，潘懋元从慈爱精神出发，使他对高等教育发展持开放的、包容的、务实的态度，这种精神不仅渗透在他的教育思想中，也遍布于他所有的教育实践行动中，最典型的例证则是两个规律学说、多样化高等教育质量思想、多学科的高等教育研究思想。而在他具体的教学生活中，这些精神就体现得更为淋漓尽致。

开拓型校长，行动研究典范①

——对杨德广校长的叙事研究

引导语：杨德广教授是我国著名高教专家，成功的大学校长，也是一位行动研究典范。在长期的工作实践中，他将研究与行动融为一体，在行动中大胆探索，在理论上大胆创新，理论和实践有机结合。在任上海师大校长期间，他从爱护人才到教学改革，再到实施"充实教育"，特别是他敢冒风险、开拓市场的事例，都贯穿着浓郁的行动研究风格。他善于反思，严于律己，对自己约法十章，树立了一个廉洁自律典范。在他任内，上海师大面貌焕然一新，证明了他是一位魅力四射的开拓型大学校长，也确立了他作为高教行动研究的典范地位。

关键词：杨德广；开拓型校长；行动研究典范

众所周知，杨德广教授是一位非常高产的高教专家，已经发表学术论文500余篇，出版专著40多部（含主编），这在国内学术界是比较少见的。但他同时也是一位非常成功的大学校长，在他的治理下，上海师范大学面貌换了模样，无论是办学条件还是办学声望都得到了很大提升。作为一位理论研究者和成功校长的综合体，则是他的行动研究风格，即他用行动注解他的理论，他用理论来指导行动。换言之，他在高教改革实践中进行探索，用理论探索的成功进一步指导高教改革实践。所以，他更是一个高教改革的探索者和实践家，他的研究成果很大程度上反映了他在高教实践中遇到的难题以及对难题思考的结论。可以说，杨德广教授是高教学术界行动研究的典范，他把研究与行动有机地融为一体，在行动中研究，在研究中行动，研究是为了行动，行动又促进研究，

---

① 原载于《湖南师范大学教育科学学报》，2016年2期，第87-94页。

从而是一个理论与实践结合的典范。无论是他在上海市高教局副局长任上，还是他在上海大学副校长任内都能够体现出他这种用理论指导实践的工作风格。但最能够代表他研究风格的则是在上海师范大学校长任内的开拓性实践。正是他的理论与实践的有机结合，才使他的大学校长生涯富于探索性和开拓性。以下几则故事则能够为他的行动研究风格和开拓性校长的实践提供生动的注解。

一、爱惜人才，特事特办

在高校工作过的人都知道，高校教师晋升历来都是矛盾最集中的一个工作环节，因为高校教师对自己被社会认可看得非常重要，职称就是一个非常重要的社会承认标志。对高校管理者而言，把握好职务升迁对于调动教师工作积极性意义重大。所以，能否解决好教师职称晋升问题对于平定教师情绪，激励教师积极投入工作，发挥学术的创造性等影响巨大，不然就会造成教师的不满，严重影响其工作的积极性。

为了给教师学术创造以公平的承认，各个学校在职称评定上都非常慎重，制定了比较严格的程序规定和认定规则，这样才能够显示出一视同仁，使大家获得一种公平对待。如果不按规定办事，则容易造成领导擅权，接受人情请托。但任何规章制度都是针对一般情况而定，很难将各种特例包含在内。所以，对于一些难以规范的区域，往往需要采取一些特殊的规范或特殊程序来处理，不然很容易造成一些矛盾。作为一个学校领导，面对这样的特殊案例怎么处理，确实在考验校长的胆识、魄力和智慧。因为一旦处理不好，不仅不能解决原有矛盾，而且还会激化矛盾，造成更大的矛盾。此时，在处理此事时还需要校领导具有人格魅力，即必须办事公道，做事能够让人信服，不然就会埋下许多后患。

杨德广教授上任之初就遇到了知名作家戴厚英晋升教授职称的问题。作为一名知名作家，如果申报职称被拦在外语成绩一关，确实不尽合情理。但制度是一视同仁的，不会因为她是知名作家而有例外。所以，"外语成绩合格"的要求尽管有不合理之处，仍需要尊重，但如果要求一些年纪大的学者必须通过外语考试才能申报职称则明显不近人情。这说明，传统的职称晋升申报程序确实存在一些缺陷，无法对待一些特例。此时就需要大学领导敢于创造，突破原来的程序规定，进行制度创新，弥补原来制度规定的不足。这样一个新的案例，可以为以后类似事件处理提供借鉴，可以解决矛盾、消解问题。①

　　文学院学术委员会多数人不同意，我查阅了评聘教授的有关条例，建议文学院党委书记和院长联名写推荐信报到校部，这样就可以直接报到校学术委员会审批，但必须经过学校学术委员会无记名投票三分之二以上通过。我兼总校学术委员会主任，收到推荐信后，即给每位委员打电话，通知他们要召开学术委员会，讨论戴厚英可否破格升教授问题。有的委员很有意见，批评我们为什么为她一个人开会，太特殊了吧！我说戴是特殊人物，特事特办嘛！多数人表示理解。②

　　但大学领导的创造也需要在自己的职权范围内办事，即必须因循条例办事，这就要求必须善于钻研规章制度，而不是简单地执行条例规定。此时必须善于顶住各方面的压力，一旦自己信念不坚定，不仅不能得到周围人的理解，而且很容易被攻击。

会上多数人认为戴厚英这样的名作家可以作为特殊情况给予解决，也有人不赞成这一做法，认为这样做是搞特殊化，不公平，如果上海大学还有这样的特殊人物，是不是也能解决？

我说今后上海大学只要有这种特殊人才，均可按特殊办法解决。

　　这个事例说明，作为学校领导人不能只图减少麻烦，不能不尊重人才。办学仍然需要把人才放在第一位。所以对特殊人才，就要采用特殊办法。现在许多领导人只图简单，抱着"多一事不如少一事"的原则办事，从而可以明哲保身，但求无过。这样的官只能是太平官和庸官。但是一个人要摆脱庸俗化、平庸化的困扰并不是很简单的一件事。

投票结果17票赞成，5票弃权，超过了三分之二，戴厚英老师终于被评为教授。

戴厚英评上教授后，在我建议下，学校聘她担任上海大学教授咨询委员会委员，以便及时听听她的意见。

---

① 戴厚英是我国知名作家，在上海大学文学院任教。1992年她申报正教授，由于英语考试不及格（46分）而未上报。戴十分不满，说"规定考英语是让知识分子钻狗洞，有损知识分子人格，许多人只好作弊过关，扭曲了知识分子的形象"。文学院通知她再补考，及格才可上报校部，她坚决不肯补考。戴厚英情绪很激动，扬言要将此事在学生中张扬，并挂牌静坐。
② 文中所使用的故事资料，均来自杨德广教授自述。

勇于开拓的创新型校长的典型特质是善于把困难当成机遇，迎着困难上，通过创造性的工作，成功地接受了困难的挑战，最终克服了困难，创造了新的发展机遇。

二、鼓舞士气，做好教学改革

调查研究是科学决策的前提。开拓型校长的一个典型特征就是善于做调查研究。通过调查研究，能够了解群众的心理状态和思想状况，从而找到问题的症结和根源。我们通过调查研究，就能够理出一个科学的工作思路来，从而能够抓住工作重点。我们知道，广泛听取意见，有助于掌握全面情况，有助于辨明事物真相。如果是走过场的话，就很难听到真实信息。

我一到上师大就着手调查研究，听取意见，寻找工作突破口。到每个学院，每个部门召开了座谈会，听取了离退休干部、民主党派、教代会代表等方面的意见。大家反映了上师大存在的许多困难和问题。听到最多的一句话是："上师大搞不好了。"有人把上师大概括为"地位不高、目标不明、士气不振、人心不稳"，"学生学习积极性不高，教师教得没有劲"，报考研究生，全校剃光头。教职工住房十分困难，人均仅6.8平方米，低于全市人均7.4平方米。在一次中文系教师座谈会上，有位教授尖锐地说："我们上师大的确缺钱、缺房、缺人才、缺设备，但最缺的是精神，我们心急如焚，校领导首先要振作精神。"这席话给我很大震动，讲到点子上了。

调查结果反映出，上任之初的杨校长面临一个困难重重、人心涣散的局面。缺钱、缺房、缺人才、缺设备，但更缺精神，这是大学办学中的最为关键要素。"振作精神"成为领导工作的重点！这也说明，智慧藏于民间，在群众中不乏真知灼见之士。

我把调研的情况在党政联席会上做了汇报，提出我们校领导一班人要紧密团结，齐心协力，多做实事，充分调动每个人的积极性，用切实可行的发展目标、远景来激励教职工，用改变学校面貌的现实取信于教职工，全校教职工对我们抱有很大的期望，我们每个人要有使命感、紧迫感、责任感，下决心抓几件实事。

可见，领导的工作不是个人行动，不是树立个人英雄主义，而是要组织团队行动。只有大家齐心齐力，才能更大程度上开发组织潜能。而且一个领导人发挥效力的关键就在于调动群众的积极性，特别是调动团队的积极性。

　　我到上师大做的第一件事是抓教学改革。1996年暑期，我提议召开了教学改革研讨会，在外宾楼开了3天，各学院负责教学工作的系主任参加。我先做报告，介绍国内外高教改革的信息、动态，大家听了很有兴趣。最后一部分我结合上师大实际，提出了四条改革措施，即减少必修课，增加选修课，开设辅修课，加强实践课。

做教学改革进行观念动员是必需的，不能采用行政命令强制推行。采用研讨的形式是一种非常符合高校教师学术活动特点的动员会，这不仅有利于解放思想，集思广益，同时也可以作为改革前期的预先调研。

　　当我提出四条改革方案后，下面没有反应，我问大家是否同意，无人应答。我说可以提出修改意见，也无人应答。我心中明白，大家不赞成，这是我没有估计到的。我说如果大家不同意，我有另一个方案，就是每节课砍掉5分钟，40分钟一节课。上午安排5节课，下午晚上也可增加两节课，先把选修课开出来。结果大家还是不表态，实际上是不赞成，我一再请大家提出意见，均无人发言。我是满腔热情搞改革，结果是一盆冷水泼下来。

教学改革是一项很复杂的系统工程，牵一发而动全身，单凭理想和热情显然不够的。表面上看，减少必修课、增加选修课、开设辅修课、加强实践课，都是一些常规的改革举措，但要真正实践起来也不容易。作为一个成功的领导者，任何决策方案都不能是唯一的，必须留有预案，这个预先设计可避免形成一种粗暴的决策风格，同时表现出决策的深思熟虑和灵活性。"管理就是妥协"，这在任何管理中都是对的，管理不可能是一味地推行个别人的主张，必须要进行多边的互动，形成一个折中的方案。这也说明，改革不是突进的，而是一个渐进的过程。

　　休息的时候，我就征求一些系主任的意见，问他们为什么不同意，他们说："你提的第一条就做不到，减少必修课，而且要减掉25%～30%，那么减下来的老师怎么办？要减的课，都是中老年教师开的课，不让他们上课，等于端了他们的饭碗，他们没有饭吃怎么办，我们做系主任的首当其冲，他们整天要缠着我。"原来如此，改革总是要触动一部分人的切身利益。我说："你们讲得有道理，那么每节课砍掉5分钟为什么不同意？"他们说："一节课少讲 5 分钟，100 节课就是 500 分钟，那么课时费要砍掉多少？"又是涉及教师利益问题。我说："那是我没有讲清楚。缩短讲课时间，课时费不减。"系主任们放心了，同意第二方案。后来项家祥校长助理又到各系征求意见，大部分系赞成 40 分钟一节课。1997 年 3 月正式实施。

作为一个行动研究者，需要时时刻刻关注行动中的阻力，找到消除阻力根源的办法。改革作为一种利益调整机制，不能不考虑大多数的承受能力。消除人们对改革的恐惧是必须要做的一个工作，只有做到这一步，才能团结大多数，赢得群众的支持。在推行改革方案的过程中，与执行者的及时沟通是必要的，这不仅是工作作风问题，而且是工作方法问题，同时也是工作效率问题。只有了解到系主任的担心之后，才有可能及时地消除系主任的顾虑，这样的话，改革方案就能够顺利推进了。

目前，许多改革方案推动都采用"不换脑筋换人"来强行推动。这从表面上看确实推动了方案的执行，殊不知，这种推动仅仅是表层的，不能真正调动执行者的积极性，时间一久，执行者就会疲惫乏力，陷于无助的被动应付状态。调动基层干部的积极性，解决他们的顾虑，才是改革方案推进的稳妥策略。否则这些基层干部就可能产生一种习得性无助感，工作就缺乏活力，当然也就失去了动力。

但我们的教改目标还是第一方案。为了统一认识，实施第一套改革方案，我们在全校组织了教育思想大讨论——21 世纪给学生什么样的知识结构？组织大家学习邓小平教育思想，学习党的教育方针，认识到教育改革的必要性和重要性。与此同时，学校每年拿出几百万元用于教学改革。哪个系、哪个专业带头改革，则优先增加投入、增加编制、增加设备。在思想认识提高的基础上，在切身利益驱动下，"重赏之下必有勇夫"，叶文博副教授所在的生物系，李维民副教授所在的体育系率先改革，数学系、中文系等紧紧跟上。

改革方案中必须具有长远目标设计。当长远目标无法直接推行时采用渐进的方式是一个有效的策略。但采取短期目标设计，切不可忘记长远目标。进行教学改革，无疑需要加大投入，给勇于改革者以鼓励，这样就容易建立一种良性的改革发展机制。改革需要激发主动性，而不是一下子大面积强制推开，通过利益激励是一个比较有效的激发机制。

三、推行"充实教育"，完善学生素质

我在担任校长期间，每隔一段时间都要抽空到学生宿舍去看看，到图书馆、教学楼去转转，了解学生在做什么。我记得1996年9月的一天晚上，我到11个男生寝室查看，发现7个寝室在打扑克，2个寝室在看电视，2个寝室在聊天，没有人看书学习。第二个月又去9个寝室看了看，发现5个寝室在打扑克，3个寝室看电视，只有一个寝室的学生在看书。期终考试前，我到图书馆查看时，看到不少男同学拿着笔记本在图书馆复印机前排队，我很惊讶，一了解，这些学生平时上课不记笔记，或不去上课，要考试了，向女同学借了笔记本去复印，以应付考试。这反映了我校学生松、散、懒状况严重，把宝贵的时间浪费在玩乐之中。我当时提出在学生中开展"充实教育"，让学生"忙"起来。

不得不说，"充实教育"这个名词很形象，很具有针对性，也反映了当前大学教育中存在的普遍问题。虽然问题的根源在于教学方法陈旧，教学内容落后，考试内容简单，学生容易通过。但要改变这种状况确实不易。所以，从渐进的方式着手，首先要使学生生活充实起来，这是一位教育家的责任，是大学校长必须面对的问题。课堂教学问题是多年积攒下来的大问题，很难立即解决，但让学生课下生活充实起来还是有许多办法的，问题就是校长是否积极采取对策，是否敢于大胆推行。可以说，让学生课下参加活动，积极学习多方面知识，不仅弥补了课堂教学的不足，而且扩充了学生的视野，提升了学生素质，缩短了学生对社会生活的适应期。如果对学生采取不干预的态度，则是一种不负责任的表现。

我说中学生要"减负"，大学生要"增负"。学生不忙就空虚，一空虚就要出事。充实教育包括三个方面：充实教学内容，充实课余活动，充实精神生活。让学生从松懈到紧张，从闲暇到忙碌，从空虚到充实，从不知干什么到知道干什么。要求教师在教学中，要布置参考书目、文章，布置作业，培养自学能力、搜集信息能力、写作能力。鼓励学生参加课外活动，凡参加校级运动队、校课外活动社团，并有固定活动时间、有教师指导，给予一定的学分。学校开设文化素养选修课供学生选修。党团组织和辅导员要帮助学生做好"充实教育"的设计工作，在每一时间段，学生都知道做什么，有事可做。

　　"增负"确实抓住了当前中国大学教育的要害。学生课下无事可做，原因是多方面的。表面上看，这是学生学习主动性不强的表现，是学生缺乏学习目标和动机的表现，但从根本上说仍然是教学内容、教学方法问题，而这些问题则是很难触动的。在课堂教学短时间内无法根本改变的前提下，就需要通过其他更直接的方式来改变。给学生布置课下作业是一个最直接的方法，而鼓励学生参加课外活动则是一个更有效的方法。如果配以一定激励办法的话，则效果更明显。所以，在任何问题面前，都不能抱无所作为的心态，都必须坚持积极、主动原则，想办法，想对策，促进问题解决。人才质量是根本，抓住了这一环，就抓住了教学改革的根本。教学要以学生发展为本，表现在学生的主动性积极性的发挥上，绝不是课堂上学生被动地听课，课下又无所事事。所以，充实教学内容、充实课余活动和充实精神生活，是找到了解决学生学习问题的基本方法。

　　在1996年8月的学生工作会议上，我又强调了"充实教育"。一是支持学生大力开展社团活动，组建运动队、艺术团和每年组织三大节：科技学术节、体育节、艺术节。在班级活动的基础上推到系、院、校。充实实践生活，动员和组织学生走向社会。二是开展有教育意义的调研活动、考察活动、参观活动以及访问有成就的校友。三是组织周日家教学校，帮助双职工克服周日无法带孩子的困扰，为他们提供一个娱乐、活动、学习的场所。四是组织好公益劳动，由教师或辅导员带队，有内容、有时间、有成效、有学分（1学分）。

　　进行充实教育，不能仅靠一时的行政举措，必须靠有力的制度建设，需要靠一些具有吸引力的文化设计来保障它持久运转。因此，选择适合学生参与的项目就是能否吸引学生主动参与的关键。"科学学术节、体育节和艺术节"都非常适合学生参加。组织学生参加有意义的调研活动和周日家教活动，不仅能够增强学生实践能力，特别是理论联系实际的能力，而且培育了学生关心社会、关心弱者的爱心，在一定程度上提升了学生发现问题、分析问题和解决问题的能力。参加公益劳动，对培养学生公益观念，帮助他们确立正确的人生观和价值观具有非常积极的意义。这些都有助于培养现代公民素质。

　　必须指出，这些活动设计都不是非常复杂的设计，但难就难在坚持经常、持续地发挥其吸引力，让学生切身地体会到这些活动对他们的人生成长是有益的。大学校长关心这些看似琐碎的事情，其实是抓住了学校工作的根本。

我们在全校开展了"从抓充实教育入手，树立良好学风"的活动。由学生处和团委主要负责。为了开展充实教育，促进学生德、智、体、美全面发展，我提出在全校学生中实行四个制：多张证书制、干部轮换制、半年实习制、综合测评制。

这些灵活的制度设计，激发了学生的积极性，给学生更多的锻炼机会。如果不走进学生生活，不了解学生发展需求，就很难设计出这些具有针对性的项目。多张证书制对于培养学生的实践能力具有督促作用；干部轮换制对培养责任心和领导素质，特别是健康的心态具有积极的作用；半年实习制强化了学生的理论联系实际能力，对于弥补现在课堂教学缺陷是非常有益的尝试；综合测评则是一种反馈机制，能够及时地发现问题，同时也能够发挥监管督促作用。

四、建设资金不足，找市场还是找市长

关于开发奉贤校区大多数人是赞成的，认为这是好事，对如何开发看法不一。尤其当大家了解到市政府给上海大学 8 个亿，列入市政府重点建设工程，而我校一分钱不给，心态很不平衡，认为这是对上师大的不公。党委常委会上意见也不一致，因为学校经济实力不足，1996 年赤字为 1600 万元，有人担心如果再开发奉贤校区会把学校经济拖垮了。我赞成开发奉贤校区，因为只有把学校规模扩大，才能增强实力，而有实力才有地位。当前正是高等教育大发展的最好机遇，我们必须抓住这一机遇而不能错失良机。

传统大学办学都遇到办学空间的限制，如何开辟新的办学空间是一所高校能够快速发展的关键。但开辟新的办学空间需要大批的资金投入，如果不能解决资金投入问题就只能对开辟新的办学空间望洋兴叹。对于开拓型校长而言，决不能放过任何一次有利的发展时机。抓住时机，需要较高的站位意识，就必须具有克服困难的勇气和解决困难的智慧。在这个时候，必须具有大局意识，不能斤斤计较。特别是领导人必须把自己的认识有效地传递到班子的成员之中，能够形成比较统一的认识，这样才能形成有效决策。为此，就必须向领导班子成员陈述自己认识的科学根据。显然，没有充分的研究就难以做到这一步。

我说：（1）奉贤校区有 1200 亩地，这是很大的资源，若干年后再要1200 亩地，简直是梦想；（2）远郊办学是大方向，国外高校发展多数在远

郊，今后交通发达了，就不感到远；（3）奉贤校区位于杭州湾畔，风景美、空气新鲜，又是上海新的旅游开发区、工业开发区，那里需要有所大学，生源可以向江、浙两省辐射；（4）市政府不给我校投资而给上海大学投资是从全局考虑的，因为我校的有利条件是有现成的土地，而上海大学需购地建校。奉贤校区已有20年的办学历史，有一支管理队伍和教师队伍，办学基础较好。只要基建上去，短时间内可形成规模，经济上很快会有转机。这是上师大发展的极好机遇，我们必须抓好这一机遇。

从这个分析中可以看出，杨校长有一种大视野，有一种未来发展眼光，他看到了经济发展趋势和高校发展远景，特别是结合了上海市发展战略进行了考虑，充分分析了建立新校区的优势和劣势。在这个决策分析过程中，杨校长善于进行换位思考，他特别分析了上海市政府决策的依据，这对于统一班子成员认识、凝聚人心、鼓足干劲具有直接的效果。这也说明，杨校长善于理解人们的心理，知道人们究竟在考虑什么。这样知己知彼的分析，才可能出现百战百胜的决策效果。

　　周部长一行听了我们的汇报，参观了校园后大加赞扬，他在汇报会上对各校领导说，参观了上师大奉贤校区，有一种"震撼"的感觉，他们在国家不投入的情况下建成这么好的校园，很值得学习，有以下三点：第一办学要有特色，要准确定位，上师大能正确定位，安于本位，坚持自己的特色，不跟人家攀比；第二，有自力更生、艰苦奋斗的精神，经费不足自己想办法，他们羡慕而不嫉妒（指名牌大学），上师大为我们树立了很好的榜样；第三，上师大提出"要找市长更要找市场"，很有启发，在座的要找部长，更要找市场，高校要跨越式的发展，必须要创新。

办大学也是一种艰苦创业，不可能坐享其成。如果按照"等、靠、要"的逻辑，新校区建设就不知何日才能建设成功。这种艰苦创业的精神，确实是我国近30年经济社会发展发生奇迹的原因所在。大学建设也需要这种精神。我国大学校园建设的速度之快也是令世界震惊的，多半也依赖这种创业精神。创业精神显然与大学领导人的作风有直接关系。如果大学领导人不能身先士卒，就不可能率领大家艰苦奋斗。依照自己办学定位进行办学，就可以避免办学浪费，避免了豪华办学，自己想办法解决经费不足问题恰是创业精神的典型表现。创业本质就是去开辟市场，而非坐等市场上门。所以，只有勇于开拓，才能做到创新。

我于 1996 年到上师大时，发现我校成人教育规模太小，夜大在校生仅900 多人。我建议大力发展成教事业，经党委同意，在全校努力下，5 年后已发展到近 1 万人，大专自考班学生最高峰时有 5000 多人。我们还主动承担了上海市师资培训任务，其中"三结合"班学员每年 4700 多人，5 年来共培养、培训 5 万多人次。许多教师放弃双休日的休息，早晨四五点钟起床，赶赴崇明、金山、南汇、奉贤等远郊地区上课，送教上门。我们的教师培训工作还延伸到江苏、浙江、江西、河南、甘肃、新疆、云南、贵州等地，深受各方面热烈欢迎和高度赞扬，既扩大了学校的影响，又增加了经济来源。我也担任人文学院、教科院、师培中心的兼职教授，经常利用双休日、寒暑假去讲课。经过四五年的努力，我校仅各类办班、培训的收入每年高达 1.1 亿元。

发展成人教育又是开拓市场的典型案例。开拓市场，需要充分认识自己的优势，需要认识市场的需求潜力。作为师范大学，因为专业对口、在培训师资条件方面非常充足，所以在教师培训方面具有自己的天然优势。如果不能把这方面的资源开发出来，等于浪费资源。上海市自身的成人教育需要是比较高的，特别是上海市具有区位优势，具有向周边辐射的效应，所以，开发成人教育市场具有巨大的市场潜力。在开发市场的过程中，如果能够充分考虑到用户的需求，则可能赢得稳定的市场。如果在成人教育能够保证质量的话，就可能实现经济效益和社会效益的双丰收。杨校长的努力确实达到了预期效果，既扩大了学校的影响，又增加了经济收入。特别是他自己亲身作为兼职教授参与培训工作，也在一定程度上发挥了示范效应，这对激励教师们做好成人教育工作是一个有力的促进。

融资被骗事件①的发生给学校造成巨大损失，包括经济上、精神上的损失。我和徐干荣书记同样负领导责任，我们在全校中层干部会议上做了两次检查，并写了书面检讨。党委专门开了民主生活会，开展了批评与自

---

① 指上海师大 1997 年 10 月底发生的一起金融被骗案。案情的原委是这样的：上海师大的工作人员被骗子的巨额经济回报所诱惑，没有按照操作规程付款，而是私下付款，从而导致被骗走 1600 万元融资资金。因为被骗的金额巨大，一时惊动了当时市长徐匡迪、市委副书记王力平、公安局长刘云耕，他们都先后批示要求公安机关集中警力、快速破案。同时上海市教卫党委纪委派了专门小组来校调查。此事在学校内部掀起了轩然大波。杨校长在日记中描述道："上海师大上空乌云密布，阴影笼罩……"

我批评。主要是徐书记和我做了自我批评。

当人们走进市场的时候，肯定是有风险的，如果把握不准，就很可能栽跟头。当学校发展资金严重不足的情况下，出现了严重的事故，就会对总体发展造成非常严重的恶劣影响。如何面对困难，走出阴影，不仅考验大学领导人的心态，更考验他是否具有迎接挑战的勇气。如果领导人能够正确面对出现的问题，困难是可以克服的，而且可以成为检阅领导班子内部团结性的一个机会。相反，当出现了问题，大学领导人推诿责任，就可能人心涣散，对学校发展造成长期的心理阴影。令人敬佩的是，杨校长面对这样的问题采取的是主动承担责任的态度，而无半点推诿和指责，这样不仅有助于团结群众，而且也有利于团体进行深刻反思，从中总结经验教训。正如他说的：

> 有风险也有机遇，不敢担风险，不会有机遇，敢担风险才能抓住机遇。于是我下定决心，继续融资。徐干荣同志完全同意我的想法，并在常委会上通过了。财务处朱宗耀同志在融资方面很有经验，我叮嘱他不要追求高利息，适当即可，必须确保安全，必须规范操作。财务处杨殿雄处长开玩笑地说："你真是胆子大，还敢融资呀，搞得不好要坐牢的啊！"我也开玩笑地说："我坐牢了，你们一个月来看望我一次吧。"

确实，在市场中经常面临的问题就是风险与机遇同在，如果不敢面对风险，就不可能有发展机遇。人们所能做的是尽可能地规避风险，而最保险的措施就是用人得力，不要把追求最高利息作为目标，即只追求适当的目标，充分保障投资安全。经过这一事件，也考验出杨校长不惧风险，敢于挑战风险，而且还有一种浪漫主义情怀。这显然对于具体工作人员是一个很大的激励。

五、约法十章，修炼人格

> 上师大人的监督意识很强，动不动就有人写匿名信，在市教委是很有名的。这对领导有约束力，不是坏事，促进领导必须洁身自好。

对于同一事物往往可以从多个方面看待，如果从积极方面进行看，就能够对自己起到促进的作用。但如果从消极方面看待，就可能变得无所作为。就匿名信而言，如果从抱怨角度看，可能造成非常不良的影响，比如追查匿名信是出自谁之手，就会使学校内部关系高度紧张。但如果从增强领导自律意识讲，就变成了一件好事。所以，作为大学领导人，不仅要心胸坦荡，还要懂得辩证法的艺术。杨校长正是深谙辩证法艺术，所以主动接受约束，约法十章就是具体表现。

第一，不要学校住房。相信现在许多人都很难做到这一条，因为住房在今天可以说是最昂贵的一宗商品。当人们有正当理由获得时，一般是不会主动拒绝的。杨校长给自己的第一条约法就是不要学校住房，说明杨校长对自己要求非常严格，甚至是比较严苛的。后来杨校长把住房变卖了，建立助学基金，更能够反映出杨校长的高风亮节。

第二，不要专车接送。这可以看成是一种主动去行政化的举措。但此举未必能够获得人们普遍理解。对杨校长而言，这是一个主动选择。无论别人理解与否，自己心里都很坦然。

> 骑自行车既可锻炼身体，又可为国家节省汽油、开支。有人说校长骑自行车影响了学校形象，也有人说我骑自行车是在作秀，我一笑了之。

第三，不公车私用。无疑，这是一种严于律己的体现。党员干部如果都能够防微杜渐的话，就不可能造成党的威信受到严重损害的状况。

第四，不拿兼职费。长期从事一种义务兼职活动，这种精神确实非常难得，因为是在市场经济环境中，按劳取酬是天经地义，所以不要兼职费是人们很难理解的事情。这事实上说明了校长能够主动拒绝利益的诱惑。

第五，不拿加班费。这个举措看似小事，其实也是给周围人做了榜样，同时也避免了下级借机讨好领导，影响了领导的正确判断。

第六，不参加旅游性会议和疗养。这是一种典型廉洁作风的表现，它说明了杨校长自觉地保持了一个党员干部的廉洁自律的作风，同时也是一种艰苦创业精神的具体体现。

第七，不到外宾楼吃饭。这是严于律己的具体体现，说明作风问题都是一个个很细小的问题。

> 我规定自己不去吃是迫使自己必须到学生食堂吃饭，一则可以了解学生食堂的质量如何，因为学生对学校意见最多、最大的往往集中在食堂上；二则我可以从学生那里了解到许多现实情况，包括对学校管理、教学质量方面的问题，学生生活等问题。我之所以对有些学院、有些教师情况比较了解，能发现管理中存在的一些问题，渠道之一是在食堂吃饭时得到的。我有时也去教师食堂、教授食堂吃饭，以便多与教师接触，听听他们的

意见。

从细微处入手来了解实际状况，关心学生的意见，关心教师的反映，为自己扩大与群众接触和交流的机会。只有这样，在领导决策过程中才能更加符合民意，才能反映群众心声。

第八，出差不乘软卧。这与许多人成为领导干部后就讲待遇、讲排场截然不同。

> 我不仅因公出差不乘软卧，即使是外出讲学，对方承担来回交通费，我也不买软卧票。我每年要去济南为山东省高校中青年干部培训班做报告，我一般是晚上乘硬卧离沪，第二天清晨到济南，白天讲完课，晚上再乘硬卧返沪。能够为本单位或为对方节省一些经费，我感到很高兴。

可以看出，杨校长一贯严格律己，不铺张，不摆架子，不搞形式主义。这件事给人最大的启发是，中国古人讲"俭以养德"，确实是至理名言，杨校长对能够给对方节省经费感到很高兴，说明杨校长已经形成了一种勤俭节约的美德，把节省经费作为一种内在的激励了。

第九，不要他人代写文稿。这是一种克服官僚化的有效举措，但推广起来是很难的。

> 无论在哪个单位当领导，我的发言稿、讲话稿、报告稿，都由我自己撰写，不要他人代写。自己要讲什么就写什么，能把握好稿子的主题和内容，如果叫别人代写，修改的时间比自己写稿的时间还要长。别人为你代写讲稿是很头痛的事，不知领导要讲什么，绞尽脑汁，反复修改，花费很多时间。我自己写讲话稿，可以促进自己去开展调研，听取各方面意见，如果只是关在办公室里，不了解情况，就写不出东西；我自己写讲话稿，可以促进自己认真学习，不断提高理论修养和政策水平；我自己写讲话稿，开会时表达流畅，讲述清楚，比读别人写好的发言稿效果好。学校里有些重要的上报文件、请示报告，也是由我起草，既节省了别人时间，也节省了我的时间。

这一点也是杨校长作为行动研究典范的集中体现，自己对学校情况熟悉并且真正研究过才能写出有价值的东西，所以亲自起草文稿，无须秘书代笔，看似小事，也反映了一个领导的作风和水平问题。不难发现，亲力亲为有助于深入实际，有助于反思批判，有助于提高理论修养和政策水平。这样可以避免讲空话，避免出现官僚主义。

第十，不利用职权为个人和亲属谋私利。可以说这是领导干部最难过的一关，许多领导干部出问题都是因为为自己身边人谋私利而一步步堕落的。

> 当校长是一种责任，要对学校的发展和质量负责，要对全校师生员工负责，有人说你当校长的怎么什么权也没有，我说我有权但不揽权。只有合理分权，才能充分调动各方面的积极性，提高管理效率。我不要这些具体的权，也堵截了以权谋私的通道，既有利于工作顺利开展，又保护了自己。

"领导是一种责任"，许多人确实明白这个道理，但都很难做到。对于分权，许多人都不情愿，因为权和利是不可分的，而很少想到权和责也不应该分开。所以，敢于分权，实质上是领导高素质的一种展现。它首先是需要领导人心胸坦荡，没有个人私心。其次是需要领导人具有高度的自信，即相信自己有能力驾驭分权后的复杂局面。再次是领导人具有很高的威信，获得了班子成员拥戴，使领导班子成为一个团结的整体。可以设想，没有相互信任的关系是不敢进行分权的。最后它需要领导人具有一种高度的责任担当意识，相信分权对调动各方面动力有积极意义，有助于提高效率。

六、结语

笔者始终认为，中国高等教育改革不乏理论家，但缺乏真正的实践家，尤其是能够把理论与实践有机结合起来的实践家。杨德广教授是一位理论与实践结合的典范。[①] 他的结合的精妙之处就在于他在行动中研究，在研究中行动，是一位行动上大胆、思想上前卫的高教改革家，他最早呼吁毕业生就业制度改革，积极推动招生中引进市场机制，积极鼓励发展民办高等教育，也是大胆鼓励办学转制的提倡者之一，这一切不仅表现在他在理论上勇于探索，而且特别表现在他对高教事业一番炙热的情怀。中国高等教育非常需要这种改革家的气魄和行动研究者的风格，因为理论脱离实践容易流于空想，而实践脱离理论指导就容易流于蛮干，只有两者的有机结合才能造就开拓型的大学校长。因此，杨德广教授是当之无愧的开拓型大学校长，也是我国高等教育行动研究的典范。

---

① 王洪才. 从本质主义到非本质主义：中国高教研究 30 年回顾 ［J］. 现代大学教育，2012（2）：1 - 6.

论张楚廷 "教育学是人学" 思想①

——有感于《教育工作者的自省》

引导语：张楚廷先生是我国著名的教育学家，对高等教育研究功力颇深，在高等教育改革方面做出了杰出成就，是高等教育 "批判—行动研究" 的典范、中国实践教育学派的重要代表人。他的全部教育学思想都凝聚在 "教育学是人学" 这个基本判断上，为此他提出了自己的 "真人" 教育目标思想，而且在实践中力行之，《教育工作者的自省》是他的教育思想的高度浓缩。支撑他的 "教育学是人学" 思想的三个基本假设是他内心根深蒂固的平等主义、自由主义和个人主义的信念，这种关于人的信念不仅是他教育改革的不竭动力，也是他的教育学术思想创作的活力源泉。科学地理解张楚廷先生的 "教育学是人学" 思想，能够为我国教育学思想体系建设筑牢地基，同时也呼唤更多的学界同仁参与到教育学思想体系大厦的建设中。

关键词：张楚廷；教育学；人学；《教育工作者自省》；实践教育学

张楚廷先生的教育学术思想是我国教育学界的宝贵财富，研究和整理张先生的教育学术思想对于提升和完善我国教育学思想体系建设具有重要的理论意义和现实价值。因此，如何认识张楚廷先生的教育学术思想就成为教育学研究的一个重要课题。基于笔者与张楚廷先生的长期接触及对张楚廷先生教育思想的研读心得，在此试谈一点儿个人的领悟体会。

一、作为实践教育学的代表人

对 "张楚廷先生是中国的一位著名的教育学家" 这个论断，在教育学界大

————————

① 原载于《大学教育科学》，2016 年 5 期，第 4 – 8、122 页。

概不会引起多少人质疑，但对张楚廷先生属于哪一个类型的教育学家则可能分歧比较大。仅从张楚廷先生著作等身这一点看，他就足可以配得上"教育学家"的称号，① 但我不认为他是一种学院派的教育学家，而是属于实践派的教育学家，所以我一般把张楚廷先生归为实践教育学一派，而且是作为"批判—行动研究"的代表人物出现的，② 当然主要是指在高等教育研究领域。③ 张楚廷先生的学术思想非常活跃，在《教育研究》《高等教育研究》《大学教育科学》三个杂志上经常能够看到他的高论，甚至每年都出现好几次。这当然表明了张楚廷先生的学术影响力之大，同时也表明这些刊物对张先生的敬重与偏爱，而张楚廷先生别具一格的思想表达方式也扎实地对活跃学术风气起到了巨大作用。我们从张楚廷先生的文章中经常能够读到一种诗意的特质，能够读出张楚廷先生那种诙谐睿智的性格，同时还能够辨识出他对现实状况的幽默讽刺和批判。毋庸讳言，他是有资格这么做的，因为他具有一个成功的大学校长的经历，从而让人感到他的批评不是空洞的，而是具有很强针对性的。他的别具一格的思想表达方式之所以获得了人们的理解就在于人们在阅读之际能够获得一种放松，能够读出一种智慧的味道，因为其中不仅表达出张楚廷先生的率真，不落于俗套，而且从中能够领略其果敢和求真的品性，对于学术后辈而言有颇多的启示意义。

　　张楚廷先生作为一位学术大家，其著作涉及的领域非常广阔，除他早年赖以成长的基础专业数学外，其他涉及最多的恐怕就是教学论和管理学了，因为他多年作为一个教师和管理者，不能不面对，也不得不思考这些领域的问题。当然他念兹在兹的研究领地则是教育哲学和高等教育哲学，因为他不断地对中国教育现象进行反思，不断地对布鲁贝克的《高等教育哲学》进行评点，而他

---

① 在 2016 年 5 月 28 日湖南师范大学召开的"张楚廷学术思想研讨会"开幕式上了解到：张楚廷著作已经达到 111 部，其中个人独立著作 81 部；发表论文 1321 篇，其中独立发表 1108 篇。

② 把张楚廷先生的研究风格归入"批判-行动研究"，是因为他研究的目的主要是为了改进行动，建立理论的目的是附带的，而他的行动研究则具有明显的批判色彩，具有批判研究的特质，因而把他的研究风格归为批判研究与行动研究的混合体。换言之，批判也是为了行动，行动是在批判的基础上进行的。他的批判包括对一种惯性的批判，对各种压抑人性方面的批判。最难能可贵的是他的批判不仅仅停留在思想层面，而是落实在具体的行动中，这是把他归入"批判-行动研究"行列的根源。

③ 王洪才. 从本质主义走向非本质主义：中国高教研究 30 年回顾 [J]. 现代大学教育，2012（2）：1-6.

对纽曼的《大学的理想》也欣赏有加，当然他对马克思的教育哲学论述也造诣颇深，从而在他的论著中不断地涌现出马克思主义的一些经典论述。他出版了《教育哲学》和《高等教育哲学》等一系列著作，从而可以使他有资格成为中国当代著名的教育哲学研究者之列。我是一名教育哲学研究的业余爱好者，并且从事过短期的教育哲学课程的研究生教学工作，对张先生的《教育哲学》和一系列教育哲学文章进行过钻研，在与他人的教育哲学著述对比中发现了一种独特的张氏教育哲学风格存在。这种风格超出了传统的学院派的浓厚的书卷气息，带有一股浓郁的生活哲学气息，因此阅读起来颇感亲切。正是张先生的这种教育哲学探究，使张先生得出了一个颇具有震撼意义的命题——"教育学是人学"的思想。① 试想，如果没有对教育的全面考察，就不可能得出一个关于教育学的整全印象，因为关于"教育学是什么"的判断绝不是一个局部判断，必须站在一个整体的立场进行，因此必须具备哲学的视野才有可能。所以，张楚廷先生能够做出这样的判断显然是他进行了系统的哲学思考的结果。尽管我不同意他的推论——教育学属于人文科学②，对他关于"教育学是研究人的学问"的解读方式也并不满意，但我对他的基本判断即"教育学是人学"基本上是接受的，不过③下面就谈谈我对张楚廷先生的"教育学是人学"思想的一点儿理解。

二、"教育学是人学"的基本假设

首先，我申明，我不认为张先生的"教育学是人学"思想是"马克思主义哲学出发点是人学"思想的简单推演的结果，④ 张楚廷先生得出该思想主要是基于他自身真切的实践经验体悟的结果，也是他对教育现实现象进行深刻批判反思的结果，当然也代表了他对理想教育学蓝图构建的期盼。我非常同意张楚廷先生"教育学是人学"命题中所内嵌的三个基本命题，即"人是自由的""人是平等的""人是独立的"，⑤ 虽然这三个命题并非一种科学命题，但代表了

---

① 张楚廷. 教育学属于人文科学［J］. 教育研究，2011（8）：3 – 9.
② 王洪才. 教育学：人文科学抑或社会科学［J］. 教育研究，2012（6）：10 – 17.
③ 张楚廷. 人学与教育学［J］. 大学教育科学，2014（1）：124 – 127.
④ 王晓方，由曦光. "人学"不是马克思主义哲学的出发点［J］. 南京政治学院学报，1990（5）：11 – 16.
⑤ 这三个命题隐藏在张楚廷的三个根深蒂固的信念中，本文的真正意义在于揭示这三个命题，从而对"平等主义·自由主义·个人主义"做一个正向解读。

他关于"人"的基本信念，它们是他"根深蒂固的平等主义、自由主义、个人主义"的反映，① 它们是作为"教育学作为人学"思想的基石出现的。换言之，如果缺乏这三个基本信念，那么"教育学是人学"思想就很难找到一个可靠的支撑点。当然，这里的"人"虽然是指普遍意义上的人，但主要是指教育活动中的现实的人，包括所有教师、学生和管理者。当我们说"人是自由的"时候，就说明我们是自己的主人，也即我们不接受外在强制。换言之，我们只接受理性或真理的召唤，那么任何非理性的冲动或无理要求都理所应当地遭到拒绝。这对于教育管理而言是具有革命性意义的，实际上就是在质疑传统的权威化的管理模式或学校教育的科层制管理方式，当然也是对灌输式教育和教学的批评。可以说，对人的自由的尊重就是对人性的尊重。因而，尊重人的自由天性就是教育学的第一重品格，也可以说是教育活动的第一定律。

显然，"人是平等的"与"人是自由的"是紧密相连的。换言之，如果人没有自由的话，就很难谈得上"平等"二字。也即没有自由的"平等"是没有意义的。只有具备了自由的基础，平等问题才能提得上议事日程。"平等"首先应该是一种人格平等，因为这种平等代表了人的基本尊严，代表了每个人都有受到尊重的要求。换言之，无论一个人的社会经济地位如何，其在道德上都应该受到一样的对待，不然就是遭受到了非人的礼遇。这一点对于教育活动而言具有强烈的现实意义，因为在现实的教育活动中，人们总是根据财富、性别、长相乃至种族和地域被区分，从而受到不平等的待遇，这实质上就侵犯了人的基本尊严，但这样的事例却在不断地重复着，甚至到达了一种熟视无睹的程度。我们怎么才能对待所有学生一视同仁呢？这不仅是一个教育技巧或管理科学的问题，而且是一个涉及人的道德尊严的问题。在教育活动中平等地对待每一个学生和每一位教师，无疑也应该作为教育学的基本定律存在。

"人是独立的"，说明人必须依靠自己的能力而存在，唯有如此，他才是有尊严的，才能成为一个真正的创造者，否则他就无法摆脱一种依附性的命运。可以看出，人的独立性是人自由、平等的前提，倘若人是一种依附性存在，就很难有自己的独立意志，就不可能享有自由，所期盼的平等也只能是一种空想。不言而喻，人的独立性是建立在自己具有独立的认识能力基础上的，而独立的认识能力意味着他有自己的审判力，不必依靠外界的支持即可获得正确的判断。并且，独立的认识能力依靠个体具有健全的理性思考能力，敢于运用自己的直

---

① 张楚廷. 教育工作者的自省［J］. 大学教育科学，2016（2）：117–121.

觉进行判断而不假外求。人的理性思考能力就是他进行自我判断的依据，而这种思考能力都是建立在自己的真实体验基础之上的，也唯有如此，他才能证明自己的真实存在，否则就证明他只是一个浮萍存在而无所依据。当个体成为一个独立的存在时，他是有自己个性的，这种个性就是自己内在意志的反映，这种意志促使他做出独立判断而不人云亦云。当我们承认人是独立的时候，我们就可以大胆地坚持自己的主张而不被集体主义或国家主义以及社群主义等道德符号所绑架。因此，坚持人的独立性也是教育学的一个基本定律。

我们说，只有承认"人是自由的"，才能真正尊重学生和教师的主体性，也即承认他们具有独立的审判能力，否则，无论学生还是教师都只能作为被动的受体存在。想一想，如果大学教师作为被动受体的话就只能听候命令，自然就失去了知识创造的权利，当然也就失去了教育人的资格和能力。对于中小学教师亦然。无论大中小学学生，他们都不是简单的接受知识的容器，他们都是有思想有意识的精神活动主体，都有自己的情感体验，这些都决定了他们对外来事物的态度，包括传输来的信息。当传输来的知识或信息违背了自己内在的命令后他们不可能心甘情愿地接受，而是会采用各种手段进行抗拒。这一切都是主体性的展现，它呼唤教育教学活动要尊重学生的主体性，也同时必须尊重教师的主体性，不能仅仅承认管理者的主体性，特别是不能简单地推行上级意志命令，如果那样的话就是扼杀教育的生命，当然就不可能促进学生身心的健康发展和教师的专业成长。遗憾的是，忽视或轻视教师和学生主体性的现象不断发生，这已经成为今日教育改革的一个非常沉重的话题。

同时，我们只有承认"人是平等的"，我们才可能和谐相处，不然的话我们之间就存在一种奴役和被奴役的关系，而如此结果，使得无论奴役者或是被奴役者都不是自由的。在奴役和被奴役关系中，双方不可能和平相处，总是隐含着各种矛盾和危机。在现实中也发现，目前学校师生关系中存在着某种紧张状态，而管理者与教师之间也存在着相当程度的紧张状态，乃至学校与社会之间也存在着某种非常严重的紧张状态等。这一切都是不尊重人的平等地位的结果。当教师作为被管理者，作为命令服从的对象时，他内在的抗拒心理自然会油然而生。因为他把自身视为一个知识主体身份存在，即他只服从理性的规则，从而对于各种无理要求，他内心具有一种不服从的权利，这种不服从的权利主要是来自他的良心判断，而非来自什么潜规则或反等级主义文化传统。师生关系也是如此，学生要求教师公平地对待每一个学生，要求教师与自己的相处建立在一个理性的范围内，从而可以拒绝教师对自己命运的主宰。这一切仍然是来自他内在的命令，而非外部教唆的结果。只有这样，他才感觉到自己是作为一个真正的人存在着，而非作为某种被主宰物。

我们只有承认"人是独立的"，我们才可能把人作为一个负责任的主体对待，才可能把学生作为一个独立人格对待，才可能认真听从他们的意见，而不简单地发布命令；也只有承认"人是独立的"，学校管理者才会认真听取教师们的意见，才会真正把教师作为知识创造主体对待，才会尊重教师的学术权利，才会尊重教师的创造性。作为一个真正独立的人，他们的每一个判断都有自己的依据，都是自己内在声音的反映，因此不能强求统一。一旦强求统一，就会造成人才培养的标准化和模式化，就会造成教师能力的平庸化和世俗化，就会造成管理的简单化和机械化。今天大学管理中的行政化和过分倚重量化手段的现象，其实质就是无视了人的独立性、多样性，其结果就造成了学校的"千人一面"，造成了学校办学个性和生机的丧失，也造成了人的表现越来越不像人了，这无疑是教育失败的表征，违背了"教育是培养'人'"的基本宗旨要求。

由此看来，张楚廷先生的"教育学是人学"思想是对教育学品性的基本要求。换言之，如果教育活动不能尊重人的基本要求，那么教育学是没有价值的。所以，教育学存在的基本价值就是捍卫人的尊严，尊重人作为一个独立、自由、平等的人的存在资格。

三、"教育学是人学"的实践品格

如前所述，张楚廷先生是实践教育学派的代表人物，他的教育学主张主要不是体现在文字上或著述中，而是体现在实践中。他对"教育学是人学"思想的实践阐述就表现在他的办学实践中。他做了18年的高校领导人，既做过大学校长也做过大学党委书记，而且有时身兼双任，从而有机会充分地实践他的教育学主张，这也是他在阐述教育学主张时比他人更具有优势的地方。我们知道，教育活动是一个非常复杂的实践活动，虽然必须以科学的认识为前提，但无论什么样的认识，不经过实践检验的话都是苍白无力的。所以，难能可贵的是，张先生的教育学主张是经过了实践检验的，甚至可以说是实践反思的直接结果，这比起"从理论到实践"而言更具有实践基础，因为他的教育学主张直接来源于实践，这也是笔者把他划分为实践教育学代表人或"批判－行动研究"典范的主要理由。

在"教育学是人学"的实践中，他把"教育人"或"培养人"和"发展人"的"人"字放在了首位。换言之，是按照"人"的要求来进行发展或培养，也许这就是张楚廷先生的"人学"思想的精髓。具体而言，他把学生放在了中心位置，而不是把管理者特别是自己作为大学校长放在中心位置，他戏谑地称之为"张氏顺序"①。在具体行为中，他打破了传统的大学领导惯于"提要求"的做法②，而是把自己放在了"被要求者"的地位，即欢迎学生向大学管理者或大学领导人提出要求。这显然是一种革命性的行为，因为打破传统大学领导人的惯例，以至于学生们短时内还不适应，不过他们很快就开始享受这种作为大学主人的感觉了。笔者猜想，张楚廷先生绝不是把学生作为消费者看待的（即便从市场经济角度而言消费者确实更有资格提出各种要求），而是把学生作为教育的目标看待的，因为在他的教育哲学中，只有了解了学生的需求，才能更好地为学生服务，才能更大地促进学生发展，才可能完成育人的使命。这一思想就把学生从被动的受体地位中解放出来，把他们作为鲜活的生命主体对待——满足其发展需求，实现其发展目标，如此才能达成教育的目标。

张楚廷先生对"人"字的领悟，显然是来自他的勤于反思和自省的意识。张楚廷先生的笔耕不辍就是例证，可以说他的每一篇作品都是自我反省的结果。当然，在这些反省里很多是"以人为镜"进行反观的结果。因为教育中存在许多不合理现象，他作为一个教育家和教育学者不能不认真省思，确实这不是什么"杞人忧天"。③ 如陶行知先生所提倡的"培养真人"④，他也把自己的教育目标放在培养"真人"上。⑤ 在此目标指引下，作为一个大学教师和校长，一切作为都不是为了"显摆"即做给别人看的，都是为了做给自己看的。这就显示出一个教育学人的诚实，展示出思想和行动结合的基础，这种结合达到了一种"知行合一"的程度。

四、"教育学是人学"基于"真人"理解

张楚廷先生的教育学术思想异常丰富，但其核心思想无外乎是"教育学作为人学"的思考。而且这种思考不单是一种理论的或口头的表述，而是以实践或行动来书写的。可以说，张楚廷先生的一切教育思想和教育行为都是围绕他

① 张楚廷. 教育工作者的自省［J］. 大学教育科学，2016（2）：117 - 121.
② 张楚廷. 教育工作者的自省［J］. 大学教育科学，2016（2）：117 - 121.
③ 董美英. 感喟真人——析陶行知的"真人"教育目标论［J］. 湖南师范大学教育科学学报，2008（2）：11 - 14.
④ 张楚廷. 教育工作者的自省［J］. 大学教育科学，2016（2）：117 - 121.
⑤ 张楚廷. 教育工作者的自省［J］. 大学教育科学，2016（2）：117 - 121.

对"真人"的理解展开的，这就构成了他的"教育学是人学"思想的核心内涵。做一个真正的人，"做个像人一样的人"①，做一个有尊严的人，"让自己变得越来越像人……最为忌者乃变得不像人"②。这种人是一种"大气的人，不斤斤计较的人"，"使人成为他自己"③。这不仅是他自我思想的内在动力和行动指南（"我做事，并不为着影响后世，只立足脚下，向着天空，问着良心，一步一个脚印走着"④），也是他对培养人所追求的目标（"教育就在于把学生自己培养成他自己。这后一个自己，一般是发展了的高大的自己。有这种可能，教育才有可能，有这种变得更高大的必要，教育才有必要"⑤）。一言以蔽之，他的教育学思想都是在围绕一个"人"字来阐释，特别是用他自己的行动来阐释，这正是他的教育学思想的独特之处。

不过，笔者想指出的是，"教育学是人学"仅仅是一个基本判断，是把教育学拉向了它的原点即哲学思考，但绝不是教育学的完成状态。教育学要达到完成状态仍然需要教育学界专业同仁的持续努力，必须海纳百川，而不仅仅是自我反思、叩问内心，那么就必须进行一种方法的建设、制度的建设、文化的建设，这一切建设虽然在巩固"教育学是人学"的地基，但迥然不同于关于"教育学是人学"的追问。显然，在承认"教育学是人学"之后有更多更细致的工作要做。当然，这是对中国教育学界的挑战，而非单纯针对张楚廷先生个人的挑战。要迎接这个挑战需要相当大的勇气和耐力。但中国教育学要走向成熟和完善，就必须应答这个挑战，否则中国教育学的进展就不可能超出个体思辨的水平。

对于张楚廷先生的"教育学是人学"的思想，只能根据笔者个人的领悟做这些粗浅的阐释。作为一个学术后辈，缺乏非常深厚的教育实践体验，特别是缺乏作为大学领导人的实践体验，尽管作为大学教师也对"人"字有一些个人的独特体验，但仍然难以领悟一个长期作为大学领导人的深刻体验，这样在理解上就难免流于肤浅。但本着"真理本身是相通的"基本原理，笔者对张楚廷先生的"教育学是人学"思想的阐释只能到此而浅尝辄止。

---

① 张楚廷. 教育工作者的自省［J］. 大学教育科学, 2016（2）: 117 – 121.
② 张楚廷. 教育工作者的自省［J］. 大学教育科学, 2016（2）: 117 – 121.
③ 张楚廷. 教育工作者的自省［J］. 大学教育科学, 2016（2）: 117 – 121.
④ 张楚廷. 教育工作者的自省［J］. 大学教育科学, 2016（2）: 117 – 121.
⑤ 张楚廷. 教育工作者的自省［J］. 大学教育科学, 2016（2）: 117 – 121.

中文主要参考文献

埃德蒙德·胡塞尔. 经验与判断 [M]. 邓晓芒, 张庭国, 译. 北京: 生活·读书·新知三联书店, 1999.

埃德蒙德·胡塞尔. 欧洲科学危机和超验现象学 [C]. 张庆熊, 译. 上海: 上海译文出版社, 1988

安东尼·吉登斯, 现代性与自我认同 [M] 赵旭东, 方文, 王铭铭, 译. 北京: 生活·读书·新知三联书店, 1998.

柏拉图. 理想国 [M]. 郭斌和, 张竹明, 译. 北京: 商务印书馆, 1986.

波林·罗诺斯. 后现代主义与社会科学 [M]. 张国清, 译. 上海: 上海译文出版社, 1998.

伯顿·克拉克, 等. 高等教育新论——多学科的研究 [M]. 王承绪, 徐辉, 等, 译. 杭州: 浙江教育出版社, 2001.

伯顿·克拉克. 高等教育系统 [M]. 王承绪, 等, 译. 杭州: 杭州大学出版社, 1994.

伯顿·克拉克. 高等教育系统——学术组织的跨国研究 [M]. 王承绪, 等, 译. 杭州: 杭州大学出版社, 1994.

伯顿·克拉克. 高等教育新论——多学科的研究 [M]. 王承绪, 等, 译. 2版. 杭州: 浙江教育出版社, 2001.

博伊德, 金. 西方教育史 [M]. 任宝祥, 吴元训, 译. 北京: 人民教育出版社, 1985.

蔡国春. 院校研究与现代大学管理 [M]. 北京: 教育科学出版社, 2006.

蔡元培. 大学独立议 [M] //杨东平. 大学精神. 上海: 文汇出版社, 2003: 90-91.

陈桂生. "教育学视界" 辨析 [M]. 上海: 华东师范大学出版社, 1997.

陈桂生．历史的"教育学现象"透视［M］．北京：人民教育出版社，1998.

陈桂生．"教育学"辨"元教育学"的探索［M］．福州：福建教育出版社，1998.

陈桂生．"教育学"辨——"元教育学"探索［M］．福州：福建教育出版社，1997.

陈桂生．教育学辩［M］．福州：福建教育出版社，1998.

陈桂生．教育学的建构［M］．长沙：湖南教育出版社，1998.

陈桂生．历史的"教育学现象"透视［M］．北京：人民教育出版社，1998.

陈嘉明等．科学解释与人文理解［M］上海：上海人民出版社，2010.

陈向明．质的研究方法与社会科学研究［M］．北京：教育科学出版社，2000.

褚洪启．杜威教育思想引论［M］．长沙：湖南教育出版社，1998.

德里克·博克．走出象牙塔［M］．徐小洲，陈军译．杭州：浙江教育出版社，2001.

丁钢．声音与经验：教育叙事探究［M］．北京：教育科学出版社，2008.

杜威．民主主义与教育［M］．王承绪译．北京：人民教育出版社，1990.

方克立．中国哲学史上的知行观［M］．北京：人民出版社，1997.

符娟明．比较高等教育［M］．北京：北京师范大学出版社，1987.

傅永军．法兰克福学派的现代性理论［M］．北京：社会科学文献出版社，2007.

高敬文．质化研究方法论［M］．台北：师大书苑有限公司，2002.

高秉江．胡塞尔与西方主体主义哲学［M］武昌：武汉大学出版社，2005.

哈贝马斯．交往与社会进化［M］．重庆：重庆出版社，1987.

哈贝马斯．交往与社会进化［M］．张博树，译．重庆：重庆出版社，1989.

海德格尔．海德格尔存在哲学［M］．孙周兴译．北京：九州出版社，2004.

贺国庆．德国和美国大学发达史［M］．北京：人民教育出版社，1998.

黑格尔．小逻辑［M］．贺麟译．北京：商务印书馆，1980.

华勒斯坦．开放社会科学 重建社会科学报告书［M］．刘锋，译．北京：

生活·读书·新知三联书店，1997.

华勒斯坦．学科·知识·权力［M］．刘健芝，等，编译．北京：生活·读书·新知三联书店；牛津大学出版社，1999.

吉普森．批判理论与教育［M］．吴根明，译．台北：师大书苑有限公司，1988.

加达默尔．真理与方法［M］．洪汉鼎，译．上海：上海译文出版社，1999.

金炳华．哲学大辞典（修订本）［K］．上海：上海辞书出版社，2001.

卡尔·波普尔．猜想与反驳：科学知识的增长［M］．傅季重，等，译．上海：上海译文出版社，2005.

卡尔·雅斯贝斯．时代的精神状况［M］．王德峰，译．上海：上海译文出版社，1997.

克拉克·科尔．大学的功用［M］．王承绪，译．杭州：浙江教育出版社，2001.

T. S. 库恩．科学革命的结构［M］．李宝恒，纪树立，译．上海：上海科技出版社，1980.

康德．康德论教育［M］．瞿菊农，译．上海：商务印书馆，1926.

雷克斯·吉普森．批判理论与教育［M］．吴根明，译．台北：师大书苑股份有限公司，1988.

李均．中国高等教育研究史［M］．广州：广东高等教育出版社，2008.

梁漱溟．中国文化要义［M］．上海：上海人民出版社，2005.

刘凤泰．提高文化素质 培育创新人才［M］．北京：高等教育出版社，1999.

刘小强．学科建设：元视角考察［M］．广州：广东高等教育出版社，2011：19－30.

刘良华．校本行动研究［M］．成都：四川教育出版社，2002.

鲁道夫·奥伊肯．生活的意义与价值［M］．万以，译．上海：上海译文出版社，1997.

罗伯特·M. 赫钦斯．美国高等教育［M］．汪利兵，译．杭州：浙江教育出版社，2001.

罗尔斯．正义论［M］．何怀宏，译．北京：中国社会科学出版社，1988.

马丁·海德格尔．存在与时间［M］．陈嘉映，王庆节，译．北京：生活·

读书·新知三联书店，2012.

马尔库塞. 单向度的人 [M]. 张峰译. 重庆：重庆出版社，1988.

马克斯·范梅南. 教学机智——教育智慧的意蕴 [M]. 李树英，译. 北京：教育科学出版社，2001.

马克斯·范梅南. 生活体验研究—人文科学视野中的教育学 [M] 宋广文，等，译. 北京：教育科学出版社，2013.

马克斯·韦伯. 社会科学方法论 [M]. 韩水法，莫茜译. 北京：社会科学文献出版社，2001.

马克斯·韦伯. 学术与政治 [M]. 冯克利，译. 北京：生活·读书·新知三联书店，2005.

马克斯·韦伯. 新教伦理与资本主义精神 [M] 于晓，陈维纲译. 西安：陕西师范大学出版社，2006.

马克斯·韦伯. 支配社会学 [M]. 康乐，简惠美译. 桂林：广西师范大学出版社，2004.

梅贻琦. 大学一解 [M] //杨东平. 大学精神. 上海：文汇出版社，2003：46 - 54.

闵维方，文东茅，等. 学术的力量 [M]. 北京：北京大学出版社，2010.

倪梁康. 现象学及其效应——_ 胡塞尔与当代德国哲学 [M]. 北京：商务印书馆，2014.

倪梁康. 意识的向度——以胡塞尔为轴心的现象学问题研究 [M] 北京：北京大学出版社，2007.

潘懋元. 30 年回顾与感悟——厦门大学教育研究院成立 30 周年发言 [A]. 潘懋元. 潘懋元文集（卷二·理论研究·上）[M]. 广州：广东高等教育出版社，2010.

潘懋元. 多学科视野下的高等教育研究 [M]. 上海：上海教育出版社，2001.

潘懋元. 高等教育：历史、现实与未来 [M]. 北京：人民教育出版社，2004.

潘懋元. 高等教育研究方法 [M]. 北京：高等教育出版社，2008.

潘懋元. 高等教育研究在中国发展的轨迹 [A] //潘懋元中国高等教育评论北京：教育科学出版社，2012.

潘懋元. 潘懋元教育口述史 [M]. 北京：北京师范大学出版社，2007.

潘懋元．潘懋元文集：卷二·理论研究（上）［M］．广州：广东高等教育出版社，2010.

潘懋元．潘懋元文集：卷一·高等教育学讲座［M］．广州：广东高等教育出版社，2010.

潘懋元．潘懋元文集［M］．广州：广东高等教育出版社，2010。

瞿葆奎，唐莹．教育科学分支学科丛书（代序）［A］//瞿葆奎．教育科学分支学科丛书［C］．北京：人民教育出版社，2002.

瞿葆奎．教育学文集·教育学［M］．北京：人民教育出版社，1988.

苏国勋．理性化及其限制——韦伯思想引论［M］．上海：上海人民出版社，1988.

唐莹．元教育学［M］．北京：人民教育出版社，2001.

佟立．西方后现代主义哲学思潮研究［M］．天津：天津人民出版社，2003.

涂成林．现象学运动的历史使命——从胡塞尔、海德格尔到萨特［M］．北京：中央编译出版社，2007.

王洪才．步出误区：素质教育理论与创造性的实践［M］．北京：开明出版社，2000.

王洪才．大众高等教育论［M］．广州：广东教育出版社，2004.

王洪才．质性研究方法在数据挖掘中的作用与局限［M］//杜慧芳．规律探究与科学化追求．上海：华东师范大学出版社，2011.

王萍．教育现象学：方法与应用［M］．北京：教育科学出版社，2012.

王天一，等．外国教育史：下［M］．北京：北京师范大学出版社，1993.

王天一，夏之莲，朱美玉．外国教育史：上［M］．北京：北京师范大学出版社，1993.

王岳川．后现代主义文化研究［M］．北京：北京大学出版社，1992.

威廉·维尔斯曼．教育研究方法导论［M］．袁振国，主译．北京：教育科学出版社，1997.

威廉姆·奥维斯特．哈贝马斯［M］．沈亚生，译．哈尔滨：黑龙江人民出版社，1999.

沃尔夫冈·布列钦卡．教育科学的基本概念［M］．胡劲松，译．上海：华东师范大学出版社，2001.

夏基松．现代西方哲学辞典［K］．合肥：安徽人民出版社，1987.

肖海涛，殷小平．潘懋元教育口述史［M］．北京：北京师范大学出版社，2007．

谢里·阿沃．潘懋元——一位中国高等教育学科的创始人［M］．高晓杰，赖铮，等，译．北京：高等教育出版社，2006．

许美德．思想肖像：中国知名教育家的故事［M］．周勇，译．北京：教育科学出版社，2008．

薛天祥．高等教育学［M］．桂林：广西师范大学出版社，2001．

薛天祥，杨德广．社会主义初级阶段高等教育［M］上海：百家出版社，1989．

薛天祥．高等教育文集［M］．北京：高等教育出版社，2003．

卡尔·雅斯贝尔斯．现时代的人［M］周晓亮，等，译．北京：社会科学文献出版社，1992．

杨深坑．理论·诠释与实践［M］．台北：师大书苑有限公司，1999．

叶澜．教育研究方法论初探［M］．上海：上海教育出版社，2001．

伊曼纽·华勒斯坦，等．开放社会科学［M］．刘锋，译．北京：生活·读书·新知三联书店，1997．

尤瓦娜·林肯，伊冈·古巴．自然主义研究——21世纪社会科学研究范式［M］．杨晓波，林捷，译．北京：科学技术文献出版社，2004．

袁振国．教育研究方法［M］．北京：高等教育出版社，2000．

约翰·S.布鲁贝克．高等教育哲学［M］．郑继伟，等，译杭州：浙江教育出版社，1987．

张汝伦．中国现象学与哲学评论（第二辑）：现象学方法的多重含义［M］．上海：上海译文出版社，1998．

张祥龙．20世纪西方哲学东渐史：现象学思潮在中国［M］．北京：首都师范大学出版社，2002．

张祥龙．孔子的现象学阐释九讲——礼乐人生与哲理［M］．上海：华东师范大学出版社，2009．

张学文．大学理性研究［M］．北京：北京师范大学出版社，201．

张应强．文化视野中的高等教育［M］．南京：南京师范大学出版社，1999．

期刊文献:

陈厚丰. 中国高等教育分类研究现状述评 [J]. 大学教育科学, 2010 (1): 34 – 38, 59.

陈前繁. 走进 Blog——探索教育叙事研究的新取向 [J]. 内蒙古师范大学学报 (教育科学版), 2009 (1): 18 – 20.

陈振中. 论教育叙事研究的若干理论问题 [J]. 上海教育科研, 2005 (9): 30 – 33.

丁钢. 教育叙事研究的方法论 [J]. 全球教育展望, 2008 (3): 52 – 59.

丁钢. 教育与日常实践 [J]. 教育研究, 2004 (2): 16 – 20.

丁钢. 像范梅南那样做叙事研究 [J]. 上海教育, 2005 (22): 18 – 20.

董美英. 感喟真人——析陶行知的"真人"教育目标论 [J]. 湖南师范大学教育科学学报, 2008 (2): 11 – 14.

方展画. 对高等教育学学科建设的若干理论思考 [J]. 高等教育研究, 1996 (3): 24 – 30.

冯建军. 论教育学的生命立场 [J]. 教育研究, 2006 (3): 29 – 34.

冯向东. 深化教学改革, 建设以研究为基础的本科教学体系 [J]. 中国高等教育, 2005 (3): 36 – 38.

傅敏, 田慧生. 教育叙事研究: 本质、特征与方法 [J]. 教育研究, 2008 (5): 36 – 40.

高伟. 教育现象学: 问题与启示 [J]. 清华大学教育研究, 2004 (1): 18 – 26.

高伟. 现象学对教育学的影响: 理论与问题 [J]. 清华大学教育研究, 2004 (1): 18 – 26.

高耀明. 高等教育学学科建设四个基本问题述论 [J]. 江苏高教, 1997 (02): 13 – 15

耿国彦. 关于教育叙事研究的几点思考 [J]. 当代教育科学, 2006 (10): 25 – 26.

龚放. 高等教育的本质特点不容忽视 [J]. 高等教育研究, 1995 (1): 22 – 27.

顾明远. 对教育定义的思考 [J]. 北京大学教育评论, 2003 (1): 5 – 9.

顾明远. 教育国际化与本土化 [J]. 华中师范大学学报: 人文社会科学版,

2011（6）：123－127.

　　韩玺吾. 中国传统思维的典型范式 ［J］河北师范大学学报：哲学社会科学版，2009（6）：47－50.

　　胡瑞文. 教育市场的利用与规范 ［J］. 求是，2002（23）：48－50.

　　胡瑞文. 要利用市场机制促进教育事业发展 ［J］. 探索与争鸣，1996（6）：34－35.

　　刘徐湘，胡弼成. 教育学中"具体的人"［J］. 高等教育研究，2005（3）：17－22.

　　蒋洪池. 托尼·比彻的学科分类观及其价值探析 ［J］. 高等教育研究，2008（5）：93－98.

　　金美福. 秉持现象学态度的教师教育理论研究 ［J］. 教育研究，2007（8）：58－62.

　　李复新，瞿葆奎. 教育人类学：理论与问题 ［J］. 教育研究，2003（10）：3－13.

　　李建宇. 浅议职业型大学校长的选拔任用 ［J］. 黑龙江高教研究，1999（2）：71－73.

　　李晶. 全国首届院校发展研究学术研讨会综述 ［J］. 高等教育研究，2003（6）：98－100.

　　李淑英. 现象学教育学：一门新兴的教育学 ［J］开放教育研究，2005（11）：4－7.

　　林聚仁. 悼罗伯特·K·莫顿 ［J］. 社会学研究，2003（3）：111－113.

　　刘昌明. 大学校长为何难成为教育家调查 ［J］. 煤炭高等教育，2002（1）：23－26.

　　刘道玉. 大学职业化校长三种类型 ［J］. 学习月刊，2005（5）：35－36.

　　刘道玉. 中国怎样建设成世界一流水平的大学 ［J］. 高等教育研究，2003（2）：4－10.

　　刘海峰. 高等教育学：学科与领域之间 ［J］. 高等教育研究，2009（11）：45－50.

　　刘海峰. 高等教育学：在学科与领域之间 ［J］. 高等教育研究，2009（11）：45－50.

　　刘洁. 现象学教育学著作中的故事 ［J］. 教育研究，2005（2）：62－67.

　　刘珂珂，王彩云. 从工具理性与价值理性统一谈思想政治教育的实效性

[J]．中国高等教育，2012（17）：43－44.

刘良华．教育叙事研究：是什么与怎么做［J］．教育研究，2007（7）：84－88.

刘献君．加强院校研究：高等学校改革和发展的必然要求［J］．高等教育研究，2002（2）：25.

刘献君．中国院校研究将从初步形成走向规范发展［J］．高等教育研究，2011（7）：1－8.

鲁洁．走向世界历史的人——论人的转型与教育［J］教育研究，1999（11）：3－7.

毛亚庆．高等教育管理方式转型的知识解读［J］教育研究，2013（12）：69－73.

倪梁康．何为本质，如何直观——关于现象学观念论的再思考［J］．学术月刊，2012（9）：49.

宁虹，钟亚妮．现象学教育学探析［J］．教育研究，2002（8）：32－37.

潘懋元，车如山．略论应用型本科院校的定位［J］．高等教育研究，2009（5）：35－38.

潘懋元，等．关于高等教育大众化阶段的过渡理论［J］．高等教育研究，2001（3）：1－6.

潘懋元，邬大光，别敦荣．我国民办高等教育发展的第三条道路［J］．高等教育研究，2012，33（4）：1－8.

潘懋元，肖海涛．中国高等教育思想发展30年［J］．教育研究，2008（10）：3－10.

潘懋元．多学科观点的高等教育研究［J］．高等教育教育，2002（1）：10－17.

潘懋元．高等教育大众化的教育质量观［J］．江苏高教，2000（1）：6－10.

潘懋元．高等教育理论研究必须更好地为实践服务［J］．高等教育研究，1997（4）：4－7.

潘懋元．高等教育学科的世纪末回顾与前瞻［J］．高等教育研究，1995（3）：1－5.

潘懋元．建立高等职业教育独立体系刍议［J］．教育研究，2005（5）：26－29.

潘懋元. 教育外部关系规律辨析 [J]. 厦门大学学报: 哲学社会科学版, 1990 (2): 1 - 7.

潘懋元. 正确对待商品经济对高等教育的冲击 [J]. 高等教育研究, 1989 (3): 3 - 9.

彭道林. 应用型人才教育观探疑 [J]. 大学教育科学, 2013 (1): 23 - 29.

彭福扬, 邱跃华. 生态化理念与高等教育生态化发展 [J]. 高等教育研究, 2011 (4): 14 - 18.

乔清举. 论儒家思想与人权的关系 [J] 现代哲学, 2010 (6): 96 - 101.

秦国柱. 院校研究与大学发展 [J]. 江苏高教, 2004 (1): 10 - 12.

瞿葆奎, 郑金洲. 教育学逻辑起点: 昨天的观点与今天的认识 (一) [J]. 上海教育科研, 1998 (3): 2 - 9.

施铁如. 后现代思潮与叙事心理学 [J]. 南京师大学报: 社会科学版, 2003 (2): 88 - 93.

石中英. 本质主义、反本质主义与中国教育学研究 [J]. 教育研究, 2004 (1): 11 - 20.

孙启民. 教育叙事叙何事? [J]. 江苏教育, 2004 (5): 32 - 33.

万象客. 作为一种方法论思潮的视角主义 [J]. 国外社会科学, 1992 (8): 39 - 43.

汪怀君. 话语与理解: 哈贝马斯的交往伦理学略论 [J]. 山西师范大学学报: 社科版, 2013 (5): 17 - 20.

汪子嵩. 要重视对亚里士多德的研究 [J]. 清华大学学报: 哲学社会科学版, 2002 (3): 1 - 7.

王桂山. 实践理性及其规划本质 [J]. 社会科学辑刊, 2005 (5): 36 - 40.

王洪才. 从本质主义到非本质主义: 中国高教研究 30 年回顾 [J]. 现代大学教育, 2012 (2): 1 - 6.

王洪才. 多元方法: 高等教育研究的新里程 [J]. 大学教育科学, 2011 (5): 82 - 86.

王洪才. 高等教育适应市场经济的三部曲 [J]. 江苏高教, 1993 (2): 11 - 14, 18.

王洪才. 高等教育学创立、转型与再造 [J]. 厦门大学学报: 哲学社会科学版, 2009 (4): 51 - 58.

王洪才. 关于"教师讲故事"的方法论思考——通向教师生活世界之路追

索［J］．教育学报，2010（1）：30－36．

　　王洪才．教育内外部关系规律学说：中国教育学发展的一面镜子——潘懋元教授专访［J］．苏州大学学报：教育科学版，2013（1）：48－52，126．

　　王洪才．教育学：人文科学抑或社会科学［J］．教育研究，2012（6）：10－17．

　　王洪才．教育学：学科还是领域［J］．厦门大学学报：哲学社会科学版，2006（1）：72－78．

　　王洪才．教育学的三重视界［J］．北京师范大学学报：哲学社会科学版，2000（4）：20－24．

　　王洪才．教育研究的基本方法论［J］．北京师范大学学报：社会科学版，2006（6）：21－27．

　　王洪才．论高等教育"适应论"及其超越——对高等教育"理性视角"的理性再审视［J］．北京大学教育评论，2013（4）：129－149．

　　王洪才．论高等教育学的逻辑起点［J］．江苏高教，1997（2）：9－12．

　　王洪才．论高等教育研究的特性与学科归属［J］．高校教育管理，2007（2）：6－11．

　　王洪才．论高教研究的四种范式［J］．北京师范大学学报：人文社科版，2002（3）：74－82．

　　王洪才．论教育研究的方法论特征［J］．厦门大学学报：哲学社会科学版，2007（1）：114－122．

　　王洪才．论教育研究的特性［J］．教育学报，2005（6）：28－33．

　　王洪才．论均衡的高等教育质量观的建构［J］．教育与现代化，2002（6）：3－8．

　　王洪才．人种学：教育研究的一种根本方法［J］．厦门大学学报：哲学社会科学版，2008（3）：13－20，89．

　　王洪才．现象学教育学：颠覆、回复与整合［J］．比较教育研究，2007（8）：22－27．

　　王洪才．研究生教育处在十字路口——以高等教育学科研究生教育为例［J］．清华大学教育研究，2008（5）：16－21．

　　王洪才．院校研究：现状、问题与突围［J］．清华大学教育研究．2007（2）：1－6．

　　王洪才．院校研究：转向还是逃避［J］．集美大学学报：教育科学版，

2006 (4): 3 - 8.

王洪才. 论教育市场 [J]. 高教与人才. 1993 (1): 2 - 5.

王鉴, 杨鑫. 近十年来我国教育叙事研究评析 [J]. 当代教育与文化, 2009 (2): 13 - 20.

王凯. 教育叙事: 从教育研究方法到教师专业发展方式 [J]. 比较教育研究, 2005 (6): 28 - 32.

王善超. 论亚里士多德关于人的本质的三个论断 [J]. 北京大学学报: 哲学社会科学版, 2000 (1): 114 - 122.

王晓方, 由曦光. "人学" 不是马克思主义哲学的出发点 [J]. 南京政治学院学报, 1990 (5): 11 - 16.

王晓升. 从实践理性到交往理性——哈贝马斯的社会整合方案 [J]. 云南大学学报, 2008 (6): 29 - 37.

王枬. 教育叙事研究的兴起、推广及争辩 [J]. 教育研究, 2006 (10): 13 - 17.

王长乐. 关于选拔大学校长的思索 [J]. 科技导报, 2002 (6): 39 - 40.

文雪, 扈中平. 复杂性视阈里的教育研究 [J]. 教育研究, 2003 (11): 11 - 15.

邬大光. 高等教育大众化理论内涵与概念解析 [J]. 教育研究, 2004 (9): 20 - 24.

吴钢. 论教育学的终结 [J]. 教育研究, 1995 (7): 19 - 24.

吴康宁. 教育研究应研究什么样的 "问题"——兼谈 "真" 问题的判断标准 [J]. 教育研究, 2002 (3): 8 - 11.

徐冰鸥. 叙事研究方法述要 [J]. 教育理论与实践, 2005 (16): 28 - 30.

许锡良. 评 "怎么都行"——对教育 "叙事研究" 的理性反思 [J]. 教育研究与实验, 2004 (1): 5 - 11.

杨德广. 高等教育 "适应论" 是历史的误区吗——兼与展立新、陈学飞两位同志商榷 [J]. 北京大学教育评论, 2013 (3): 135 - 148.

杨德广. 关于建立教育市场的思考 [J]. 中国高教研究, 1994 (3): 46 - 52.

杨耕. 胡塞尔: 从先验自我转向生活世界——从马克思的观点看 [J] 吉林大学社会科学学报, 2004 (5): 42 - 51.

杨广云. 高等教育学学说的基本理论——潘懋元学术思想研究之四 [J].

现代大学教育, 1999 (4): 7 - 12.

叶澜, 李政涛. 为"生命·实践"教育学派创建而努力——叶澜教授访谈录 [J]. 教育研究, 2004 (2): 33 - 37.

俞可. 洪堡 2010, 何去何从 [J]. 复旦教育论坛, 2010 (6): 23 - 30.

俞吾金. 康德"三种知识"的理论探析 [J]. 社会科学战线, 2012 (7): 12 - 18.

俞吾金. 康德批判哲学的研究起点和形成过程 [J]. 东南学术, 2002 (2): 56 - 66.

俞吾金. 论实践维度的优先性马克思实践学新探 [J]. 现代哲学, 2011 (6): 1 - 7.

俞吾金. 马克思对黑格尔哲学方法论改造及其启示 [J]. 复旦学报, 2011 (1): 2 - 10.

俞吾金. 马克思对康德哲学革命的扬弃 [J]. 复旦学报, 2005 (1): 28 - 36.

袁磊, 李一媛. 人种学方法在教育科学研究中的应用 [J]. 长春师范学院学报, 2004 (1): 26 - 30.

袁振国, 徐国兴, 孙欣. 方法的变革——人种学历教育研究中的应用 [J]. 上海高教研究, 1996 (3): 8 - 12.

展立新, 陈学飞. 理性的视角: 走出高等教育"适应论"的历史误区 [J]. 北京大学教育评论, 2013 (1): 95 - 125.

张楚廷. 教育工作者的自省 [J]. 大学教育科学, 2016 (2): 117 - 121.

张楚廷. 教育学属于人文科学 [J]. 教育研究, 2011 (8): 3 - 8, 12.

张楚廷. 人学与教育学 [J]. 大学教育科学, 2014 (1): 124 - 127.

张济洲. 论教育"叙事研究"的科学性——兼与许锡良同志商榷 [J]. 教育研究与实验, 2006 (1): 15 - 17, 43.

张希希. 教育叙事研究是什么 [J]. 教育研究, 2006 (2): 54 - 59.

赵敦华. 为普遍主义辩护——兼评中国文化特殊主义思潮 [J]. 学术月刊, 2007 (5): 3 - 40.

赵炬明. 现代大学与院校研究(上、下) [J]. 高等教育研究, 2003 (3 - 4): 35 - 44, 59 - 67.

赵炬明. 学科·课程·学位: 美国关于高等教育专业研究生培养的争论及其启示 [J]. 高等教育研究, 2002 (4): 13 - 22.

赵蒙成．人种学的研究方法在教育研究中的运用［J］．教育评论，2002（6）：21－24．

郑金洲．走向"校本"［J］．教育理论与实践，2000（6）：11－14．

周川．院校研究的职能、功能及其条件分析［J］．高等教育研究，2005（1）：40－46．

周川．院校研究性质与特征［J］．教育研究，2003（7）：32－36．

朱葆伟．理性与合理性论纲［J］．湖北大学学报：哲学社会科学版，2011（6）：19－29．

报刊文献

中国青年报．国民体质监测显示我国青少年体能连续10年整体下降［N］．中国青年报，2010－03－30（007）．

中国青年报．《国民体质监测显示青少年体能连续10年下降》引起强烈反响［N］．中国青年报，2010－04－13．

电子刊物：

新华网．2014"全国教书育人楷模"名单公布94岁潘懋元入选［EB/OL］．（2014－09－03）［2015－05－02］．http：//news. xinhuanet. com/edu/2014－09/03/c_ 126948491. htm.

人民网．高等教育学鼻祖潘懋元先生［EB/OL］．（2014－09－06）［2015－05－02］．http：//edu. people. com. cn/n/2014/0906/c1053－25616533. html.

酒井直树．现代性与其批判：普遍主义和特殊主义的问题［EB/OL］．（2003－08－26）［2011－08－20］．http：//www. sociology. cass. cn/shxw/shll/t20030826_ 0867. htm.

求是．载文称中国部分地区辍学率出现反弹［EB/OL］．（2009－08－17）［2009－08－17］．http：//news. 163. com/09/0817/11/5GTRG4PS000120GU. html#.

后　记

　　自从进入厦门大学以来，我的一个专门的研究方向就是教育研究方法论，我教授的两门课程一门是为博士生开设的"教育研究方法论导论"，一门是为硕士生开设的"高等教育研究方法"。在开设"高等教育研究方法"的过程中，得到了潘懋元先生的关心和支持，因此也有幸作为他主编的《高等教育研究方法》一书的副主编。也是借这个机会，让我对国内外许多高等教育学著作中关于研究方法的论述进行了系统考察。同时我也对专门的教育研究方法著作进行了系统的研究，特别是研究了翻译到国内的多部教育研究方法著作，我在其中受益良多。最为难得的是在撰写《高等教育研究方法》书稿过程中，我与多年的好友陆根书教授合作，共同进行了关于高等教育研究方法的阐发。他具有丰富的量化研究经验和实证研究的优势，而且具有很强的国际视野，这弥补了我对量化研究探讨不足和实证研究方面的局限以及自身视野主要局限在本土从事教育研究的短处。我擅长思辨研究和行动研究以及批判研究，从而能够与陆教授珠联璧合。我们的合作使得《高等教育研究方法》一书得以涵盖广阔，能够广泛吸收各方面的成熟经验。潘先生的指导使本书具有实践性强、便于学习和参考的优势。

　　我在教授"教育研究方法论导论"过程中，充分与博士生们展开辩论，回应他们关于教育研究方法的疑问和诘难，这一过程促进了我对教育研究方法论认识的升华，而且也督促我尽快地把我关于教育研究方法论的论述系统结集出版，便于他们全面地学习教育研究方法论知识，避免通过一门课只能收获很少的教育研究方法论知识和无法反复学习的缺陷。正是基于教学实践的需求，我开始整理我的教育研究方法论的论述，尤其侧重高等教育研究方法论探索。我选择的对象是已经发表的论文，因为这些已经经过了考验，比较成熟，作为教学用书比较恰当。我还有许多没有发表的论述就不纳入这个范围。恰逢光明日报出版社的"博导文库"征稿，我就不揣浅陋，拿来碰碰运气。如果能够获得全额资助更好，如果不能获得全额资助，获得一半资助亦可。不管怎么说，我是要打算出版的，光明日报出版社只是提供了一次机遇而已。幸运的是我获得了全额资助，非常感谢！

　　我在整理这个文稿过程中，我的博士生段肖阳同学为我提供了大量帮助，帮助我从网络上下载了这些文章，又帮助我检查还存在哪些文字和格式问题，我对她的帮助表示感谢，希望她在帮助我的时候自己也能够有很大的收获。我的硕士生郑雅倩同学也做了一些具体工作，在此一并感谢。

　　厦门大学"双一流"建设基金和厦门大学高等教育发展研究中心拟向本书出版提供一定额度的资助，满足了出版社对精装书的出版要求。在此我致以真诚谢意！

笔者于 2018 年 11 月 11 日